Katharina Liebsch

Vom Weib zur Weiblichkeit?

Psychoanalytische Konstruktionen
in feministischer Theorie

Theorie und Praxis
der Frauenforschung

Band 23

Schriftenreihe des
Instituts Frau und Gesellschaft
Walter-Gieseking-Straße 14
30159 Hannover

Herausgeber/Redaktion
Robert Schreiber

Katharina Liebsch

Vom Weib zur Weiblichkeit?

Psychoanalytische Konstruktionen in feministischer Theorie

Kleine Verlag · Bielefeld

Die Deutsche Bibliothek – CIP-Einheitsaufnahme

Liebsch, Katharina:
Vom Weib zur Weiblichkeit? : Psychoanalytische Konstruktionen
in feministischer Theorie / Katharina Liebsch.
– Bielefeld : Kleine, 1994
  (Theorie und Praxis der Frauenforschung ; 23)
  ISBN 3-89370-190-7
NE: GT

Copyright, Herstellung und Vertrieb:
Kleine Verlag GmbH,
Postfach 101668,
33516 Bielefeld,
Tel. 0521/15811
Telefax 0521/140043

Satz: Ellmer GmbH, 32107 Bad Salzuflen

Inhaltsverzeichnis

Einleitung

Einleitung

In jede Erziehungspraxis gehen Vorstellungen von der Vermittlung äußerer und innerer Vorgänge, subjektiver und objektiver Strukturen ein. Annahmen über *den Menschen*, über die Bedingungen seiner Entwicklung bilden als pädagogische Anthropologie die Grundlage erzieherischen Denkens und Handelns und sind somit Ausgangspunkt und Norm der Pädagogik. Diese Norm aber wird durch eine Vielzahl von Faktoren variiert. Neben der Zugehörigkeit zu gesellschaftlichen Schichten, ethnischen Gruppen sowie sozialen Einflüssen und kulturellen Unterschieden ist die Geschlechtszugehörigkeit eine wesentliche Kategorie, die die Entwicklung von Menschen strukturiert. *Das Kind* ist von Geburt an weiblich oder männlich, und diese Unterscheidung ist für die allermeisten Menschen eindeutig und unveränderlich, sie liegt vor der Differenzierung nach sozialem Status, Religionszugehörigkeit oder politischen Einstellungen.

Wenngleich uns die Einteilung der Menschen in zwei Geschlechter selbstverständlich ist, hat sich die wissenschaftliche Reflexion über männliche und weibliche Lebenszusammenhänge, über Trennendes und Gemeinsames der beiden Geschlechter nicht gleichzeitig und gleichberechtigt entwickelt. Weibliche Menschen und ein weiblicher Lebenszusammenhang sind bis heute weniger häufig Gegenstand wissenschaftlichen Nachdenkens, oder es wird angenommen, daß Frauen auch durch allgemeine Ausführungen über *den* Menschen bereits mitbeschrieben sind. Dieser in den Wissenschaften so lange vorherrschenden Stellung des Männlichen sind Frauen begegnet, indem sie eine bewußt geschlechtsspezifische Perspektive eingenommen haben. Ich möchte an diese Sichtweise anknüpfen und mich mit geschlechtsspezifischen Menschenbildern, genauer gesagt: Weiblichkeits-Bildern auseinandersetzen. Ich gehe in dieser Arbeit verschieden begründeten Entwürfen und Konstruktionen von Weiblichkeit nach und untersuche, welche Vorannahmen, welche anthropologischen Ausgangsüberlegungen in diese Entwürfe eingehen und wie sich diese Annahmen auswirken, schließlich welche Möglichkeiten zur Veränderung, zur Gestaltung und Entwicklung von Subjektivität durch sie eröffnet oder verschlossen werden.

Dazu beziehe ich mich anders als die vorherrschende, eher geisteswissenschaftlich ausgerichtete Tradition der pädagogischen Anthropologie (z.B. Bollnow 1965, oder auch Loch 1963, 1979) auf psychoanalytisch argumentierende Konzeptionen. Die psychoanalytische Theorie liefert anthropologische Annahmen und entwicklungspsychologische Theorien, die sehr häufig zur Beschreibung und Erfassung von Weiblichkeit herangezogen werden. So ist auch die psychoanalytische Theorie eine von mehreren "Wissenschaften vom Menschen", die im Rahmen einer "Pädagogischen Anthropologie" (A. Flitner 1963) ihren Platz hat:Als eine anthropologische Einzelwissenschaft stellt sie Zugänge und Erkenntnisse bereit, die für pädagogisches Denken und Handeln Bezugs- und Anknüpfungspunkte bieten. In diesem Sinne sind auch meine Reflexionen über die psychoanalytisch begründeten Weiblichkeitsentwürfe Bestandteil einer pädagogischen Anthropologie. Nun gibt es jedoch keine einheitliche psychoanalytische Theorie, da Freuds Annahmen über die Natur des Menschen in der psychoanalytischen Forschung bekanntlich nicht unumstritten geblieben sind. Verschiedene Schulen haben ihr eigenes Verständnis von den Grundlagen des Mensch-Seins entwickelt, das in feministischer Rezeption und Kritik wiederum zu unterschiedlichen Konzeptionen von Weiblichkeit weiterverarbeitet worden ist.

Die feministische Kritik hat auch an der psychoanalytischen Theorie moniert, daß sie die psychosexuelle Entwicklung des Mädchens in erster Linie als Abweichung vom männlichen Modell beschreibt. Diese Ausrichtung am Jungen verstellt die Erkenntnisbildung über weibliche Besonderheiten und die Dynamik der weiblichen Individuationsprozesse. Ausgehend von dieser Kritik sind Weiblichkeitsentwürfe im Rahmen psychoanalytischer Theoriekonzepte entstanden, die in Differenz zu Männlichkeitsbildern die weibliche Individuation, frauenspezifische Besonderheiten und Konflikte sowie deren Bewältigungsstrategien zu benennen und erklären versuchen. Die Autorinnen dieser Weiblichkeitstheorien, Vertreterinnen eines feministisch-psychoanalytischen Ansatzes, begründen ihre Überlegungen hauptsächlich mit Erkenntnissen und logischen Konstruktionen aus Philosophie, Symboltheorie und klinischen Erfahrungsberichten; die konkreten Lebenswirklichkeiten von Frauen hingegen werden eher selten berücksichtigt. So begründet diese Art der Erkenntnisbildung in der Hauptsache Vorstellungen bzw. Modelle von Weiblichkeit oder weiblicher Entwicklung, und ich werde deshalb im folgenden häufig von Weiblichkeits-*Konstruktionen* sprechen. Aufgrund ihrer begrenzten empirischen Überprüfbarkeit - selbst das in Psychoanalysen gewonnene klinische Material stammt in vielen Fällen aus der im Nachhinein rekonstruierten (verzerrten) Erinnerung an frühkindliche Erlebnisse - muß sich diese Form der Heuristik die Frage gefallen lassen, ob und wie hier die "Imagination des Weiblichen" (Bovenschen) fortgeschrieben wird, ob in erster Linie alte Bilder neu inszeniert werden oder sich begründet eigenständige, gleichwertige Weiblichkeitskonstruktionen entwickelt finden.

Es ist daher mein Anliegen, die im Zuge feministischer Psychoanalysekritik entstandenen Ansätze und Entwürfe auf mögliche Erklärungsschwächen hin zu untersuchen. Ich verfolge dabei die These, daß Erklärungsschwächen der feministisch-psychoanalytischen Ansätze zu einem großen Teil der Tatsache geschuldet sind, daß die Unterschiedlichkeit zwischen psychoanalytischer und feministischer Argumentation nicht genügend berücksichtigt wird. Den in den

Weiblichkeitskonstruktionen zum Tragen kommenden Anspruch einer Verbindung zweier unterschiedlicher Perspektiven - einer am Individuum ausgerichteten psychoanalytischen und einer eher allgemein gesellschaftstheoretisch argumentierenden feministischen Perspektive - untersuche ich unter der Frage, in welcher Weise und mit welchen möglicherweise auftretenden Problemen die feministisch-psychoanalytischen Ansätze diesen Blickwechsel realisieren. Dabei möchte ich verdeutlichen, daß gerade die Begründungen des Entsprechungsverhältnisses von Individuell-Besonderem und Kulturell-Allgemeinem, die Ableitungen, in denen *Vom Weib zur Weiblichkeit* geschlußfolgert wird, oft Argumentationslücken aufweisen.

Mit der Frage nach den Implikationen eines Wechsels der Betrachtungsebenen bewege ich mich im Rahmen der Metapsychologie, die schon lange von Seiten der Soziologie und der Psychoanalyse bearbeitet wird und verschiedene Interpretationen und Lesarten der psychoanalytischen Theorie hervorgebracht hat. Eine lange Diskussion um Möglichkeiten einer gesellschaftstheoretischen Erweiterung der Psychoanalyse (reichend von den sog. Freudo-Marxisten in den 20er Jahren über die Auseinandersetzungen innerhalb der Frankfurter Schule bis hin zu der Debatte um die "Psychoanalyse als Sozialwissenschaft" (Lorenzer 1971)) verweist darauf, daß eine Verbindung psychoanalytischer und gesellschaftstheoretischer Zugangsweisen methodische und inhaltliche Probleme birgt. Diese Debatten zeigen, daß sich individualpsychologische und soziologische Perspektive nicht nahtlos ineinanderpassen lassen, daß induktiv gewonnene Modelle der Psychoanalyse nicht linear in eine deduktiv ableitende Gesellschaftstheorie eingearbeitet werden können. Um zu prüfen, ob diese Erkenntnis auch auf die feministisch-psychoanalytischen Ansätze zu beziehen ist, konfrontiere ich die feministisch-psychoanalytischen Überlegungen mit Positionen aus früheren sozialpsychologischen Diskussionen.

In meiner Darstellung und Diskussion dieses Problemzusammenhangs gehe ich von der These aus, daß die feministisch-psychoanalytischen Ansätze das Projekt der früheren Debatten, die Rolle der Psychoanalyse in den Gesellschaftswissenschaften darzulegen, auf produktive Weise fortsetzen. Zwar, so möchte ich zeigen, finden sich auch in den neueren Weiblichkeitsentwürfen Unzulänglichkeiten und Schwächen, die in Entsprechung stehen zu früheren Versuchen, die Psychoanalyse gesellschaftskritisch zu erweitern. Trotz dieser Einschränkung aber bringen die feministischen Weiterverarbeitungen psychoanalytischer Theoriekonzepte vielzählige Weiblichkeitskonstruktionen hervor, die der empirischen Vielfalt weit angemessener sind als vorherige psychoanalytische Konzepte weiblicher Entwicklung.

Zur Begründung dieser Ausgangsüberlegung möchte ich verschiedene psychoanalytische Konstruktionen in feministischer Theorie vergleichend bearbeiten. Meine Vorgehensweise basiert weitgehend auf einer Inhalts- und Argumentations-Analyse sowie Interpretation von bestehenden theoretischen Ansätzen. In der Diskussion und Einschätzung dieser Ansätze ist deren immanente Plausibilität mein wichtigstes Bewertungskriterium. Darüber hinaus denke und frage ich immer mit, ob in den jeweiligen Theorien auch Raum und Anknüpfungspunkte vorhanden sind für ein Verstehen von Entwicklungspotentialen und von Eigenständigkeit jenseits aller Normierungen. Beschreiben und erklären die feministisch-psychoanalytischen Ansätze in der Hauptsache, warum Frauen (und auch Männer) in den bestehenden Strukturen verbleiben und sie reproduzieren, oder geben sie auch Anhaltspunkte, wie und woher Menschen unter den gegebenen Bedingungen Möglichkeiten hätten, sich von normativen Zuschreibungen und reglementierenden Bedingungen zu befreien? Die Suche und Frage nach den theoretischen Möglichkeiten einer solchen Emanzipation scheint mir unverzichtbar, will man nicht von vornherein ein Menschenbild und eine Vorstellung von Entwicklung postulieren, in denen Veränderungen kaum gedacht werden können. Damit wäre dann aber auch das Bemühen, neue Weiblichkeitskonstruktionen zu begründen, in gewisser Weise überflüssig geworden. Die Möglichkeit einer Politisierung der Psychoanalyse zur Entwicklung von Perspektiven auf Frauen als eigenständige Subjekte rückte in weite Ferne.

Auf der Basis dieser Vorüberlegungen diskutiere ich im *ersten Kapitel* die Unterschiedlichkeiten der psychoanalytischen und der feministischen Theorie. Ich bestimme Vor- und Nachteile der doppelten Perspektive der feministisch-psychoanalytischen Ansätze, indem ich auf ältere sozialpsychologische Positionen zurückgreife und die Psychoanalyse-Lesarten dieser Positionen herausarbeite. Dabei geht es mir hauptsächlich um die Abklärung von möglichen Einschränkungen und Verkürzungen der Verknüpfung von individualpsychologischer und sozialwissenschaftlicher Perspektive. Die alte Frage nach der "Psychoanalyse als Sozialwissenschaft" suggeriert, daß durch die Erweiterung *einer* Theorie Wirklichkeiten und Konflikte auch von Frauen erklärbar würden. Ich möchte in dieser Arbeit jedoch begründen, daß die Heterogenität der feministisch-psychoanalytischen Ansätze (wie die empirische Vielfalt sowieso) differenziertere Erklärungen und vielfältigere Erklärungszugänge verlangt. Die im *zweiten Kapitel* diskutierten Begründungsgänge der feministisch-psychoanalytischen Ansätze machen deutlich, daß hier derselbe Gegenstand - die Weiblichkeit - unter verschiedenen Fragestellungen mit unterschiedlichen Methoden bearbeitet wird. Die puristische Vorstellung von *der* Psychoanalyse, also *einer* Theorie zur Erklärung der Entwicklung des weiblichen Menschen und ihrer Weiblichkeit wird dadurch relativiert.

Da zur Konstruktion der Weiblichkeitsbilder sowohl an triebtheoretische wie an objektbeziehungstheoretische als auch an struktural-linguistische Modelle der psychoanalytischen Theorie angeknüpft wird, diskutiere ich Innovation und Tragweite der jeweiligen Argumentationsverläufe. Dabei werde ich zeigen, daß die verschiedenen psychoanalytischen Bezugstheorien jeweils einen anderen Bereich individueller und gesellschaftlicher Wirklichkeit thematisieren, so daß die Vielfalt der Begründungsgänge für das Verständnis und die Analyse der Komplexität von Geschlechterdifferenz, speziell von Weiblichkeit, förderlich ist. Ich unterteile die Diskussion im zweiten Kapitel in drei Teile, da, grob umrissen, in der feministisch-psychoanalytischen Theorie drei unterschiedliche Wege beschritten worden sind. Unter der o.a. Fragestellung untersuche ich im *ersten Teil des zweiten Kapitels* die Ausführungen von klinischen Analytikerinnen, die im Rahmen der klassischen psychoanalytischen Theorie den "phallischen Monismus" der psychoanalytischen Weiblichkeitsparadigmen kritisiert haben und nach neuen psychoanalytischen Deutungs- und Interpretationsmodellen von Weiblichkeit suchen (Chasseguet-Smirgel 1964, 1988, Fast 1984, Mitscherlich-Nielsen 1978, 1985, Heigl-Evers/Weidenhammer 1988).

Im *zweiten Teil* befasse ich mich mit Autorinnen, die in ihren Analysen über Weiblichkeit einen Schwerpunkt auf die frühkindlichen Beziehungen zwischen Säugling und Eltern legen. Sie kritisieren die Spaltung in männliches Subjekt und weibliches Objekt, die der kindlichen geschlechtlichen Entwicklung aufgrund der hauptsächlichen Versorgung durch die Mutter zugrunde liege. Diese frühkindliche Spaltung, so lautet die Hauptthese, vermittele die Sozialstruktur (Dinnerstein 1976, Chodorow 1978).

Im *dritten Teil von Kapitel Zwei* geht es um die dem Poststrukturalismus verpflichtete, hauptsächlich in Auseinandersetzung mit Lacan entstandene feministische Theorie. Diese Richtung beschreibt die Auswirkungen eines vorausgesetzten symbolischen Repräsentationssystems auf die entstehende Geschlechtszugehörigkeit, das von der Übermacht des "Phallischen" bestimmt sei (Irigaray 1974, 1984, Kristeva 1974, 1988).

Im **dritten Kapitel** trage ich Ergebnisse des zweiten Kapitels zusammen, versuche eine Integration der verschiedenen feministisch-psychoanalytischen Ansätze unter Berücksichtigung ihrer methodischen Unterschiede und begründe meine Kritik. Da alle drei o.g. Richtungen der feministisch-psychoanalytischen Ansätze die Bedeutung der prä-ödipalen Mutter-Tochter-Beziehung herausstellen, spielt die Frage eine entscheidende Rolle, wie weit frühkindlich erworbene "psychische Dispositionen" und der Verlauf der frühkindlichen psychosexuellen Entwicklung als Erklärungsansätze für Weiblichkeit oder auch eine geschlechtsspezifische Subjektivität tragen können. Auch in psychologische Konzeptionen muß eingehen, daß die Normierung von Bedürfnissen gerade im Hinblick auf die Geschlechtsidentität ebensowenig auf die frühe Kindheit beschränkt bleibt wie das Lernen und Akzeptieren von Zwängen und Notwendigkeiten, daß vielmehr Weiblichkeit (bzw. Männlichkeit) in einem täglichen Auseinandersetzungsprozeß weiter hergestellt wird, sich im Laufe eines Lebens verändert und von wechselnden Rollenanforderungen und gesellschaftlichen Bewertungen beeinflußt wird. Die Vorstellung von den in der frühen Kindheit entwickelten psychischen Grunddispositionen als der Basis geschlechtstyptischer Verhaltensweisen trägt deshalb leicht dazu bei, daß Wechselverhältnisse zwischen Individuum und Gesellschaft aus dem Blick geraten.

Dieser Einschränkung möchte ich im *vierten Kapitel* begegnen, indem ich psychoanalytischen Hypothesen über die Entwicklungsphase der Adoleszenz nachgehe sowie die von feministischer Seite aufgeworfene Frage diskutiere, ob denn die Adoleszenz nicht zur "zweiten Chance" (Eissler) für Mädchen bzw. für die Um-Definierung von Weiblichkeit werden könnte. Bestehende Theorien und empirisches Material geben wenig Anlaß zu dieser Hoffnung, und so versuche ich, im Rückgriff auf Jeanne Lampl de Groot zumindest einen theoretischen Rahmen zu skizzieren, in dem eine Neu- oder Selbstbestimmung von Weiblichkeit in der Adoleszenz denkbar wird.

Um theoretische Anknüpfungspunkte für Möglichkeiten weiblicher Emanzipation und Selbstbestimmung geht es auch im *fünften Kapitel*. Die verschiedenen Richtungen der feministisch-psychoanalytischen Theorien haben je unterschiedliche Entwürfe von möglichen 'Orten' eigenständiger Weiblichkeit konzipiert. Für die Lebensbereiche Arbeit, Recht und Sexualität versuchen feministisch-psychoanalytische Autorinnen, Bestandteile einer neuen (?) Weiblichkeit erahnbar werden zu lassen. Ich diskutiere Reichweiten und Grenzen sowie Unterschiede und Entsprechungen dieser Neu-Konzeptionen, um abschließend zu überlegen, welche Auswirkungen die Heterogenität der feministisch-psychoanalytischen Theoriekonzeptionen auf das Verständnis von Weiblichkeit haben kann. Ich begründe erneut, daß die Facetten der feministisch-psychoanalytischen Ansätze nicht hierarchisiert werden können. Sie beleuchten je unterschiedliche Aspekte von Weiblichkeit, und die eine Sichtweise kann nicht durch die andere ersetzt werden. Im Gegenteil sehe ich die Produktivität dieser Vielfalt darin begründet, daß sie die Widersprüchlichkeit und Komplexität der Zweigeschlechtlichkeit hervorhebt und eben dadurch jene Normativität in Frage stellt, der die einzelnen Konstruktionen oftmals nicht zu entrinnen vermögen.

I.

Feminismus und Psychoanalyse. Vor- und Nachteile einer Doppelperspektive

1. Feminismus und Psychoanalyse. Vor- und Nachteile einer Doppelperspektive

In der feministischen Theorie spielen Argumentationsverläufe eine bedeutende Rolle, die mit dem Einbezug psychoanalytischer Hypothesen und Erkenntnisse arbeiten. Um die Anknüpfungspunkte dieser feministisch-psychoanalytischen Ansätze im kritischen wie im produktiven Sinne verdeutlichen zu können, sollen die Ansätze im ersten Kapitel nicht nur unter inhaltlichen Gesichtspunkten innerhalb der feministischen Theorie verortet, sondern auch in ihren methodologischen Zusammenhängen beleuchtet werden. So beginne ich mit der Darstellung zentraler Thesen und Überlegungen der feministischen Theorie, um zu zeigen, daß die Bestimmung des Verhältnisses von Allgemeinem und Besonderem, wie auch die Diskussion um 'natürliche' und kulturelle Konstitutionsfaktoren von Weiblichkeit zentrale Topoi feministischer Theorie sind, die auch in die feministisch-psychoanalytischen Ansätze eingehen. Wie jede Vorstellung vom Subjekt, wie jedes Menschenbild, beinhalten auch die feministischen Weiblichkeitskonstruktionen eine Vorstellung des Bestimmungsverhältnisses von Individuum und Gesellschaft. Diese Vorstellung wird bei den feministisch-psychoanalytischen Ansätzen begründet durch die Verbindung von feministisch ausgerichteter Sozialwissenschaft und Psychoanalyse, die einen Perspektivwechsel beinhaltet, welcher sich strukturell und inhaltlich niederschlägt. Überlegungen zum Wechselverhältnis von Individuum und Gesellschaft werden in den Wissenschaften vom Menschen auch theorieübergreifend unter der Fragestellung diskutiert, welche theoretischen und methodischen Implikationen der Verbindung von zwei unterschiedlichen Theorien, ihren Denktraditionen und Perspektiven innewohnen. Da die im breiteren Kreis stattgefundene und stattfindende Diskussion um die Möglichkeiten einer "Psychoanalyse als Sozialwissenschaft" (Lorenzer 1971) die Implikationen einer Verbindung von zwei theoretischen Perspektiven diskutiert und problematisiert, möchte ich die feministisch-psychoanalytischen Ansätze auch in den Kontext dieser metapsychologischen Debatte stellen. Anhand von vier Positionen zu diesem Thema sollen Probleme und Grenzen des In-Beziehung-Setzens zweier unterschiedlicher Theorien beispielhaft verdeutlicht werden; zugleich wird dadurch der Rahmen für die Bearbeitung und Diskussion der feministisch-psychoanalytischen Ansätze im zweiten Kapitel abgesteckt.

1.1. Geschlecht als soziale Strukturkategorie

In feministischer Theorie wird das Geschlecht als grundlegend für das Verständnis von Gesellschaft und Kultur und für die Entwicklung und Subjektivität der einzelnen Menschen angesehen. Dabei gilt die Unterscheidung in 'Mann' und 'Frau' und in 'Männlichkeit' und 'Weiblichkeit' als *kulturelle* Einteilung. Zwar werden im alltäglichen Verständnis die gesellschaftlich zugewiesenen Geschlechterrollen am anatomischen Geschlechtsunterschied festgemacht, sie differieren in historischer und kultureller Hinsicht jedoch so stark, daß eine biologische Bedingtheit des zweigeschlechtlichen Klassifikationssystems zweifelhaft erscheint[1]. Gemeinsames Grundverständnis aller feministischen Theorien ist die Einschätzung, daß das Geschlechterverhältnis hierarchisch strukturiert und von männlicher Dominanz gekennzeichnet ist. Feministinnen kritisieren, daß diese asymmetrische Geschlechterdifferenz nicht selten als unausweichlich und 'normal' gilt und in Geschlechtermythen, in Literatur, Religion und Kunst, in Rollenerwartungen, Aufgabenbereiche und Lebenspraxen eingeht und durch diese reproduziert wird. Diese allgegenwärtige Präsenz und Selbstverständlichkeit der Zweigeschlechtlichkeit läßt die Erkenntnis, daß es sich hier um ein Herrschaftsverhältnis handelt, bisweilen in den Hintergrund treten. Auch die Konstitution und Organisation von Wissenschaften hat ihren Teil dazu beigetragen, Geschlechtsneutralität dort zu postulieren, wo hauptsächlich Männer ihre Sicht der Dinge diskutierten[2].

So hat sich denn auch feministische Wissenschaftskritik und die Frauenforschung aus der Auseinandersetzung mit den verschiedenen Traditionen und Schulen der Geistes- und Sozialwissenschaften entwickelt. Die Geschlechtsneutralität der Wissenschaften wurde angezweifelt und gegen sie argumentiert. Beispielsweise wurde kritisiert, daß Wissenschaft auch heute noch weitgehend von Männern betrieben wird. Es liegt nahe, daß diese Tatsache für Inhalt und Methoden dessen, was als Wissenschaft angesehen wird bzw. sich als solche darstellt, nicht folgenlos gewesen sein kann. Karin Hausen und Helga Nowotny (1986:9f) gehen davon aus, daß die Auswahl von Themen, die Art der Betrachtung und die Interpretation und Bewertung der Ergebnisse durch die Tatsache beeinflußt wird, daß Wissenschaftler mehrheitlich Männer waren und sind.

Als weiteres Argument wurde eingebracht, daß hauptsächlich männliche Erfahrung und männliche Lebenszusammenhänge, die in den seltensten Fällen mit denen von Frauen identisch sind, in wissenschaftliche Modelle eingehen. Dies führt sowohl dazu, daß typisch weibliche Lebenszusammenhänge kaum bzw. verzerrt thematisiert werden, als auch dazu, daß die Nachwuchsförderung im Wissenschaftsbetrieb eher Männer als Frauen anspricht (Oakley 1974, Fox Keller 1986).

Auch bemängelten die Frauenforscherinnen, daß diese einseitige Ausrichtung nicht thematisiert wird. Stattdessen herrscht in den Wissenschaften die Idee der Objektivität, die das Erkannte zum Allgemeingültigen werden läßt. Wer diesen Universalitätsanspruch bezweifelt, setzt sich der Gefahr aus, ausgegrenzt zu werden, und so wird eine Frauensicht strukturell ausgegrenzt (Klinger 1986, Marcil-Lacoste 1983).

Aus dieser Wissenschaftskritik erwuchsen verschiedene 'Korrekturvorschläge'. Anne Oakley forderte bereits 1974, daß Erfahrungen und Perspektiven von Frauen in die Wissenschaften miteinbezogen werden sollten, damit ein Gleichgewicht zwischen den Geschlechtern und eine Gleichbehandlung von Frauenthemen in der Wissenschaft erreicht werde. Diese unter dem Gleichheitspostulat entstandene Forderung nach additiver Ergänzung wurde ein Jahr später von Thelma McCormack (1975) erweitert. McCormack schlug vor, Frauen in einer von der männlichen Kultur verschiedenen Lebensform zu begreifen und nahm an, daß der systematische Einbezug einer Perspektive von Frauen die Organisation und Struktur der Wissenschaften verändern würde. Es gelte die andere Lebensform von Frauen in einer männlichen Kultur zu untersuchen.

Seither ist eine Vielzahl empirischer und theoretischer Ansätze entstanden, die diese Kritik konkretisiert, belegt, weiterentwickelt und z.T. auch revidiert haben. Trotz aller Unterschiede ist ihnen eine feministische Perspektive auf Wissenschaft bzw. ein feministischer wissenschaftlicher Standpunkt gemein. Alle feministischen Forscherinnen betrachten ihre jeweilige Bezugswissenschaft unter der Perspektive des Geschlechterverhältnisses. Dies gilt auch für die angewendeten Forschungsmethoden.

Alle untersuchen die wissenschaftlichen Theorien ideologiekritisch unter der Frage der Geschlechterdifferenz. Dazu gehört auch, darüber zu reflektieren, daß Wissenschaftlerinnen selbst männliche Ideologie unbewußt weiter transportieren können. Es war eines der ersten zentralen Postulate der Frauenforschung, daß die Subjektivität der Forschenden als Faktor in der Wissenschaftsproduktion berücksichtigt und thematisiert werden muß.

Deshalb werden auch private und persönliche Themen zum Gegenstand wissenschaftlicher Reflexion gemacht und eine bewußt frauenzentrierte Sicht eingenommen. Gleichzeitig zeigen die Theorieansätze jedoch, daß diese Perspektive nicht nur den weiblichen Teil von Gesellschaft thematisiert. Im Gegenteil ermöglichen das Verständnis von Geschlecht als Analysekategorie und die bislang vernachlässigten "Frauensichten" es, Männlichkeit und Weiblichkeit zu deuten und Ausdrucksformen der bipolaren Zweigeschlechtlichkeit zu analysieren.

Die verschiedenen, sich als feministisch verstehenden Auseinandersetzungen mit Wissenschaft sind jedoch äußerst heterogen und lassen sich kaum unter einem Gesichtspunkt zusammenfassend beschreiben. So gibt es auch mehrere

Versuche diese Ansätze zu systematisieren und zu kategorisieren. Lange Zeit war die Unterteilung in einen *liberalen*, einen *radikalen* und einen *sozialistischen* Feminismus vorherrschend (Mitchell 1971). Die deutsche Diskussion wird beschrieben als um den Gegensatz von *Gleichheits-* oder *Differenz*postulaten herum zentriert (Klinger 1986a, Gerhard u.a. 1990). Für die anglo-amerikanische feministische Theorie trifft Iris Young (1985) die Unterscheidung in *humanistische* und *gynozentristische* Positionen.

Was diese Schlaglichter beinhalten, findet sich bei Carol Hagemann-White (1988a) zu vier "einflußreichen Strängen" feministischer Theoriebildung systematisiert[3]:

1. Eine Fortschreibung des existentialistischen Ansatzes von Simone de Beauvoir, die die Konzipierung der Frauen als "Das andere Geschlecht" als Reduzierung und Naturalisierung der Frauen kritisierte. Dieser Ansatz diskutiert gesellschaftliche Zwänge, die Rolle von Gewalt im Bewußtsein der Menschen und den Einfluß von kulturellen Vorstellungen auf das Denken und Fühlen (z.B.: Brownmiller 1978, Griffin 1981, Daly 1982, auch Irigaray 1974, Nöllecke 1985).

2. Die Forderung nach einer Analyse der politischen Ökonomie mit Berücksichtigung der Geschlechterverhältnisses entwickelte sich aus der Kritik an gesellschaftstheoretischen Modellen. Die Erklärung des Zusammenhanges von patriarchaler und kapitalistischer Unterdrückung steht im Mittelpunkt dieser primär ökonomisch ausgerichteten Analysen. Rubin (1975) untersuchte die Verwendung von Frauen als Tauschobjekte, Janssen-Jurreit (1984) kritisierte die Kontrolle des Bevölkerungswachstums, Mies (1986), Werlhof u.a. (1983) untersuchten die Ausbeutung der Subsistenzarbeit von Frauen.

3. Der "weibliche Lebenszusammenhang" als Ort eigenständiger Erfahrung wird von anderen Autorinnen untersucht. Daraus entstanden Ansätze, die ein spezifisch weibliches bzw. mütterliches Denken beschreiben, das aus dem In-Beziehung-Sein von Mutter und Kind resultiere (u.a.: Rich 1976, Ruddick 1980). Diese weibliche Erfahrungswelt wird als der öffentlichen Welt entgegenstehend begriffen, und ihr ein Einfluß auf eine andere Art der Moral, der Werte und des Denkens zugesprochen (z.B.: Eisenstein/Jardine 1980, Gilligan 1982, Erler 1985).

4. Ein weiterer Ansatz entwickelte aus einer Zusammenschau von Psychoanalyse, Kulturtheorie und der Theorie symbolischer Systeme die These von der Bedeutung der "mutterdominierten Kindheit". Es wird angenommen, daß aus der Tatsache, daß die Pflege kleiner Kinder in den meisten Fällen von Frauen übernommen wird, sich geschlechtsspezifische Ich-Entwicklungen ableiteten. Zugleich bewirke diese Art der Arbeitsaufteilung eine Kultur, die Frauen geringschätzt (z.B. Chodorow 1978, Hagemann-White 1979).

Die Ansätze, die im zweiten Kapitel Gegenstand meiner Auseinandersetzung sein werden - die Verbindungen von feministischer mit psychoanalytischer Theorie - werden in diesem kurzen Überblick als eine zentrale Linie feministischer Argumentation beschrieben, die sowohl Thesen zur Entstehung geschlechtsspezifischer Subjektivität als auch allgemeine Erklärungshypothesen zur gesellschaftlichen Organisation und Reproduktion der Geschlechterdifferenz hervorgebracht hat. Es werden in diesen Theorien sowohl Aussagen über das Individuum wie auch über die Gesellschaft gemacht. Erkenntnisse über das Individuum inspirieren die Analyse allgemeiner gesellschaftlicher Phänomene und umgekehrt.

Ich gehe bei meiner Diskussion der feministisch-psychoanalytischen Ansätze davon aus, daß eine Vorstellung von geschlechtsspezifischer Subjektivität, die Frauen nicht nur als Opfer begreift, einen theoretischen Rahmen braucht, in dem Widerstandspotentiale und Eigenständigkeiten wie auch Beschädigungen und Leiden begriffen werden können. Sollen Frauen in ihrer gesellschaftlichen Prägung wie auch in ihrer Subjektivität beschrieben werden, ist ein In-Eins-Setzen von Ideologie und Realität (oder auch von Individuum und Gesellschaft) genauso unsinnig wie eine Vorstellung vom autonomen Individuum, das sich frei aussuchen kann, ob und welcher Ideologie es sich bedient. So ist es, um simple Analogiebildung, Assoziation und In-Eins-Setzung der beiden Betrachtungsebenen zu vermeiden, wichtig, das Verhältnis von Besonderem und Allgemeinem (von Individuum und Gesellschaft) zu berücksichtigen und ein Verständnis davon zu begründen. Wir werden sehen, daß die meisten der feministisch-psychoanalytischen Ansätze die Klärung dieses Verhältnisses nicht ausdrücklich, sondern eher indirekt betreiben, indem sie sich an bestimmten theoretischen Positionen orientieren, deren Argumentationsverlauf ein Verständnis des Verhältnisses von Individuum und Gesellschaft bereits beinhaltet.

Denkbar sind für die Analyse der Geschlechterdifferenz bzw. der Zweigeschlechtlichkeit innerhalb des feministisch-psychoanalytischen Diskurses mehrere verschiedene Bezugsrahmen. Beispielsweise kann eine soziologisch oder sozialpsychologische Ausrichtung die Bedeutung der Geschlechterrollen, der Abhängigkeit der Geschlechtsidentität von Selbst- und Fremdbildern, von gesellschaftlichen Normierungs- und Anpassungsprozessen beschreiben. Eine ideologiekritische Perspektive untersucht die Bilder, Vorstellungen und Zuschreibungen, die zur Erfassung und Beschreibung von Weiblichkeit und Männlichkeit benutzt werden, die Individuen repräsentieren und festlegen, die aber auch von ihnen gestaltet werden. Hier müßte auch ein "gesellschaftliches Unbewußtes" (Erdheim) Berücksichtigung finden, das Geschlechtermythen zu immer neuen Re-inszenierungen verhilft und auch unsere Bilder frühkindlicher Objekte beinflußt. Darüber hinaus sollte, da die Kategorie Geschlecht so stark mit unserer Körperlichkeit assoziiert ist, auch eine Vorstellung bzw. ein Begriff von unser Körpernatur entwickelt werden. Wir werden noch sehen, daß die

Frage nach dem Verhältnis von Kultur und Natur bei der Konstruktion von Zweigeschlechtlichkeit sich nicht von der Frage nach dem Verhältnis von Individuum und Gesellschaft trennen läßt. Räume ich der Körperlichkeit eine gewisse Eigen- und Widerständigkeit gegen die Totalität der gesellschaftlichen Vereinnahmung ein (d.h. behaupte ich, daß es Natur - auch im Sinne von Körpernatur - im Gegensatz zu oder auch unabhängig von Kultur gibt) oder gehe ich davon aus, daß jedes Verständnis von Natur gesellschaftlich hervorgebracht ist und damit als eigenständige Realität, die der Kultur/Gesellschaft vorausgeht und von ihr geprägt und gestaltet wird, gar nicht existiert, sondern nur 'Erfindung' im Rahmen polarer Zuschreibungen ist?

Eine ganze Theoriedebatte, die um diese Verquickung der beiden Fragestellungen kreist, ist die sog. sex/gender-Diskussion (s.u.). Eine weitere Kategorie, an der sich dieser Zusammenhang und seine Problematik illustrieren läßt, ist die des "weiblichen Sozialcharakters". Ich möchte den Problemzusammenhang anhand beider Beispiel kurz skizzieren, um zu verdeutlichen, wie grundlegend und weitreichend die jeweiligen Verständnisse des Verhältnisses von Individuum und Gesellschaft für die weiteren theoretischen Annahmen sind.

Geschlechtscharakter, weiblicher Sozialcharakter, Geschlechterpersönlichkeiten[4]

Karin Hausen (1978) hat die These aufgestellt, daß Geschlechtscharaktere, die den Mann als den zur Kulturarbeit Bestimmten und die Frau als Geschlechtswesen beschrieben, zu Beginn des letzten Jahrhunderts als polare Konstruktionen erfunden wurden. Sie zeigt, daß seit dem ausgehenden 18. Jahrhundert aus verschiedenen Gründen Charakterdefinitionen an die Stelle von Standesdefinitionen traten - ein "partikulares Zuordnungssystem" durch ein "universelles" ersetzt wurde - und interpretiert die Konstruktion von Geschlechtscharakteren als Versuch, patriarchale Herrschaft ideologisch abzusichern (Hausen 1978:167). Die Geschlechtscharaktere, so argumentiert Hausen, seien eine Konstruktion, in der "Biologie, Bestimmung und Wesen" als Argumente dienen für eine Festlegung der "naturgegebenen" und durch Erziehung zu vervollkommnenden Gattungsmerkmale von Frau und Mann. Dabei spiele die Polarisierung von Heim und Welt - also öffentlich und privat - und die Hochstilisierung der Idee der 'Ergänzung' von Mann und Frau und den getrennten Welten, die sie repräsentieren, eine wichtige Rolle.

Die Autorin begreift die Geschlechtscharaktere primär als ideologische Konstruktion und stellt die Realitätsrelevanz dieser Idee erst einmal zurück. Es geht ihr in ihrer Begriffsklärung also nicht vorrangig darum, das tatsächliche Leben von Männern und Frauen empirisch genau zu erfassen, sondern eher darum, ein Orientierungsmuster bzw. eine Strukturkategorie zu benennen. Das Konstrukt

Geschlechtscharakter beschreibe sowohl Ideologie als auch Realität, die jeweiligen Anteile ließen sich nur im konkreten Fall, in einer konkreten Untersuchung klären. Historisch betrachtet sei die Idee zuerst nur dort Realität gewesen, wo sie entwickelt wurde: im gebildeten Bürgertum und bei den Beamten - und auch dort nur in Teilen. Später sei sie mehr und mehr zur Leitidee geworden und habe in zunehmendem Ausmaß auf die Lebenswirklichkeit aller Schichten eingewirkt. Anhand von Definitionen, Erklärungen aus Lexika und Wörterbüchern des ausgehenden 18. und 19. Jahrhunderts untersucht Hausen, wie die spezifische Form der Aufteilung von gesellschaftlich notwendiger Arbeit mehr und mehr als natürliches, und damit zwangsläufiges Verhältnis interpretiert wurde. Die Konstruktion des sog. weiblichen Sozialcharakters wies Frauen die Verpflichtung zu Kindern, Heim und Herd zu und definierte sie als wesentlich anders als Männer. Zum Beispiel wurde Mütterlichkeit aufgrund der natürlichen Gebärfähigkeit von Frauen als Charaktereigenschaft bzw. als ein wesentliches Merkmal des Geschlechtscharakters deklariert. So sagt der Begriff des Sozialcharakters zwar nichts darüber aus, ob damals wie heute tatsächlich alle Frauen und Mütter mütterlich waren/sind, unterstellt aber eine realitätsgestaltende Wirkung solch normativer Leitideen. Wie allerdings der Prozeß der Beeinflussung von der Idee (andere Ansätze würden derartige Vorstellungsmuster wohl Ideologie oder Diskurs nennen) auf die Wirklichkeit ablaufen könnte, bleibt bei Hausen ungeklärt.

Deutlich wird jedoch ein Mechanismus. Der Begriff des Geschlechtscharakters bezeichnet den Prozeß, in dem kulturelle Zuschreibungen zu menschlicher Natur gemacht werden, in dem eine Naturalisierung von gesellschaftlichen Verhältnissen stattfindet. Diese Zuschreibungen wirken als Allgemeines auf Besonderes; in irgendeiner Weise haben sie Auswirkung auf die Körper(natur) von einzelnen Männern und Frauen, ihre Gefühlslagen, Selbst- und Fremdwahrnehmungen sowie ihre Erscheinungsbilder. Wie allerdings der weibliche Sozialcharakter definiert wird, mit welchen Inhalten und Zuschreibungen er operiert, wie die 'Frauen von heute' eigentlich sind und ob es sie in dieser allgemeinen Form überhaupt gibt, verwischt der Begriff selbst. Trotzdem kennen wir die gängigen Zuschreibungen, und auch wenn wir sie ablehnen, sprechen wir ihnen einen Wahrheitsgehalt zu. Der Begriff ist also primär normativ und zur Typisierung von Realität zu gebrauchen. In ihn gehen zum einen ein Bild vom Menschen und zum anderen eine Vorstellung vom Wechselverhältnis von Individuum und Gesellschaft ein, ohne daß diese ausgewiesen würden. Für die Unterscheidung von Realität und Ideologie ist der Begriff ungeeignet; im Gegenteil könnte man sagen, daß er die ständige Vermischung beider Ebenen zur Voraussetzung hat. Da der Begriff des Geschlechtscharakters eine Deckungsgleichheit von Idee und Wirklichkeit unterstellt, ohne die Wechselbeziehung zu thematisieren, ist er als Kategorie der Analyse nur bedingt verwendbar. Das Bestimmungsverhältnis von Gesellschaft und individueller Geschlechterdifferenz sowie die Prozesse von Verdrängung, Rationalisierung und Ideologie-bildung können durch ihn nicht erfaßt werden.

Das Menschenbild, das im Begriff der Geschlechtscharaktere zum Tragen kommt, unterstellt große Formbarkeit durch Außeneinflüsse und stützt die Annahme einer Notwendigkeit für jedes Individuum, sich als weiblich *oder* männlich zu verstehen. Ob letzteres eine selbstverständliche oder sogar natürli-che Tatsache ist, wird aber von weiten Teilen der feministischen Theorie bezwei-felt. Der Annahme steht entgegen, daß die Unterschiede innerhalb eines Ge-schlechtes größer sind als die zwischen den Geschlechtern und daß Individuen Geschlechterrollen und -stereotypen nur tendenziell, nicht aber total entspre-chen[5]. Das bedeutet, daß die kulturell zugewiesene Zweigeschlechtlichkeit und die Konstruktion von Geschlechtscharakteren zwar von Individuen übernom-men und reproduziert werden, heißt aber auch, daß dies nie vollständig der Fall ist, daß Frauen und Männer anders und mehr sind, als das Stereotyp zum Aus-druck bringt.

Es bleibt sowohl ein Rest an Eigenständigkeit und individuell Besonderem als auch ein Potential, das Widerstand und Kritik gegen die Normierung ermög-licht. Diesen Rest beschreibt die Psychoanalyse als Leiden, auch als Leiden an der Geschlechtsrolle, dem der Zwang anhaftet, unter dem sich die Entwicklung einer Geschlechtsidentität vollzieht. Dieser Normierungszwang realisiert sich auch - da der Anlaß für die Geschlechterstereotypen ja genital, d.h. körperlich festgemacht wird - im Körper, im Körpererleben und in den Realisierungsmög-lichkeiten von Wünschen, Gefühlen und Bedürfnissen. Bereits bei Karin Hau-sen findet sich der Hinweis, daß dieser Zwangsmechanismus als 'Natur' gewen-det, mythologisiert, ontologisiert und ideologisiert wird. So war es denn auch von Beginn an zentrales Anliegen der Frauenforschung, naturalisierenden Zu-schreibungen zu widersprechen und sie als historisch-kulturell entwickelt und als variabel zu beschreiben. Dafür war die in der englischen Sprache mögliche begriffliche Unterscheidung zwischen "sex" und "gender" lange Zeit eine will-kommene Differenzierungsmöglichkeit.

Die sex/gender-Debatte und die Konstruktion der Zweigeschlechtlichkeit

Die Unterteilung von "sex" als biologischem Geschlecht und "gender" als so-zialem Geschlecht ermöglicht es, bereits auf der begrifflichen Ebene ein zu-gewiesenes Geschlecht auf der Grundlage von Anatomie, Morphologie und Hormonen (= sex) von einem sozial und kulturell zugewiesenen Geschlecht zu unterscheiden, das im Verlauf der Sozialisation entsprechend den Normen und Erfordernissen der kulturellen Zweigeschlechtlichkeit angeeignet wird (= gen-der). In Teilen feministischer Theorie und verstärkt in neueren Publikationen wird jedoch diese Aufteilung kritisiert, da sie letztendlich zugesteht, daß jenseits aller kultureller Prägung eine Natur der Geschlechter doch exisistiere, die parallel zum sozialen Geschlecht verlaufe und *mit* diesem zusammen Geschlecht konstituiere. Die Naturalisierung der Frau und die Annahme, daß es Männer und Frauen gibt und beide von Natur aus verschieden sind, ist damit nur relativiert, nicht aber überzeugend zurückgewiesen[6]. Zum Beispiel sehen Maria Mies (1983) oder Alice Rossi (1984) in ihren Überlegungen die unterschiedlichen biologischen Funktionen bei der Reproduktion der Gattung als Anlaß für die kulturelle Konstruktion von Zweigeschlechtlichkeit an. Sie behaupten, daß die Geschlechterdifferenz historisch aus der Art der geschlechtsspezifischen Arbeitsteilung abzuleiten ist; die biologische Grundbedingung der geschlechtsspezifischen Arbeitsteilung aber sei, daß nur Frauen Kinder gebären und stillen können. Dadurch sei ein interkulturelles Muster durchgesetzt worden, nach dem die Männer mehr außerhäusliche Tätigkeiten mit Werkzeugen und Technik (z.B. Jagen) verrichten, und in dem Arbeiten rund ums Haus als Frauensache erscheinen. Hier wird das soziale Geschlecht zum kausalen Resultat des biologischen Geschlechts und das ursprüngliche Anliegen, der Naturalisierung der Frau entgegenzuwirken, verkehrt sich in sein Gegenteil. Zwar geschieht dies zum Zwecke der Aufwertung der Frau und der weiblichen Natur, reproduziert jedoch unhinterfragt die Alltagsannahme von der 'natürlichen' Selbstverständlichkeit der Zweigeschlechtlichkeit.

Demgegenüber argumentieren andere Autorinnen, daß es statt biologischer Eindeutigkeit vielmehr ein morphologisches Kontinuum bei den Geschlechtern gebe. Von daher bestünde kein biologischer Grund zu der Annahme, daß es nur zwei Geschlechter unter den Menschen gebe, sondern im Gegenteil lasse die Starrheit dieser Aufteilung vermuten, daß hier ein gesellschaftliches Orientierungsbedürfnis besteht[7]. So plädiert Carol Hagemann-White beispielsweise für die Annahme einer "Nullhypothese", dafür, "daß es keine notwendige, naturhaft vorgeschriebene Zweigeschlechtlichkeit gibt, sondern nur verschiedene kulturelle Konstruktionen von Geschlecht" (Hagemann-White 1988b:230)[8]. Regine Gildemeister und Angelika Wetterer (1992:216) greifen diesen Gedanken auf und argumentieren, daß "Natur und Kultur gleichursprünglich" seien[9]. Nur so könne die selbstverständlich scheinende, jedoch nie geprüfte Prämisse, daß eine Entsprechung zwischen "sex" und "gender" bestehe, in ihrer Universalität in Frage gestellt und zum Zwecke der Kritik genutzt werden. Gildemeister und Wetterer zeigen damit, daß durch ein Verständnis von Natur/Biologie als der Kultur vorgängig - als etwas, auf das die Kultur prägend einwirkt - verstellt bleibt, daß 'Natur' uns immer bereits in Formen kulturell und sozial tradierten Wissens begegnet. Die Vorstellung einer 'wahren' oder 'reinen' Natur ist bereits Produkt aufklärerischen Denkens, das mit der Vorstellung von Kultur die Natur als ihr dialektisches Pendant hervorbringt. So kann 'Natur' leicht zur oppositionellen Kategorie werden und es gerät aus dem Blick, daß eine nicht kulturell definierte Natur auch bereits ein kulturelles Konstrukt ist. Wenn diese Überle-

24

gungen richtig sind, muß auch die Unterscheidung zwischen "sex" und "gender" als ein Stück Naturalisierung sozialer Einteilungen in der Theoriebildung zurückgewiesen werden.

In eine ähnliche Richtungen gehen auch Überlegungen, die zunächst einmal konstatieren, daß das Überleben sozialer Klassifikationen daran gebunden ist, daß sie kulturell wie auch individuell immer wieder hergestellt werden. Die Kategorisierung samt ihren Auswirkungen geraten nun aber ins Wanken, wird die alltägliche Selbstverständlichkeit des Unterschieds zwischen Männern und Frauen, zwischen Männlichkeit und Weiblichkeit hinterfragt[10]. Genau dies wird in Teilen der jüngeren englischsprachigen feministischen Theorie mit unterschiedlichen Bezügen und Verortungen derzeit gefordert. So haben Candance West und Don Zimmerman (1987) in Auseinandersetzung mit dem Symbolischen Interaktionismus und im Anschluß an die Ethnomethodologie einen Ansatz entwickelt, in dem sie Geschlecht durchweg als soziale Kategorie begreifen, die alltäglich "interaktiv" hergestellt wird: "Doing Gender". Nach West/ Zimmerman ist Geschlecht weniger eine Kategorie des Seins, repräsentiere nicht, was man ist, sondern eher das, was man tut. West/Zimmerman beschreiben den Prozeß der Herstellung von sozialem Geschlecht als interaktiv und in spezifischen Situationen hergestellt. So beugen sie der Vorstellung vor, daß Geschlecht als ein Merkmal oder eine Eigenschaft im Individuum aufspürbar wäre (West/Zimmerman 1987:140).

Gegen eine Verwendung der Kategorie Geschlecht als Kategorie des Seins wendet sich auch Judith Butler (1990). In ihrer diskurstheoretischen Auseinandersetzung mit Texten zur Geschlechterdifferenz argumentiert sie, daß nicht nur die Vorstellung einer für sich existierenden Körpernatur, sondern auch die Idee einer (weiblichen) Identität bereits eine Diskursformation sei, ein "Effekt einer gegebenen Variante der Repräsentationspolitik" (Butler 1990:140). Auch sie kritisiert die "binäre Einschränkung des Sexus" und fordert die Vervielfältigung der geschlechtlichen Konfigurationen, um die zentralen Figuren (Mann und Frau) zu destabilisieren und zu dekonstruieren (Butler 1990:214ff).

Obwohl der erkenntnistheoretische Status dieser beiden Begründungsverläufe unterschiedlich ist[11], argumentieren beide Ansätze gegen eine Sichtweise, die Zweigeschlechtlichkeit als eine Formation des Seins begreift. Stattdessen wird hier Geschlecht als eine Art generatives Muster dargestellt, das interaktiv/ diskursiv neu inszeniert wird und durch situative/institutionelle Bereiche seine Wertigkeit erfährt[12]. Die Rolle der Natur, des Körpers verstehen West/Zimmerman als wechselseitige Beziehung zwischen körperlichem Geschlecht und sozialer Geschlechtstypisierung. Die Autoren fordern eine analytische Eigenständigkeit von "sex", "sex category" und "gender", um zu verhindern, daß das soziale Geschlecht aus dem biologischen abgeleitet wird (West/Zimmerman 1987:130). Für Butler ist der Körper eine "Oberfläche", eine "Bezeichnungspraxis", "Stile des Fleisches" (Butler 1990:204).

Entgegen diesen feministischen Interpretationen der Geschlechterdifferenz beharrt die Psychoanalyse auf einer Eigenständigkeit des Leibes und führt die Perspektive der verdrängten Triebe, Sehnsüchte, Ängste und Wünsche ein. Das Insistieren auf Unbewußtem und Verdrängtem, das sich auch körperlich manifestiert, stellt seinerseits eine Ebene der Erklärung dar, liefert Hypothesen zum Verständnis, warum Zweigeschlechtlichkeit so eng und normativ begriffen wird, und warum die Vielfalt an Lebenspraxen nicht wahrgenommen oder eventuell gar nicht erst realisiert wird. Das Unbewußte als die zentrale Kategorie der Psychoanalyse eröffnet eine weitere Perspektive auf die Zweigeschlechtlichkeit.

Regina Becker-Schmidt (1992) vertritt z.B. die Position, daß die Mechanismen der Verdrängung und Unbewußtmachung auch die sozialen und psychischen Verhältnisse zwischen Subjekt und Gesellschaft bestimmten. Der Lebensraum wie auch die sozialen Bilder von Frauen sind Produkte bestimmter sozialer, ökonomischer, rechtlicher, ideologischer, religiöser und politischer Verhältnisse. Die Lebenssituation von Frauen entsteht in einem Zusammenwirken gesellschaftlicher Einflüsse, die gleichzeitig ein System an Zeichen und Bedeutungen mithervorbringen. Diese Bezeichnungen und Codierungen gehen in das Verhältnis zum Körper, zur Arbeit, zum Recht ein und bewirken, daß Frauen selbst zu biologischen, ökonomischen und rechtlichen Tatsachen werden. Dies geschieht nicht ohne den Ablauf von Mechanismen der Unbewußtmachung, ohne die viele Lebenslagen und -situationen wohl gar nicht auszuhalten wären. Regina Becker-Schmidt nun differenziert die Mechanismen der Unbewußtmachung und unterscheidet in Rationalisierung, Ideologie und Verdrängung. Zudem weist sie auf den Unterschied zwischen individuellem und kollektivem Unbewußten hin und macht eine Trennung von "gesellschaftlicher Unbewußtheit" und "unbewußter Gesellschaftlichkeit" (Becker-Schmidt 1992:72). Zwar wirken Rationalisierungen und Ideologien zusammen und unterstützen einander. Im psychoanalytischen Verständnis aber haben Rationalisierungen ihren Anlaß in innerpsychischen Konflikten. Ideologien hingegen werden zwar individuell vermittelt, sind aber gesellschaftlich produziert, haben also eine andere Konstitutionsgeschichte.

"In Ideologien machen sich gesellschaftliche Zusammenhänge als unbewußte geltend; das ist etwas anderes als das Verdrängte im individuellen Unbewußten, das sich als psychischer Inhalt in Rationalisierungen Bahn bricht" (Becker-Schmidt 1992:72).

Mario Erdheim (1982) definierte "gesellschaftliche Unbewußtheit" als das soziale Wissen, das durch die Ideologieproduktion der Herrschenden unbewußt gemacht wird, da es Potentiale für die Gefährdung von bestehenden Machtpositionen birgt. Becker-Schmidt weist nun darauf hin, daß derartige Prozesse der Unterdrückung sich jedoch nicht nur als psychische Unbewußtheit bei einzelnen Personen niederschlagen, sondern auch objektive Strukturen produzieren, die als eine "unbewußte Gesellschaftlichkeit" auf alle Personen Einfluß nehmen.

In den Zusammenhang gestellt mit patriarchaler Herrschaft und Zweigeschlecht-lichkeit zeigt diese begriffliche Unterteilung, daß die Verdrängung eigener gesellschaftlicher Vorstellungen und Praxen der Frauen von diesen selbst aktiv geleistet wird und in "gesellschaftliche Unbewußtheit" eingeht. Zur "unbewuß-ten Gesellschaftlichkeit" werden die patriarchal strukturierten Verdrängungs-prozesse, wenn sie in Form der Zweigeschlechtlichkeit sowohl als selbstver-ständliches und natürliches Phänomen aufgefaßt werden als auch ihren Nieder-schlag in Institutionen, Organisationsformen und alltäglichem Handeln finden. Zweigeschlechtlichkeit, verstanden als ein Unbewußtes in der Gesellschaft, ist deshalb sowohl in den Akteuren und Denkformen als auch in der Dynamik der gesellschaftlichen Entwicklungen selbst immer enthalten. So kann diese be-griffliche Unterteilung von Regina Becker-Schmidt auch auf die sex-gender-Debatte, wie auch auf die Diskussion und Kritik einiger feministisch-psycho-analytischer Ansätze bezogen werden. In der Perspektive dieser Begriffsdiffe-renzierung erscheint die Sexualisierung der Zweigeschlechtlichkeit als ein Me-chanismus der Unbewußtmachung, der sich sowohl als "unbewußte Gesell-schaftlichkeit" als auch als "gesellschaftliche Unbewußtheit" in Ideologien wie auch in Rationalisierungen niederschlägt.

Dieser Bezug auf die psychoanalytische Kategorie des Unbewußten ist hilfreich bei der Analyse der Nachhaltigkeit der Geschlechterdifferenz. Er stellt jedoch nur eine mögliche Variante dar, psychoanalytische Termini und Erkenntnisse in feministisches Denken einzubinden. Darüber hinaus hat die feministische Aus-einandersetzung mit Psychoanalyse inhaltlich viele neue Akzente und Erklä-rungshypothesen über die Art und Weise der Reproduktion von Geschlechter-verhältnissen entwickelt. Ich möchte in den folgenden Kapiteln nicht im Rah-men einer feministisch-psychoanalytischen Theorie entwicklungspsychologi-schen Zusammenhängen nachgehen, und auch nicht die methodischen Weiter-verarbeitungen, die die psychoanalytische Theorie durch die feministische Perspektive erfahren hat, aufgreifen[13], sondern die bereits existierenden Theo-rien dieser Art unter übergreifenden Fragestellungen vergleichend bearbeiten:

– In welcher Weise und mit welchen möglicherweise auftretenden Problemen realisieren diese Theorien den Blickwechsel von einer feministischen, d.h. in den meisten Fällen, einer auf soziale Phänomene ausgerichteten Perspektive zu einer auf den Körper zentrierten Psychoanalyse (bzw. umgekehrt)?
– und daran anschließend: Reflektieren sie die gegenseitige Bedingtheit von Ideologie und Realität und welche Position nehmen die jeweiligen Ansätze dazu ein?
– Wie beschreiben und begründen sie das Wechselverhältnis von Individuum und Gesellschaft?

Dafür ist es wichtig, auf mögliche Schwierigkeiten einer Verbindung von so-zialwissenschaftlichen und psychoanalytischem Denken vorab hinzuweisen, da Probleme, die bei der Zusammenschau zweier unterschiedlicher Wissenschaftsrichtungen auftreten können, von den einschlägigen Autorinnen selbst kaum thematisiert werden. Bevor ich mich also den Konzeptionen von Weiblichkeit zuwende, die mit Hilfe der psychoanalytischen Theorie entwickelt wurden, will ich mich mit sozialwissenschaftlichen Lesarten der psychoanalytischen Theorie auseinandersetzen, die außerhalb der feministischen Theorie entwickelt wurden, und prüfen, ob sie auch auf mögliche Grenzen und Schwierigkeiten der Verbindung von Feminismus und Psychoanalyse aufmerksam machen.

1.2. Die psychoanalytische Theorie in sozialwissenschaftlichen Fragestellungen: Phänomen-orientierte Position / Philosophische Position der Negation / Interaktionstheoretische Erweiterung / Theorie der primären Intersubjektivität

Die psychoanalytische Argumentation relativiert das zentrale feministische Postulat, Geschlecht als soziale Kategorie zu verstehen, indem sie die Ursache und Auswirkungen dessen, was es bedeutet, eine Frau oder ein Mann zu sein, als im Körper verankert beschreibt. Diese andere Blickrichtung erinnert daran, daß sich die kulturelle Zweigeschlechtlichkeit für die Einzelpersonen konkret im Körper und auf unterschiedlich erlebte Art und Weise realisiert. Weiblichkeit ausschließlich als soziale Kategorie zu begreifen, stellt also eine Abstraktion dar. Diese Abstraktion ist als politischer Standpunkt und für die Entwicklung von Erklärungshypothesen und Modellen unentbehrlich, für die Beschreibung konkreter, historischer Situationen und Einzelbeispiele jedoch nicht ausreichend. Die Vielfältigkeit individueller und körperlicher Auswirkungen und Ausgestaltungen von Weiblichkeit, die Tatsache, daß Weiblichkeit und Männlichkeit real erfahren und gelebt werden, wird durch das Postulat vom Geschlecht als sozialer Kategorie zwangsläufig nivelliert. Wenn das abstrakt Allgemeine über das empirisch Besondere gestellt wird, erscheinen alle Frauen ungeachtet ihrer Unterschiede sozialer, kultureller, ethnischer Art nur als einheitliche Gruppe in Bezug auf das andere Gegenüber: in Bezug auf den Mann; sie werden also auch hier mit einem "männlichen Blick" erfaßt. Andererseits wäre es unsinnig, diese Perspektive umgehen zu wollen und Frauen nur den Status des Besonderen zuzuschreiben, da sie dann nicht allgemein, d.h. nicht vergesellschaftet, erfaßt würden. Einige feministische Theoretikerinnen halten daher die Einbeziehung von Erfahrungen und Lebenszusammenhängen von Frauen für unerläßlich, um zwischen der abstrakten und konkreten Ebene vermitteln zu können[14]. Auch psychoanalytische Inhalte thematisieren Lebenserfahrungen und Lebensräume. Sie beinhalten eine Konfrontation mit der eigenen Geschichte und der eigenen Realität und bringen auf spezifische Weise das subjektive Erleben von gesellschaftlicher Regulierung zumAusdruck, lassen den "subjektiven Faktor" also nicht außer acht.

Feministische Überlegungen, die mit psychoanalytischen Konzeptionen arbeiten und argumentieren, wollen die psychoanalytischen Erkenntnisse und Methoden für das Verständnis sozialer Zusammenhänge nutzen. Dabei werden Zweigeschlechtlichkeit, Geschlechtsidentität und geschlechtshierarchischeArbeitsteilungen als kulturell und sozial gewachsene Strukturen angesehen, die auf Einzelne wirken und von ihnen und durch sie reproduziert werden. Wie subjektive Erfahrungen und die objektiven Umstände ineinandergreifen und gemeinsam wirken, ist eine grundlegende, anthropologische Frage. Je nachdem, wie sich dieses Wechselverhältnis vorgestellt wird, variiert auch das Bild vom Menschen. In der feministischen Anthropologie gingen Forscherinnen Fragen nach der Entstehung und Reproduktion von geschlechtsspezifischen Strukturen und Ideologien nach. Bereits 1975 griff Gayle Rubin auf die strukturale Anthropologie von Claude Levi-Strauss und die Psychoanalyse zurück, um die Bedeutung von kulturellen Regelungen und Riten im Bereich von Verwandtschafts- und Heiratsregelungen bei der Konstituierung von Zweigeschlechtlichkeit zu verdeutlichen, argumentierte aber eher interpretierend als erklärend[15]. Die Psychodynamik der Familienstrukturen, zentralesThema der Psychoanalyse, gilt spätestens seit Rubin als konstitutiv für die Strukturen der Zweigeschlechtlichkeit (= "sex-gender-system" (Rubin)) wie auch für den Erwerb einer Geschlechtsidentität. Diesen Gedankenstrang schreiben die feministisch-psychoanalytischenAnsätze fort.

Zur Erfassung undAnalyse der Prozesse aber, die sowohl Strukturen von Zweigeschlechtlichkeit als auch eine individuell verankerte Geschlechtsidentität hervorbringen, wird ein Wechsel der Betrachtungsebenen vorgenommen, dessen Implikationen von den feministisch-psychoanalytischenAutorinnen selbst kaum thematisiert werden. Selten wird nach dem erkenntnistheoretischen Status der psychoanalytischen Modelle für die feministischen Theorieansätze gefragt; Fragen der Metapsychologie bleiben weitgehend ausgespart[16]. Es soll mir deshalb im weiteren darum gehen, die Schwierigkeiten zu verdeutlichen, die dieserVerbindung innewohnen.Anhand der Frage, wie soziale und psychoanalytische Geschlechterkonstruktionen zusammengebracht werden, untersuche ich im zweiten Kapitel, wie feministisch-psychoanalytische Ansätze den Wechsel der Betrachtungsebenen vollziehen.

Ein derartiges Anliegen bewegt sich im Rahmen der Metapsychologie, die von Seiten der Soziologie und Psychoanalyse seit geraumer Zeit bearbeitet wird und verschiedene Interpretationen und Perspektiven auf die Psychoanalyse hervorgebracht hat. Diese Diskussionen verliefen schubweise, sie nahmen ihren Anfang in den 20er Jahren mit der Auseinandersetzung um die Verbindungsmöglichkeiten von psychoanalytischer und marxistischerTheorie. In den 40er/50er

Jahren folgte die im Rahmen des Frankfurter Instituts für Sozialforschung geführte sog. Kulturismusdebatte[17]. In den 70er Jahren wurden diese Auseinandersetzungen wieder aufgegriffen und stellten Bezugspunkte für die Ausformulierung neuerer Ansätze der analytischen Sozialpsychologie, der psychoanalytischen Sozialforschung und der Ethnopsychoanalyse dar.

Auf der inhaltlichen Ebene wurden anhand Verbindungen von psychoanalytischer und gesellschaftswissenschaftlicher Theorie verschiedene Fragestellungen und Zugangsweisen zum Zwecke sozialpsychologischer Untersuchungen entwickelt. So verfolgten z.B. Erich Fromm (1932), Alexander Mitscherlich (1963, 1968) und Klaus Horn (1971) mit Hilfe der psychoanalytischen Theorie die These von der Pathologie der Normalität, von einer kranken Gesellschaft. Andere kritisierten, daß Freud in seinen kulturtheoretischen Schriften kaum auf die Organisation von Arbeit, auf die politische Ökonomie, Bezug nimmt. Ohne politische Ökonomie aber, so die These, könne in der Psychoanalyse keine Gesellschaftskritik ausgeführt werden. Autoren wie Helmut Dahmer (1973), Alfred Lorenzer (1972) und Paul Parin (1989) überlegten demzufolge, wie eine Psychoanalyse gesellschaftlicher Prozesse unter Einbeziehung der gesellschaftlichen Organisation der Arbeit aussehen könnte. In den 80er Jahren etablierte sich dann eine Methode der hermeneutischen Textinterpretation, in der psychoanalytische (oder auch soziologische) Interviews und die in diesen Interviews gewonnenen Daten mittels ihres Zeichen- und Symbolgehalts als "Texte" interpretiert werden[18]. Derartige Überlegungen und Ansätze werden sowohl innerhalb der psychoanalytischen Disziplin diskutiert - unter der Überlegung, daß die Psychoanalyse ein sozialwissenschaftliches Selbstverständnis entwickeln müsse - als auch unter sozialwissenschaftlicher Perspektive, mit dem Anspruch, psychoanalytische Überlegungen für die Analyse sozialer Zusammenhänge zu nutzen. Sie stellen in jedem Fall eine Variation, eine Fort- und Umschreibung der klassischen Psychoanalyse Freuds dar[19].

Auch der Einbezug psychoanalytischer Thesen in feministische Theorie verlangt eine Klärung des Bestimmungsverhältnisses von (klassischer) Psychoanalyse und den Ansprüchen feministischer Theorie. Das feministische Anliegen, psychoanalytische Thesen für die Analyse der sozialen Kategorie Geschlecht zu verwenden, steht vor derselben Aufgabe, die Zusammenschau der psychoanalytischen mit der gesellschaftskritischen Perspektive begründen und den Erklärungswert jeder Theorie bestimmen zu müssen. Auch inhaltlich verfolgen sie ein ähnliches Anliegen, insofern es um die Bestimmung des wechselseitigen Verhältnisses von Individuum und Gesellschaft bei der Konstitution eines (weiblichen) Subjekts geht. So gesehen schreiben feministisch-psychoanalytische Ansätze auf spezifische Weise das fort, was bereits früher, allerdings unter Ausblendung der Geschlechterdifferenz, initiiert wurde[20].

Diese strukturellen Ähnlichkeiten und die Tatsache, daß feministische Theorie sich meistenteils aus der kritischen Durcharbeitung bestehender wissenschaftlicher Theorien und Positionen entwickelte, waren für mich der Anlaß, die allgemeine Debatte[21] über die gesellschaftstheoretische Erweiterung der Psychoanalyse aufzuarbeiten und nach Entsprechungen zu den feministisch-psychoanalytischen Ansätze zu suchen. Ich möchte im folgenden exemplarisch auf drei Positionen dieser Debatte eingehen, die ausgehend von einer jeweils unterschiedlichen Lesart von Psychoanalyse auch differierende Vorstellungen des Verhältnisses von Individuum und Gesellschaft entwickelten. Diese drei Positionen sollen mir zur Illustration möglicher Verkürzungen und Ausblendungen dienen, die bei der Vermittlung von psychoanalytischem und gesellschaftstheoretischem Denken auftreten können: Wenn sich aufgrund der strukturellen Ähnlichkeit der allgemeinen Debatte und der feministisch-psychoanalytischen Ansätze auch Probleme und Verkürzungen ähneln, können die Ausblendungen der allgemeinen Debatte als eine Art Leitfaden der Kritik für die Diskussion und Kritik der feministisch-psychoanalytischen Ansätzen genutzt werden.

Eine Eingrenzung der umfassenden allgemeinen Debatte ist - zumal sie nicht das Thema der vorliegenden Arbeit darstellt - unumgänglich[22] und so beziehe ich mich im folgenden zuerst stark zusammenfassend auf zwei Positionen, die innerhalb der Frankfurter Schule entwickelt wurden, die Erich Fromms und Theodor W. Adornos. Beide argumentieren aus sozialpsychologischer Perspektive, jedoch mit einem ganz unterschiedlichen Grundverständnis dessen, was Psychoanalyse leisten kann und sollte. Ralph Butzer (1991) zeigt, daß die polarisierende Argumentation zwischen den beiden den unproduktiven Schluß nahelegte, es gelte sich zwischen den Alternativen von biologischer Triebbestimmtheit im Sinne Freuds oder soziokultureller Determiniertheit zu entscheiden. An diese Kritik der Debatte anschließend meine ich, daß diese unterschiedlichen Positionen je verschiedene Themen und Inhalte aufgreifen, so daß die Polarisierung "biologische oder soziokulturelle Bestimmtheit?" die Diskussion als Entweder-Oder blockierte[23]. Dieser Kritik will auch der Ansatz Alfred Lorenzers begegnen, der den Versuch unternimmt, die Psychoanalyse interaktionstheoretisch zu erweitern. Dies ist eine dritte Position aus der metapsychologischen Debatte, mit der ich mich beschäftigen möchte, um dann als vierte Position Jessica Benjamins feministisches Verständnis einer intersubjektiven Psychoanalyse zu diskutieren, das die Autorin in kritischer Auseinandersetzung mit der Frankfurter Schule entwickelte.

Die phänomen-orientierte Position

Die Ausführungen Erich Fromms werde ich im folgenden zur Illustration eines Argumentationsganges aufgreifen, in dem die Triebtheorie Freuds als biologistisch kritisiert und durch andere anthropologische Annahmen ersetzt wird, so daß das Verhältnis von Individuum und Gesellschaft als eines erscheint, in dem die Einzelperson hauptsächlich in ihrer Zu- und Ausrichtung auf gesellschaftliche Belange erfaßt wird.

Erich Fromm legt seine sozialpsychologischen Überlegungen zur Erweiterung des Marxschen Materialismus zuerst 1932 in seinem Aufsatz "Über Methode und Aufgabe einer analytischen Sozialpsychologie" systematisch dar[24]. Er entwickelt einen Begründungszusammenhang für empirische Forschungsvorhaben, die soziologische wie auch psychoanalytische Perspektiven berücksichtigen, um subjektive und objektive Strukturanalysen zusammenzubringen. Sein Ansatz, die analytische Sozialpsychologie, will die Ideologieproduktion als Zusammenwirken "natürlicher" und gesellschaftlicher Faktoren beschreiben und erklären. Dazu sei die Psychoanalyse besonders hilfreich, da sie zeigen könne, "wie sich auf dem Weg über das Triebleben die ökonomische Situation in Ideologie umsetzt" (Fromm 1932:46). Diese etwas holzschnittartige Definition verdeutlicht Fromms Forschungsprogramm. Es geht ihm primär um die Beschreibung der Funktion der libidinösen Struktur für die Aufrechterhaltung von Herrschaftsverhältnissen. Bedürfnisse, darin folgt er Freud, können von ihrem ursprünglichen Befriedigungsziel abgelenkt und zu kulturellen Zwecken sublimiert werden. Diesen Funktionsmechanismus beschreibt er als Zirkel, in dem die Menschen durch die herrschenden Verhältnisse unfähig werden, jene zu verändern[25].

Fromm präzisierte seine Kritik an Freud im Laufe der Zeit[26] und distanziert sich in seinem 1941 erschienenen Buch "Escape from Freedom" vollständig von der Triebtheorie. Unter dem Eindruck und den Erfahrungen des Faschismus wird auch für ihn die Frage nach dem Funktionieren von autoritären Zwängen immer drängender. In "Escape from Freedom" beschreibt er die Entwicklung des "bürgerlichen Charakters" von Beginn der bürgerlichen Gesellschaft bis zur Zeit des Faschismus und diskutiert das Verhältnis von einem "Drang nach Freiheit", den er anthropologisch unterstellt, und den äußeren, autoritären Zwängen. Er kritisiert die Triebtheorie Freuds als biologistisches Modell, das die Schwierigkeiten der in gesellschaftlichen Formungsprozessen aufgewachsenen Menschen kaum erklären könne. In seinen Abgrenzungen Freud gegenüber schreibt er:

"Die erhabensten wie die scheußlichsten Neigungen sind nicht etwa Bestandteil einer fixierten biologisch bestimmten Menschennatur, sondern Folge des Gesellschaftsprozesses, der den Menschen gestaltet" (Fromm 1941:20).

Fromm weist hier die Annahme von Triebstrukturen als Basis menschlichen Daseins und menschlicher Handlungen zurück. Statt der Triebe aber führt er andere anthropologische Annahmen ein. Er unterstellt menschliche Wesenszüge, die Existenz verschiedener Verlangen von Menschen, sich zur Welt in Beziehung zu setzen, z.B. ein Verlangen nach Freiheit und ein Streben nach Recht und Wahrheit (Fromm 1941:280). An die Stelle des Freudschen Triebbegriffes tritt eine Sammlung von feststehenden "Faktoren der Menschennatur", so zum Beispiel "der Drang nach Verbindung mit unserer Außenwelt" oder "der Zwang, physisch bedingtem Drang Genüge zu tun, und die Notwendigkeit, Isolierung und moralisches Alleinsein zu vermeiden" (Fromm 1941:29). Derartige grundlegende Orientierungen an der Außenwelt stellen für Fromm die gesellschaftlich modifizierbare Basis seines Menschenbildes dar, auf der sich verschiedene "Gesellschaftcharaktere" entwickelten.

Die Kategorie des "Gesellschaftscharakters" ist für Fromm Schlüssel zum Verständnis gesellschaftlicher Prozesse. Er versteht den Charakter als spezifischen Ausdruck, den menschliche "Energien durch die dynamische Anpassung menschlicher Bedürfnisse an den besonderen Daseinsmodus der Gesellschaft annehmen" (Fromm 1941:271). Andererseits widerspricht er aber auch den Theorien, die eine völlige gesellschaftliche Prägung des Menschen annehmen. Der Mensch sei weder "Kulturschablone" noch Triebwesen, sondern eben "Produkt der menschlichen Entwicklung" (Fromm 1941:29). Dies sei kein soziologischer Relativismus, sondern basiere auf einem Wechselverhältnis von menschlichen Eigenschaften, wie "dem Drang zu leben, sich zu entfalten" (Fromm 1941:281) und den Bedingungen des menschlichen Lebens, die im Lauf der Geschichte des Menschen seine Fähigkeiten hervorgebracht hätten. Fromms Ausführungen in "Escape from Freedom" enden damit, daß er Charakterzüge beschreibt, die zu produzierenden Kräften werden und selbst "den Gesellschaftsprozeß" formend beeinflussen. Dies entspricht dem Mechanismus, den Regina Becker-Schmidt (1992) als "unbewußte Gesellschaftlichkeit" bezeichnet. Im Gegensatz zu Becker-Schmidt aber lehnt Fromm den Rekurs auf die Freudsche Begrifflichkeit ab. Statt sexueller Partialtriebe setzt er einen "Drang zu wachsen, sich zu entwickeln und Möglichkeiten zu verwirklichen" als unveränderbare, quasi naturale Basis des menschlichen Daseins. Dieser "Drang", den Fromm als anthropologische Konstanten positiv annimmt, taucht im Gegensatz zu Freuds Triebkonstrukt immer im Zusammenhang mit einer Erscheinungs- oder Ausdrucksform auf ("Drang zu *wachsen*", "Drang, *Möglichkeiten zu verwirklichen*"). Fromm umschreibt Phänomene, die er jedoch nicht genau zu fassen weiß und nur sehr unpräzise auf den Begriff bringt.

"Selbst wenn wir noch nicht imstande sind, die Natur dieses menschlichen Dynamismus in psychologischen Termini eindeutig festzustellen, müssen wir doch sein Vorhanden-Sein anerkennen" (Fromm 1941:281).

Mit seiner Abkehr von der Freudschen Triebtheorie begründet Fromm die Anfänge der sog. neoanalytischen Schule, die gesellschaftliche Einflüsse stärker thematisiert. Damit vermeidet er zwar einerseits den Rekurs auf ein Körper-Konstrukt als die Basis gesellschaftlicher Erscheinungsformen. Er orientiert sich stärker an - wie auch immer erklärbaren - Phänomenen. Das hat den Vorteil, daß Konkretes - z.B. die verschiedenen Ausdrucksformen des "Dranges, sich zu entfalten" und dessen Beschneidungen und Verhinderungen - den Vorrang vor einer abstrakteren Beschreibung durch z.B. den Triebbegriff bekommt. Dies ist in der Triebpsychologie genau anders herum. Hier werden Phänomene, z.B. die verschiedenen Aktivitäten des Säuglings im Hinblick auf die Triebbefriedigung erfaßt, die sie einbringen. Phänomene werden also im Rahmen der Triebtheorie in einen (Erklärungs-) Zusammenhang mit dem Konstrukt gestellt und sind nicht länger vorrangig. Andererseits besteht bei einer Vorrangigkeit der Erscheinungsformen, wie Fromm sie favorisiert, die Möglichkeit, daß diese festgeschrieben werden. Fromms Kategorie des Gesellschaftscharakters ist eine solche Zu- und Festschreibung. Der jeweilige Charakter erscheint als ein starres Konstrukt mit funktionaler Ausrichtung, als "Folge(n) des Gesellschaftsprozesses, der den Menschen gestaltet" (Fromm 1941:20). Die wechselseitige Beeinflussung von Individuum und Gesellschaft wird so hauptsächlich unter dem Gesichtspunkt der Analyse der gesellschaftlichen Strukturen und der sie zusammenhaltenden Handlungen von Einzelnen untersucht. Eigen- und Widerständiges, wie auch die Fähigkeit zur Kritik, sind so nur noch schwer zu begründen[27].

Der Begriff des Gesellschaftscharakters unterstellt, daß es gesellschaftlich gelingt, auf menschliche Wünsche und Bedürfnisse so einzuwirken, daß bestimmte gesellschaftliche Typologien, also Strukturmerkmale, immer wieder reproduziert werden. Dies kann sehr erhellend sein, wenn dadurch beispielsweise Verhaltensmuster und deren strukturelle Einbettung verdeutlicht werden können. Charaktertypologien werden jedoch funktionalistisch, wenn durch sie menschliches Bewußtsein und Handeln und die Neigungen und Interessen der Einzelnen ausschließlich als rollenkonform begriffen werden. Sie sind dann funktionalistisch, wenn durch sie eine lineare und widerspruchslose Reproduktion gesellschaftlicher Zustände erklärt werden soll. Funktionalistisch sind also Beschreibungen von menschlichem Verhalten und Interessen, in denen Momente von (widerständiger) Subjektivität und Veränderung keinen Platz mehr haben. Die Beschreibung von Charakteren, wir sahen dies auch für den "Geschlechtscharakter", unterstellt die Deckungsgleichheit von Realität und Zuschreibung sowie ein Menschenbild, das die zweckmäßige Zurichtung des Menschen durch die Gesellschaft heraushebt. Die Vorstellung vom totalen Geprägt-Sein des Individuums durch die Gesellschaft ist aber gerade für die Beschreibung von weiblicher Subjektivität wenig geeignet, da durch sie Frauen wieder nur als Opfer beschrieben werden. Komplexität und Widersprüchlichkeit des Lebens und der Psyche von Frauen hingegen sind durch eine Charaktertypologie nur unzureichend erfaßbar.

Auch das, was Fromm der totalen gesellschaftlichen Determinierung entgegensetzt, ist für die Begründung von weiblichen Subjektivität nur schwer einzubeziehen. Ein angenommener "Drang zu leben, sich zu entfalten" und ein "Drang nach Freiheit" sind zu unspezifisch, um plausibel herzuleiten, wie Frauen trotz der gesellschaftlichen Unterdrückung Kritikfähigkeit und Widerstandspotentiale entwickeln. Zur Erfassung und Beschreibung weiblicher Subjektivität braucht es demzufolge nicht nur Hypothesen, wie es zu der Entwicklung einer der Norm entsprechenden Geschlechtsidentität kommt, sondern darüber hinaus auch Modelle und Vorstellungen über den Ablauf der Prägung der Einzelperson durch die Gesellschaft, um herleiten zu können, wie vollständig bzw. lückenhaft die gesellschaftliche Beeinflußung ist. In Kapitel 2.2. werde ich bei der Diskussion der feministisch-psychoanalytischen Autorinnen Nancy Chodorow und Dorothy Dinnerstein auf Elemente zirkelschlußartiger und funktionalistischer Art der Einpassung psychoanalytischer Erklärungsmuster in Gesellschaftstheorie wieder zu sprechen kommen.

Innerhalb des Frankfurter Instituts für Sozialforschung wurde schon bald eine Gegenposition zu Fromm entwickelt. Theodor W. Adorno begründete die Vorstellung, daß sich eine kritisch verstandene Theorie der Gesellschaft und der Subjekte lediglich in der Negation der gesellschaftlichen Möglichkeiten ausdrücken könne, da jede positive Beschreibung der Gefahr des Idealismus ausgesetzt sei.

Die philosophische Position der Negation

Nach Otto Fenichel (1944) entfaltete Adorno (1946, 1955) die Kritik am neoanalytischen Ansatz. Die Auseinandersetzung um und mit dieser Schule spitzte sich nachfolgend immer mehr zu und brach dann ab, ohne daß eine Vermittlung der Positionen stattgefunden hätte[28]. Während Fenichels Beitrag auf Fromms "Escape from Freedom" eingeht, wendet sich Adorno in der Hauptsache gegen Karen Horneys "Neue Wege in der Psychoanalyse". Die Kritik Adornos ist jedoch derart allgemein, daß sie - wie er selbst auch in einer Fußnote anmerkt - genauso als Antiposition zu Fromm zu sehen ist. Da es mir hier lediglich darum geht, ein Schlaglicht zu werfen, beschränke ich meinen Blick auf die Äußerungen Adornos zum Thema Psychoanalyse und Gesellschaftstheorie im wesentlichen auf zwei Aufsätze, in denen er das Thema ausdrücklich behandelt und vernachlässige andere Ausführungen Adornos zum Thema. Fromm wie Adorno argumentieren von der Soziologie aus und gehören im Gegensatz zu Horney und Fenichel nicht dem innerpsychoanalytischen Diskurs an. Im Hinblick auf die feministisch-psychoanalytischen Ansätze, die ebenso meist sozial- (bzw. geistes-)wissenschaftlichen Ursprungs sind, schien mir diese Auswahl gerechtfertigt.

In den oben erwähnten Aufsätzen beschäftigt Adorno sich mit den Problemen der Beziehung von Psychoanalyse zur Gesellschaftstheorie. Seine Ausgangsthese ist, daß die Vereinheitlichung von Psychologie und Gesellschaftstheorie durch die Verwendung von gleichen Begriffen auf verschiedenen Abstraktionsebenen harmonisierend und letztendlich falsch ist. Das Ineinanderpassen der Menschen und des Systems erscheine so als Norm und es gerate aus dem Blick, daß Individuum und Gesellschaft kein Kontinuum bilden.

"Die Trennung von Soziologie und Psychologie ist unrichtig und richtig zugleich. Unrichtig, indem sie den Verzicht auf die Erkenntnis der Totalität giriert, die noch die Trennung befiehlt; richtig insofern, als sie den real vollzogenen Bruch unversöhnlicher registriert als die vorschnelle Vereinigung im Begriff" (Adorno 1955:57).

Seines Erachtens ist das Unternehmen der "Revisionisten", die Psychoanalyse soziologisch zu erweitern, mit dem Preis der Oberflächlichkeit bezahlt worden. Der neoanalytische Versuch, mit Hilfe von Milieufaktoren die Entstehung neurotischer Konflikte zu erklären, relativiere die Dramatik der Wechselwirkung von innerer und äußerer Welt. Zwar stimmt Adorno mit den Neoanalytikern darin überein, daß sich gesellschaftliche Normen als Verdrängungen und in Form des Über-Ichs in alles Psychologische hineinmischen[29], hält aber den von Fromm und Horney beschriebenen Zusammenhang von Triebleben und gesellschaftlicher Erfahrung für zu einfach. Adornos Vorstellung nach realisiert sich dieser Zusammenhang lediglich in der Außenschicht des Ichs, in der auch die Realitätsprüfung vonstatten geht. Im Inneren jedoch werde die Realität in die Sprache des Es übersetzt. Dies sei auch an der Vielzahl von unbewußten Maßnahmen des Ichs gegen das Es ablesbar, wie z.B. Verdrängung, Regression, Reaktionsbildung, Isolierung, Projektion, Introjektion, Ungeschehenmachen, Wendung gegen die eigene Person, Verkehrung ins Gegenteil, Sublimierung, Verschiebung des Triebziels (Adorno 1955:75). Er hält deshalb an der Ungleichzeitigkeit von Unbewußtem und Bewußtem als einem Ausdruck der widerspruchsvollen gesellschaftlichen Entwicklung fest.

Auch Adorno versteht die Psychoanalyse als Theorie des pathologischen Charakters der Gesellschaft und betont, daß Freud gerade in seiner Konzentration auf das individuelle Leiden, auf die "atomistische Existenz des Individuums" (Adorno 1946:24) den Widerspruch von Individuum und Gesellschaft auf den Begriff bringe, da so deutlich wird, daß die Menschen in einer antagonistischen Gesellschaft mit sich unidentisch sind. Gerade indem Freud die Libido als etwas Vorgesellschaftliches denkt, könne er phylogenetisch wie ontogenetisch zeigen, "wo das gesellschaftliche Prinzip der Herrschaft mit dem psychologischen der Triebunterdrückung koinzidiert" (Adorno 1946:27). So erscheint die Deformierung der naturalen Basis nicht wie bei den Neoanalytikern als ein Modell vom Funktionszusammenhang mit dem psychischen Apparat, sondern beleuchtet stärker die Art und Weise, das Prinzip der Unterdrückung. Dies impliziere mehr Kritik als die Ausführungen der Neoanalytiker. Letztere verdeckten den Widerspruch zwischen Individuum und Gesellschaft mehr als daß sie ihn offenlegten.

"Daß Freud den Mythos von der organischen Struktur der Psyche zerstört hat, zählt zu seinen großen Verdiensten. Er hat dadurch vom Wesen der gesellschaftlichen Verstümmelung mehr erkannt als irgendein direkter Parallelismus von Charakter und sozialen Einflüssen" (Adorno 1946:25).

Adorno akzentuiert hier die besondere Bedeutung der psychoanalytischen Methode, mittels derer eine "analytische Sozialpsychologie in den innersten Mechanismen des Einzelnen bestimmende gesellschaftliche Kräfte" (Adorno 1946:27) aufdecken könne. Er sieht das Besondere der Freudschen Theorie also gerade darin, daß sie nicht von einem Individuum ausgeht, das von außen geprägt wird, sondern sich bei der Beschreibung von psychischen Mechanismen bei Einzelnen aufhält. Gerade dadurch werde deutlich, daß der Einzelne sowohl Verdrängung wie auch Sublimierung leistet, sowohl Anpassungsfähigkeit als auch Kreativität und Widerständigkeit besitzt[30].

Diese Vielschichtigkeit bei Freud zeige, daß der Zusammenhang zwischen Individuum und Gesellschaft komplizierter ist als es die Vorstellung nahelegt, ein Individuum werde durchs Milieu beeinflußt. Letztere sei schon deshalb idealistisch, da nicht reflektiert werde, daß schon die Kategorie der Individualität gesellschaftlich ist. Die Trennung von Individuum und Gesellschaft könne nicht "unkritisch nach der Art einer primitiv realistischen Erkenntnistheorie" (Adorno 1946:27) gefaßt werden. Die inhaltliche Ausdifferenzierung und Beschreibung der Charaktere bei den "Neoanalytikern" sei sowohl eine Vereinfachung als auch eine Übertreibung; die neoanalytische Vorstellung vom Charakter suggeriere eine falsche Totalität, der Adorno folgende Vorstellung vom "Charakter" entgegensetzt:

"man könnte ihn beinahe ein System von Narben nennen, die unter Leiden, und nie ganz integriert werden. Die Zufügung dieser Narben ist eigentlich die Form, in der die Gesellschaft sich im Individuum durchsetzt, nicht jene illusorische Kontinuität, zu deren Gunsten die Revisionisten von der schockhaften Struktur der einzelnen Erfahrung absehen" (Adorno 1955:24).

Hinter dem Bild der Narben aber ist die Vorstellung (der Wunsch, die Utopie) von einem unversehrten Individuum noch ablesbar. Derartig harmonisierend argumentiert Fromm - trotz des Vorwurfs des Versöhnlerischen - hingegen nicht. Sein Bild vom "Drang, sich zu entwickeln" löst bei mir eher Assoziationen eines amorphen Potentials aus, das seinen Förderungen und Beschränkungen entsprechend einige Fähigkeiten entwickelt hat, andere unentwickelt läßt bzw. verstümmelt hervorbringt. Dieses Bild kann die Beschädigungen des Individuums durch die Gesellschaft auch transportieren. Dazu braucht es keine Vorstellung von der vernarbten Charaktermaske, hinter der das Bild eines "reinen" Menschen schimmert. Allerdings will Adorno ja auch nicht, wie Fromm, das Phänomen, den Charakter, beschreiben, sondern setzt den Akzent auf das Prinzip der Herstellung von verkrusteten Strukturen im Individuum. Wolfgang Bonß (1989) behauptet aufgrund dieser Schwerpunktsetzung, daß Adorno von der gesamten Geschichte und Entwicklung der Psychoanalyse abstrahiere und den Entstehungszusammenhang von Therapie und Theoriebildung ausblende. Bonß zeigt, daß Adorno durch sein Verständnis von Therapie als einem grundsätzlich ideologieträchtigen Unternehmen, das eher dazu führe, daß Menschen ihre Konflikte vergessen, anstatt sie auszutragen, die psychoanalytische Theorie von ihrer klinischen Basis trennt. Die Kritik Fromms, die Psychoanalyse Freuds könne nicht adäquat beschreiben, wie Neurosen und Psychosen entstehen, kann Adorno im Detail gar nicht auf ihre mögliche Richtigkeit überprüfen, da er sich mit dem klinischen Material ja gar nicht beschäftigt (Bonß 1989:53f).

Diese Kritik macht deutlich, daß Adornos Entgegnung auf Fromm auf einer anderen Ebene der Betrachtung liegt. Er argumentiert nicht wie Fromm inhaltlich, sondern stellt die Rolle der Psychoanalyse als *Methode* der Erkenntnis heraus, indem er Freuds Benennung der Unterdrückung von Bedürfnissen und des menschlichen Leidens akzentuiert, die schon immer Kritik an gesellschaftlichen Zuständen darstelle. Adornos Beschreibung des Verhältnisses von Individuum und Gesellschaft ist deshalb eher als methodisch oder ganz allgemein als philosophisch zu bezeichnen; er stellt ein Erkenntnisprinzip über die positive Ausformulierung des Inhalts. Adorno versteht Freuds Beschreibungen von den Prozessen der zerstörerischen Formung der `natürlichen' Triebbasis als Sinnbild für die Dialektik von Unterdrückung und Emanzipation. Welchen konkreten Gehalt oder Inhalt die Emanzipationsbemühungen denn haben könnten, ist für ihn kein Thema - ein positives Menschenbild liefe Gefahr funktionalistisch, ideologisch oder idealistisch zu sein[31]. So überwiegt letztlich die Negation und ein Verständnis, nach dem Subjektivität lediglich in der Beschreibung dessen begriffen werden kann, was *nicht* möglich ist.

Mit dieser Betonung der Negation gerät auch das Wechselverhältnis von Repression und Widerstand als ein möglicher Maßstab für die Bestimmung des Verhältnisses von Individuum und Gesellschaft tendenziell aus dem Blick. Demgegenüber läßt beispielsweise der Freudsche Begriff des "psychischen Konflikts" hoffen, daß die Unterdrückung nicht total und vollständig ist[32]. Eine solche Vorstellung taucht zwar auch bei Adorno hin und wieder in Form eines Hinweises auf, in seiner Kritik des "neoanalytischen Revisionismus" überwiegt jedoch die Herausstellung eines Entsprechungsverhältnisses von innerer und äußerer *Repression* : Freuds "unversöhnlicher Pessimismus" bezeuge die Wahrheit über Verhältnisse, von denen Freud selbst nicht spricht (Adorno 1946:36).

So formuliert auch Adorno ein Entsprechungsverhältnis von individueller, innerpsychischer Repression und allgemeinen, äußeren, repressiven Strukturen und Handlungen beispielsweise in der Familie oder in anderen gesellschaftlichen Institutionen. Dabei denkt er Emanzipationschancen nur als hypothetische Nicht-Identität von Besonderem und Allgemeinem. Obwohl Adorno behauptet, daß es keine lineare Übereinstimmung zwischen Individuum und Gesellschaft gäbe, diskutiert er nicht, *wie* die eine Form der Repression mit der anderen zusammenhängt, läßt auch er offen, wie allgemeine Formen und Praxen von Unterdrückung mit frühkindlichen Triebschicksalen methodisch korrekt zusammengebracht werden können. Dies ist enttäuschend, da er ja gerade im Gegensatz zu Fromm die Psychoanalyse nicht primär zu inhaltlichen Zwecken nutzen will, sondern eher methodische Gesichtspunkte und die Funktion der psychoanalytischen Theorie als Erkenntnisprinzip betont. Statt inhaltlich auszuleuchten, welche Mechanismen bei der gesellschaftlichen Konstruktion des psychischen Apparates auf welche Art und Weise wirksam werden, beschreibt Adorno die erkenntnisfördernde Praxis der Psychoanalyse abstrakt-philosophisch. Durch ihre Umkehr erkenntnistheoretischer Praxen bringe sie die gesellschaftliche Zersplitterung zum Ausdruck: In der Konzentration auf das Besondere trete das Allgemeine hervor, aus der Interpretation von scheinbar Sinnlosem könne der Sinn/die Problematik des gesellschaftlichen Ganzen deutlich werden. Damit ist zwar eine Beschreibungsformel eingeführt, über das konkrete Ineinandergreifen von Individuum und Gesellschaft, von Psychoanalyse und Sozialwissenschaft jedoch wenig ausgesagt. Die Position verbleibt auf der Ebene der philosophischen Negation. Ähnliche Argumentationsmuster tauchen, wie wir in Kapitel 2.3. sehen werden, in Julia Kristevas Weiblichkeitskonzeption auch auf.

In Auseinandersetzung mit diesen Positionen der "Kulturismusdebatte" haben Alfred Lorenzer wie auch Jessica Benjamin auf unterschiedliche Art versucht, diesem Kritikpunkt zu begegnen, indem sie die konkreten Erfahrungen der frühkindlichen Mutter-Kind-Interaktionen in ihrer Theoriebildung berücksichtigen.

Bevor ich mich aber diesen Theorien zuwende, will ich zusammenfassend darstellen, was die Erinnerung an diese Positionen aus einer früheren Debatte um die Einbeziehung von psychoanalytischer in sozialwissenschaftliche Theorie für die Diskussion feministisch-psychoanalytischer Schriften deutlich machen konnte:

Die Gegenüberstellung der beiden Positionen von Fromm und Adorno zeigt, daß beide Thesen (Fromms Behauptung, die Psychoanalyse könne wesentliche Erscheinungen beim Menschen nicht hinlänglich erklären und Adornos Ausgangsannahme von der Radikalität der Psychoanalyse, die darin begründet liege, Leiden an den Verhältnissen als Realität zu benennen) ihre Aussagen auf unterschiedlichen Ebenen machen und deshalb nicht als Alternativen diskutiert werden können. Erstere fordert eine gesellschaftstheoretische Erweiterung, hofft also durch den inhaltlichen Einbezug von anderen Themenfeldern, mehr über Charakterstrukturen der Individuen herausfinden zu können. Die zweite Lesart will kein Bild vom Menschen zeichnen und hält die Psychoanalyse für eine gewinnbringende Methode zur Analyse von gesellschaftlichen Repressionsmechanismen. Für die kritische Sicht auf feministisch-psychoanalytische Ansätze gilt es deshalb genau zu prüfen, auf welchen Ebenen und mit welchen Inhalten diskutiert wird. Nach der Darstellung der Positionen von Fromm und Adorno erscheint zumindest zweierlei bedenkenswert:

1. Die Durchsicht der Ausführungen Erich Fromms zeigte, daß bei einer gesellschaftstheoretischen Erweiterung der Psychoanalyse eine funktionalistische Darstellung des Menschen möglich ist. Es besteht die Gefahr, die menschliche Psyche als eine Instanz der undialektischen Prägung darzustellen und somit einer Soziologisierung anheim zu fallen. Der Mensch erscheint dann fast ausschließlich als Produkt der ihn prägenden Umwelt. Vielfältigkeit,

Konfliktreichtum, Widersprüchlichkeit und Widerständigkeit des menschlichen Wachstumsprozesses werden so zu wenig berücksichtigt.

2. Die Lesart Adornos verweist auf andere Arten der Verkürzung. Freuds Theorie als Metapher für das Ausmaß der gesellschaftlichen Repression zu lesen heißt, die entwicklungspsychologische Bedeutung der Psychoanalyse zu vernachlässigen und ihren Zusammenhang mit der psychoanalytischen Therapie zu ignorieren. Damit gerät auch das konkrete Individuum aus dem Blick und Mechanismen des Ineinandergreifens von gesellschaftlichen Formungsprozessen und individuellen Entwicklungsverläufen können nur auf einer abstrakten Ebene, nicht aber in ihren konkreten Wechselbeziehungen beschrieben werden[33].

Interaktionstheoretische Erweiterung

Alfred Lorenzer hat einen Standpunkt eingenommen, der der Position Adornos recht nahe kommt. Auch Lorenzer sieht die Uneindeutigkeit und Widerspenstigkeit der Kategorien Freuds als ihr "wahres" Moment an und versteht Biologismus, Familialismus und Psychologismus in Freuds Kulturtheorie als "Mystifikationen", die interpretiert werden müssen. Diese -Ismen als Verklausulierungen mit innovatorischem Moment zu erkennen fällt zunächst nicht leicht, und Lorenzer begründet seine These mit hermeneutischen Interpretationen der psychoanalytischen Termini, in denen er versucht, den Begriffen durch die Berücksichtigung ihres Entstehungskontextes gerecht zu werden. Lorenzer fordert, die Freudschen Begriffe mit ihren Vorannahmen und innerhalb ihrer Gedankengebäude nachzuvollziehen und zu verstehen und sie dann erst zu interpretieren[34].

"Wie immer enthalten Mystifikationen die Wahrheit in Verschleierung, womit sich die psychoanalytischen Ergebnisse klar von den psychologischen Einsichten absetzen, die das Konkret-Geschichtliche schon methodisch abfiltern" (Lorenzer 1974:305).

Lorenzer vertritt die Ansicht, daß der so oft kritisierte Biologismus Freuds den Prozeß der gesellschaftlichen Formung der individuellen Persönlichkeit besser veranschaulicht als eine Vorstellung von Prägung. Er meint, daß im Triebbegriff Freuds die Spannung zwischen Geschichtlichkeit und Natürlichkeit als Problem deutlich werde[35], beschreibt die Kategorie des Unbewußten als Kern des Widerständigen, betont aber auch die gesellschaftliche Vermittlung aller menschlichen Aktivitäten und Wachstumsprozesse. Um das Wechselverhältnis von innerer Natur und sozial-kulturellen Eingriffen auszudrücken, entwickelt er ein Konzept, in dem er den Trieb als sozial hergestellt begreift, als "Niederschlag real erfahrener körperbestimmter Interaktionen" (Lorenzer 1972:17). Lorenzer zufolge erfaßt die Psychoanalyse in erster Linie Interaktionsstrukturen, nicht Verhaltensweisen. Er versteht die Psychoanalyse deshalb auch primär als Interaktionstheorie und weniger als Psychologie (Lorenzer 1971:35). Durch diese Umwertung wird das handelnde Individuum weniger zum Gegenstand seiner Überlegungen, als vielmehr zumAnsatzpunkt für eineAnalyse, die zum Ziel hat zu verstehen, wie objektive Umstände und Bedingungen subjektiv hergestellt, variiert und gebrochen werden. Mit seiner "Theorie der Interaktionsformen" versucht er eine Verbindung von Psychoanalyse und Sozialwissenschaft auf dem Themengebiet der Sozialisationstheorie; sein wohl bekanntestes Werk ist die "Begründung einer materialistischen Sozialisationstheorie" (Lorenzer 1972). Hier entwickelt er seine These von der kulturell beeinflußten interaktiven Herstellung körperlicher Regungen.

Auf den ersten Blick scheint aus feministischer Sicht dieThese der interaktiven Herstellung vonTrieben, der interaktiven Konstituierung dessen, was als 'natürlich' begriffen wird, interessant; korrespondiert sie doch mit den o.g. Überlegungen der interaktiv-diskursiven Herstellung der Geschlechtszugehörigkeit. Auch dasVorhaben, psychoanalytische Erkenntnisse im Rahmen einer Sozialisationstheorie zu verwenden, die darüber hinaus noch die Sozialisation von Körpern mitthematisiert, verspricht Anknüpfungspunkte für das Anliegen feministisch-psychoanalytischerAnsätze. Ich bin deshalb Lorenzers "Theorie der Interaktionsformen" nachgegangen und möchte im folgenden begründen, daß seine Ausführungen primär metapsychologisch sind und wenig inhaltliche Bezugspunkte bieten. Ihm geht es hauptsächlich um die Begründung eines Verständnisses der Psychoanalyse als Interaktionstheorie, die konkreten Sozialisationserfahrungen und -inhalte sind für ihn zweitrangig; hingegen können seine sprachtheoretischen Überlegungen auch für die feministisch-psychoanalytischen Ansätze interessant sein[36].

Auch Lorenzer setzt in seinenAusführungen den Schwerpunkt auf die Beschädigung des Subjekts; er will "die Deformierung der Subjekte unter dem Zwang der Produktionsverhältnisse" (Lorenzer 1971:33) untersuchen. DieAusgangsannahme seiner "materialistischen Sozialisationstheorie" ist, daß die gesellschaftlichen Widersprüche bereits während der familialen Sozialisation zu systematischen Verzerrungen in der Persönlichkeitsstruktur führen. Die Psychoanalyse habe bei der Erkundung dieser Verzerrung einen besonderen Stellenwert, insofern mit Hilfe ihres *Verfahrens*, die Besonderheit des Individuums inAbweichung und imWiderspruch zur gesellschaftlichen Realität verdeutlicht werden könne. Zugleich kritisiert Lorenzer aber, daß die psychoanalytischen *Inhalte*, ihre Kategorien und Begriffe, zu eng für die Erklärung der "gesellschaftlichen Formbestimmtheit" von Subjektivität seien. Um herzuleiten, *wie* individuelle `Verzerrungen' den sozioökonomischen Herrschaftszusammenhang untermauern, beschäftigt Lorenzer sich mit interaktiven Prozessen. Auf der Ebene der Symbolbildung und der Interaktion greifen Individuelles und Gesellschaftliches ineinander und so will Lorenzer die gesellschaftlichen "Verkehrsformen" mit den individuellen "Interaktionsformen" in Beziehung setzen.

An anderer Stelle setzt sich Lorenzer (1970, 1970a:72-92, 1977) zu diesem Zwecke mit der Sprachphilosophie auseinander, da er die Ebene der Symbolbildung für die allgemeine Bedingung von Vergesellschaftung und auch für die spezifische Bedingung bei der Entstehung von psychischen Störungen hält. Symbole als Elemente der menschlichen Interaktion spielen dabei in Lorenzers Theorie eine Schlüsselrolle sowohl bei der Vermittlung von Naturvorgängen und Gesellschaftsprozessen als auch bei der Verbindung von Bewußtsein und Verhalten (Lorenzer 1971:38): Menschen werden mittels Bildung von Symbolen sprachlich tätig, im Begriff des Symbols treffen sich die Bereiche des Unbewußten und des Bewußtseins. Die Symbole als Elemente von Sprache, so behauptet er, verbinden Denken und Handeln und regulieren Interaktion wie Kommunikation. Er erfindet den Begriff der "symbolischen Interaktionsformen", um diesen Zusammenhang zu illustrieren. Mit dieser Bezeichnung soll die wechselseitige Verquickung von Individuum und Gesellschaft auf den Begriff gebracht werden. Zur Begründung seiner Vorstellung macht er Anleihen bei Wittgenstein und setzt sich mit dessen Begriff des "Sprachspiels" auseinander. Der Terminus des "Sprachspiels" scheint Lorenzer interessant, da er in der subjektiven Analyse einen strukturtheoretischen Begriff darstelle, in der objektiv-gesellschaftlichen Analyse hingegen die gesellschaftliche Bestimmtheit der subjektiven Strukturen kennzeichne (Lorenzer 1977:26). Die "symbolischen Interaktionsformen" bezeichneten die interaktionistische Fassung des Sprachspielbegriffes und sollen die psychoanalytische Erkenntnisbildung in der Therapie als "dialektisch-hermeneutische Strukturanalyse" kennzeichnen[37].

In der individuellen Entwicklung werde das Kind bereits während der ersten Interaktion mit der Mutter durch die Form der mütterlichen Zuwendungen mit dem Ausdruck der "gesellschaftlichen Praxis in den Interaktionsformen" konfrontiert. Die "symbolischen Interaktionsformen" wirken durch die Interaktion zwischen Mutter und Kind auf die psychische Strukturbildung des Kindes ein. Diesen Prozeß beschreibt Lorenzer in seinem "Entwurf einer materialistischen Sozialisationstheorie", einem in Stufen und Entwicklungslinien differenzierten Konzept, das sich auf die Phase der primären Sozialisation, auf die sog. Mutter-Kind-Dyade, konzentriert. Wie auch die Psychoanalyse bleibt dieses Konzept auf den Rahmen der Familie beschränkt. Die Phase der sekundären Sozialisation, also die Zeit, in der der Einflußbereich der Familie kleiner wird und außerhalb der Familie stehende Personen und Institutionen größere Wichtigkeit und Bedeutung erlangen, bleibt unberücksichtigt[38]. Offen läßt Lorenzer dabei, ob diese Beschränkung zwangsläufig erfolgt, da die Psychoanalyse Freuds über Individuierungsprozesse in der Latenzzeit und in der Pubertät so wenig Aussagen macht, oder ob er damit die Bedeutung der Symbolbildungsprozesse gerade in der frühkindlichen Phase herausstellen will.

Allgemein geht es dem Autor um die Bildung der Strukturen des Subjekts im kindlichen Sozialisationsprozeß, und er will die Rolle der Sprache in diesem

Prozeß klären. Das Kind, so schreibt er, bringt bestimmte Körperbedürnisse in die Mutter-Kind-Dyade ein. Die Mutter bringt ihrerseits subjektiv gefärbte, von den gesellschaftlichen Prozessen bestimmte Interaktionsweisen mit. Die Interaktion zwischen Mutter und Kind sei, so denkt er mit Freud, von vornherein von kindlichen Körperbedürfnissen bestimmt. Die soziale und kulturelle Art der Befriedigung der kindlichen Körperbedürfnisse realisiere sich, so Lorenzer, in der Einübung bestimmter Interaktionsformen. Dabei werden die kindlichen Bedürfnisse 'kanalisiert', sie werden sicherlich auch reduziert. Je nach kulturellem Umfeld wird manchen Bedürfnissen entsprochen, anderen nicht. In dem sich etablierenden Zirkel von Bedürfnis und Bedürfnisbefriedigung finde die Vermittlung von körperlichen und den gesellschaftlichen Interaktionsnormen statt. Diese Vermittlung, die dem entspricht, was Freud "Triebschicksal" nennt, erscheint bei Lorenzer als Zusammenspiel vom Subjekt und seinen lebensgeschichtlichen Verhältnissen (Lorenzer 1972:13-55).

Er behauptet weiterhin, daß jede Änderung, d.h. jede neue Form der kindlichen Entwicklung, eine erneute Einigung zwischen Kind und Erziehungsperson und neue Interaktionsformen voraussetzt. Er geht dabei davon aus, daß frühe Interaktionen zwischen Mutter und Kind "ungespalten" sind, folgt also dem psychoanalytischen Konstrukt einer harmonischen und aufeinander bezogenen Mutter-Kind-Dyade. Aus diesen frühen Interaktionen entwickele sich, so Lorenzer, erst nachfolgend die Aufspaltung in ein Subjekt und ein Objekt[39]. Im Idealfall bedeutet dies, daß das Kind eine innere, psychische Konsistenz von Objekten als Niederschlag von Objektbeziehungen entwickelt. *Sprache* spielt nach Lorenzer eine bedeutende Rolle im kindlichen Entwicklungsprozeß, da er davon ausgeht, daß die Subjektkonstitution mit der Konstitution einer vom Subjekt abgegrenzten Gegenstandswelt einhergeht und daß diese Abgrenzung erst mit Hilfe der Sprache vollzogen werden kann (Lorenzer 1972a:161/ 1972:56-82). Da erst Sprache ein Bewußtsein schafft, muß die "ungespaltene" Mutter-Kind-Interaktion dem Kind bewußtlos bleiben, solange sie sprachlos ist. Mit der Einführung der Sprache aber tritt ein Drittes zwischen Mutter und Kind. Damit kann einerseits die Interaktion benannt werden, andererseits erfolgt die Aufgliederung in Subjekt und Gegenstandswelt[40]. Lorenzer versteht jedoch die Sprache als logische Weiterentwicklung der "ungespaltenen" Mutter-Kind-Interaktion und behauptet, daß die kindlichen Bedürfnisse an der letzteren direkt beteiligt sind. So bezeichnet er Sprache zum einen als "Selbstverwirklichung" der kindlichen Bedürfnisse und zum zweiten auch als von kindlichen Bedürfnissen inhaltlich bestimmt. Das Es gehe konstitutiv in Strukturen und Inhalte der Interaktion ein. Zugleich sei die Triebentwicklung aber, weil sie in das Symbolgefüge einer Gesellschaft einbezogen ist, eben gerade kein ungeschichtlich-asozialer Prozeß, sondern "gesellschaftlich bestimmte Form" (Lorenzer 1972a:163).

Lorenzers eigenen Worten zufolge ist dies ein Verständnis vom Triebgeschehen, in dem Trieb nicht als bloße Natur, sondern als "gesellschaftlich bestimmte

Natürlichkeit" zum Ausdruck gebracht wird (Lorenzer 1972a:166). Widersprüche zwischen kindlichen Bedürnissen und mütterlicher Befriedigung und die Interaktionen, die nicht dem gesellschaftlichen Regelsystem entsprechen, werden laut Lorenzer, desymbolisiert, d.h. aus dem Bewußtsein ins Unbewußte abgeschoben und können sich in Form von Neurosen zum Ausdruck bringen[41]. Wiedergekehrtes Verdrängtes präsentiert sich nach Lorenzers Vorstellung als "Klischee". Statt Natur als gesellschaftlich hervorgebracht zu definieren, versteht er Natur als "gesellschaftlich bestimmte Natürlichkeit" und postuliert einen unkultivierten 'Rest', der in der Form der kindlichen Bedürfnisse in die Interaktionsformen zwischen Mutter und Kind eingeht. Sein Sozialisationsmodell legt demgegenüber jedoch nahe, daß der 'Rest' an Ungespaltenem und Verdrängtem nicht als Natur oder Trieb begriffen werden muß, sondern sich aus widersprüchlichen Erfahrungen ableitet, -Abläufe, die sein Modell als Interaktionen und deren gescheiterte Einigungsformen beschreibt.

Lorenzers Theorie unterscheidet sich von den Hypothesen Fromms und Adornos insofern, als daß sie weder eine Vorstellung von Milieu-Prägung propagiert noch die therapeutischen Zusammenhang der Psychoanalyse negiert, sondern ein Modell zu entwickeln versucht, in dem der Prozeß der gesellschaftlichen Steuerung auf die Subjektkonstitution thematisiert wird[42]. Lorenzer führt aus, daß der erste Einigungsprozeß zwischen Mutter und Kind zwar vor der Subjekt-Objekt-Trennung liegt, aber doch die Gestaltung und Formung dieser Aufteilung sowie die Subjektkonstitution bestimmt (Lorenzer 1972a:159). Mittels dieser Beschreibung der frühkindlichen "Einigungsprozesse" als subjektkonstituierend, deutet er an, daß Subjektwerdung nicht nur durch Anpassung oder Macht und Unterwerfung, sondern auch durch Wahrnehmung von anderen sowie Einstellung auf unterschiedliche Interessen begründet werden kann. Dieser Gedanke basiert auf einer Vorstellung vom Menschen, die neben dem Prinzip der Trennung und Abgrenzung auch noch etwas Soziales und Nicht-Hierarchisches bei der Subjektkonstitution berücksichtigt wissen will. Einen solchen Hinweis findet man auch in jüngerer feministischer Theorie, die die Mutter-Kind-Beziehung als "dialogisches Verhältnis" (Benjamin 1988) charakterisiert und dessen theoretische Anerkennung fordert und auch begründet.

Lorenzers Theorie ist jedoch keine Subjekttheorie und auch keine Entwicklungspsychologie, sondern der Versuch, Sprache, Interaktion und körperliche Triebprozesse im Prozeß ihrer gesellschaftlichen Normierung zusammenzudenken. Dabei sind seine Ausführungen abstrakt und am klinischen Material der klassischen Psychoanalyse orientiert. Gesellschaftliche Repression wird als Regelsystem benannt, aber in seinen vielfältigen Herrschaftsbeziehungen nicht weiter ausbuchstabiert. Das hat auch zur Folge, daß Lorenzer die Lern-Prozesse der Mutter-Kind-Interaktion kaum in ihren Abläufen inhaltlich beschreibt, geschweige denn eine geschlechtsspezifische Differenzierung vornimmt. Weder geht in seine Theorie ein, daß die Mutter eine Frau ist - dabei bietet es sich förmlich an, die Desymbolisierungen der ersten "Einigungs"-Erfahrungen auch als Verdrängung und Verzerrung von Erfahrungen mit einer weiblichen Person zu interpretieren - noch überlegt er, ob die Mutter-Kind-Dyade vielleicht unterschiedlich verläuft, je nachdem, ob das Kind eine Tochter oder ein Sohn ist. Auch eine mögliche geschlechtsspezifische Bedeutungsaufladung von Symbolen und Symbolisierungen diskutiert er nicht, da für ihn Begründungen für den Status der Psychoanalyse als Interaktionstheorie vorrangig vor inhaltlichen Ausführungen sind. So hat der Ansatz Lorenzers zwar den Vorteil, durch sein interaktionstheoretisches Verständnis der Psychoanalyse auf einem Menschenbild zu basieren, das ein menschliches Miteinander positiv annimmt, bleibt aber in der Beschreibung der Repressionsverläufe zu abstrakt und zu wenig inhaltlich. So bleibt auch die Geschlechterdifferenz unberücksichtigt. Dies teilt er mit Fromm und Adorno; alle drei bislang diskutierten Positionen machen, obwohl sie sich mit Subjektivität und gesellschaftlicher Unterdrückung beschäftigen, die Unterordnung der Frauen unter die Männer als einen grundlegenden Ausdruck von Herrschaft und Unterdrückung nicht zum Thema. So bleiben auch ihre Vorstellungen vom Subjekt auf den Mann konzentriert.

Jessica Benjamin hat mit ihrem "intersubjektiven" Ansatz sowohl ein Verhältnis von Individuum und Gesellschaft als auch ein Verständnis vom Menschen begründet, das der Kritik an den bislang diskutierten Positionen versucht, Rechnung zu tragen. Sie macht auf der Basis klinischen Materials geschlechtsspezifische entwicklungspsychologische Ausführungen, die sie in gesellschaftliche Zusammenhänge einordnet und zugleich als realitätsgestaltend begründet. Zwar greift der weitreichende und präzise Ansatz Benjamins der inhaltlichen Diskussion des Zweiten Kapitels teilweise vor, illustriert jedoch eine weitere Form der Verbindung von Psychoanalyse und gesellschaftskritischer Perspektive, die darüber hinaus in Auseinandersetzung mit der Kritischen Theorie entstanden ist, so daß ich mich bereits an dieser Stelle mit einigen ihrer Ausführungen auseinandersetze. Ihre Überlegungen dienen mir zur Illustration eines weiteren sozialpsychologischen Versuches, die Mechanismen und Wirkungsweisen von Herrschaft zu erklären.

Theorie der primären Intersubjektivität

Jessica Benjamin (1988) kritisiert die bei Freud wie bei Adorno und auch Lorenzer zugrunde liegende Auffassung vom Konflikt zwischen Trieb und Kultur, da diese Annahme die Frage verschleiere, wie Herrschaft tatsächlich funktioniert. Die Annahme eines Antagonismus zwischen Natur und Zivilisation lege entweder die Einsicht in die Notwendigkeit einer rationalen Autorität nahe oder nähre die Vorstellung einer besseren Natur, die von einer gefährlichen Gesellschaft unterdrückt wird[43]. Der Begriff der Unterdrückung jedoch könne nur bezeichnen und erfasse nicht die Tatsache, daß und wie Herrschaft alle

Ebenen der Psyche verwandelt (Benjamin 1988:8). Auch hält sie es für unbefriedigend, Herrschaft und Unterwerfung auf kulturelle Etikettierungen zurückzuführen und will stattdessen das Zusammenwirken von kulturellen und psychischen Prozessen erforschen, um zu klären, "wie jene 'anerzogene Weiblichkeit' schließlich in die Köpfe der Frauen gelangt" (Benjamin 1988:81).'

Benjamin bearbeitet die Frage nach der wechselseitigen Beziehung zwischen Allgemeinem und Besonderem also anders als Fromm, Adorno und Lorenzer. Sie will klären, wie Herrschaft funktioniert und schreibt diesen Funktionsmechanismen zentrale Bedeutung für die Konstitution von Subjektivität zu. Ihre Theorie will ein geschlechtsspezifisches Verständnis von gesellschaftlicher Unterdrückung entwickeln, das den einzelnen Menschen nicht als vollständiges Opfer denkt, sondern sowohl sein/ihr Verwoben-Sein in gesellschaftliche Machtzusammenhänge als auch seine/ihre Widerständigkeit theoretisch zu begründen sucht. Ihrer These zufolge geht Herrschaft aus einer Veränderung der Beziehung zwischen dem Selbst und der ersten Anderen hervor. Eine primäre Intersubjektivität zwischen Mutter und Kind breche zusammen und werde durch den Subjekt-Objekt-Dualismus ersetzt, mit dem dann Machtausübung und Unterdrückung einhergingen.

"Ich habe bereits darauf hingewiesen, daß die Polarität zwischen Autonomie und Gegenseitigkeit bzw. Freiheit und Pflege in unserer Kultur zentral ist. Die Aufspaltung dieser beiden Tendenzen in Objekt- und Aktivitätsstreben ist der psychologische Schlüssel zu dieser Polarität. Sie tritt auch in der Spaltung zwischen den beiden Objektformen des Ödipuskomplexes auf, dort in der Form der Polarität zwischen Liebes- und Identifikationsobjekt. Diese Polarität wird in unserer Kultur zum größten Differenzierungshemmnis, so sehr sie auch als deren Träger erscheinen mag" (Benjamin 1982:438/9).

Dies Differenzierungshemmnis realisiere sich in der individuellen Entwicklung, indem Selbstbehauptung durch die Abwertung des Gegenübers erkauft wird. Dies muß, so Benjamin, nicht das zwangsläufige Ergebnis einer jeden Entwicklung des Selbst[44] sein. Es gebe, und das ist ihre zentrale These, einen frühkindlichen "Prozeß der Anerkennung", der eine Begegnung zwischen dem Selbst und Anderen als eigenständig und gleichwertig ermöglicht (Benjamin 1988:15). Sie begründet ihre These mit Ergebnissen aus der Säuglingsforschung, die entgegen dem Verständnis von Freud, der die Mutter-Kind-Beziehung von den Triebbedürfnissen des Säuglings bestimmt sah, das kleine Kind als eine eigene Persönlichkeit mit eigenem Willen sieht, das die Mutter von anderen Personen unterscheiden kann und aktiver Partner in der Beziehung zur Mutter ist. Die Säuglingsforschung versteht die Bereitschaft zu sozialen Kontakten wird als ein primäres Verhaltensphänomen und Intersubjektivität als Entwicklungsmotor: Das Individuum entwickele sich in und durch die Beziehung zu anderen. Dabei beschreibt Benjamin die erste Erfahrung der Mutter mit ihrem Kind als "Prozeß der Anerkennung", als "paradoxe Mischung von Anderssein und Zusammensein". Damit unterstellt sie, daß es von Anfang an zwei

Subjekte gibt und daß die Mutter nicht Anhängsel oder Versorgungsinstanz des Kleinkindes ist.

Aus diesen Annahmen lassen sich bereits theoretische Prämissen Benjamins ableiten. Zum einen geht sie davon aus, daß polare Konstruktionen - in Kindheitserfahrungen und deren Symbolisierungen wie auch in Ideologie, gesellschaftlichen Zuweisungen und Wahrnehmungsmustern - einen "psychologischen Schlüssel" (s.o.) besäßen; auf dichotome Konstruktionen zurückgingen, die bereits frühkindlich verankert werden. Diese seien zentrale Elemente von Herrschaft, einer gesellschaftlichen wie auch einer schon frühkindlich wirkenden, zwischenmenschlichen Praxis. Zum anderen unterstellt sie, daß sich diese Herrschaftselemente nicht automatisch oder zwangsläufig entwickeln müßten, sondern durch die Zerstörung eines "paradoxen Gleichgewichts", das ursprünglich zwischen Mutter und Kind herrsche, initiiert werden.

In ihrem Verständnis ist "Anerkennung" zuerst ein konstantes Element von kindlicher Entwicklung, das erst später zur "Arena des Konfliktes zwischen dem Selbst und Anderen" wird (Benjamin 1988:25). Die Autorin geht hier von einer menschlichen Fähigkeit zur Gegenseitigkeit aus und spricht von einem "Spektrum von Entwicklungsmöglichkeiten zur Intersubjektivität", die ihren Ausgang an dem Punkt nehmen, an dem der Säugling erkennt, daß es auch noch andere gibt, die ihm zudem ähnlich sind. Diese Erkenntnis, wie auch die menschliche Entwicklung, beinhalte ein Paradoxon: Der Wunsch nach absoluter Selbständigkeit kollidiert mit dem Wunsch nach Anerkennung durch die Anderen. Dieser Kernkonflikt zwischen Selbstbehauptung und Anerkennung kann unterschiedlich gelöst werden. Nicht selten wird die Spannung zwischen den beiden Möglichkeiten als so intensiver Konflikt erlebt, daß aus dem "Paradoxon der Gegenseitigkeit" in eine simple Entgegensetzung der beiden Pole geflüchtet wird. So tritt "Polarisierung an die Stelle der Balance" (Benjamin 1988:52).

Auch wenn das Scheitern der Anerkennung eher die Regel als die Ausnahme ist, beharrt Benjamin auf der Möglichkeit einer anderen Entwicklung. Sie führt aus, daß die ideale Lösung des "Anerkennungsparadoxons" darin besteht, das Paradoxon als konstante Spannung zu erhalten, die in ein sich entfaltendes Gleichgewicht zwischen Eins-Sein und Ablösung mündet. Diese theoretische Möglichkeit von menschlicher Entwicklung beinhaltet die Anerkennung der Mutter als selbständige Person als ein ebenso wichtiges Entwicklungsziel wie die Ablösung von ihr. So wird die Koexistenz von Gleichheit und Unterschied denkbar.

Diese Vorstellung steht im Gegensatz zu den meisten anderen Theorien, die den Erwerb der individuellen Autonomie vor die Frage stellen, wie sich dabei die Beziehungen zu anderen Menschen gestalten. Benjamin ist der Meinung, daß die intersubjektive Theorie nicht per se eine geschlechtsspezifische Theorie ist. Intersubjektivität als Ideal oder Utopie sei überall und zwischen allen Menschen denkbar. Jedoch ist die Frage nach Gleichheit und Unterschied, die erkannt und akzeptiert werden müssen, in unserer Gesellschaft mit einer geschlechtsspezifischen Komponente verbunden. Auch Benjamin geht davon aus, daß bei uns in den allermeisten Fällen die erste Andere eine Frau ist. Wenn also "wechselseitige Anerkennung" der anderen in den ersten Interaktionserfahrungen scheitert, werden dementsprechend sowohl Ohnmachtserfahrungen wie auch Machterfahrungen in den Zusammenhang mit einer Frau gestellt. Diese Erfahrung wird durch kulturelle Schemata von Polarisierungen gefiltert, in denen Frauen mit anderen Werten und Bedeutungen assoziiert sind als Männer: In der ideellen Konstruktion der bürgerlichen Familie wird der mütterlichen Pflege die väterliche Autonomie entgegengesetzt. Mütter können gemäß dieser kulturellen Bewertung leichter als Liebes- und Väter eher als Identifikationsobjekte benutzt werden. Die unterschiedlichen Bewertungen und Besetzungen der beiden Pole der Konstruktion führen zu Hierarchisierung und einseitiger Ab- und Aufwertung. Durch Benjamins Herausstellung eines grundsätzlichen Dilemmas - wir brauchen andere und wollen doch von ihnen unabhängig werden - ermöglicht sie eine Einsicht in Konflikte, die um Macht und Unterdrückung kreisen.

So ist der "Zusammenbruch der Anerkennung zwischen dem Selbst und der Anderen" für Benjamin Ausdruck und Ergebnis von Herrschaft (Benjamin 1988:68). Der Kern von Herrschaftsbeziehungen sei, so denkt sie mit Hegel und verweist auf dessen Dialektik der Beziehung zwischen Herr und Knecht, von anderen anerkannt zu werden und sich auf diesem Wege selbst zu bestätigen. Herrschaft versteht sie als eine entfremdete Form von Differenzierung, als einen Versuch, durch Distanzierung, Idealisierung und Verdinglichung die Spannung wiederherzustellen (Benjamin 1988:68). Die Einbettung in diesen allgemeinen, philosophischen Rahmen als Erklärungsbezug für die Analyse der frühkindlichen Trennungsprozesse ähnelt der Argumentationsstruktur Adornos. Während Adorno den Begriff der Repression als zentral auf beiden Ebenen beschreibt und darüber eine Entsprechung gegeben sieht, stellt Benjamin die Verbindung zwischen beiden Themenbereichen über den Begriff der Spaltung her. Der Begriff der Spaltung habe, so führt die Autorin in einer Fußnote aus, sowohl eine "engere, technische" auf individuelle psychische Prozesse bezogene Bedeutung als auch eine überindividuelle, "metaphorische und metapsychologische" Bedeutung. Individuell und technisch gesehen meint Abspaltung eine Abwehr von Aggression, den Versuch das 'gute' Objekt zu erhalten, indem die `bösen' Anteile, gegen die die Aggression sich richtet, abgespalten werden. "In einem ganz allgemeinen Sinne bedeutet Spaltung aber auch das Aufbrechen eines Ganzen, wobei Teile des Selbst oder des Anderen abgespalten oder woanders hin projiziert werden" (Benjamin 1988:64). In beiden Bedeutungsebenen ist die Polarisierung von gut und böse ein zentraler Mechanismus, der verhindert, daß Gegensätze integriert werden können. Dies bewirkt dann, daß die eine Seite abgewertet, die andere idealisiert und jede Seite auf ein anderes Objekt projiziert wird.

Damit ist ein Funktionsmechanismus beschrieben, von dem Benjamin annimmt, daß er elementarer Bestandteil von Herrschaft ist. Dadurch aber, daß sie den Funktionsmechanismus als Gemeinsamkeit von allgemeiner und individueller Form von Herrschaft herausstellt, geht sie den Unterschieden zwischen beiden Ebenen nicht weiter nach. Es werden die Parallelen frühkindlicher und gesellschaftlicher Spaltungsprozesse betont und es bleibt unbeleuchtet, daß beispielsweise die Reproduktion einer gesellschaftlich verbreiteten Nicht-Anerkennung der Mutter oder einer gesellschaftlich akzeptierten Abwertung von Frauen andere Faktoren und zusätzliche Wirkungsmechanismen braucht als die frühkindlichen Prozesse gescheiterter Identifizierung. Mechthild Rumpf (1989:63) hat in ihrer Kritik Jessica Benjamins darauf hingewiesen, daß psychoanalytische und philosophische Anerkennungsproblematik nicht identisch sind. Ein Unterschied ist zum Beispiel, daß Hegels Dialektik von Herr und Knecht spezifische gesellschaftliche Beziehungen und Abhängigkeitsverhältnisse voraussetzt. Die Beziehung zwischen Herr und Knecht findet im Rahmen entfremdeter Arbeits- und Bewußtseinszusammenhänge statt und stellt eine besondere Form der Dominanzbeziehung dar, die nicht direkt mit der Abhängigkeit des Kindes von der Mutter gleichgesetzt werden kann. Sicherlich wirken kulturelle Zuweisungen, Macht und Abhängigkeit auch auf das Mutter-Kind-Verhältnis und in ihm, Rumpfs Kritik macht jedoch deutlich, daß die Mutter-Kind-Beziehung in anderen Lebensverhältnissen stattfindet und anderen Normen und Zuweisungen ausgesetzt ist als das Verhältnis zwischen Herr und Knecht.

Eine Vernachlässigung dieses Unterschieds zu Gunsten der Herausstellung einer in beiden Beziehungen wirkenden Problematik von Spaltung und Anerkennung kann dazu führen, daß die psychische Dynamik in ein Modell eingepasst wird, das einen reduzierten Begriff von (geschlechtsspezifischer) Identität hervorbringt. Eine Differenz zwischen gesellschaftlich vermittelten Verhaltensanforderungen und der Psychogenese von Identität gerät auf diese Art und Weise leichter aus dem Blick, als wenn Unterschiede zwischen subjektiven und objektiven Bedingungen und Verhältnissen in der Analyse mitberücksichtigt werden. Ein Festhalten an der Differenz von symbolischen Ausdrucksformen/ Ideologien und den psychischen Bildungsprozessen ist eine notwendige Voraussetzung für die Entwicklung von Vorstellungen von Eigen- und Widerständigkeit. Benjamin behauptet zwar eine Differenz, indem sie "wechselseitige Anerkennung" als ein Widerstands-Potential gegen die gesellschaftlichen Dichotomien als Element jeder kindlichen Entwicklung beschreibt, sagt uns aber nicht, wie Menschen denn dies Potential gegen kulturell-symbolische Zuschreibungen entfalten können. Dies mag auch zusammenhängen, daß bei ihr Verständigung und Wechselseitigkeit lediglich als Bestandteile der Mutter-Kind-

Zweisamkeit Erwähnung finden; in der Konzentration auf die frühe Mutter-Kind-Beziehung bleibt die Frage ausgeblendet, wie ein "dialogisches Mutter-Kind-Verhältnis" sich denn unter einer bipolaren symbolischen Struktur erhalten könnte.

Da ist die Vorstellung Lorenzers von einer allmählichen Aneignung der "symbolischen Interaktionsformen", die auf den "Einigungsformen" zwischen Mutter und Kind aufbauen, insofern erweitert, als daß er die Notwendigkeit beschreibt, einen 'Dritten' zu integrieren. Er hat auch darauf hingewiesen, daß Interaktion und Intersubjektivität durch die Einführung von Sprache erweitert werden und neue Möglichkeiten, aber auch Beschränkungen erfahren.

Ich will abschließend noch einmal zusammenfassen, worauf die Durchsicht von verschiedenen Positionen zum Thema *Psychoanalyse und die Erklärung gesellschaftlicher Zusammenhänge* für die Bearbeitung der feministisch-psychoanalytischen Ansätze aufmerksam machte.

1. Die *phänomen-orientierte Position* Erich Fromms verdeutlichte mögliche Verkürzungen einer gesellschaftstheoretischen Erweiterung der Psychoanalyse. Wenn Personen und die menschliche Psyche primär als Produkt der prägenden Umwelt angesehen werden, sind Vielfalt, Widersprüche, Konflikte und Widerstände nicht oder nur wenig sichtbar. Bezogen auf Weiblichkeit hieße das, daß Neigungen und Interessen von Frauen rollenkonform gefaßt würden.

2. Die *philosophische Position der Negation* von Adorno zeigte, daß die Vernachlässigung der therapeutischen und entwicklungspsychologischen Dimension der Psychoanalyse zu einer abstrakten und philosophischen Betrachtung der Repression von äußerer und innerer Natur führten, bei der Individuen und die konkreten Mechanismen der Prägung und der Entstehung von Widerständen eine geringe Rolle spielen. Für die Beschreibung von weiblicher Subjektivität wirft die Position der Negation die Frage auf, ob und wie Frauen überhaupt als Subjekte begriffen werden können, ohne die gängigen Zuschreibungen zu wiederholen.

3. In seiner *interaktionstheoretischen Erweiterung* der Psychoanalyse beschrieb Lorenzer die kulturell-gesellschaftlichen Formen und Strukturen von Interaktion, die bereits in die frühkindliche Beziehung zwischen Mutter-Kind hineinreichen und sie normieren. Da jedoch sein Hauptinteresse den Nachweisen gilt, daß die Psychoanalyse eigentlich eine Interaktionstheorie sei und der Triebbegriff eine vergesellschaftete Körpernatur repräsentiere, geht er entwicklungspsychologischen Zusammenhängen nur begrenzt nach und argumentiert hauptsächlich in erkenntnistheoretischer Perspektive. Seine Theorie macht für die Erklärung von Weiblichkeit allgemein deutlich, daß auch Geschlecht (Natur/Trieb) und Geschlechtszugehörigkeit in symbolisierten (oder desymbolisierten) Interaktionsformen hergestellt werden; diese Prozesse müßten aber noch genauer beleuchtet werden.

4. Benjamins *Theorie der primären Intersubjektivität* stellt ein Ziel von Entwicklung, nämlich "wechselseitige Anerkennung" an den Beginn menschlichen Wachstums. Individuelle wie auch sozial definierte Männlichkeit und Weiblichkeit erscheinen als Polarität, die aus einer nicht gelebten "wechselseitigen Anerkennung" resultieren. Da die Prozesse, die die "wechselseitige Anerkennung" befördern, bei ihr unterbelichtet bleiben, stellt sie hauptsächlich die Reproduktion der Norm dar, verweist jedoch auf das Vorhanden-Sein anderer Möglichkeiten, die in der Entwicklung jeder individuellen Geschlechtsidentität angelegt seien.

Das jeweils verschiedene Verständnis der psychoanalytischen Theorie, das in den Positionen zum Tragen kommt, gibt einen Eindruck von den Möglichkeiten, wie diese Theorie zur Erklärung von sozialen und gesellschaftlichen Phänomenen und Problemen genutzt wird. Ebenso kann auch das Anliegen, das Thema der Zweigeschlechtlichkeit als soziales Phänomen mit Hilfe psychoanalytischer Hypothesen erhellen zu wollen, auf verschiedene Weisen und mit unterschiedlichen Zugängen umgesetzt werden.

Anmerkungen

1 Siehe Mead 1958, Ortner/Whitehead 1981 oder auch Tyrell 1986, der diese Sicht als die gängige soziologische Position kennzeichnet. Hagemann-White 1984:39ff grenzt in ausführlicher Diskussion biologische Begründungen gegen das o.g. Verständnis ab.

2 Siehe dazu die verschiedenen Beiträge von Wissenschaftlerinnen aus unterschiedlichen Disziplinen bei Hausen/Nowotny 1986, Beer 1987, Kulke 1985, Schaeffer-Hegel 1989.

3 Ich referiere hier die bei Hagemann-White 1988a:47/8 nachzulesende Zusammenfassung feministischer Theoriestränge, die mir die deutsche Diskussion am besten und am knappsten wiederzugeben scheint. Demgegenüber unterteilt z.B. Joan Scott 1986:1057ff in nur drei Ansätze feministischer Theoriebildung: a) Patriarchatsanalyse, b) Feminismus und Marxismus, c) Psychoanalyse und Poststrukturalismus. Donna Haraway 1987 und Iris Young 1985 diskutieren hauptsächlich die Literatur aus dem anglo-amerikanischen Raum.

4 Die Begrifflichkeit variiert hier oft. Karin Hausen 1978 spricht beispielsweise von "Geschlechtscharakteren", Nancy Chodorow 1978 von "Geschlechterpersönlichkeiten". Ich unterstelle, daß hier im Grunde von derselben Art der Typisierung gesprochen wird; von dem Einfluß einer normativen und ideologischen Kategorie, die sich - z.T. bewußt, z.T. unbewußt - auf unsere Vorstellungen, auch vom eigenen Mann- oder Frau- Sein und auf unser Handeln, Denken und Fühlen auswirkt und realitätsgestaltend werden kann.

5 Sigrid Metz-Göckel 1988a:94 trifft hierfür die begriffliche Unterscheidung in "Ge-

schlechterstigmatisierung" und "Geschlechterpotential". Der zweite Begriff benennt, daß eine Person nicht auf Stereotypen und Stigmatisierungen zu reduzieren ist. "Geschlechterstigmatisierung" meint hingegen die von den Individuen selbst übernommenen geschlechtsspezifischen Einengungen von Verhaltensweisen, Fähigkeiten und Persönlichkeitsstrukturen, die mit der Zuweisung `männlich' bzw. `weiblich' einhergehen.

6 Demgegenüber argumentiert beispielsweise Luce Irigaray in ihrem differenztheoretischen Ansatz so, daß sie das Anders-Sein von Frauen weniger aus der biologischen Andersartigkeit der Frauen als aus der kulturell-symbolischen Nicht-Existenz bzw. Geringschätzung von Frauen ableitet. Da Frauen in der herrschenden Kultur nicht vorkämen, gäbe es außer Bildern, Projektionen und Zuschreibungen kaum Wissen über sie. Vorstellungen von "blinden Flecken", vom "dunklen Kontinent" legen die Überlegung nahe, Frauen müßten erst noch in ihrer Besonderheit und Andersartigkeit beschrieben werden, sie bräuchten einen eigenen, nicht durch den Mann vermittelten Blick auf die Welt und auf sich selbst. Vgl. Irigaray 1974, 1984 und Kapitel 2.3. dieser Arbeit.

7 Siehe Literatur bei Hagemann-White 1988b:229f, Bischof/Preuschoff 1980:40f, Lorber/Farell 1991:7.

8 Siehe auch Hirschauer 1989, der Geschlechtszugehörigkeit als "interaktive Konstruktion" begreift.

9 Die beiden Autorinnen leiten ihren Aufsatz mit der These ein, daß es in der bundesdeutschen Frauenforschung eine Vorliebe für die "Positivierung der Differenz" gebe (Gildemeister/Wetterer 1992:203) und behaupten, daß zentrale englischsprachige Publikationen zum Thema sex/gender weder in die deutsche Diskussion einbezogen, noch übersetzt, noch überhaupt zur Kenntnis genommen wurden. Diese Wahrnehmungsblockade lädt zu Spekulationen ein: Ist dies der deutschen geistesgeschichtlichen Tradition zuzuschreiben, welche Rolle spielt die ideologische Zementierung der Frauenrolle im Faschismus?

10 Susan Kessler und Wendy McKenna 1978 weisen darauf hin, wie wichtig es ist, zu definieren, welche Personen ich als Männer und welche als Frauen begreife. Das, was normalerweise `völlig klar' scheint, soll hier zum Gegenstand der Reflexionen gemacht werden, so daß die Klassifikationen ins Wanken geraten. Diese ethnomethodologische Position ist in der vergleichenden Kulturforschung sehr viel üblicher als in anderen Disziplinen und so wurde dort schon einige Jahre früher ein Geschlechterverständnis begründet, das Geschlecht als Ausdruck von sozialen Beziehungen und Macht- und Prestigegefällen begreift. Vgl. Rosaldo 1980, Ortner/Whitehead 1981.

11 West und Zimmerman unterstellen die Existenz eines Subjektes, das Träger des Handlungs- und Interaktionsprozesses ist, und beschreiben konkret stattfindende Interaktionen, in denen Einigungen, Normierungen und Bestätigungen bei der Herstellung von Geschlecht (beim "doing gender") vollzogen werden. Butler stellt hingegen die Annahme, daß das Subjekt eine ontologische Integrität besitze, grundlegend in Frage. Damit werden anthropologische Grundannahmen als Produkte von Wissen und Macht begriffen und bringen sich quasi selbst hervor. "Innerhalb des überlieferten Diskurses der Metaphysik der Substanz erweist sich also die Geschlechtsidentität als performativ, d.h. sie selbst konstituiert die Identität, die sie angeblich ist. In diesem Sinne ist die Geschlechtsidentität ein Tun, wenn auch nicht das Tun eines

Subjektes, von dem sich sagen ließe, daß es der Tat vorangeht" (Butler 1990:49).

12 Butler 1990:9 bezeichnet den "Phallogozentrismus und die Zwangsheterosexualität" als definierende Institutionen, bei West/Zimmerman hingegen sind "Institutionen" die Organisationen und Zusammenhänge, in denen Menschen handeln und denken.

13 Damit spreche ich zum Beispiel die ethnopsychoanalytischen Untersuchungen von Maya Nadig 1985, 1992 an.

14 Siehe z.B. Klinger 1986, oder auch Becker-Schmidt 1989, die das Prinzip der "bestimmten Negation" zu einer Spurensuche nach erlittenem, unsichtbarem Leiden benutzen möchte, bei der die "Phänomene" in ihren Kontexten und ihrer Geschichte untersucht werden. Auch Knapp 1992 weist im Rahmen der feministischen Macht- und Herrschaftsdiskussion darauf hin, daß die Debatte Formen der Vergesellschaftung und konkrete Lebenszusammenhänge fast gänzlich zu Gunsten abstrakterer Ebenen der Macht- und Herrschaftsanalyse vernachlässigt.

15 Ähnlich auch Rosaldo 1980, Ortner/Whitehead 1981, die die Beschreibung und Analyse der Wechselbeziehungen zwischen Situation, Kontext und Bedeutung im "sex-gender-system" (Rubin) fordern.

16 Über methodologische und inhaltliche Auswirkungen dieser Verbindungen denken z.B. Nadig 1985, Hagemann-White 1979, 1988, und Koch 1987 nach. Mir kommt es hier aber, wie oben bereits erwähnt, vielmehr darauf an, daß besagte feministisch-psychoanalytische Ansätze selbst die metatheoretische Seite ihrer Unternehmung nur unzureichend reflektieren.

17 Auch "Revisionismusstreit in der Psychoanalyse" bzw. Gründungsphase der "Neoanalyse" genannt. Clara Thompson 1952 bezeichnet die Arbeiten von Fromm, Sullivan und Horney als "kulturelle Schule der Psychoanalyse", da alle drei AutorInnen versuchen, die Psychoanalyse mit Kultur- und Persönlichkeitsforschung zu verbinden.

18 Leithäuser/Volmerg 1988, Volmerg/Senghaas-Knobloch/Leithäuser 1985, Brede/Schweikhart/Zeul 1988 und Publikationen des Psychoanalytischen Seminar Zürichs.

19 In den Diskussionen um diese Verbindungsansätze spielt die Frage nach der Bedeutung des Trieb-Begriffs eine zentrale Rolle und schlägt sich im innerpsychoanalytischen Diskurs als Nebeneinander von triebtheoretischen und objektbeziehungstheoretischen Ansätzen nieder. Im Gegensatz zu Integrationsansätzen, die innerhalb der Sozialwissenschaften entwickelt wurden, hat aber z.B. die Objektbeziehungstheorie nicht den Anspruch, gesellschaftliche Phänomene psychoanalytisch zu verstehen und zu erklären, sondern legt entwicklungspsychologische Hypothesen vor.

20 Schaut man sich die älteren Debatten an, fällt sofort auf, daß hier, obwohl über die Rolle von Trieben, von Sexualität und menschlicher Natur diskutiert wird, ausgerechnet die Kategorie Geschlecht ausgespart bleibt, die doch sonst als erstes zu diesenThemenfeldern assoziiert wird. Zwar setzt sich die Frankfurter Schule mit der `Kulturistin' Karen Horney auseinander, ihreThesen zur psychoanalytischenTheorie der Weiblichkeit bleiben dabei jedoch unberücksichtigt. Es wird ausführlich über den heuristischen Wert der Triebtheorie debattiert, ohne die Frage nach der Allgemeingültigkeit einer Libido, die von Freud als "regelmäßig und gesetzmäßig männlicher Natur" definiert wird, mit in die Diskussion einzubeziehen. Ellen Reinke-Körberer 1978 mutmaßte, daß die feministische Kritik aus der innerpsychoanalytischen Diskussion ausgespart bleibt, da sie an den Zentralreferenzen der Psychoana-

lyse kratze. Als ähnlich grundlegend und konstitutiv beschreibt auch Christa Rohde-Dachser 1989, 1991 den männlichen Blick in der Psychoanalyse.

21 Wenn ich im nachfolgenden von "allgemeiner Debatte" spreche, dient mir dieses Kürzel für die Erfassung der Debatte um die gesellschaftstheoretische Erweiterung der Psychoanalyse, wie ich sie oben skizzierte. "Allgemein" ist diese Diskussion insofern, als daß sie die Geschlechterdifferenz unerwähnt läßt und 'den Menschen' statt als Mann oder Frau als Allgemeines setzt.

22 Ich hoffe, durch die Auswahl der mir als zentral erscheinenden Positionen eine mögliche Bezugnahme exemplifizieren zu können. Andere, sicherlich auch interessante und diskutierenswerte Positionen aus diesen umfassenden Debatten bleiben dabei leider unberücsichtigt.

23 So mehren sich auch die Stimmen, die fordern, daß die doppelte Zugangsweise von Psychoanalyse und Gesellschaftstheorie zum Tragen kommt statt als Gegensatz aufgelöst zu werden. Forderungen nach interdisziplinärer Zusammenarbeit und Argumente gegen eine Zuordnung des psychoanalytischen Gegenstandes, die der gängigen disziplinären Aufteilung entspricht, entwickelten z.B. Brede 1989, Lorenzer 1980, Butzer 1991.

24 Zur Geschichte des Frankfurter Instituts für Sozialforschung, deren Arbeit, Auseinandersetzungen und der Rolle der einzelnen Forscher siehe Jay 1976 oder auch Görlich/Lorenzer/Schmidt 1980. Da es mir gerade um die Verschiedenartigkeit der Perspektiven auf die Psychoanalyse bei den jeweiligen Positionen geht, vernachlässige ich den Diskussionskontext.

25 Dies ist Fromms zentrales Thema bei seiner Analyse von Institutionen, z.B. von Religion und Familie. Vgl. Fromm 1930, 1936.

26 Vgl. Fromm 1935, 1969.

27 Hier könnten Maßstäbe für die psychische Gesundheit der Menschen abgeleitet werden, ähnlich wie dies auch Talcott Parsons vorgeworfen wurde. Es besteht die Gefahr, daß ein Menschenbild, das primär an den Erfordernissen des gesellschaftlichen Funktionierens ausgerichtet ist, die alleinige Definitionsmacht bekommt. Dies kritisiert auch Adorno 1955. Eine in der Soziologie häufiger vertretene Kritik an der von Fromm behaupteten gesellschaftlichen Formbarkeit der Triebe findet man bei Bonß 1982, 1989 und Bonß/Schindler 1982.

28 Die Debatte gipfelte 1955/56 in dem Streit zwischen Erich Fromm und Herbert Marcuse, der in der Zeitschrift *Dissent* ausgetragen wurde.

29 Nicht umsonst fand Freud auch im Innersten des Menschen Gesellschaftliches, wie z.B. Inzestverbot oder Vaterimago.

30 Zwar kritisiert Adorno 1955:70f auch die Freudsche Strukturtheorie und seine Aufteilung in Es, Ich und Über-Ich, da mittels dieser rigiden Trennung nicht genügend berücksichtigt werden könne, daß das Ich als Träger der Realität auch immer zum Nicht-Ich im Dienste des Unbewußten werden kann. Ich will jedoch in die Diskussion um die Strukturtheorie nicht einsteigen.

31 Adorno 1955:67 ist davon überzeugt, daß jedes Menschenbild außer dem negativen Ideologie ist.

32 So kritisiert Adorno in "Zum Verhältnis von Soziologie und Psychologie" seinerseits, daß bei Freud die Unfreiheit zur anthropologischen Invariante gerinne und dieser das Potential der Spontanität ignoriere. In demselben Aufsatz schreibt Adorno ein Plädoyer für die Anerkennung von Differenzen: "das Wesen ist nicht das abstrakt Wiederholte,

sondern das Allgemeine als Unterschiedenes. Das Humane bildet sich als Sinn für die Differenz überhaupt an deren mächtigster Erfahrung, der von den Geschlechtern" (Adorno 1955:84), überläßt es letztendlich aber doch seiner Schülerin Jessica Benjamin diese Erkenntnis der Mehrdeutigkeiten theoretisch weiterzuentwickeln. An anderer Stelle relativiert er den Gedanken, daß die vom Menschen geschaffenen Institutionen ihm selbst zur zweiten Natur werden: "Nicht bloß verlangt das Ganze, um nicht unterzugehen, seine Änderung, sondern es ist ihm auch, kraft seines antagonistischen Wesens unmöglich, jene volle Identität zu erzwingen, die in den negativen Utopien goutiert wird" (Adorno 1962:44).

33 Beiden Lesarten, der neoanalytischen wie der philosophischen, ist hingegen gemein, daß sie eine Umdefinierung der klassischen Psychoanalyse implizieren. Heute finden Kritik und Anliegen der Neoanalytiker im innerpsychoanalytischen Diskurs durch den wachsenden Einfluß objektbeziehungstheoretischer Argumentationen ihre Berücksichtigung. Der neoanalytische Einwand der inhaltlichen Unzulänglichkeit der Psychoanalyse wird auch durch die feministische Kritik an der psychoanalytischen Theorie der Weiblichkeit untermauert. Die Position Adornos ist in die breite Diskussion von Freuds kulturtheoretischen Annahmen eingegangen.

34 Dies entspricht vom Anspruch den Bemühungen von Jean Laplanche 1988, "Freud mit Freud zu deuten", die theoretischen Probleme zunächst innerhalb der Freudschen Theorie selbst zu erklären (und mittels einer "allgemeinen Verführungstheorie" gegen Biologismus und Ich-Psychologie zu argumentieren).

35 Lorenzer 1980:331, siehe auch Lorenzer 1977:10f.

36 Rohde-Dachser 1991:38ff verwendet Lorenzers tiefenhermeneutisches Verfahren als Instrumentarium feministischer Theorie. Mir geht es hier mehr um seinen Begründungsgang, Psychoanalyse und Gesellschaftstheorie zusammenzudenken.

37 Vgl. Lorenzer 1977:33ff. Klaus Menne 1976:40ff kritisiert Lorenzer und weist darauf hin, daß mit dem Bezug auf Wittgenstein der Versuch Lorenzers, Verstehen als 'logisches Verstehen' zu fassen, mißlingen muß: Auf der Grundlage der Wittgensteinschen Einheitssprache stelle sich das Problem der Hermeneutik nicht. Hermeneutik aber müsse auf die Sicherheit der Einheitssprache verzichten.

38 Birgit Volmerg 1987:183 meint, daß sich diese Beschränkung aus der Logik der gesellschaftlichen Entwicklungsprozesse selbst ergeben würde: In Prozessen sekundärer Sozialisation stelle sich das Verhältnis von Individuum und Gesellschaft noch einmal neu.

39 Vgl. Lorenzer 1972:160: "Es wird eine neue ungespaltene Interaktion erworben, die sich dann in Subjekt und Objektrepräsentanzen zerlegt".

40 Eine Abgrenzung oder Gegenüberstellung zu anderen Theorien, die mit der Bedeutung der Einführung von Sprache argumentieren, wie z.B. Habermas oder Lacan will ich hier nicht ausführen, da sie ein eigenes Thema darstellen. Lorenzer 1973:115ff grenzt sich selbst gegen besagte Autoren ab.

41 Als Kritikerin Lorenzers verdeutlicht Emma Moersch 1976:219ff, daß Lorenzer in umgekehrter Richtung als die übliche psychoanalytische Auffassung argumentiert: Bei ihm verbürgt das Symbol die Teilhabe an der Sprachgemeinschaft, das verdrängte Symbol ist das Klischee. Damit setzt Lorenzer die Teilhabe an der Sprachgemeinschaft voraus, um Unbewußtes konstituieren zu können. Die Psychoanalyse dagegen behauptet, daß sich aus dem Es, also dem Unbewußten, die Instanzen des psychischen Apparates bilden, die ein Subjekt sprach-und handlungsfähig machen. Daß der

Ausgangspunkt der Lorenzerschen Überlegungen äußerlich ist, verdeutlicht Moersch mit einem weiteren Hinweis: Die Psychoanalyse stellt eine dem verdrängten Material innewohnende Tendenz fest, den im Bewußtsein nicht zugelassenen Wunsch durch Wiederkehr des Verdrängten doch zum Ausdruck zu bringen. Lorenzer stellt dies als die Schaffung eines Klischees durch ein äußeres oder Phantasieereignis dar, das er "szenisches Arrangement" nennt.

42 In Lorenzers Begriff von Subjektivität, die er als "Niederschlag von gesellschaftlich vermittelten Formen der `Einigung' zwischen Mutter und Kind" (Lorenzer 1973:104) versteht, gehen die individuelle Anpassung wie auch das Leiden ein, das sich aus den gesellschaftlichen Widersprüchen ergeben kann.

43 Diese Kritik trifft, wie wir gesehen haben, auf Adorno wie auf Lorenzer nur eingeschränkt zu. Zwar postulieren beide eine von der Gesellschaft unterdrückte Natur, machen aber deutlich, daß die Konflikte und gesellschaftlichen Zwänge, die sie beschreiben in der Psyche und im Körper der Menschen verankert sind und daß es deshalb keine reine, bessere Natur jenseits von Gesellschaft gibt.

44 Benjamin spricht, wenn von Individuen die Rede ist, konsequent vom "Selbst". So grenzt sie sich von der Ich-Psychologie ab, die das bewußte Ich in den Mittelpunkt stellt. "Selbst" hingegen beinhaltet auch den unbewußten Selbstentwurf des Einzelnen. Ich werde mich im folgenden bei der Darstellung Benjamins an diese Terminologie halten.

II.

»Weiblichkeit« – Konstruktionen des Körpers, der Beziehungen und der Sprache

2. »Weiblichkeit« – Konstruktionen des Körpers, der Beziehungen und der Sprache

Die feministische Auseinandersetzung mit der Psychoanalyse hat neue Thesen zu Fragen der Reproduktion der individuellen und kulturellen Zweigeschlechtlichkeit sowie der gesellschaftlichen Geschlechterverhältnisse begründet. Ich erwähnte eingangs, daß die jeweiligen Ansätze unterschiedliche thematische und argumentationslogische Zugänge zum Thema Weiblichkeit haben und sich in drei Teile gliedern lassen.

Die innerpsychoanalytische Diskussion um die Weiblichkeit kreist im wesentlichen um entwicklungspsychologische Fragen und die Beschreibung typischer Problembereiche und Konflikte von Frauen. Eine zweite Zugangsweise analysiert die frühkindlichen Beziehungen zwischen Säugling und Eltern als bedeutsam für die Entstehung von Weiblichkeit und Männlichkeit. Eine dritte Richtung beschreibt die Entstehung einer Geschlechtszugehörigkeit unter den Bedingungen eines alles strukturierenden Sprachsystems.

Diese drei psychoanalytisch argumentierenden Zugangsweisen will ich nachfolgend unter der Frage, wie die Ansätze ein Wechselverhältnis von Individuum und Gesellschaft beschreiben und begründen, vergleichend bearbeiten. Mögliche Ausblendungen und Verkürzungen, die in Kapitel 1.2. anhand früherer Überlegungen zu der Frage der Einarbeitung psychoanalytischer Hypothesen in die Erklärung sozialer Phänomene angesprochen wurden, denke ich bei der Diskussion der feministisch-psychoanalytischen Ansätze immer mit, und auch auf andere Formen von Reduktion in den Argumentationsgängen werde ich hinweisen.

2.1. Weiblichkeit als Geschlechtsidentität. Psychoanalytische Thesen zur weiblichen Entwicklung

Weiblichkeitskonstruktionen, die innerhalb der psychoanalytischen Theorie entwickelt wurden, begründen in den meisten Fällen die Entwicklung einer Geschlechtsidentität; sind also ein (normatives) Modell individueller Entwicklung. Diese Weiblichkeitsentwürfe spielen im feministisch-psychoanalytischen Diskurs in zweifacher Hinsicht eine Rolle.

Zum einen boten und bieten speziell die mit dem ödipalen Modell begründeten Weiblichkeitsbilder Anlaß für Kritik und bewirkten eine Verlagerung der Diskussion um die Entstehung von Geschlechtsidentitäten von der ödipalen in die prä-ödipale Lebensphase. Diese innerpsychoanalytische Auseinandersetzung hat sowohl neue Vorstellungen über die Entwicklung von Weiblichkeit im Individuum entwickelt als auch Anknüpfungspunkte für andere, neuere feministisch-psychoanalytische Überlegungen ermöglicht. Zum anderen aber gibt es feministisch motivierte Kritik von Analytikerinnen, die kontinuierlich dazu auffordern, die psychoanalytische Theorie selbst zu analysieren und nicht an der Festschreibung von Weiblichkeit mitzuwirken.

Ich gehe davon aus, daß es eine umfassende Rezeption und Weiterentwicklung psychoanalytischer Thesen durch Feministinnen nicht in dem Maße gegeben hätte, wären nicht innerhalb der Psychoanalyse selbst Variationen der Freudschen Thesen zur Weiblichkeit entwickelt worden. Deshalb scheint mir eine Kurzdarstellung der psychoanalytischen Diskussion um Weiblichkeit unerläßlich, die der feministischen Kritik als Anknüfungspunkt dient. Darüber hinaus will ich auf das ödipale Modell als Gegenstand feministischer Kritik und auf neuere Modelle der Entwicklung von Geschlechtsidentität eingehen[1].

2.1.1. Zur Debatte um das Mangelwesen Frau

Forderungen nach Einbeziehung gesellschaftskritischer Erkenntnisprozesse wurden und werden auch innerhalb der Psychoanalyse gestellt. Dies verdeutlichen auch und gerade die Veränderungen im Themenfeld *Psychoanalytische Theorie der Weiblichkeit*. Zu Freuds Zeiten war die psychoanalytische Erkenntnis über die psychosexuelle Entwicklung des Mädchens, wie an der Unterschiedlichkeit der damaligen Positionen abgelesen werden kann, recht ungeklärt. Der Titel des Aufsatzes über "Einige psychische Folgen des anatomischen Geschlechtsunterschieds" (Freud 1925) benennt noch eindeutig die Blickrichtung vom Körper als Grundlage für die Entwicklung der Persönlichkeit. Diese Perspektive ist zunehmend durch den Einbezug sozialer Beziehungen als Gestaltungsfaktor auch für die psychische Struktur relativiert worden. Die Ausrichtung an der Triebtheorie wurde ergänzt (manche würden sagen, in Frage gestellt oder relativiert) durch die Erforschung der frühen Objektbeziehungen[2]. Stellt nach klassisch psychoanalytischer Vorstellung der Ödipuskomplex den zentralen Organisator der Triebkonflikte dar, so geriet die Überzeugung vom "Ödipus als dem Kernkomplex der Neurosen" ins Wanken, da viele der von Freud beschriebenen Phänomene sich als weitaus früher beobachtbar herausstellten und somit nicht unbedingt als Ergebnis des Ödipuskomplexes zu interpretieren sind. So sind in der psychoanalytischen Literatur seit geraumer Zeit Ansätze vorherrschend, die die prä-ödipale Phase in den Mittelpunkt ihrer Betrachtungen stellen. Diese Ansätze stützen sich hauptsächlich auf Beobachtungen früher Mutter-Kind-Interaktionen, die psychoanalytisch interpretiert werden. Die Interpretation von beobachtetem Verhalten erfordert die Miteinbeziehung äußerer Faktoren (sozialen Situationen/Umständen) und sieht die Entwicklung einer Innenwelt in Abhängigkeit von der Außenwelt, die im Inneren verarbeitet wird. Daran gekoppelt ist auch die Annahme, daß der Säugling von Lebensbeginn an ein eigenes Wesen, und nicht nur zu versorgendes Objekt ist. Hier wird somit ein sozial-kulturelles Verständnis von Geschlecht stärker in den Blick gerückt als bei einem Geschlechts-Begriff, der primär auf inneren Prozessen und der Anatomie basiert. So behaupten z.B. Ethel Person und Lionel Ovesey (1983:221), daß der Position von "Anatomie ist Schicksal" (Freud) heute die Vorstellung von "gender orders sexuality" entgegenstünde. Man mag dieser Einschätzung zustimmen oder nicht, die Akzeptanz derartiger Ansichten ist innerhalb der psychoanalytischen 'Zunft' sicherlich größer geworden, da die psychoanalytische Selbstkritik und die verschiedenen Weiterentwicklungen zunehmend wahrgenommen und anerkannt wurden.

Geschlechtsidentitäten[3] werden also unterschiedlich hergeleitet und erklärt, je nachdem, ob Triebkonflikte oder Objektbeziehungen als Grundlage der Ausgestaltung des Seelenlebens angenommen werden. Mit dem "Untergang des Ödipuskomplexes", so charakterisiert es die Freudsche Psychoanalyse, sind Geschlechtsidentitäten vorgezeichnet, sie werden als Ergebnis der geschlechtsspezifischen Normierung von Trieben verstanden[4]. Die Verlagerung des Interesses auf die Objektbeziehungen in der prä-ödipalen Zeit verdeutlichte, daß ein geschlechtsspezifisches Verhalten bereits nach 18 Lebensmonaten beobachtbar ist, und so geht man heute davon aus, daß Geschlechtsidentitäten ab diesem Zeitpunkt kaum mehr veränderbar sind[5]. Für die Ausgestaltung der weiblichen Geschlechtsidentität wird die Rolle der sozialen Beziehung zwischen Mutter und Tochter als zentral angesehen. Bereits Freud spekulierte, daß die prä-ödipale Mutter-Tochter-Beziehung eine der ödipalen Dynamik vergleichbare Bedeutung in der Entwicklung der Mädchen haben könnte, ging dieser Vermutung aber nicht weiter nach.

Für die psychoanalytischen Theorien der Geschlechterdifferenz war diese Entwicklung insofern wichtig, als daß sich entsprechend der Vorannahmen auch der Erklärungskontext der Entstehung von Männlichkeit und Weiblichkeit verschob. Ich will zur Illustration dessen vier verschiedene Ausgangspunkte (phallischer Monismus, angeborene Heterosexualität, Primary Femininity, Bisexualität) skizzieren, aus denen sich jeweils unterschiedliche Hypothesen zur Entstehung von Geschlechtsidentität entwickelten.

Phallischer Monismus

Freuds Lehre von der infantilen Sexualität unterstellt eine primäre Parallelität der Entwicklung beider Geschlechter unter männlichem Vorzeichen, die viel diskutiert und kritisiert wurde[6]. Seine Hypothesen, die einerseits so wichtig für die Entdeckung unbewußter Kräfte und ihrer Wirkungen waren, koexistieren mit Ideen, die eine unvollständige weibliche Persönlichkeit entwerfen, mit wenig Libido, einer schwachen, masochistischen sexuellen Kondition, Sublimierungsunfähigkeit, Tendenz zur Rigidität und frühem 'Erstarren'. Er beschreibt die Entwicklung beider Geschlechter als um den Phallus zentriert und nimmt keine eigenständige psychosexuelle Entwicklung der Frau an, sondern sieht sie als Äquivalent der männlichen Entwicklung. Als "phallischer Monismus" wird dieser Betrachtungsansatz bezeichnet, da lediglich das männliche Geschlechtsorgan als wahrnehmbar und bedeutungsvoll beschrieben wird. Für die kindliche Entwicklung gilt das weibliche Geschlecht als bedeutungslos, die Vagina bleibe bis zur Pubertät unentdeckt, die Klitoris sei ein kleiner Penis. Diese Sicht entwickelte Freud 1905 in den "Drei Abhandlungen zur Sexualtheorie" und hat sie später differenziert. Die Schrift ist in Teilen widersprüchlich und enthält auch den Gedanken einer bisexuellen Entwicklung, also die Vorstellung einer ursprünglichen Egalität der Geschlechter. Freud erwägt die Möglichkeit, daß auch seelische "Eigenschaften, Triebe und Charakterzüge" vom anderen Geschlecht übernommen werden können. Er stellt die Gleichsetzung von männlich=aktiv und weiblich=passiv in Frage und äußert sich kritisch zu damaligen Vorstellungen von geschlechtsgebundenen Charaktereigenschaften. In der gleichen Schrift klopft er jedoch die nämlichen Vorstellungen wieder fest, indem er ausführt, daß die aktive und aggressive Sexualität des Mädchen in der prä-ödipalen Phase "durchaus männlich", ja daß sogar die Libido insgesamt "regelmäßig und gesetzmäßig männlicher Natur" sei.

So schwanken Freuds Ausführungen über die Weiblichkeit zwischen der Reproduktion von zu seiner Zeit gültigen Weiblichkeitsklischees und einer Ratlosigkeit über den "dark continent"[7] Weiblichkeit. Sein später formuliertes Anliegen, daß die Psychoanalyse "nicht beschreiben will, was das Weib ist, (...) sondern untersucht, wie es wird, wie sich das Weib aus dem bisexuell veranlagten Kind entwickelt" (Freud 1931:124) blieb Forschungsprogramm, hinterließ er doch selber zu diesem Thema genauso viele Fragen wie Antworten. Aktuell ist diese Sprach-, Rat- und sicher auch Bewußtlosigkeit noch heute. Weiblichkeit und Männlichkeit sind auch heute entweder völlig selbstverständlich, banal und 'natürlich', oder aber - wenn wir anfangen, darüber nachzudenken - vielfältige, mit verschiedenen Gefühlen, Konnotationen und Bewertungen besetzte Konstruktionen. So ist heute nicht mehr allgemein "das Weib" ein "Rätsel"[8], sondern eher "das, was mit uns geschehen ist, damit wir unsere Weiblichkeit als einen Mangel zu erleben bereit wurden" (Hagemann-White 1979:28).

Bereits zu Freuds Lebzeiten gab es kritische Positionen gegen seine Hypothesen zur Weiblichkeit und die These, daß die Idee des phallischen Monismus und des Penisneides eine Abwehr originärer Weiblichkeit und männlichen Neides auf die weibliche Gebärfähigkeit darstelle.

Angeborene Heterosexualität

Schon früh vertreten Karen Horney (1923/1926/1932) und auch Jones (1927/1935) gegenüber Freud die Auffassung, daß es eine eigenständige weibliche psychosexuelle Entwicklung gebe, die eine lustorientierte, auf das Gegengeschlecht ausgerichtete Sexualität und eine im Körper-Ich verankerte Kenntnis der Vagina beinhalte. Horney (1926) richtet ihre Aufmerksamkeit dabei auch auf die soziale Unterdrückung der Frauen und versteht den weiblichen Penisneid und die sog. phallischen Phase beim Mädchen, die Freud direkt aus dem anatomischen Geschlechtsunterschied herleitet, als sekundäre Reaktionen auf Kränkungen und Frustrationen in einer männlichen Kultur. Grundlegend ist bei Horney wie bei Jones die Vorstellung, daß die ödipale Bindung des Mädchens aus einer angeborenen Weiblichkeit heraus entwickelt werde und Weiblichkeit einen eigenen Reifungsprozeß durchlaufe, welches auch durch den "verschiedenen Anteil an der Fortpflanzung" (Horney 1926:30) deutlich werde.

Die Auseinandersetzung mit Freuds Weiblichkeitstheorie ist damals wie heute nicht zu einem tatsächlichen Abschluß gebracht worden. Aus der Diskussion verschwunden sind lediglich die Annahmen Freuds, die nach heutigem Forschungsstand unhaltbar sind (die Klitoris ist, wie Beobachtungen der Embryonalstadien gezeigt haben, kein kleiner Penis; es gibt eine frühe, unbewußte Kenntnis der Vagina). Neuere Beobachtungen und Untersuchungen bestätigen die Annahme Horneys, daß die weibliche Sexualität sich nur unzureichend im Rahmen der männlichen erkären läßt. So sind Freuds eigenes Zögern und seine Zweifel bei diesem Thema für die theoretische Weiterentwicklung förderlicher als eine Aufrechterhaltung seiner Theorie der Weiblichkeit. Jedoch kann es heute trotz der berechtigten Einwände Horneys nicht mehr befriedigen, die Theorie des phallischen Monismus durch die einer angeborenen Weiblichkeit zu ersetzen. Weiblichkeit als angeboren zu setzen, bedeutet der Suche nach weiteren Erklärungsmöglichkeiten aus dem Weg zu gehen und wird auch der Erklärung des Wechselspiels von sozialen und körperlichen Faktoren und der Rolle der ersten Objektbeziehung für das Zustandekommen der Geschlechterdifferenzierung nicht gerecht. Außerdem reduziert die Vorstellung von der angeborenen Weiblichkeit das, was Freud als "polymorph perverse Sexualität" der frühen Phase bezeichnete, also die Vorstellung einer vielfältigen, nicht heterosexuell gebundenen Sexualität. Möglicherweise erfuhren aus diesem Grund Interpretationen und Theorien, die die Normierung durch Einstellungen und

Erwartungen der Eltern herausstellen, während der zweiten Diskussionsphase der psychoanalytischen Weiblichkeitstheorien eine verstärkte Rezeption.

Primary Femininity

Der Psychiater Robert Stoller (1968, 1977) entwickelte eine ganz andere Vorstellung vom Vorgang der sexuellen Differenzierung[9]. In seiner Theorie einer sehr frühen Identifikation des Kindes mit der Mutter, die vor der Kenntnis des Kindes vom eigenen Geschlecht liegt, postuliert er die Entstehung einer vorläufigen Geschlechtlichkeit unabhängig vom anatomischen Geschlecht. Er stellt die Abhängigkeit von der frühkindlichen Betreuungsperson und die Identifizierung mit ihr als wesentliches Moment der Entwicklung im Sinne einer ersten Strukturierung des Seelenlebens dar.

Stoller dreht in seiner Theorie die Freudsche Annahme vom phallischen Monismus um und geht davon aus, daß alle Menschen zuerst einen Zustand von Weiblichkeit durchlaufen, den er "primary femininity" nennt. Grund für diese Annahme ist die Tatsache, daß das erste Identifikationsobjekt für beide Geschlechter die Mutter ist. Dies beinhalte - so Stoller (1968) - spezifische Probleme für den Jungen, der, um Männlichkeit entwickeln zu können, die Identifizierung mit der Mutter lösen müsse ("dis-identification") und eine Identifizierung mit dem weniger präsenten Vater anstrebe. Im Gegensatz zu Freud, der die weibliche Sexualitätsentwicklung für problematisch hielt und die Schwierigkeit im Objektwechsel (von der Mutter zum Vater, von der Klitoris zur Vagina und von der Aktivität zur Passivität) sah, betont Stoller die männlichen Schwierigkeiten beim Erlangen einer Geschlechtsidentität und hält die männliche Geschlechtsidentität insgesamt für instabiler und störanfälliger als die weibliche[10].

Bei Stoller geht es zentral um Identifikationsprozesse. Er beschreibt eine linear verlaufende Prägung von der Mutter auf das Kind, die geschlechtsspezifisches Verhalten mit geschlechtsspezifischer Identität gleichsetzt. Wenn alle Menschen, wie Stollers Theorie nahelegt, zuerst weiblich sind, erübrigt sich für die weibliche Entwicklung der frühkindliche Trennungskonflikt von der Mutter, ja erscheint sogar unmöglich, weil Mädchen ja schon von Anfang an sind, was sie erst werden sollen. Weiblichkeit erscheint hier folglich nicht als Bestandteil der Persönlichkeit, der in Auseinandersetzung mit anderen Frauen und Männern entwickelt und erarbeitet wird, sondern wird aufgrund der frühen Identifikation der Tochter mit der Mutter als gegeben dargestellt. Wenn jedoch Leiden an und Unzufriedenheit mit der Geschlechtsrolle nicht erneut als Indiz für bloßen Neid auf den Mann und sein Geschlecht gelten sollen, müssen sie anders interpretiert werden, z.B. als Verweis auf verweigerte Möglichkeiten von Persönlichkeitsentfaltung, auf verhinderte Subjektivität. Jessica Benjamins Vorstellung einer ursprünglichen Bisexualität gibt zumindest eine Ahnung davon, daß der Erwerb einer Geschlechtsidentität als Mann oder Frau mit Reduzierungen einhergeht, die auch Probleme mit der Geschlechterrolle einsichtig machen.

Bisexualität

Jessica Benjamin (1988) differenziert die bei Freud bereits angelegte Theorie der Bisexualität. Sie geht davon aus, daß kleine Kinder bemüht sind, die Identifikationen mit beiden Geschlechtern aufrechtzuerhalten und postuliert eine frühe Identifikation mit dem Vater *und* der Mutter als für die Entwicklung von Geschlechtsidentitäten bedeutsam. In ihrenAusführungen über die prä-ödipale Phase stellt sie heraus, daß es bei Jungen wie bei Mädchen eine Neigung sowohl zur gleichgeschlechtlichen als auch gegengeschlechtlichen Identifikation gibt. Dies sei möglich, solange die Identifikationsmöglichkeiten noch nicht durch eine eigene starre geschlechtliche Identität begrenzt sind, und da Separation und Individuation nur über die wechselnde Identifikation mit demVater und der Mutter denkbar seien. So könne es dem Kind gelingen,Anteile zu übernehmen, die dem jeweils anderen Geschlecht zugeordnet werden. Diese Möglichkeit einer ursprünglich bisexuellen Identifikation alsWeg der psychischen Entwicklung beinhaltet die emanzipatorische Vorstellung von der Gleichwertigkeit der Geschlechter[11].

Benjamin entwickelt hier Vorstellungen, die in psychoanalytischer Literatur immer wieder eine Rolle gespielt haben. Marina Moeller-Gambaroff (1984) betont das radikale Potential einer Theorie der Bisexualität, das schon in Freuds Schriften angelegt ist, und auch bei Melanie Klein findet man Hinweise für die Möglichkeit zu bisexuellen Identifikationen. Klein geht davon aus, daß das Kleinkind Vater- und Mutterbilder introjiziert und versteht die Entwicklung weiblicher und männlicher Komponenten in einer Person als die "Grundlage für die Vollentwicklung einer harmonischen Persönlichkeit bei der Frau" (Klein 1932:248). Als besondere Bedingung hierfür formulierte sie allerdings das glückliche Zusammenleben der Eltern, das vom kindlichen Unbewußten als Realitätsbeweis für die Möglichkeit von "Wiedergutmachungen" verstanden werde[12].

Interessant ist hier, daß Männlichkeit und Weiblichkeit nicht als zwei sich ausschließende Alternativen behandelt werden, sondern als Persönlichkeits-Bestandteile gelten, die qua Identifikation angeeignet werden. Die Eltern als Identifikationsfiguren und ihre Beziehung zueinander gewinnen unter diesem Blickwinkel an Bedeutung. Unberücksichtigt bleibt zumindest bei Klein, wie denn die Integration von männlichen und weiblichen Anteilen von den Bedingungen der geschlechtsspezifischenArbeitsteilung, der ungleichen Bewertung von Männlichkeit und Weiblichkeit beeinflußt wird. Zwar beschreibt gerade Klein, wieviele frühkindliche Ängste und Haß der Mutter bzw. den mit der

Mutter assoziierten Teilobjekten gelten, stellt dies aber nicht in den Zusammenhang mit gesellschaftlichen Zuschreibungen und Bewertungen, sondern beschreibt Haß und Angst als entwicklungslogische Phänomene.

Betrachtet man diese Schlaglichter auf unterschiedliche psychoanalytische Annahmen über Ausgangspunkte weiblicher Entwicklung unter der Frage, welche gesellschaftlichen Eindrücke hier wie in psychoanalytisches Denken integriert werden, drängt sich der Eindruck auf, daß die Hypothesen auch jeweils ihren zeitlichen Entstehungskontext spiegeln. Es besteht eine wechselseitige Bezogenheit von inhaltlichen Weiterentwicklungen, deren Rezeption und dem, was ich zunächst einmal sehr allgemein 'Zeitgeist' nennen möchte. Christa Rohde-Dachser (1991:8) nennt diese Übereinstimmungen "kollektive unbewußte Phantasien", die auch eine Wissenschaftsgemeinde vereinen und die nicht selten mit der vorherrschenden Ideologie korrespondieren[13]. Sie geht davon aus, daß Bruchstücke von Freuds Positionen als ungebrochenes Paradigma innerhalb der Psychoanalyse weiterexistieren und in das Denken und Handeln nachfolgender Psychoanalytiker eingegangen sind und dort weitergewirkt haben. Bezogen auf die feministische Rezeption der Psychoanalyse beinhaltet diese These die Aufforderung, auch das kritische Aufbegehren der Zweiten Frauenbewegung gegen den psychoanalytischen mainstream, im Zuge dessen auch die Arbeiten Horneys wieder stärker rezipiert wurden[14], zum Zweck der Selbstkritik auf mögliche "unbewußte Phantasien" hin zu befragen. Auch eine über gesellschaftliche Verhältnisse aufklärende feministische Theorie ist nicht dagegen gefeit, Komplexität und Schwierigkeiten der Geschlechterkonstruktionen mittels der in unbewußten Phantasien gefangenen Ideologien zu vereinfachen. Rohde-Dachsers These ist also auch eine Aufforderung, sogenannte Wahrheiten immer wieder zu reflektieren.

Wenn also heute Jessica Benjamin (1988) die Möglichkeiten einer weniger rigiden Zweigeschlechtlichkeit anhand der bei Freud und anderen angelegten Vorstellung einer ursprünglichen Bisexualität weiterdenkt, sollte nicht ausgeblendet bleiben, daß derartige Überlegungen Unterstützung und Anerkennung dadurch erfahren, daß seit Ende der 80er Jahre "Androgynität" breiter diskutiert wird[15]. Es wäre ein eigenes Thema darüber nachzudenken, in welchem gesellschaftlichen Kontext diese "Sehnsucht nach dem Kugelmenschen" (Brückner 1988) verstärkt auftritt und welche unbewußten Phantasien oder Wunschvorstellungen hinter ihr stehen. Hier mag der Hinweis auf eine Wechselwirkung von der Virulenz des Themas und einer gesellschaftlich allgemein konstatierten Verunsicherung und Individualisierung genügen.

Wichtig an den bisherigen Ausführungen ist mir vor allem, daß diese vier verschiedenen Ansatzpunkte psychoanalytischen Denkens zum Thema Weiblichkeit Bezugs- und Anknüpfungspunkte für feministische Ansätze darstellen. Je nachdem, welcher Ansatz als gedanklicher Bezugspunkt (im kritischen wie im affirmativen Sinne) gewählt wird, ergeben sich unterschiedliche Konzeptionen von Weiblichkeit. So haben sich auch innerhalb der feministisch-psychoanalytischen Ansätze verschiedene Argumentationsverläufe und Denkansätze etabliert, die mit unterschiedlichen Vorverständnissen, Menschenbildern, Vorstellungen über das Verhältnis von Individuum und Gesellschaft arbeiten. Eine zweite Differenzierungsebene innerhalb der psychoanalytischen Weiblichkeitskonzeptionen macht sich daran fest, ob die prä-ödipale oder die ödipale Phase als konzeptioneller Ausgangspunkt gedacht wird.

Die prä-ödipale Phase: Mädchen und ihre erste Beziehung

Die meisten psychoanalytischen Entwicklungstheorien stellen die Ambivalenzen des menschlichen Reifungsprozesses heraus[16]. Jeder Mensch müsse sich vom frühen, versorgenden, mütterlichen Objekt lösen. Diese Ablösung sei konfliktträchtig und bei vielen Menschen blieben Vorstellungen über eine "archaisch, mächtige Mutter" erhalten und beeinträchtigten die Fähigkeit des erwachsenen Menschen zu lieben und produktiv zu sein. Die aus dieser Notwendigkeit zur Ablösung erwachsenen psychischen Spannungen und Konflikte werden geschlechtsspezifisch unterschiedlich bearbeitet und bewältigt. Zur Erklärung von Weiblichkeit aus diesen Prozessen gibt es innerhalb der Psychoanalyse im wesentlichen zwei Herangehensweisen mit einer jeweils anderen Fragerichtung.

1. Die einen fragen nach der Rolle von Phantasien über die "Urmutter", die "Mutter-Imago" und deren Beziehung zur Ausdifferenzierung von Weiblichkeit/ Männlichkeit, akzentuieren also innere Prozesse und Phantasien.

2. Die anderen fragen, wie sich Sohn und Tochter in ihrer Beziehung zur ersten Pflegeperson, in der Regel der Mutter, differenzieren, stellen also die konkreten frühen Objektbeziehungen in den Vordergrund.

Grundlegend für die erste Betrachtungsweise sind die Ausführungen von Melanie Klein, die von einem biologisch verankerten Ich ausgeht und die Anfänge der psychischen Strukturbildung auf den Dualismus von Lebens- und Todestrieb zurückführt, also als Ergebnis *interner* Faktoren interpretiert. Gleichzeitig bezieht sie aber auch die erste Erfahrung, durch die Mutter befriedigt oder enttäuscht zu werden, in ihre Theorie mit ein. Ihre Begrifflichkeit wirkt zunächst einmal befremdlich, da sie von imaginierten Teilobjekten und von kindlichen Phantasien, z.B. die Mutter betreffend, nicht aber von realen Bezugspersonen spricht. Sie geht davon aus, daß der Säugling von Anfang an Ängste mit seinen Objektbeziehungen verbindet. Die Mutter werde zunächst nur als Teilobjekt wahrgenommen, das füttert. Die Brust sei das gute und das böse Objekt, je nachdem, ob Befriedigung erfolgt oder nicht. Zugleich würden Befriedigungen und Versagungen als "gute" und als "böse Brust" internalisiert und so zum Vorbild für äußere Objekte. Das Kind erlebe das introjizierte Bild des Bösen als bedrohlich und verkehre - als Reaktion - die aggressiven Gefühle nach außen und erfahre die Mutter als eine, die ihr Kind haßt (Klein 1955, 1960).

Dieser Mechanismus, Befriedigung und Versagung zu verarbeiten, gelte für beide Geschlechter gleichermaßen. Eine geschlechtsspezifische Variation ergibt sich aus der von Klein angenommenen frühkindlichen Kenntnis der Vagina. Die (zwangsläufige) Frustrationserfahrung wirke sich bei Mädchen derart aus, daß der Haß gegen die Mutter gesteigert werde und zu sadistischen Phantasien beitrage, in denen das Mädchen das Leibesinnere der Mutter angreift, beraubt und zerstört. Aus Angst vor mütterlicher Vergeltung entstehe die Angst vor der Zerstörung bzw. Verletzung des eigenen Körperinneren. Des weiteren könnten Ängste auch aus der Verdrängung der mütterlichen Versagungen resultieren. Dies bewirke dann eine Idealisierung der Mutter, und in der Folge Neid auf die Mutter, der seinerseits wiederum Zerstörungsphantasien gegen den mütterlichen Innenraum initiiere. Derartige Phantasien bilden die Basis für die zentrale weibliche Angstsituation, die Klein als eine frühe Angst vor inneren Verletzungen beschreibt (Klein 1932:204ff).

Melanie Klein versteht 'Neid' als die Spiegelseite von 'Idealisierung' und somit als eine Grundkonstante im menschlichen Gefühlsleben. Neid kann auf verschiedene Objekte projiziert und transferiert werden. Ein Verständnis, wonach z.B. Brustneid den Wunsch nach Besitz der mütterlichen Brust ausdrückt, wäre zu 'objektbezogen', da es Klein primär um die Herausarbeitung von Grundbefindlichkeiten geht, die sich an verschiedene Objekte haften. So ist sie der Meinung, daß Neid negative Gefühle der Mutter gegenüber sowohl bei Jungen als auch bei Mädchen evoziere, beschreibt Neid also als eine für beide Geschlechter geltende Grundkategorie. Auch geht sie davon aus, daß Kinder diese Phantasien und Erfahrungen, die sie zuerst mit ihrer Mutter machten, auf andere Personen, d.h. z.B. auch auf den Vater übertragen. Dies bezieht sich auf die unterschiedlichsten Gefühlshaltungen, auf Liebe oder Haß, auf Idealisierung und Neid. So wie das Kind die Brust idealisiere und neide, so neide und idealisiere es auch den Penis.

Ab dem fünften Lebensmonat könne das Kind eine Integration der guten und der bösen Mutter leisten, die bedeute, daß die Mutter nicht länger als Teil (d.h. Brust), sondern als ganzes Objekt gesehen wird. Zudem sei später der Realitätssinn des Kindes davon abhängig, ob sich das Kind ein positives Mutterbild erhalten konnte, das nicht vollständig durch Haß zerstört wurde (Klein 1960:195f).

Melanie Klein hat ihre Theorie aus der Erfahrung mit Therapien und Analysen von Kindern entwickelt (Klein 1946). In ihren Interpretationen der kindlichen Krankheitsbilder hält sie fest, daß der Todestrieb den Lebenswillen derart überwiege, daß eine realistische Wahrnehmung der Mutter unmöglich sei. Angesichts ihrer an extremen Krankheitsbildern entwickelten Theorie stellt sich die Frage, welche Erkenntnisse über *nicht* pathologische Entwicklungen hieraus abgeleitet werden können. Von allgemeiner Bedeutung ist wohl der von ihr beschriebene Mechanismus, Befriedigung und Versagung zu verarbeiten. Ihre Begriffe der "guten" und der "bösen Brust" beschreiben ein Modell der Objektspaltung in *Introjektion* und *Projektion* und in *gut* und *böse*. Im Unterschied zu Freud geht Klein nicht von einer anatomisch bedingten Minderwertigkeit der Frau aus, sondern nimmt eine primäre Weiblichkeit an, die allerdings als Ausweg aus analen Minderwertigkeitsgefühlen der Mutter gegenüber verdrängt werde.

In Kapitel 2.2.2.1. gehe ich darauf ein, wie Dorothy Dinnerstein das Kleinsche Modell der Objektspaltung übernimmt und ihm eine geschlechtsspezifische Wertung zuordnet. Dinnerstein legt aber statt der Annahme eines innerpsychischen Kampfes zwischen Todestrieb und Libido die realen Erfahrungen in der Mutter-Kind-Beziehung zu Grunde. Sie trennt sich von einer triebtheoretischen Annahme Kleins und führt stattdessen eine Sichtweise ein, die die reale, soziale Beziehung berücksichtigt. Die Theorie von Melanie Klein wird bei Dinnerstein mit der zweiten für die Psychoanalyse der prä-ödipalen Phase bedeutsamen Fragerichtung kombiniert, wird ergänzt um die Frage: Wie differenzieren sich Sohn und Tochter in der Beziehung zu ihrer ersten Pflegeperson, der Mutter?

Diese zweite Perspektive auf die Prozesse der prä-ödipalen Entwicklung wurde stark durch das ForscherInnenteam um Margaret Mahler vorangetrieben. Diese haben unter Einbeziehung der frühen Objektbeziehungen sehr genaue Beobachtungen über "Die psychische Geburt des Menschen" (Mahler et al. 1975) angestellt. Die Autorinnen und Autoren untersuchen den innerspychischen Loslösungs- und Individuationsprozeß zwischen dem 5. und dem 36. Lebensmonats, indem sie Verhalten von Müttern und Kindern unter vorgegebenen Fragestellungen über Jahre hinweg beobachteten und mit Hilfe von Freudschen Hypothesen interpretierten[17]. Ein Schwerpunkt liegt dabei auf der Beobachtung der realen Interaktionen, und auf diese Weise ist die objektbeziehungstheoretische These, daß die psychische Struktur das Resultat verinnerlichter Beziehungen zu wichtigen frühen Bezugspersonen bzw. deren innerpsychische Repräsentanten sei, auch für die Mahlersche Ich-Psychologie zentral[18].

In einer zusammenfassenden Betrachtung ihrer Untersuchungsbefunde halten die AutorInnen für die Entwicklung einer Geschlechtsidentität fest, daß zwischen dem 15. und dem 22. Lebensmonat eine Phase der "Wiederannäherung" an die Mutter beobachtet wurde, der eine Phase der kindlichen Abwendung von der Mutter vorausgeht. Die Entdeckung des anatomischen Geschlechtsunterschiedes fällt in die Zeit dieser "Wiederannäherungsphase" und die AutorInnengruppe weist dieser Entdeckung einen großen Stellenwert zu, da sich von hier an die Individuation der Söhne von denen der Töchter unterscheide. Sie halten fest, daß der Junge sein Geschlechtsorgan libidinös stark besetze und im zweiten Lebensjahr ein stimmigeres Körpergefühl als das Mädchen habe, das er auf dem Wege autonomer, motorischer Aktivität erwerbe. Charakteristisch für die Phase der "Wiederannäherung" beim Jungen sei die Furcht vor der Wiederverschlingung durch die vormals symbiotische Mutter. Deshalb sei es das Hauptbestreben des Jungen, andere Ich-Ideale als die Mutter zu finden. Mädchen hingegen neigen nach der Entdeckung des Geschlechtsunterschiedes "stärker zu depressiven Verstimmungen" als der Junge (Mahler et al. 1975:267). Die Aufgabe, ein getrenntes Individuum zu werden, sei während dieser Phase für Mädchen schwieriger, da nach den Beobachtungen die Wiederannäherung des Mädchens an die Mutter voller Vorwürfe, Enttäuschung und verstärkt ambivalenter Hinwendung zur Mutter sei. Die Vorwurfshaltung der Mutter gegenüber interpretieren die Autorinnen und Autoren als Ergebnis der Entdeckung eines fehlenden Organs: des Penis (Mahler et al. 1975:138).

Auch bei Mahler et al. erscheint die Entwicklung des Jungen im Vergleich zu der des Mädchens als gelungener und ungestörter. Auch hier ist der Phallus bedeutendes Symbol von Unterschiedlichkeit: Jungen entdecken ihre Phallizität, die Mädchen entdecken nichts bzw. ihre "anatomische Unzulänglichkeit" (Mahler et al. 1975:267). Die beobachteten unterschiedlichen Reaktionen auf die Entdeckung des anatomischen Geschlechtsunterschiedes und der verschiedene Verlauf der Loslösungs- und Individuationsvorgänge beim Jungen und beim Mädchen bleiben jedoch interpretationsbedürftig. Mahlers Beobachtungen lassen offen, wieso die Entdeckung des Geschlechtsunterschiedes für das Mädchen eine Enttäuschung darstellt und erklären auch nicht, wieso die Geschlechtsrollen so nachhaltig und normativ wirken. Wenn uns die "anatomische Minderwertigkeit" (Freud) der Frauen nicht als ausreichende Begründung erscheint, müssen wir fragen, welche (frühen?) Erfahrungen die Entdeckung des Geschlechtsunterschieds zu einem so bedeutungsvollen Ereignis werden lassen. Beobachtungen verweisen sowohl auf die Bedeutung des Vaters als auch auf Unterschiede in der Interaktion zwischen Mutter und Kind, je nachdem ob das Kind ein Junge oder ein Mädchen ist. Z.B. ist bei Mahler et al. zu lesen, daß Mütter den Körper ihrer Töchter als weicher und anschmiegsamer als den ihrer Söhne empfanden und bei Jungen von einem Sträuben gegen Küssen und andere Zärtlichkeiten berichteten (Mahler et al. 1975:135/6). Interessant an dieser Äußerung ist weniger, daß Mädchen vielleicht tatsächlich kuscheliger als Jungen sind und Jungen "stärkere motorische Neigungen" als Mädchen haben, sondern vielmehr die Idee, daß auch elterliche, unbewußte Erwartungshaltungen sich auf die psychodynamische Entwicklung des Kindes auswirken.

Aufsehen erregte in diesem Zusammenhang eine Untersuchung von Harriet Lerner (1976), die Fallbeispiele veröffentlichte, in denen Töchter von ihren Müttern keine plastischen Vorstellungen ihrer Genitalregion vermittelt bekamen. Auffällig war dabei die völlige Namenlosigkeit des weiblichen Genitals. Die Autorin geht davon aus, daß eine positive Aneignung der eigenen Körperlichkeit mitbestimmt wird durch den frühen körperlichen Kontakt mit der pflegenden Mutter. Mütterliche Unzufriedenheit mit dem eigenen weiblichen Körper, mit der eigenen Sexualität, kurz die Einstellung der Mutter zur kindlichen und zur eigenen Weiblichkeit - das berichten auch andere AutorInnen[20] - schlägt sich im mütterlichen Pflegeverhalten nieder. Der daraus erwachsene Pflegestil sei entweder warm und zärtlich oder eher abweisend und entsprechend erlebe die kleine Tochter ihr eigenes Körper-Selbst, samt ihren Genitalien, überwiegend positiv oder negativ.

Auch Galenson/Roiphe (1977) und Money/Erhardt (1972) gehen davon aus, daß frühe Erfahrungen des Kindes mit dem Genitalbereich Einfluß auf die Ich-Entwicklung und auf die Geschlechtsidentität haben. Zwischen 16. und 18. Lebensmonat werde das Genital als besondere Lustzone entdeckt und entfalte Einfluß auf Beziehungen, Stimmungen, Phantasien und Handlungen. Lerner bringt die Tatsache, daß Mädchen oft keine bzw. lediglich Bezeichnungen aus dem Analbereich für ihr Geschlecht kennen, in Zusammenhang mit dem Interesse, das Mädchen im Gegensatz zu Jungen für ihren After zeigen. Ein bei Mädchen beobachteter "depressiver Schub" nach der Entdeckung des genitalen Unterschiedes wird einhellig als ein "prä-ödipaler Penisneid" interpretiert.

Egal ob man diesen Interpretationen nun zustimmt oder nicht, sie verdeutlichen auf jeden Fall, daß die Aneignung der eigenen Körperlichkeit ein bedeutsames Moment für den Aufbau einer Innenwelt, d.h. einer psychischen Struktur darstellt. Offen bleibt hierbei noch immer die Rolle des Vaters. Beim Lesen des bisher Dargestellten drängt sich die 'Schuld der Mutter' förmlich auf. Christiane Olivier (1980) untermauert diese These, indem sie behauptet, daß in der weiblichen Entwicklung die väterliche Fürsorge und das väterliche Begehren fehle. Ihre Behauptung steht im Kontext einer allgemeinen Öffnung der Theorie für die Rolle des Vaters in der prä-ödipalen Phase.

Das Konzept der Triangulierung und die Rolle eines Vaters in der prä-ödipalen Phase

Die stärkere Beachtung des Vaters bei der Beobachtung frühkindlicher Entwicklungsprozese trägt der Tatsache Rechnung, daß bereits in der prä-ödipalen Zeit nicht nur die Mutter Interaktionspartnerin des Kindes ist -auch kleine Kinder haben Kontakte zum Vater, zu Geschwistern, anderen Kindern, zu Großeltern, zur Tagesmutter. Hieran ist die These geknüpft, daß Kinder andere Personen zur Individuation brauchen, und daß Individuation immer in Dreiecksbeziehungen stattfindet. Beobachtungen brachten hervor, daß vor der klassischen Dreiecksbeziehung - der ödipalen Situation - eine frühere Phase der "Triangulierung" liegt[21]. Für die feministische Theorie war die psychoanalytische Diskussion um die Rolle und Bedeutung auch der Väter insofern wichtig, als daß sie auch außerhalb der Frauenbewegung den Weg dafür bereitete, zu sehen, daß die Pflege und Erziehung von Kindern nicht ausschließlich mütterliche Aufgabe ist. Zudem machte beispielsweise Carol Hagemann-White (1979, 1987) deutlich, daß sowohl ein mütterliches Selbstwertgefühl als auch eine Eigenständigkeit der Frau in der Beziehung zum Vater bzw. zu anderen Menschen notwendige Voraussetzungen für eine geglückte "Triangulierung" darstellen.

Die Diskussion um die Bedeutung des Vaters in der kindlichen Entwicklung setzte verstärkt im englischsprachigen Raum in den 60er Jahren ein. Vater-Kind-Beobachtungen, die differenzierte, sich teilweise widersprechende Aussagen machten, wurden zur Basis dieser Diskussion[22]. Wie dies theoretisch interpretiert wird, läßt sich bei Mahler und ihren Mitarbeiterinnen und Mitarbeitern aufzeigen. Das Forscherteam beobachtete, daß um den 18. Lebensmonat herum der Vater für das Kind zu einem wichtigen Objekt wird und stellte die These von der "frühen Triangulierung" (Abelin 1971) auf[23]. Die Autorinnen und Autoren sind der Meinung, daß als Schutz gegen ein Zurücksinken in die un-strukturierte primäre Identität mit der Mutter eine dritte Person gebraucht werde, die der Entwicklung des Kindes entsprechenden Autonomiebedürfnissen Rechnung trägt[24]. Da mit der Identifikation mit dem Vater auch die elterliche Beziehung mitverinnerlicht werde, sei die Rolle des Vaters bei der "frühen Triangulierung", diese kindliche Suche nach einem Objekt neben der Mutter, erheblich davon abhängig, wie der Vater die Trennung von der Mutter vorlebe. Margarete Mitscherlich-Nielsen (1978) hofft deshalb, daß wenn Vater und Mutter über genügend Selbständigkeit verfügen und eine gleichberechtigte Beziehung führen, das Kind konstante Beziehungen mit *zwei* Objekten während der prä-ödipalen Phase hätte. Damit bestünde die Möglichkeit, daß Kinder unterschiedliche Geschlechtlichkeit nicht als 'besser' oder 'unzulänglich' wahrnehmen, sondern als "Ausdruck menschlicher Vielfalt und Verschiedenartigkeit verstehen (...) und damit die Fähigkeit (...), neue Arten von Objektbeziehungen eingehen zu können" entwickeln (Mitscherlich-Nielsen 1978:680).

Mitscherlich-Nielsen aktiviert hier erneut die Vorstellung einer frühen Bisexualität und bringt sie in Verbindung mit realen Interaktionen zwischen Vater und Mutter und dem Kind. Die Hoffnung einer geglückten Triangulierung, also einer Entwicklung, die nicht auf der Spaltung der kindlichen Gefühle in Verachtung und Idealisierung basiert, gründet sie auf einer guten und gleichberechtigten Elternbeziehung. Diese Vorstellung verbindet sie mit Nancy Chodorow und Dorothy Dinnerstein, die die Forderung nach "geteilter Elternschaft" als Fazit ihrer Ausführungen aufstellten, was in Kapitel 5.1. noch Thema sein wird. Kritisch wurde zu diesen Überlegungen angemerkt, daß die aufgewertete Bedeutung des Vaters in der prä-ödipalen Phase der Phantasie vom Vater als Heilsbringer und Retter gleichkäme, also wieder auf die ordnende Hand des Vaters gewartet werde[25]. Wird der Vater als "der strahlende neue und aufregende Ritter in der glänzenden Rüstung und manchmal als der Retter vor der schlechten Mutter" (Mahler, zit. nach Rotmann 1978:1118) dargestellt, so ist der Anteil von Phantasie in dieser Äußerung offensichtlich. Liest man jedoch Ernest Abelins Ausführungen über die frühe Triangulierung nach, so wird deutlich, daß er sich gar nicht so sicher ist, daß nun ausgerechnet der Vater der rettende Dritte sein muß. In einem 1980 erschienenen Aufsatz führt Abelin aus, daß die Phase der Wiederannäherung von verschiedenen Triangulierungsphänomenen unterlegt sei. Wie der Vater wurden auch Geschwister, Großeltern und andere Erwachsene ab dem Alter von ca. 18 Monaten Objekte der kindlichen Aufmerksamkeit und Zuneigung. Abelin beobachtete sogar, daß zu manchen Zeiten die trianguläre Rivalität mit einem anderen Kind größer war als die mit dem Vater. Er fragt sich deshalb, ob die Erfahrung, daß die Mutter auch Beziehungen zu anderen Menschen hat, nicht genauso in einer "madonna constellation" wie in der "primal constellation" gemacht werden könne (Abelin 1980:155), kann diese Frage aber während der dritten Phase seiner Beobachtungen nicht beantworten (Abelin 1975).

In seiner Langzeitbeobachtung in einer Familie mit zwei Kindern, einem Sohn und einer Tochter, wendet er sich speziell den geschlechtsspezifischen Unterschieden während der Triangulierungsphase zu. Hier stellt er fest, daß bei dem Jungen die erste Vorstellung vom Selbst und von einem anderen Objekt durch die Dichotomie männlich/weiblich geprägt sei. Beim Mädchen hingegen überwiege das Abgrenzungskriterium groß/klein. Er spricht deshalb von einer "gender identity in boys" und einer "generational identity in girls", die um den 18. Lebensmonat herum entwickelt wird (Abelin 1980:158). Hierbei sei die oben erwähnte "madonna constellation" von Bedeutung: Die "generational identity" der Mädchen resultiere aus einer doppelten Identifikation des Mädchens innerhalb des Mutter/Baby/Selbst-Dreiecks. Sie identifiziere sich sowohl mit den Wünschen des passiven Baby-Rivalen als auch mit denen der aktiven Mutter. Diese frühen Identifikationen innerhalb der "madonna-constellation" seien beim Jungen durch die Identifikation mit dem Rivalen "Vater" verdrängt.

Dieser Gedanke ist interessant, stützt er doch die feministische These, daß der Erwerb der männlichen frühkindlichen Geschlechtsidentität durch die Verleugnung bzw. Verdrängung der Identifikation mit der Mutter stabilisiert werde. Anders als Feministinnen hält Abelin die Gleichgeschlechtlichkeit von Mutter und Tochter jedoch nicht für einen Grund, daß Mädchen erst einmal eine "generational identity" entwickeln. Er stellt die Tatsache heraus, daß die Jungen *eher* als die Mädchen eine "gender-identity" erlangen und nimmt einen frühen Penisneid der Mädchen an, der verhindere, daß die Töchter sich mit den Vätern identifizierten (Abelin 1980:159/60). Über andere mögliche Ursachen spekuliert er nicht. Dabei müßte ihm das feministische Argument eigentlich einleuchten, da er selbst die Bedeutung einer frühen Identifizierung herausstellt:

"The early triangulations are the foundation of gender identity precisely because they represent an acknowledgement and a transmutation of already existing feminine or masculine mirror object choices" (Abelin 1980:165).

Auffällig ist, daß Abelin hier von "feminine or masculine mirror object choices" spricht und nicht von der Beziehung zur realen Mutter (oder dem realen Vater) oder von mütterlich/väterlich besetzten Objekten, wie der Brust oder dem

Penis. Er ist der Meinung, daß die ersten Beziehungen nicht wörtlich und real vom Kind behalten werden, sondern die *erste* psychische Repräsentation darstellen. Die sehnsuchtsvoll gewünschte Mutter der Wiederannäherungsphase werde aber erst durch die Mutter als Objekt auf der *symbolischen Ebene* repräsentiert. Demgegenüber sei der prä-ödipale Vater vor der Wiederannäherungsphase vor-symbolisch und könne deshalb auch nicht mittels der psychoanalytischen Methode rekonstruiert werden. So sei auch zu erklären, daß die psychoanalytische Theorie den prä-ödipalen Vater bislang nicht erwähnt hat, und warum der Vater erst mit der symbolischen Ebene in der ödipalen Phase als phallisches Prinzip eingeführt wird[26].

Diese Überlegungen machen deutlich, daß die Einführung von Sprache wie auch die Entdeckung des anatomischen Geschlechtsunterschiedes an "Triangulierung", d.h. das Aufwachsen in Dreiecksstrukturen gebunden sind, die in Entsprechung mit den äußeren Beschaffenheiten des Modells der bürgerlichen Kleinfamilie stehen. Diese Struktur repräsentiert also bereits eine soziokulturelle Bestimmung der Geschlechterdifferenz. Demgegenüber meinen Annelise Heigl-Evers und Brigitte Weidenhammer (1988:128), daß das Modell der Triangularität eine Beziehungsstruktur benenne, die "von der grundsätzlichen triebhaften Gerichtetheit sexuellen Verlangens auf das Objekt, welches das Bedürfnis stillt, und dem als narzißtisch zu verstehenden Drang nach Erhaltung der Nachkommenschaft ausgeht". Ist das eine sinnvolle Definition oder wird damit indirekt nahegelegt, daß Bedürfnisbefriedigung und gesellschaftlicher Status Quo doch eigentlich ganz dicht beieinanderliegen? Wird so die Suche nach anderen Modellen von der Entwicklung geschlechtsspezifischer psychischer Struktur verhindert? Der Vorwurf der Reproduktion des Status Quo ist auch für das Modell des Ödipuskomplexes geltend gemacht worden.

Die weibliche ödipale Konfiguration

In der Literatur über die prä-ödipale Phase wird die Beziehungsstruktur der Triangularität auf der Ebene der Interaktionen und der identifikationsstiftenden Objektbeziehungen beschrieben. Die Überlegungen zur ödipalen Phase hingegen berücksichtigen stärker die kulturell-symbolische Ebene, die diese Interaktionen mehr oder weniger verzerrt repräsentiert. Für Feministinnen war der Ödipuskomplex schon immer ein Anlaß für Kritik, da er die weibliche Minderwertigkeit begründet und festschreibt. So wird sich auch in feministisch-psycho-analytischen Ansätzen oft in kritischer Perspektive mit dieser Theorie auseinandergesetzt. Im Unterschied zu prä-ödipalen Entwicklungshypothesen, an die die feministisch-psychoanalytischen Autorinnen anknüpfen und sie weiterentwickeln, dient ihnen das ödipale Modell häufig zur Abgrenzung gegen die klassisch psychoanalytische Argumentation. Insofern fallen ödipale Konstruktionen als Bezugspunkte für die feministisch-psychoanalytischen Ansätze kaum ins Gewicht. Ich möchte an dieser Stelle aber trotzdem auf einige Überlegungen zum Ödipuskomplex eingehen, da durch sie zwei zentrale psychoanalytische Argumentationsfiguren zum Thema Weiblichkeit deutlich werden: Die des Mangels und der vorgeblichen Notwendigkeit, sich am Vater, am väterlichen Prinzip zu orientieren.

Die Pauschalität und Normativität der ödipalen Theorie wird aber nicht nur im Hinblick auf die Entwicklung von Weiblichkeit kritisiert. Auch innerhalb der psychoanalytischen Theorie wird der Allgemeingültigkeitsanspruch des Komplexes seit längerem diskutiert. Diese Diskussion ist von der Überlegung bestimmt, daß, wenn sich die Gesellschaft ändert, dies auch in einer Theorie berücksichtigt werden muß, die den Unterschied von Ich und Anderen zur Erkenntnis bringen soll. Ein gesellschaftstheoretischer Bezug sei nicht nur sinnvoll, sondern sogar notwendig, um die ödipale Konstruktion sinnvoll zu begründen. Inhaltlich kreise die Diskussion, um nur einige Schlaglichter zu werfen, um die "vaterlose Gesellschaft" (A.Mitscherlich), den "Anti-Ödipus" (Deleuze/Guattari), den "Neuen Sozialisationstypus" (Ziehe) und das "Schwinden des Ödipuskomplexes" (Loewald). Diese Diskussionen, wie auch die feministische Kritik, fordern und verweisen auf andere Deutungen und Lesarten des Ödipuskomplexes. Doch zunächst zur klassischen Vorstellung.

Die Theorie des Ödipuskomplexes beschreibt den Punkt in der kindlichen Entwicklung, an dem sowohl der Geschlechtsunterschied als auch der Generationsunterschied als Realität erkannt werden. Kinder lernen Gleiches und Verschiedenes zu erkennen, indem sie realisieren, daß ein von ihnen begehrtes Liebesobjekt für sie nicht in der gewünschten Form erreichbar ist. Ödipale Konflikte, so sagt die Theorie, seien dadurch bestimmt, daß ein Liebesobjekt, das man für sich gewinnen möchte, in Beziehung zu einem anderen wichtigen Objekt steht. Es wird phantasiert, den Rivalen/die Rivalin auszuschalten und sich selbst als möglichst attraktiv zu inszenieren. 1924 begründete Freud die Vorstellung eines unterschiedlichen Verlaufs des Ödipuskomplexes bei Jungen und bei Mädchen. Unter dem Druck der Kastrationsdrohungen, die vom Vater ausgehen, gebe, so Freud, der Junge seine inzestuösen Wünsche an die Mutter auf und identifiziere sich mit dem Vater und verinnerliche dessen Gesetze. Das Mädchen hingegen habe die Kastration nicht zu fürchten, erlebe aber bei der Entdeckung des Geschlechtsunterschiedes Enttäuschung über die mangelhafte körperliche Ausstattung, die sie der Mutter anlaste und sich von ihr ab- und dem Vater zuwende, von dem sie sich zunächst den Penis und später ein Kind wünsche.

Mit seiner Theorie akzentuiert Freud zweierlei: Zum einen ist der Punkt markiert, an dem Kinder die Gesetze der Kultur zu übernehmen lernen. Die Theorie vom Ödipuskomplex hat insofern sozialisationstheoretischen Charakter als sie beschreibt, daß Kinder in Gesellschaft und Kultur aufwachsen und lernen müssen, sich anzupassen, um sich darin zurechtzufinden, und daß dies nicht ohne Normierungen und Beschädigungen vonstatten geht. Zum anderen erscheint der Ödipuskomplex als eine biologisch fundierte Zwangsläufigkeit: Die Priorität des Männlichen und die von Freud skizzierten Geschlechterrollen erscheinen als normal, als Entwicklungsaufgabe eines(r) jeden Einzelnen. Sowohl die Darstellung dieser Entwicklungsaufgaben in der mythologischen Form als auch die in diesem Komplex verankerte Vorstellung einer unhintergehbaren Anatomie geben dieser psychoanalytischen Konstruktion einen universellen, fast statischen Charakter. Aus feministischer Sicht stellt sich die Konstruktion Freuds eher als eine universelle unbewußte Wahn-Phantasie dar, in der Frauen als kastriert und ohne eigenes Geschlecht gedacht werden. Freuds These vom Aufgeben der Klitoris als Lustorgan zur Entdeckung der Vagina in der Pubertät, seine Bezeichnung des einen Organs als 'phallisch', des anderen als 'reproduktiv' zeigen, daß das weibliche Genital als Ganzes für ihn nicht existiert. Es wird zerteilt und in angebliche Funktionen mit geschlechtsspezifischer Bedeutung aufgeteilt.

Will man die Theorie nicht sofort als verkürzt bezeichnen und zur Seite legen, muß überlegt werden, was die Beschreibung von Frauen als kastriert gerechtfertigt erscheinen lassen könnte. Symbolisch verstanden könnte Kastrationsangst für allgemeine Angst vor körperlicher Verletzung stehen, oder wie bei Ernest Jones (1928) Angst vor dem Verlust von sexueller Genußfähigkeit, von Gefühl überhaupt, repräsentieren. Eine andere positive Lesart hat Juliet Mitchell (1974) vorgelegt, indem sie behauptete, daß die These von der kastrierten Frau schonungslos verdeutliche, daß Frauen in eine Männerwelt geboren werden, in der sie kaum Möglichkeiten auf Selbstverwirklichung haben, in der sie ihrer Handlungsmöglichkeiten beraubt, eben 'kastriert' sind[27]. Der heuristische Wert der Freudschen Thesen läge darin, weibliche Unterdrückung bzw. die Verhinderung der Entfaltung von Bedürfnissen als Realität benennen zu können. Diese Lesart kommt dem Psychoanalyse-Verständnis Adornos (vgl. Punkt 1.2.) recht nahe und macht sicherlich auf Schwierigkeiten und Probleme von Frauen aufmerksam, läßt aber unberücksichtigt, daß Freud sein Wissen oder seine Ahnung von typisch weiblichen Schwierigkeiten mit unveränderbaren Tatsachen begründete und so zu anthropologischen Konstanten verfestigte.

Für feministische Theorie, die Möglichkeiten der Veränderung der Geschlechterrollen und der Geschlechterverhältnisse begründen will, stellt sich angesichts der Normativität der ödipalen Theorie die Frage, ob es denn möglich ist, psychoanalytische Hypothesen zur Erklärung von Weiblichkeit heranzuziehen, ohne die impliziten Beschränkungen der Theorie mitzuübernehmen. Dafür ist es wichtig, daß sich in Teilen der modernen psychoanalytischen Literatur die Starrheit des Modells zugunsten eines offeneren Verständnisses gewandelt hat. Beispielsweise wird die Individuation beider Geschlechter heute eher als "Entwicklungsaufgabe" beschrieben[28]. So können auch veränderte gesellschaftliche Möglichkeiten berücksichtigt werden - weibliche Individuation ist heute wahrscheinlich eher möglich und denkbar als noch zu Freuds Zeiten. Andererseits warnt Christa Rohde-Dachser (1990, 1991) vor einer Doppelbödigkeit neuer psychoanalytischer Modelle, die sie darin begründet sieht, daß patriarchale Begriffe für die Konzeptualisierung einer weiblichen Individuation beibehalten werden. Auch in neuerer Literatur werden die bei Freud vorfindbaren Metaphern, Analogien und Mythologisierungen für das Verständnis von Weiblichkeit benutzt, ohne daß darüber reflektiert wird, welche Bewertungen des Weiblichen damit repetiert und festgeschrieben werden. Sowohl Christa Rohde-Dachser (1991) als auch Jessica Benjamin (1988) nehmen die neueren Schriften der französischen Analytikerin Janine Chasseguet-Smirgel zur Illustrierung eines psychoanalytischen Argumentationsverlaufs, der die Implikationen der Freudschen Ödipustheorie mittransportiert. Rohde-Dachser und Benjamin kritisieren beide, daß Chasseguet-Smirgel die ödipale Situation hauptsächlich als eine Fortführung prä-ödipaler Konflikte versteht. So interpretiert Chasseguet-Smirgel den ödipalen Wunsch, die Mutter als Geliebte zu haben, als Ausdruck früher narzißtischer Strebungen, die auch die ödipale Triangulierung als Wunsch nach Eins-Sein maßgeblich bestimmten. Die Kritikerinnen monieren nun, daß durch diese Sicht die Mutter zur Vertreterin regressiver Tendenzen und des "uneingeschränkten Narzißmus" (Freud) der frühen Kindheit werde und auf der anderen Seite die Macht des Vaters erscheine und als notwendig und erforderlich dargestellt wird, damit die Ablösung von der Mutter erfolgen und das Kind individuiert und in die Kultur eingeführt werden kann[29]. Dies sei eine überzogene Polarisierung von Mutter- und Vaterbildern, in denen unhinterfragte Ideologien der alten Freud-Ödipuskomplex-Theorie weitertransportiert würden. Rohde-Dachser und Benjamin kritisieren, daß Mutter stillschweigend mit Regression und Narzißmus gleichgesetzt wird und Vater das Prinzip von Individuation und Zivilisation repräsentiert[30]. "Kaum jemand vertritt die Vorstellung, daß auch die Mutter ein Kind in die Welt führen kann" (Benjamin 1988:131).

Diese Kritik ist zunächst überraschend, war es doch Janine Chasseguet-Smirgel, die Mitte der 60er Jahre die zweite Rezeptions- und Diskussionswelle um die Freudsche Weiblichkeitstheorie einleitete, und die interessante neue Thesen zur Reproduktion von bei Frauen häufiger auftretenden Problemstrukturen entwickelte. Ich habe mir daraufhin ihre neueren Schriften angesehen und stieß entsprechend der Kritik von Benjamin und Rohde-Dachser auf ein unhintergehbares Prinzip der Erklärung, in dem die Mutter mit Schuld beladen werden kann.

"Die archaische Matrix des Ödipuskomplexes"

1964 kritisiert Janine Chasseguet-Smirgel, die die Thesen Melanie Kleins weiterführt, an Freud, daß er die unbewußte mütterliche Macht und die unbewußte Furcht vor der Mutter unterschätze. Davon ausgehend, daß die Konstellation einer starken "anal-sadistischen" Mutter und eines schwachen, in der

Familie kaum anwesenden Vaters immer noch weit verbreitet ist, hält sie Versagungen und Enttäuschungen durch die Mutter in der prä-ödipalen Zeit, speziell in der analen Phase für besonders groß. Die erfahrene Versagung habe Haß- und Angstgefühle auf die prä-ödipale Mutter zum Ergebnis und bewirke zum einen Neid auf die Selbstverwirklichungsmöglichkeiten des Vaters und zum anderen führe sie dazu, daß die Töchter in der ödipalen Phase dazu neigen, den Vater und den Penis übermäßig zu idealisieren, da er als Symbol für Unabhängigkeit und Autonomie verstanden werde. Chasseguet-Smirgel äußert die Vermutung, daß dieser Idealisierungsprozeß, auf dem der Objektwechsel der ödipalen Phase aufbaut, für die psychosexuelle Entwicklung der Frau von Bedeutung sei. Er bedeute nämlich eine Triebentmischung, da die Objekte vollständig positiv oder negativ besetzt werden. Für die Idealisierung des Vaters seien also Verdrängung und Gegenbesetzung der Aggressionstriebe innerhalb der Beziehung zum Vater Voraussetzung. Diese Idealisierung habe zum Ergebnis, daß der frühe Neid auf den Vater abgewehrt werde. Aus diesem abgewehrten Neid entstünden speziell weibliche Schuldgefühle, die die Versuche weiblicher Selbstverwirklichung als Vereinnahmung väterlicher Macht erscheinen ließen und deshalb entsprechend gehemmt werden müßten. Mittels klinischer Fallbeispiele verdeutlicht die Autorin, wie diese Schuldgefühle, sowohl sexuelle Befriedigung als auch z.B. Erfolg und Selbstverwirklichung im Beruf erschweren. Resultat ist, daß die Frauen dazu getrieben werden, als Mütter Kinder zu narzißtischen Ersatzobjekten zu machen.

Schwierigkeiten, anal-sadistische Anteile in Sexualität zu integrieren, d.h. sowohl libidinöse wie auch aggressive Anteile in die Sexualität miteinbeziehen zu können, beschreibt Chasseguet-Smirgel als ein typisch weibliches Problem, das sie damit erklärt, daß sich Frauen zwischen zwei Abhängigkeitspositionen entscheiden müssen (Chasseguet-Smirgel 1964:187). Frühe Ängste und Haßgefühle auf eine als allmächtig erlebte prä-ödipale Mutter bewirken eine Entscheidung für das väterliche Prinzip und auf diese Weise werden Abwertung von Weiblichkeit und Bemutterung reproduziert.

Chasseguet-Smirgel beschreibt hier eine bei Frauen häufiger vorkommende Problemstruktur. Sie konzentriert sich in ihrer Begründung auf die Bedeutung von Angst und Haß auf die frühe Mutter, die als alleinige Erklärungsfaktoren weibliche Probleme nicht befriedigend erhellen können. Die weiblichen Schuldgefühle entfalten sich im Verlauf der *ödipalen* Entwicklung und da sich in dieser Entwicklungsphase auch die Fähigkeit zur Erfassung sozialer Realitäten herausbildet, spielen auch die Geschlechterideologien eine Rolle als hemmende Faktoren. Die Rigidität der Zuweisungen - die Mutter ist böse und der Vater nur mehr gut - beschreibt Chasseguet-Smirgel selbst als Ergebnis der Abwehr von Neid sowie der Verdrängung der Aggression dem Vater gegenüber. Deshalb wäre es auch naheliegend anzunehmen, daß ein Teil der Aggression, die eigentlich dem Vater galt, auf die Mutter projiziert wird. Das hieße, daß das Bild der bösen mächtigen Mutter auch Produkt einer Abwehrhaltung wäre. Bei Chasseguet-Smirgel erscheint die Macht der Mutter jedoch als unhintergehbarer, d.h. nicht weiter zu interpretierender Grund. Die Möglichkeit, daß derartige Polarisierungen auch durch gesellschaftliche Zuschreibungen untermauert werden, lehnt Chasseguet-Smirgel ab[31] und konzipiert diese Polarisierung in späteren Schriften in archetypischen Bildern.

In ihrem 1986 erschienenen Buch "Zwei Bäume im Garten" thematisiert die Autorin die "psychische Bedeutung der Vater- und Mutterbilder". Dazu greift sie das von Thomas Mann benutzte Bild des Feigenbaumes und des Ölbaumes auf, das er zur Illustration des Gegensatzes von Appollinischem und Dionysischem innerhalb unseres Kulturkreises benutzt[32]: Der Feigenbaum ist voll süßer Früchte und wer davon ißt, der stirbt. Der Ölbaum ist der Lebensbaum. Mit dem Öl seiner Früchte salbt man die Könige. Chasseguet-Smirgel ist zwar der Meinung, daß dies zwei psychische Konfigurationen repräsentiere, die in beiden Geschlechter in unterschiedlichen Mischungsverhältnissen vorhanden seien, und nicht dem Mann oder Vater bzw. der Frau oder Mutter entsprächen, hält aber an einem weiblich-mütterlichen und einem männlich-väterlichen Prinzip fest. Diese Prinzipien ordnet sie in anderen Aufsätzen dem Über-Ich und dem Ich-Ideal zu: Das vom Vater vertretene Über-Ich repräsentiere eine rationale Autorität, die den Narzißmus und das narzißtische Ich-Ideal mäßige, das durch die Mutter repräsentiert werde (Chasseguet-Smirgel 1975 und 1976).

Diese metaphorische Polarisierung geht auch in ihre Sichtweise des ödipalen Modells ein und unterstellt, - das kritisieren auch Rohde-Dachser und Benjamin - daß die Identifikation des Kindes mit der Mutter letztendlich tödlich ende (wer davon ißt, der stirbt...) und deshalb notwendigerweise durch Trennung von ihr aufgegeben werden müsse. Die Vorstellung von der verschlingenden, regressiven Mutter, die Individuation verhindert, wird zusätzlich unterstützt durch die Annahme eines als phylogenetisch verstandenen Wunsches eines jeden Menschen nach Rückkehr in den Mutterleib. Da diese 'Ursehnsucht' nach Rückkehr zu dem Ort, von dem man gekommen ist, unstillbar sei, werde die Mutter als diejenige gehaßt, die die Erfüllung dieses Wunsches verweigere. Diese unbewußten Wünsche seien immer mit dem Mutterbild konnotiert und spielten auch im Ödipuskomplex eine wichtige Rolle, da das Realitätsprinzip, das Prinzip des Vaters, in dieser "archaischen Matrix des Ödipuskomplexes" gefangen bleibe (Chasseguet-Smirgel 1986:88ff).

Nach Chasseguet-Smirgel bleiben Menschen immer von infantil-narzißtischen Tendenzen bestimmt; Hoffnung auf Individuation, die die Theorie vom Ödipus verspricht, hält sie für bitter nötig, um nicht in der Regression zu versinken[33]. Diese Vorstellung benennt, welche Wünsche und Bedürfnisse immer wieder die Handlungsfähigkeit des autonomen Subjekts untergraben, Jessica Benjamin aber kritisiert die Gleichsetzung von narzißtisch= Mutter und Individuation= Vater. Diese Vorstellung impliziere, daß Mütter Kinder in Abhängigkeit halten und Väter sie zum Selbständig-Werden auffordern. Zwar meint auch Benjamin, wie Chasseguet-Smirgel, daß das Kind den Inzest als eine Art des Wiederverschlungen-Werdens fürchtet, und daß unbewußte Phantasien stark von symbolischen Bildern bestimmt seien. Benjamin fordert jedoch eine Unterscheidung von Phantasie und Realität. Die These von der Notwendigkeit der *väterlichen* Intervention im Ödipuskomplex sei eine Verwechselung der symbolischen Vater- und Mutterbilder mit den tatsächlichen Kräften des Wachstums und der Regression (Benjamin 1988:147). So findet die Mutter, die doch durch die von ihr im Alltag geleistete Erziehung, Wachstum und Entwicklung des Kindes fördert und unterstützt, keine symbolische Repräsentanz in der Theorie des Ödipuskomplexes. Dies ist auch eine Form des "Unsichtbar-Seins der Frauen", ein Hinweis auf die Verweigerung von Anerkennung der Fähigkeiten und Leistungen von Frauen in unserer Gesellschaft.

Diesem negativen Mutterbild stehen andere psychoanalytische Konstruktionen entgegen, die die Bedeutung der Mutter für die Entwicklung der Tochter auch in der ödipalen Phase thematisieren. Die Psychoanalytikerinnen Annelise Heigl-Evers und Brigitte Weidenhammer (1988) wollen den "negativen Ödipuskomplex" theoretisch stärker berücksichtigt wissen.

2.1.2. Andere Deutungen: Der negative Ödipuskomplex und eine Theorie der Differenzierungsprozesse

Heigl-Evers/Weidenhammer (1988) nehmen an, daß der negative Ödipuskomplex[34] in der Entwicklung des Mädchens eine Rolle spielt, die noch nicht ausführlich genug beleuchtet worden ist. Sie meinen, daß es eine ödipale Dreiecksbeziehung gibt, in der sich das Mädchen der Mutter in verführerischer Absicht nähert. Dabei sei es von zentraler Bedeutung, daß die Zurückweisung der töchterlichen Verführungsbemühungen einer prinzipiellen Versagung entspräche. Anders als dem Sohn sei es der Tochter nicht möglich, im imaginierten Koitus ein Wiedererleben der frühen Mutter-Kind-Verschmelzung zu phantasieren. Diese Enttäuschung bewege die Tochter dazu, die Mutter aufzugeben und sich dem ungewissen zweiten Objekt, dem Vater, zuzuwenden. So sei die Überwindung der negativ-ödipalen Beziehung zur Mutter an die Erfahrung des Ausgeschlossen-Seins gebunden. Söhne hingegen, so argumentieren die Autorinnen mit der klassischen psychoanalytischen Theorie[35], nehmen das Ausgeschlossen-Sein hin, da sie die Kastration fürchten, haben aber einen Vorteil, da sie das Liebesobjekt nicht grundsätzlich aufgeben müssen. Sie müssen sich nicht, wie die Tochter in ihren Liebesbemühungen einer anderen Person und einem anderen Geschlecht zuwenden. Die Tochter hingegen, sieht sich von der Mutter getrennt und bleibt darauf angewiesen, die eigene Weiblichkeit durch ein Objekt zu erfahren, dessen Zuneigung sie sich nicht sicher sein kann. Sie steht zwischen Vater und Mutter und muß eine Phase des Allein-Seins bewältigen.

Diese Phase des "Dazwischenstehens" sehen die Autorinnen als eine spezifisch weibliche und schwierige Entwicklungsaufgabe an, deren Rolle für die weibliche Entwicklung noch nicht genügend berücksichtigt worden sei[36].

Ihrer klinischen Erfahrung zufolge ist es problematisch, wenn die Mutter die gleichgeschlechtliche, ödipale Annäherung des Mädchens abweist, da sie so verhindert, daß eine werbende Weiblichkeit positiv narzißtisch bestätigt wird. Die Wendung zum Vater kommt dann einer Flucht zum Vater gleich und das Mädchen, von der Mutter enttäuscht, erwartet jetzt vom Mann ihr volles Bestätigt-Werden (Heigl-Evers/Weidenhammer 1988:132/137). Weniger fluchtartige und reaktive Formen, den negativen Ödipuskomplex zu verarbeiten, sehen die beiden Autorinnen in folgenden Möglichkeiten:

Die negativ-ödipale Beziehung zur Mutter wird

a) zu freundschaftlicher und zärtlicher Verbundenheit sublimiert, oder

b) als Identifikation mit der ödipalen Mutter in ihrer Liebe zum Vater verarbeitet, oder

c) als Annäherung des Kindes an das väterliche Objekt als ein neues, fremdes Objekt weiterentwickelt, in der Hoffnung auch im neuen Objekt etwas von dem Vertrauten wiederzufinden (Heigl-Evers/Weidenhammer 1988:139/140).

In ihrer Betonung der Verbundenheit von Mutter und Tochter haben diese von den an der Triebtheorie ausgerichteten Autorinnen beschriebenen Verarbeitungsstrategien des weiblichen Ödipuskomplexes Entsprechungen zu feministischen Überlegungen und Hypothesen.

a) Frauenfreundschaften können ein Leben lang eine wichtige Rolle spielen. Es ist möglich, daß Frauen Liebe und Begehren stärker mit Verbundenheit und Zärtlichkeit als mit Triebbefriedigung assoziieren[37]. Dies korrespondiert mit der feministischen These des stärkeren "In-Beziehung-Seins" von Frauen[38].

b) Das Bild des Vaters ist auch durch die Mutter vermittelt bzw. die elterliche Beziehung ist bei der Ausgestaltung von Weiblichkeit von Wichtigkeit. "Verführerische Rezeptivität", wie Heigl-Evers/Weidenhammer die weibliche Einstellung zur Liebe nennen, erschiene dann weniger zwangsläufig, sondern auch durch das reale Verhältnis der Eltern vermittelt. Die Rolle der elterlichen Beziehung wird auch in feministisch-psychoanalytischen Ansätzen diskutiert[39].

c) Eine so definierte Hinwendung zum Vater käme nicht der von Jessica Benjamin (1988) kritisierten Polarisierung von Ablösung vs. Verschmelzung gleich, sondern sieht eine Hinwendung zum Vater vor, die diesen als selbständige Person wahrzunehmen in der Lage ist, ohne die gleichzeitige Ablehnung oder Verleugnung der früheren Mutterbeziehung oder der permanenten Suche danach. Dies hieße in der Konsequenz auch, daß die Phantasie von der mütterlichen Allmacht aufgegeben wird. Die Mutterbeziehung determiniert nicht mehr

alles, sondern kann zugunsten einer anderen Art von Objektbeziehung zurücktreten. Dies wäre eine positive Entwicklungsutopie, die die Anerkennung von
Weiblichkeit und Männlichkeit ermöglichen würde.

Diese Interpretationen des weiblichen negativen Ödipuskomplexes verweisen
auf neue und andere Deutungsmöglichkeiten des Ödipuskomplexes im allgemeinen. Das zeigt, daß auch eine eher traditionelle Lesart der Psychoanalyse
Differenzierungen der Theorie entwickelt, die für das Verständnis von Weiblichkeit hilfreich sein können. Daran kann auch abgelesen werden, daß die
Pauschalität und Normativität, die dem klassischen ödipalen Modell innewohnen, durch Präzisierungen relativiert werden. Es gibt mehr Entwicklungspoten-
tiale und Entwicklungspositionen als es die eine ödipale Entwicklungslinie
vorzeichnet. Diese Ansicht vertritt auch Irene Fast (1984), die den Verlauf geschlechtsspezifischer Identitätsentwicklung als "Differenzierungsprozeß" begreift. Ich will zur Illustration einer psychoanalytischen Argumentation, die
nicht die Vorstellung von der weiblichen Minderwertigkeit reproduziert, kurz
auf ihre Thesen eingehen.

Der Ödipuskomplex als Phase der Geschlechterdifferenzierung

Irene Fast geht davon aus, daß Jungen bei der Geburt männlich und Mädchen
weiblich sind, da das geschlechtsbezogene Erleben durch biologische Faktoren
und durch ein unterschiedliches Verhalten der Pflegepersonen von Anfang an
unterschiedlich ist. Sie behauptet, daß es in einer anfänglichen, narzißtischen
Phase keine geschlechtsbezogene Erfahrung gibt; das Erleben in der frühen
Kindheit sei "geschlechtsübergreifend". Jungen wie Mädchen gehen davon aus,
daß sie über die charakteristischen Eigenschaften beider Geschlechter verfügen. Die Kleinkinder internalisieren Eigenschaften der Menschen ihrer Umgebung und werden sich erst rückblickend bewußt, daß einige Eigenschaften gar
nicht ihre eigenen sein können oder dürfen. Deshalb bedeute die Erkenntnis des
Geschlechtsunterschieds eine Erfahrung von Grenzen - Jungen lernen, daß sie
keine Kinder gebären können, Mädchen werden sich bewußt, daß sie keinen
Penis haben. Die Aufgabe, sich mit ihren Grenzen abzufinden, stellt sich also
für beide Geschlechter und ist zunächst mit Verlustgefühlen, Protestreaktionen
und Verleugnungen verbunden. Fast geht in ihrem Differenzierungsmodell davon aus, daß nach der Erkenntnis des Geschlechtsunterschieds männliche und
weibliche Selbstrepräsentanzen zu geschlechtlichen Kategorien organisiert
werden. Sie versteht diese Organisation als "Entwicklungsleistung", in der die
Kinder auch lernen, geschlechtsspezifische Beziehungen zu den Eltern zu entwickeln (Fast 1984:51).

Auf dieser Matrix ergibt sich dann auch eine andere Vorstellung des Ödipuskomplexes. Freuds Beschreibung des Wunsches nach einem Kind vom Vater ist

unter dieser Perspektive nicht als eine Abkehr von der Mutter, sondern als eine Identifizierung mit ihr und der weiblichen Gebärfähigkeit zu verstehen. Darüber hinaus verdeutlicht Fast, daß die Weiblichkeit, die Freud als normal bezeichnete, unter der Differenzierungsperspektive nur als gestört angesehen werden kann, da sie auf die frühe Differenzierungsphase verweist, in der die "Vorstellung vom Selbst als vollkommen und vom anderen als unvollkommen mit der umgekehrten Vorstellung abwechselt, die Mutter sei mit der Kraft begabt, dem Mädchen einen Penis zu geben und gleichzeitig als ausgesprochen unvollkommen erlebt wird, weil sie selbst kastriert ist" (Fast 1984:35). Fast setzt dieser Konstruktion die Vorstellung einer kontinuierlichen Geschlechtsidentitätsentwicklung entgegen. Insgesamt geht die Autorin von einer bimodalen Organisation der Geschlechtsidentität aus: Zum einen beschreibt sie eine ereigniszentrierte Erfahrensweise, in der die Erfahrungseinheit aus dem Selbst-In-Interaktion mit der Umgebung besteht; zum anderen gibt es die kategorienzentrierte Erfahrungsweise, das symbolische Denken. In fortlaufenden Integrationen und Differenzierungen entwickele sich das, was Piaget "Objektivation" nennt; die Fähigkeit, Differenzierungsprodukte als Teile des Selbst zu integrieren, andere unabhängig vom Selbst anzuerkennen und beide in produktive Beziehung zueinander zu setzen (Fast 1984:38/93). So sind Ablehnungstendenzen zu Beginn der Differenzierungsphase phasengerecht, ihre spätere Beibehaltung aber deute auf eine Störung hin.

"Im Rahmen ihrer Beziehung zu den Eltern als Repräsentanten des Männlichen und des Weiblichen entwickeln die Kinder ihre subjektiven Definitionen von Männlichkeit und Weiblichkeit. Ihre persönlichen Geschlechtsentwürfe werden zu Anfang vermutlich strikt zweigeteilt sein und sich auf jene charakteristischen Merkmale konzentrieren, die die Geschlechter voneinander unterscheiden" (Fast 1984:87).

Fast legt hier ein Entwicklungsmodell vor, das im Unterschied zu der von Jessica Benjamin begründeten Vorstellung eine "wechselseitige Anerkennung" nicht als der Mutter-Kind-Beziehung inhärent denkt, sondern die Fähigkeit zur "wechselseitigen Anerkennung" durch die Anerkennung und Verarbeitung einer "Grenze" und als Produkt von ereigniszentrierter und symbolischer Interaktion begreift. Damit ist Intersubjektivität (als gelungene Verständigung und Wechselseitigkeit) beschrieben als durch die Wahrnehmung von Unterschieden hergestellt und in Auseinandersetzungsprozessen entstanden[40]. Beide Autorinnen nehmen eine frühe Phase psychischer Bisexualität an. Fast ist aber radikaler als Benjamin der Meinung, daß diese kleinkindliche "Phantasie der bisexuellen Vollkommenheit" aufgegeben werden und stattdessen eine Anerkennung von Grenzen im sexuellen und geschlechtlichen Bereich als Entwicklungsleistung erbracht werden muß. Erst auf der Basis dieser Anerkennung sei "psychische Androgynie" und eine paradoxe Anerkennung im Sinne Benjamins möglich. Benjamin hingegen hat eine etwas andere Perspektive. Sie kritisiert den Zusammenbruch der frühkindlich existierenden Spannung der "wechselseitigen Anerkennung" durch polarisierende Zuschreibungen. "Wechselseitige Anerkennung" ist in ihrem Denken vielmehr die Voraussetzung für das, von dem Fast annimmt, daß Menschen es in gelungenen Differenzierungsprozesse lernen können.

So läßt sich zusammenfassend festhalten, daß die Heterogenität der psychoanalytischen Forschung und ihrer Hypothesen über die Entwicklung einer Geschlechtsidentität beim Individuum darauf hindeutet, daß die Interpretation dessen, was als weiblich oder männlich begriffen wird, eingebunden ist in einen kulturellen Kontext, in dem sich sowohl die Persönlichkeit als auch ein Verständnis derselben entwickelt. Der Wandel der psychoanalytischen Weiblichkeitskonstruktionen von einer Sichtweise, die eine schicksalhafte Anatomie in den Mittelpunkt stellt, über eine, die Geschlecht als Entwicklungsaufgabe begreift, bis hin zu einer Betonung von Mehrdeutigkeit und Vielfalt auch im Hinblick auf die Geschlechtsidentität spiegelt die Abhängigkeit von der kulturell-gesellschaftlichen Definitionsmacht. Von daher macht auch die Psychoanalyse deutlich, daß Weiblichkeit und Männlichkeit eher soziale als psychologische Kategorien sind. So zeigte dieser Überblick über die entwicklungspsychologischen Hypothesen zur Zweigeschlechtlichkeit bzw. Weiblichkeit, daß unsere geschlechtliche Identität

a) auf der Ebene von Eigenschaften, Qualitäten, Charakteren beschreibbar ist,

b) sich über introjizierte Identifikation mit den väterlichen und mütterlichen Funktionen niederschlägt und

c) eine unbewußte Bedeutung hat, und daß verallgemeinernde Zuschreibungen einer Funktionalität (Abwehr, Verdrängung) unterliegen.

Diese Betrachtungsebenen werden in anderen feministisch-psychoanalytischen Ansätzen weiterbearbeitet.

2.2. Zweimal "Mutterdominierte Kindheit". Deskription, Zuschreibung oder Analyse?

Der Integration psychoanalytischer Konstruktionen in feministische Theorie ging eine umfassende Kritik der psychoanalytischen Theorie im allgemeinen voraus und begleitet sie bis heute. Ein Problem sehen z.B. Ruth Großmaß und Angela Schuch-Minssen (1992) darin, daß die verwendeten psychoanalytischen Kategorien weibliche Erfahrungen und Lebenswirklichkeiten nicht angemessen erfassen und beschreiben, sie aber trotzdem in feministischer Theorie verwendet werden zur Verneinung dessen, was die klassische Theorie beschreiben und erklären will. Damit ist auch ein grundsätzliches Problem angesprochen: Wir können außerhalb unseres Sinn- und Bedeutungssystems nicht denken und schreiben. Zwar ist es möglich und nötig, bestehende Begriffe und

Denksysteme kritisch zu analysieren und zu dekonstruieren, wir müssen aber daran anknüpfen, um uns verständlich zu machen und um nachvollziehbar zu sein. Dabei laufen wir immer Gefahr, das Bestehende ein Stück weit zu reproduzieren und erneut festzuklopfen. In der Konsequenz bedeutet dies, daß diese Schwierigkeit immer mitgedacht und mitreflektiert werden muß. Dies gilt auch für die feministisch-psychoanalytischen Ansätze, deren Autorinnen ihre psychoanalytischen Ausgangsüberlegungen kritisch hinterfragen und relativieren, sich allerdings für eine erweiterte, variierte Perspektive jeweils *einer* psychoanalytischen Schule als Bezugstheorie entscheiden. Ich will im folgenden verdeutlichen, wie diese Bezugnahme unterschiedliche Einblicke und Begrenzungen beinhaltet. Als Beispiel für eine Orientierung an der Objektbeziehungstheorie setze ich mich mit den Überlegungen von Nancy Chodorow auseinander. Für eine eher triebtheoretisch ausgerichtete Argumentation mit Bezugnahme auf die Thesen von Melanie Klein will ich Dorothy Dinnerstein heranziehen. In Kapitel 2.3. widme ich mich der an Lacan ausgerichteten feministischen Lesart anhand der Schriften von Luce Irigaray und Julia Kristeva.

Für die Fragestellung dieser Arbeit ist es mir noch einmal wichtig, die Art der theoretischen Überlegungen, die ich nachfolgend diskutieren werde, zu beleuchten. In der Regel dienen theoretische Bezugsrahmen der Skizzierung allgemeiner Modelle und Trends, in die die individuelle Entwicklung eingeordnet werden kann und die zur Erklärung derselben beitragen. Die Besonderheit der feministisch-psychoanalytischen Ansätze liegt nun aber darin, daß ihre Ausgangstheorie, die Psychoanalyse, gerade umgekehrt aus der Analyse psychologisch-individueller Probleme und Entwicklungsabläufe allgemeingültige Modelle abgeleitet hat, also Aussagen Einzelner die Modelle und die Theorie mitkonstituieren. Feministische Autorinnen kritisieren die klassisch-psychoanalytischen Hypothesen zum Thema Weiblichkeit, nehmen sie auf, erweitern und verändern sie, um erneut Aussagen über Weiblichkeit zu machen. Dieser Theoriebildungsprozeß ist, so gesehen, primär einer der Reinterpretation, bei der die Widersprüche im Leben von Frauen und Problemlagen von Frauen ihre besondere Berücksichtigung erfahren und der Veränderung von theoretischen Modellen und Konstruktionen dienen. Die auf diese Art variierten und erweiterten Modelle sind aber nach wie vor *Modelle*, sind Konstruktionen und Vorstellungen über Weiblichkeit, deren empirische Relevanz wohl immer durch die Unterschiedlichkeit der Einzelnen gebrochen wird. Der Erklärungswert dieser Theorien und Modelle ist deshalb weniger im Bereich der empirischen Gültigkeit zu suchen, als vielmehr auf der Ebene der Verdeutlichung von Prozessen und Funktionsmechanismen. Aufgrund dieser Vorüberlegungen werde ich im folgenden die drei Perspektiven von feministisch-psychoanalytischen Ansätzen unter der Frage nach ihrer immanenten Plausibilität betrachten. Das bedeutet auch, die von den Autorinnen beschriebenen Prozesse und Strukturen an ihrem eigenen kritischen Anspruch zu messen. Erwachsen aus der Kritik der gesellschaftlichen wie auch der klassisch-psychoanalytischen Konstruktionen von

Weiblichkeit begründen feministisch-psychoanalytische Autorinnen ein jeweils neues Verhältnis von gesellschaftlichen und psychoanalytischen Weiblichkeitsbildern, das ich herausarbeiten möchte. Ich suche dabei auch immer Einblicke in Vielfalt und Begründungen für verschiedene Ausdrucksformen von Weiblichkeit.

2.2.1. *Grundlegung von Weiblichkeit in der frühen Kindheit*

In allen feministisch-psychoanalytischen Ansätzen wird der prä-ödipalen Mutter-Tochter-Beziehung eine herausragende Bedeutung zugewiesen. Die Hervorhebung des vom psychoanalytischen mainstream vernachlässigten Mutter-Tochter-Themas hatte ihren Auftakt mit Adrienne Richs Buch "Of Woman Born: Motherhood as Experience und Institution" (Rich 1976). Ihre zentrale These, daß die "eigentliche weibliche Tragödie" die Zerstörung der Mutter-Tochter-Beziehung sei, begründet Rich mit literarischen, mythologischen, theologischen, psychologischen und anthropologischen Aussagen und mit der theoretischen Überlegung, daß keine Theorie der Weiblichkeit konzipiert werden könne, die nicht in irgendeiner Form das Mutter-Tochter-Verhältnis aufnimmt - die Erfahrungen als Tochter einer Mutter oder die als Mutter von Töchtern berücksichtigt. In der Folge von Richs Buch erschien eine ganze Reihe von psychoanalytisch ausgerichteten Schriften, die sich alle mit dem Mutter-Tochter-Verhältnis auseinandersetzen. 1976 kam Dinnersteins "The Mermaid and the Minotaur: Sexual Arrangements and the Human Malaise" sowie Jean Baker Millers "Toward a New Psychology of Women" heraus, 1978 folgten dann Chodorows "Reproduction of Mothering" und Jane Flaxs Aufsatz über "The Conflict between Nurturance and Autonomy in Mother-Daughter-Relationship"[41].

Nancy Chodorow, Jane Flax und später auch Jessica Benjamin argumentieren entwicklungspsychologisch, daß die mütterliche Dominanz in der prä-ödipalen Phase prägende Auswirkungen auf die Entwicklung einer männlichen und weiblichen Geschlechtsidentität habe. Als inneres Objekt behalte die Mutter auch im Leben der Erwachsenen Bedeutung derart, daß erste Beziehungserfahrungen mit ihr lebenslänglich erinnert werden und Auswirkungen zeigen. Die ersten Beziehungserfahrungen seien geschlechtsspezifisch, da Mütter sich mit ihren Töchtern stärker als mit ihren Söhnen identifizierten, die Töchter eher als Verlängerung und Teil ihrer Selbst sähen und die Söhne in der Folge verstärkt dazu aufforderten, selbständig zu werden. Die Töchter hingegen würden weniger zur Abgrenzung aufgefordert und auch weniger gefördert, da die Mutter ihre eigene Ambivalenz des Frau-Seins in einer patriarchalen Gesellschaft auch auf die Tochter projiziere. So seien Ich-Grenzen zwischen Mutter und Tochter weniger ausgeprägt und eher fließend, und die Töchter neigten stärker als die Söhne zur Einfühlung, zur Beziehungsfähigkeit und Verbundenheit mit anderen. Diese Theorie hat sich mittlerweile im mainstream der feministischen

Theorie zu der Behauptung eines "weiblichen Selbst-In-Beziehung" verfestigt.

Anwendung in empirischen Untersuchungen finden diese theoretischen Überlegungen insofern sie als Interpretationsfolie für Beobachtetes oder Ausgesag-
tes benutzt werden[42]. So stellen die o.g. Überlegungen zwar einen theoretischen
Bezugsrahmen dar, sind aber zu allgemein, um dem empirischen Material
immer und vollständig angemessen zu sein. Sie sind also eher ein Modell, in das
Einzelerfahrungen eingeordnet werden können und beinhalten die Abstrak-
tionsmängel aller Modelle; sind übertreibend-normativ, ohne historische oder
kulturelle Differenzierung und tragen der Vielfalt der Lebenspraxen nicht
Rechnung. Nicht alle Frauen sind heterosexuell, mütterlich oder selber Mütter.

Trotzdem ist Nancy Chodorow, die innerhalb dieses Ansatzes die ausführlichsten und differenziertesten Ausführungen gemacht hat, so rezipiert worden, als
beschriebe sie umfassend die Wirklichkeit. Das deutet sowohl auf die große
Plausibilität ihrer Thesen hin als zeigt es auch an, daß ein Modell, mit dem geschlechtsspezifische Verhaltensweisen hergeleitet werden können, einen großen Teil der Bedürfnisse nach Erklärung des Status Quo befriedigt. Chodorow
beschreibt den Prozeß der individuellen Aneignung von zugeschriebenen Verhaltensweisen und will dadurch verdeutlichen, wie Einzelne an der Reproduktion gesellschaftlicher Normen mitwirken. Zur Begründung dieser Wechselwirkung behauptet sie die Existenz einer Struktur in den Individuen: Die "Geschlechter-Persönlichkeiten". Ich möchte die Begründungszusammenhänge bei
Chodorow diskutieren und klären, inwieweit auch ihr Konzept der "Geschlechter-Persönlichkeiten" die statischen Zuschreibungen von Charaktertypologien
festschreibt.

2.2.1.1. Zum Verhältnis von Psychoanalyse und Gesellschafts-
theorie in den Thesen Nancy Chodorows

Kritikerinnen haben Nancy Chodorow vorgeworfen, das Verhältnis von Indivi-
duum und Gesellschaft funktionalistisch und psychologisierend zu reduzieren.
Ihre Beschreibung der "Geschlechter-Persönlichkeiten" käme einer wesenhaf-
ten Zuschreibung gleich und sei unzulänglich, da sie andere als psychologische
Erklärungen bei der Beschreibung von Widersprüchen im "weiblichen Lebenszusammenhang" und im weiblichen Sozialcharakter kaum ausbuchstabiere[43].
Ähnlich wie Ruth Großmaß (1989) möchte ich nachfolgend begründen, daß der
Anlaß für eine derartige Kritik von Chodorows Konstruktion der Geschlechter-
Persönlichkeiten darin liegt, daß die Autorin in ihrem Argumentationsgang psy-
chogenetische Bereitschaften und Dispositionen als Begründungen für gesellschaftliche Zustände heranzieht, also die Ebenen der Betrachtung und der Argumentation wechselt. Sie beschäftigt sich hauptsächlich mit Mütterlichkeit
und übernimmt, und das halte ich für entscheidend, gesellschaftlich vorgegebene Trennungen und deren geschlechtsspezifische Zuordnung, widmet der Ana-

lyse dieser gesellschaftlichen Polaritäten aber nur einleitende Worte, da sie in der Hauptsache beschreiben will, wie sich diese Struktur in der einzelnen Frau reproduziert.

Um diese Behauptung plausibel zu machen, will ich Chodorows Argumentationsverlauf daraufhin betrachten, wie sie den Wechsel von der psychodynamischen zur gesellschaftstheoretischen Betrachtungsebenen vollzieht und wie sie dabei das Verhältnis von Beschreibung und Erklärung gestaltet.

Ausgangspunkt der Überlegungen von Nancy Chodorow ist die Mütterlichkeit von Frauen, die sie als universelles und beständiges Element geschlechtsspezifischer Arbeitsteilung versteht (Chodorow 1978:10). Ihre Analyse dieses Phänomens teilt sie in drei Bereiche auf:

a) Im ersten Teil entwickelt sie Überlegungen über den Zusammenhang zwischen Mütterlichkeit und der gesellschaftlichen Organisation der Geschlechter.

b) In einem zweiten Teil stellt sie die psychoanalytischen Thesen zur frühkindlichen Entwicklung zusammen und bewertet und kritisiert diese, um nachfolgend ein

c) soziologisch-psychologisches Konzept von der Entstehung der "Geschlechter-Persönlichkeiten" und der Reproduktion familialer Strukturen zu begründen.

a) Der Stellenwert von Mütterlichkeit für die soziale Organisation der Geschlechter

Chodorow stellt eingangs die Behauptung auf, daß, obwohl sich die produktive und die reproduktive Rolle der Frauen in den letzten 100 Jahren stark gewandelt hat, eine entsprechende Veränderung in den häuslichen Beziehungen und innerhalb der Reproduktionssphäre nicht eingetreten sei. Frauen, sagt sie, "muttern"[44] weiter und vertritt die These, daß die emotionale und psychologische Rolle der Frau in der Familie gewachsen sei, obwohl sie in ökonomischer und biologischer Hinsicht unbedeutender wurde.

Sie nimmt einleitend an, daß die Grundstruktur unserer Gesellschaft zum einen durch die Organisation der Produktion und zum anderen durch das "Sex-Gender-System[45]" (Rubin) bestimmt ist. Beide Bereiche bedingen und beeinflussen sich wechselseitig. Chodorow aber trennt diese Strukturebenen zum Zwecke der Analyse, läßt dann die Organisationsformen der Produktion in ihren weiteren Ausführungen unberücksichtigt und wendet sich nur den Auswirkungen des "Sex-Gender-Systems" zu. Sie führt aus, daß die Asymmetrie der Geschlechter im "Sex-Gender-System" gesellschaftlich organisiert ist und ständig reproduziert wird:

"Sex-Gender-Systeme organisieren das biologische und das soziale Geschlecht und die Babies. Eine geschlechtsspezifische Arbeitsteilung, in der die Frauen muttern, organisiert die Babies und trennt die häusliche und private Sphäre. Die heterosexuelle Ehe, die Männern Rechte über die Körper ihrer Frauen und über ihre Kinder verleiht, organisiert das biologische Geschlecht. Gemeinsam organisieren und reproduzieren beide das soziale Geschlecht als eine ungleiche soziale Beziehung"(Chodorow 1978:19).

Trotz dieser Zweiseitigkeit, die Chodorow einleitend betont, wendet sie sich im folgenden nur der Analyse der weiblichen Mütterlichkeit zu. Mütterlichkeit ist ihrer Meinung nach "das zentrale und bestimmende Element der sozialen Organisation und Reproduktion der Geschlechter" (Chodorow 1978:15).

Mit Gayle Rubin (1975) ist sie der Meinung, daß die Organisation der Familie den zentralen Kern "des Sex-Gender-Systems" bildet. Innerhalb der Familie nimmt Chodorow dann die geschlechtsspezifische Arbeitsteilung als wichtigsten Einflußfaktor an und stellt für die innerfamiliäre Arbeitsteilung *eine* Wechselbeziehung als wesentlich heraus. Sie nimmt an, daß die Struktur der Familie und familiäre Praktiken in Männern und Frauen "bestimmte, unterscheidbare Bedürfnisse und Fähigkeiten (erzeugen, K.L.), die zur Reproduktion der Frauen als Mütter beitragen" (Chodorow 1978:12). Die Rollenübernahme der Frauen reproduziere die gesellschaftliche Aufteilung von Lebens- und Arbeitsbereichen und das "Muttern" der Frauen sei "die eigentliche Ursache der strukturellen Aufspaltung in eine häusliche und eine öffentliche Sphäre" (Chodorow 1978:19). Sie will diesen Sachverhalt und seine Reproduktion theoretisch klären.

Um darstellen zu können, wie sich die Struktur der Elternschaft reproduziert, will Chodorow mit Hilfe von psychoanalytischen Hypothesen einen strukturellen und systemischen Ansatz begründen. Dabei versteht sie das "Muttern" der Frauen als "fundamentales Prinzip" (Chodorow 1978:50) und zentrales Element der geschlechtsspezifischen Arbeitsteilung, das sich zyklisch selbst reproduziere. Sie beschreibt die Wechselwirkung folgendermaßen:

"Die Ausstattung von Frauen und Männern mit spezifischen Persönlichkeiten, Bedürfnissen, Abwehrmechanismen und Fähigkeiten schafft erst die Bedingungen für diese geschlechtsspezifische Arbeitsteilung und trägt zur Reproduktion eben dieser Form der Arbeitsteilung bei. Die geschlechtsspezifische Arbeitsteilung ist die Ursache der Geschlechtsunterschiede und wird selbst wiederum durch diese reproduziert" (Chodorow 1978:55).

Hier beschreibt die Autorin einerseits einen sich selbst reproduzierenden Zirkel, andererseits greift sie die Mütterlichkeit der Frauen in ihrer Analyse als zentral heraus.

Durch das Herausstellen *eines* Faktors als zentral vernachlässigt sie den Systemzusammenhang und andere Einflüsse auf die Gestaltung der Geschlechtscharaktere werden nur am Rande in die Analyse mit einbezogen. Damit unterstellt sie eine Hierarchisierung der Gestaltungsfaktoren und legt implizit nahe, daß wenn man die eine Verhaltensweise - im vorliegenden Fall das "Muttern" der Frauen - abschaffen könnte, sich ein Großteil der Geschlechtstypisierungen nachfolgend auflösen würde. Durch eine derartige Rangfolge von 'Verursacher-mechanismen' werden Verflechtungen und Wechselbeziehungen unterschiedlicher Gestaltungsfaktoren weniger beachtet; die Möglichkeiten der Erweiterung des feministischen Standpunktes um die Perspektive und Erkenntnisse der Psychoanalyse werden von Anfang an auf einen Aspekt der psychischen Struktur und Objektbildung eingegrenzt: auf die Auswirkungen des "Mutterns"[46].

In einleitenden Bemerkungen zu ihrer über zehn Jahre später erschienenen Aufsatzsammlung "Feminism and Psychoanalytic Theory" greift die Autorin genau diese Einwände auf. Heute, so sagt Chodorow 1989, könne sie ihre damalige Schwerpunktsetzung, das "Muttern" der Frauen als *die* zentrale Kategorie zu sehen, nur aus dem damaligen Diskussionszusammenhang heraus erklären. Heute würde sie nicht mehr sagen, daß soziale Beziehungen bestimmte psychologische Verhaltensmuster erzeugen, sondern hält es für wichtig, Wechselverhältnisse von Individuum und Gesellschaft zu thematisieren und die konstitutive wie auch die determinierte Rolle der Psychologie herauszuarbeiten (Chodorow 1989:7). Erneut unterstreicht sie jedoch die Vorstellung, daß die familiale Erfahrung die Erfahrungen mit dem Geschlecht am nachhaltigsten bestimme (Chodorow 1989:8). Sexualität, Elternschaft, Abtreibungen und Trennungen, lauter geschlechtliche Erfahrungen, finden häufig im Rahmen der Familie statt. Auch Chodorow weiß und sagt, daß diese familialen Erfahrungen kulturell, symbolisch und historisch bedingt und beeinflußt sind, will aber daran festhalten, daß diese Erfahrungen in der kulturellen Sichtweise nicht aufgehen, sondern daß es den familialen Blick der Psychoanalyse braucht, um die Komplexität von Körper- und Sexualitätserfahrungen zu verstehen. So zeichnet sie 1989 ein differenzierteres Bild von der Familie als 1978, wo ihre Vorstellung von Familie im wesentlichen von der Annahme über die gesellschaftlichen Struktur dergestalt bestimmt ist, daß Frauen in der Familie als anwesend und Väter als abwesend beschrieben werden[47].

In "The Reproduction of Mothering" (1978) nimmt sie diese Organisationsstruktur der Familie als vorherrschend an und bezieht die Psychoanalyse ein, die erklären soll, *wie* Frauen durch diese Familienstruktur mütterlich gemacht werden (Chodorow 1978:58). Die von der Psychoanalyse beschriebenen psychischen Prozesse versteht sie dabei als universell, schränkt diese Verallgemeinerung jedoch ein, indem sie darauf hinweist, daß zwischen Form, Inhalt und Funktionsweise unterschieden werden müsse, um nicht die weiße Mittelschicht zur Norm zu erheben (Chodorow 1978:74). Genau diese Unterscheidungen nimmt sie selbst aber in ihrem Buch nicht ausreichend vor. Zwar beschreibt sie immer wieder die Kosten, Widersprüche und Probleme, die mit der Entwicklung einer Geschlechtsidentität zusammenhängen, generalisiert aber die von ihr beschriebenen Auswirkungen des weiblichen "Mutterns", über ihre Fragestellung nach der Reproduktion von Mütterlichkeit hinaus, zu allgemeinen Aussagen über geschlechtsspezifische Eigenschaften und Fähigkeiten. Das Universelle der von der Psychoanalyse beschriebenen psychischen Prozesse erscheint in Chodorows Schlußfolgerungen zuweilen als verallgemeinerte psychische Struktur (z.B. wenn sie von der nicht abbrechenden Bedeutung der weiblichen prä-ödipalen Beziehung mit der Mutter spricht und daraus eine grundlegende Definition des weiblichen Selbst in Beziehung zu anderen (Chodorow 1978:220) ableitet, ohne für die Entstehung dieser psychischen Struktur andere Einfüsse als mitgestaltend und prägend zu benennen). Ihr ursprünglich eher vorsichtig formuliertes Anliegen, die psychodynamischen Überlegungen der Psychoanalyse für die Beförderung des soziologischen Verständnisses der Organisation der Geschlechter zu nutzen (Chodorow 1978:75), gerinnt in ihren Schlußfolgerungen zur Darstellung eines Zirkels von weiblichem In-Beziehung-Sein und männlichem Unabhängigkeitsglauben, der weibliche Heterosexualität, Kinderwunsch und Mütterlichkeit reproduziere. Dabei bleiben nicht nur andere Organisationsformen der Kindererziehung, sondern auch andere Einflußfaktoren außer acht.

Streng genommen träfe ihre Theorie nur auf Familien zu, in denen die Säuglinge allein von einer heterosexuellen Mutter versorgt werden. Bedenken in eine ähnliche Richtung äußern Kritikerinnen, die die Abweichungen des beschriebenen Modells durch historische und kulturelle Bedingungen berücksichtigt wissen wollen und für die empirische Realität festhalten, daß trotz der universellen Rolle der Frau als wichtigster Betreuerin der Kleinkinder große Unterschiede hinsichtlich der Organisation der Kindererziehung bestehen[48].

Derartige Kritik unterstellt, daß Chodorows Argumentation richtiger würde, je mehr man sie um empirische Abweichungen vervollständigte, sie geht dagegen kaum auf die ideologische Bedeutung dieses Modells unabhängig von seiner empirischen Relevanz ein. Die Konstruktion besitzt schon alleine deshalb Gültigkeit und Bedeutung, da sie als herrschende Norm in den Köpfen und Wünschen der Menschen eine Rolle spielt - auch dann, wenn sie faktisch anders leben. Chodorow zeichnet, das sagt sie auch selbst, ein normatives Bild. Andererseits betont sie in ihren von klinischen Beispielen gestützten Ausführungen immer wieder die Unvollständigkeit und Ambivalenzen dieser normativen Prägung. So sehe ich Unstimmigkeiten ihrer Argumentation weniger darin, daß sie Verallgemeinerungen macht, als daß sie ihre auf die Reproduktion von Mütterlichkeit beschränkten Aussagen auf Geschlechterrollen im allgemeinen hin ausweitet. Ohne eine genauere Beschreibung oder Definition von Mütterlichkeit zu geben, erscheint die Reproduktion von Mütterlichkeit als zentraler produzierender Faktor bei der Entwicklung geschlechtsspezifischer Eigenschaften. Obwohl es in ihrem Buch doch zentral um Mütterlichkeit geht, unterläßt Chodorow es, eine Definition oder Begriffspräzisierung zu entwickeln, unterstellt aber, daß eine irgendwie geartete Mütterlichkeit bei allen Müttern vorhanden sei. Einerseits liegt hierin eine Stärke ihres Buches, da sie die verschiedensten Facetten dieses Begriffes - von der Sicht des Kindes über die normative Ideologie bis hin zum ambivalenten Selbstverständnis einer Mutter - aufgreift. Andererseits läßt dies ihre Ausführungen unpräzise. Welche Eigenschaften, Gefühle und Tätigkeiten meint sie denn, wenn sie von Mütterlichkeit spricht? Sind denn tatsächlich alle Mütter mütterlich? Chodorow verwendet den Begriff völlig unspezifisch und geht allgemein der Frage nach, wie der *Wunsch* nach Kindern und die Fähigkeit, diese auch großzuziehen, als geschlechtsspezifisch weibliche Eigenschaften zugewiesen und - individuell unterschiedlich ausgeprägt - angenommen und reproduziert werden.

Dabei vernachlässigt sie, daß Mütterlichkeit nicht nur ein Ergebnis individueller Entwicklung ist, die davon bestimmt ist, daß die erste Bezugsperson eine Frau ist. Auch sind Ideologie und Praxis von Mütterlichkeit bei der Herausbildung der Geschlechtscharaktere nur eine Seite. Die andere Seite der familialen geschlechtsspezifischen Arbeitsteilung, der Vater, glänze, so Chodorow, im familialen Alltag primär durch Abwesenheit. Dies nimmt sie zum Anlaß, sich in der Hauptsache den Konsequenzen der mütterlichen Erziehung zuzuwenden. Sie setzt den Einfluß der männlichen Dominanz in unserer Kultur auf die Bildung von Geschlechtscharakteren und die Bedeutung der kulturellen Zweigeschlechtlichkeit zwar als gegeben voraus, verfolgt ihn in seiner Wirkung und Bedeutung aber nicht weiter[49]. In ihrer Konzentration auf die prä-ödipale Phase diskutiert Chodorow die Bedeutung des mütterlichen Verhaltens als zentral für die Entwicklung der "Geschlechter-Persönlichkeiten". Eine bedeutende Argumentationsfigur hierfür ist die von der Bedeutung der "Gleichgeschlechtlichkeit von Mutter und Tochter", die sie im Rückgriff auf die psychoanalytische Objektbeziehungstheorie begründet.

b) *Psychoanalyse als psychologische Entwicklungstheorie*

Den Annahmen der Objektbeziehungstheorie entsprechend geht die Autorin von einer primären und fundamentalen Sozialität des Säuglings aus und versteht alle Aspekte der psychischen Struktur, des Charakters, des emotionalen und erotischen Lebens aus der "Geschichte der Objektwahlen" entstanden, d.h. als sozial (Chodorow 1978:70). Chodorow betont, daß frühe Ambivalenzen und Abwehrformen der Kinder nach bestimmten Mustern und in Situationen kanalisiert werden, in denen die primären Bezugspersonen Konflikte erleben. In einem sehr ausführlichen Kapitel setzt sie sich mit den Freudschen Annahmen und den psychoanalytischen Weiterentwicklungen seiner Theorie auseinander. Sie kritisiert, daß Freud seine Entdeckung der weiblichen Charakterzüge als psychische Folgen der Anatomie logisch ableitete und nicht aus seinen klinischen Beobachtungen gewann. Als weiterer Kritikpunkt Freuds und seiner NachfolgerInnen

führt sie an, daß klinisch gewonnene Phantasieberichte in theoretischen Ausführungen als Realität dargestellt werden. Insgesamt macht sie den klinischen
AnalytikerInnen den Vorwurf des Funktionalismus und der Normativität
(ebd:205). Stattdessen will sie die geschlechtsspezifische Entwicklung als
Auswirkung von Beziehungen in Familienstrukturen mit Hilfe der psychoanalytischen Objektbeziehungstheorie analysieren und wendet sich der Frage zu,
wie sich die Tatsache, daß die erste Bezugsperson eine Frau ist, auf die kindliche
Entwicklung auswirkt. Ich kann und will hier nicht auf die lange Debatte zwischen Trieb- und Objektbeziehungstheorie eingehen. Mir geht es hier vielmehr
darum zu verdeutlichen, daß Chodorow in ihrem Bezug auf die Objektbeziehungstheorie eine Perspektive einnimmt, in der die symbolische Bedeutung des
Vaters wie auch eine homoerotische Komponente in der Mutter-Tochter-Beziehung nur noch am Rande vorkommen.

Chodorows Argumentation basiert darauf, daß sie die Gleichgeschlechtlichkeit
von Mutter und Tochter und die Gegengeschlechtlichkeit von Mutter und Sohn
als wichtiges Differenzierungskriterium beschreibt. Gemäß der heterosexuellen Norm benennt sie die gegengeschlechtliche Beziehung als sexuell besetzt,
die gleichgeschlechtliche als asexuell. So kommt es, daß Chodorow, die doch
zentral die Mutter-Tochter-Beziehung analysiert, diese doch reduziert, da die
weibliche prä-ödipale Phase bei ihr als primär asexuell erscheint. Ich will dieser
Vorannahme deshalb nachgehen.

Die ausgeprägte Liebe zur Mutter, das ist eine zentrale These von Chodorow,
spielt für die Entwicklung der Tochter eine bedeutende Rolle. In Bezug auf die
frühe Mutterbindung bestehe ein elementarer Unterschied zwischen Jungen
und Mädchen:

"Die früheste Form der Individuation, die primäre Konstruktion des Ich und seiner inneren Objektwelt, die ersten Konflikte und der ersten unbewußten Selbstdefinition, die
ersten Ängste, aus denen Abwehrformen enstehen - sie alle sind bei Knabe und Mädchen
unterschiedlich, weil sich der Charakter ihrer frühen Mutterbeziehung unterscheidet"
(Chodorow 1978:217).

In ihren Ausführungen über die präödipalen Mutterbindungen argumentiert sie
zunächst mit dem Verhalten und der Einstellung der Mutter ihrem Kind gegenüber und kommt aufgrund ihrer Zusammenstellung diverser klinischer Eindrücke und Ergebnisse zu folgenden Schlußfolgerungen:

"Weil sie dasselbe Geschlecht wie ihre Töchter haben und selbst einmal Mädchen waren,
neigen Mütter von Töchtern dazu, diese nicht in gleicher Weise als verschieden von sich
selbst zu betrachten wie Mütter von Söhnen. In beiden Fällen empfindet die Mutter ein
Gefühl der Einheit und Kontinuität mit ihrem Kind. Dieses Gefühl ist jedoch Töchtern
gegenüber auf jeden Fall stärker und anhaltender. Die primäre Identifikation und die
Symbiose mit Töchtern ist im allgemeinen stärker, und die Besetzung der Töchter behält
eher narzißtische Elemente bei, d.h. basiert auf dem Erleben der Tochter als Erweiterung
oder Verdoppelung der Mutter, während die Besetzung der Tochter als sexuell anderes

Wesen normalerweise nur ein schwächeres, weniger signifikantes Thema ist" (Chodorow 1978:143)

Bei Jungen hingegen sei das mütterliche Verhalten anders:

"Weil sie sich von ihren Söhnen geschlechtlich unterscheiden, erleben Mütter diese als männliche Gegenstücke. Die Besetzung ihrer Söhne ist von Anfang an eher eine Objektbesetzung eines sexuellAnderen, möglicherweise durch narzißtische Komponenten ergänzt. Söhne werden daher von der Mutter differenziert erlebt und Mütter betonen diese Differenziertheit (...). Gleichzeitig treibt das mütterliche Verhalten den Sohn in eine sexualisierte, genital getönte Beziehung, durch die der Sohn wiederum in Dreieckskonflikte gerät." (Chodorow 1978:144).

Diese unterschiedlichen Gefühle, die die Mutter im Zusammenhang mit ihrer Tochter und mit ihrem Sohn entwickelt - das wird aus Chodorows Beschreibung deutlich - sind vor allem Ergebnisse von Zuschreibungen der Mutter. In einer Fußnote spricht sie selbst an, daß sie die Bedeutung der Heterosexualität der Mutter nicht ausreichend reflektiert. Gälten ihreThesen auch für lesbische Mütter oder verändert die erotische Besetzung die Relation vonAutonomie undAbhängigkeit in der Mutter-Tochter-Beziehung? Hinzu kommt, daß die Vorstellung, daß kleineTöchter der Mutter ähnlicher seien als kleine Jungen, eine ambivalente Wunschvorstellung der Mutter ist, die auch durch die gesellschaftlichen geschlechtsspezifischenAufteilungen untermauert wird.

Geschlechtsbedeutung und die Vorstellung von der Gleichheit von Mutter und Tochter

Die Behauptung, Mutter und Tochter seien gleich, weil sie das gleiche Geschlecht haben, ist einerseits einleuchtend, andererseits gewissermaßen redundant (sie sind gleich nicht *weil*, sondern *insofern*). Zwischen Mutter undTochter besteht ein Generationsunterschied, sie haben eine andere Körperlichkeit und sie haben unterschiedliche Beziehungen zu verschiedenen Menschen. Trotzdem stellt die Gleichgeschlechtlichkeit - beide sind weiblich -Anlaß für diverse Schlußfolgerungen dar[50]. Geschlecht wird als Differenzierungskriterium gefaßt und mit Zuschreibungen und Bewertungen angereichert. Chodorow führt aus, daß das Geschlecht der Eltern von den Kindern in der frühen Phase der Bildung von Objektbeziehungen nicht wahrgenommen wird (Chodorow 1978:111). Obwohl die Bedeutungen, die an das Geschlecht geheftet sind, vom Kind erst später in Zusammenhang mit der Erfahrung der frühkindlichen Betreuung durch eine Mutter gebracht werden, geht die Autorin davon aus, daß sich bewußte und unbewußte Einstellungen und Wünsche bereits geschlechtsspezifisch durch das weibliche Muttern niederschlagen: Die Erfahrung von Fürsorge und Hingabe einerseits und Ängste vor Machtlosigkeit und Regression andererseits werden mit dem weiblichen Geschlecht verknüpft. Darüber hinaus leistet dieAbwesenheit derVäter derAssoziation von idealisierten männlichenTugenden Vorschub (Chodorow 1978:111).

Andererseits sagt Chodorow auch, daß die Erfahrungen der primären Liebe und der Differenzierung des Selbst erst später, wenn das Kind "die Geschlechtsbedeutung erfaßt hat", mit Bewertung (Frauen= Verschmolzenheit und Männer = Separatheit) besetzt werden. Sie beschreibt die Kosten, Folgen und Leiden dieser Polarität. Zu der Frage, wie sich diese Zuschreibung mit den frühkindlichen Erfahrungen mischen, wie die Polarität kognitiv und emotional verankert wird, macht sie Aussagen auf unterschiedlichen Ebenen. Zum einen verdeutlicht sie, daß die Vorstellung von der Ähnlichkeit von Mutter und Tochter eine widersprüchliche Phantasie der Mutter ist. Die Mutter erlebe dieTochter als ihr ähnlich, gebe derTochter die eigenen Ängste, Schwierigkeiten und Stärken mit (Chodorow 1978:183). Die Mutter habe selbst bereits einen Satz unbewußter Bedeutungen, Phantasien und Selbstbilder über ihr soziales Geschlecht verinnerlicht und bringe eine eigene verinnerlichte frühe Mutterbeziehung in die Beziehung zu ihrer Tochter mit ein (ebd:217). Frühkindliche Erfahrungen mit der Mutter werden aufgrund der unterschiedlichen Behandlung von Jungen und Mädchen geschlechtspolar erlebt.

Zum anderen macht Chodorow auf eine nach der frühen Mutter-Kind-Beziehung stattfindende geschlechtsspezifische Art der Identifikation aufmerksam, in der die gesellschaftlichen Vorstellungen reproduziert werden. Die Objektbeziehungen und Konflikte, die die klassische Psychoanalyse im Ödipuskomplex beschreibt, entstehen, und das ist Chodorow wichtig, auf der von ihr beschriebenen prä-ödipalen Grundlage. Unterschiede in den Objektbeziehungen bzw. dem "Charakter der frühen Mutterbeziehung" haben Auswirkungen auf Abwehr, Abspaltungen und Verdrängungen im Ich.Töchter und Söhne identifizieren sich anders mit der Mutter und entwickeln in der Folge ein anderes Be-ziehungspotential. Durch den Ödipuskomplex werden dann, so denkt sie mit Fairbairn (1952), Abspaltungen vergeschlechtlicht und zu einer Grundfeste der Persönlichkeit. Loslösung,Trennung und Unabhängigkeit werden geschlechtsgebunden erlebt und durch die Erfahrung mit Personen, die eine Geschlechtsrolle übernommen haben, im Nachhinein bewertet.

So erhebt Chodorow die Mütterlichkeit der Frauen zum bedeutendsten reproduzierenden Strukturelement: "Männer werden von Frauen sozial und psychologisch reproduziert, aber Frauen werden - wenn überhaupt - nur von sich selber reproduziert" (Chodorow 1978:52). Dieses Kreisargument taucht auch bei Dorothy Dinnerstein (1976) und Christiane Olivier (1980) auf und entsteht immer dann, wenn zur Erklärung von Geschlechterverhältnissen die männlichen Definitionen von 'Weiblichkeit' und 'Männlichkeit' übernommen werden. Zur herrschenden Definition von Männlichkeit gehört auch, daß die Männer als nicht für die Kindererziehung zur Verfügung stehend gedacht werden.

Die "Abwesenheit der Väter"

Zu behaupten, Väter seien in der Kleinfamilie abwesend, ist eine Abstraktion, bei der nicht zwischen konkreten und symbolischen Vätern unterschieden wird. *Konkrete* Väter sind oft abwesend, da sie in vielen Fällen außer Haus arbeiten. Trotzdem entwickeln Männer per Vaterrolle eine Beziehung zu ihren Kindern, die sich von der zu der Mutter unterscheidet[51]. Die neuere entwicklungspsychologische Literatur verweist auf die große Bedeutung eines Vaters bei der Ablösung von der Mutter für das kindliche Wachstum überhaupt. Chodorow steht also mit ihrer Klage über die Abwesenheit der Väter nicht allein da. Da der Vater bei ihr aber als mehr oder weniger für die prä-ödipale Phase nicht zur Verfügung stehend, als "abwesend" beschrieben wird, bleibt eine möglicherweise existierende Sexualisierung der Tochter durch den Vater unerwähnt und kann somit in ihrer Bedeutung als differenzierungshemmend oder -stiftend gar nicht mehr ausgemacht werden. So kommt es vielleicht auch, daß Chodorow dem Thema der sexuell mißbrauchten Töchter keine Zeile widmet, sondern lediglich für die männliche Entwicklung die Bedeutung der Sexualisierung der Söhne durch die Mütter herausstellt, jedoch auf eine sexuelle Komponente in Bezug auf die Tochter, sowohl in der Mutter-Tochter- als auch in der Vater-Tochter-Beziehung, nicht weiter eingeht.

Insgesamt wird in der Vater-Diskussion wenig berücksichtigt, daß das väterliche Prinzip, die symbolische Dominanz des Vaters in der Kleinfamilie auch dann wirkt, wenn der Vater nicht zu Hause ist. Die symbolische Ebene strukturiert die konkrete Familie, und eine Theorie der Geschlechtersozialisation muß auch das Zusammenwirken beider Bereiche beschreiben. Wie also könnte das Zusammenspiel von konkreter Erfahrung und symbolischer Strukturierung theoretisch hergeleitet werden?

Für die Beantwortung dieser Frage scheint mir von Wichtigkeit, daß - wie oben bereits erwähnt - Abelin (1980) beobachtet hat, daß Kinder in der prä-ödipalen Phase der "Wiederannäherung" sich zum ersten Mal selbst als "begehrende" Subjekte wahrnehmen. Abelin führt aus, daß das Kind hier vor dem Konflikt zwischen dem Wunsch, an der Mutterbindung festzuhalten und dem, sich selbständig zu machen steht, also mit dem Konflikt zwischen Abhängigkeit und Unabhängig-Werden beschäftigt ist. Bei seinen Versuchen, sich selbständig zu machen, erlebt es zum ersten Mal seine eigene Aktivität und seine begrenzte Handlungsfähigkeit, die es als Niederlage empfindet. Um diese Niederlage zu überwinden und um seine Selbstachtung wiederherzustellen will sich das Kind mit einem als stark und mächtig erlebten Elternteil identifizieren. Jessica Benjamin (1988) macht nun den bedenkenswerten Hinweis, daß zu genau diesem Zeitpunkt das Wissen über den körperlichen Geschlechtsunterschied in der psychischen Struktur verankert wird. So wird es möglich, je einem Elternteil eine Seite des psychischen Konflikts zwischen Abhängigkeit (=Mutter) und Unabhängigkeit (=Vater) zuzuweisen, der dann symbolisch, in Form der Geschlechts-zugehörigkeit vom Kind ausgedrückt wird. Abelin verdeutlicht, daß der Junge sich im Vater wiedererkennen kann und seine in der Wiederannäherungsphase erlittene Hilflosigkeit und den Verlust seiner Größenphantasien durch die Identifikation mit dem Vater leugnen kann. Demgegenüber hat das Mädchen neben der Mutter, (von der es sich ja auch loslösen will), kein gleichgeschlecht-liches Identifikationsobjekt, das im selben Maße wie der Vater Eigenständigkeit symbolisiert. Verweigerte Bestätigung und Anerkennung und mangelnde Iden-tifikationsmöglichkeit schlagen sich in der Vater-Tochter-Beziehung auf zwei Ebenen nieder: Einmal real in der Familie, indem der Vater die Tochter vernach-lässigt oder erotisiert. Zum anderen symbolisch: sein Anderssein wird durch seine andersartigen Genitalien symbolisiert und repräsentiert. Mit dem Vater als Figur, die aus der Abhängigkeit von der Mutter heraushelfen kann, also Unab-hängigkeit symbolisiert, kann sich die Tochter - auch auf der symbolischen Ebe-ne - nicht in gleichem Maße identifizieren wie der Sohn. Sie wird so auf ihre Be-ziehung zur Mutter zurückverwiesen[52].

Chodorow will genau diese Schwierigkeit in der weiblichen Entwicklung her-ausstellen, macht aber nicht ausreichend deutlich, daß der (abwesende wie auch der anwesende) Vater auch ein *Ideal* ist. Der Sohn nützt die idealisierte Va-tervorstellung auf symbolische Art und Weise, um sich die eigene Handlungs-fähigkeit und die Ablösung von der Mutter zu *imaginieren*. Das väterliche Ideal wird als Bestandteil der allgemeinen Kultur für die Phantasiebildung verwen-det. In weiblicher Form steht dieses Ideal nicht zur Verfügung. Der Wunsch nach der Identifikation mit dem väterlichen Ideal ist dabei nur ein Teil des Kon-flikts, zu dem auch die Phantasie von einer starken, "allmächtigen" Mutter ge-hört. Das Pendant der Verallgemeinerung der "väterlichen Abwesenheit" ist die Vorstellung von der mütterlichen Allgegenwärtigkeit, die ebenfalls von realen Umständen und Bedingungen abstrahiert. Bedeutsam an dieser Konstruktion ist, daß Vater und Mutter (als kulturelle Ideale wie als konkrete Personen) weder gleichberechtigt noch gleichwertig sind. Jessica Benjamin behauptet deshalb, daß die erste Spaltung des Kleinkindes die in eine fürsorgliche Mutter und einen aufregenden-erregenden Vater ist. So konstituiere sich automatisch ein Gegen-satz, je nachdem, ob sich das Kind mit der Mutter oder mit dem Vater identifi-ziert (Benjamin 1988:113). Chodorows zentrales Argument ist nun, daß diese Spaltung nur behoben werden kann, wenn Väter mütterlicher werden, d.h. an der Säuglingsbetreuung gleichberechtigt beteiligt sind, und Mütter autonomer, selbständiger werden und sich als Subjekte artikulieren, um nicht ausschließ-lich mit Kategorien wie Anwesenheit, Fürsorglichkeit und allgegenwärtiger Liebesbereitschaft assoziiert zu werden[53].

Chodorow setzt ihren Akzent auf den Einbezug des *konkreten* Vaters, in der Hoffnung, die *symbolische Dominanz* des Vaters zu relativieren. Diese Schwer-punktsetzung hängt auch damit zusammen, daß sie die Psychoanalyse als "Entwicklungspsychologie", nicht aber als "Kulturtheorie" versteht (Chodorow 1978:73). Andererseits schlußfolgert sie selbst von der psychischen Struktur auf die Reproduktion gesellschaftlicher Strukturen, macht zwar keine kulturtheoretischen, aber doch auf Gesellschaft ausgerichtete, verallgemeinernde Aussagen. Dies zeigt, daß nicht nur die Kulturtheorie Aussagen auf der symbolischen Ebene macht und die Entwicklungspsychologie nicht nur konkrete Strukturen beschreibt. Auch innerhalb der Entwicklungspsychologie muß zwischen direkten/konkreten und symbolischen Einflüßen differenziert werden. Zu diesem Thema macht Jessica Benjamin (1988) auf das Nebeneinanderher-Existieren von intersubjektiver Theorie und intrapsychischer Theorie im psychoanalytischen Diskurs aufmerksam. Die intrapsychische Theorie beschreibt das Unbewußte, das sich Widersetzende und die Welt der Symbole. Benjamin betont nun aber, daß der Bereich, den diese Theorie beschreibt, sich erst im Alter von ca. zwei Jahren zusammen mit der Fähigkeit zur Symbolisierung entwikkelt. Ihrem Verständnis zufolge wird das Allgemeine zuerst in Form des Symbolischen im Individuum verankert, ist also an Sprache und Bedeutungszuweisung gebunden[54]. Der Lebensbereich hingegen, den die intersubjektive Theorie beschreibt, die frühkindlichen Interaktionen und die "Repräsentanten des Selbst und der anderen" (Benjamin 1988:23), sei von Geburt an gegeben, brauche aber den intrapsychischen Hintergrund des Unbewußten und des psychischen Innenraumes. So hätten diese beiden Theorien unterschiedlichen Inhalt, seien jedoch zwei sich ergänzende Betrachtungsweisen.

Entsprechend stellt Chodorow die gestaltende Wirkung der frühen Objektbeziehungen heraus, kritisiert aber die intrapsychische Theorie - der Triebbegriff der Psychoanalyse sei biologistisch, ein "Instinkt-Determinismus" (Chodorow 1978:66) und "fälschlicherweise physiologisch begründet" (ebd:88). Durch diese Kritik ist die Körper-Psyche-Wechselwirkung der triebtheoretischen Psychoanalyse zumindest für die prä-ödipale Phase einseitig umgewichtet. Chodorow verlagert ihr Interesse auf die Betrachtung und Interpretation der Auswirkungen von real stattfindenden zwischenmenschlichen Beziehungen. Ihrer Meinung nach lernt ein Kind "Libido und Aggression nach einem bestimmten Muster zu kanalisieren, je nachdem, welche Erfahrungen es in der Beziehung zu seinen Bezugspersonen und im Umgang mit ihnen macht" (Chodorow 1978:69). Menschen, denkt Chodorow, manipulieren und transformieren ihre Triebe, um Beziehungen aufzubauen oder zu erhalten (ebd:68). Diese Vorstellung von der "Geschichte der Objektwahlen" ist, wie alle psychoanalytischen Behauptungen, sozial eingebettet, und so nimmt Chodorow mit Harry Guntrip (1961) an, daß "Elemente der sozialen Struktur, speziell die durch die Organisation der Elternschaft vermittelten und Eigenheiten der jeweiligen Familie (...) vom Kind aufgenommen, durch unbewußte Prozesse nach innen transformiert (werden, K.L.), und beeinflussen sein Gefühlsleben und seine psychische Struktur" (Chodorow 1978:70).

Diese Verinnerlichungen können zwar durch Abwehr, Phantasien und Konflikte transformiert werden, entstehen also nicht als lineare Übertragungen der objektiven Erlebnisse in die Psyche, verfestigen sich jedoch sehr wohl, so eine zentrale These Chodorows, zu einer psychischen Struktur.

"Alles, was aus einer bestehenden Beziehung verinnerlicht wird, verschwindet aus dem Bewußtsein und lebt mehr oder weniger unabhängig von der ursprünglichen Beziehung weiter. Es kann als Gefühl des Selbst-in-Beziehung generalisieren und zu einer dauerhaften Eigenschaft der psychischen Struktur und des Selbstgefühls werden" (Chodorow 1978:70).

"Soziale Erfahrung kann universell die Entwicklung einer Identität ermöglichen, durch die ein Selbst konstituiert, die Natur der psychischen Strukturbildung beeinflußt und die Sexualität organisiert wird" (Chodorow 1978:74).

Hier ist die Darstellung des Zusammenhanges von Gesellschaft und Individuum zu einen Funktionskontinuum geworden: Die individuelle Psyche wird als rollenkonform beschrieben, als Ausdruck der Identität von Frauen unter den gegebenen Verhältnissen. Eine solche zirkelschlußartige Argumentation wurde in Kapitel 1.2. am Beispiel von Erich Fromms "Gesellschaftscharakter" als funktionalistisch kritisiert. Auch Chodorow zeichnet Charaktertypologien, die sie "Geschlechter-Persönlichkeiten" nennt. Hier erst erweitert sie psychische Strukturen um den soziologischen Rollenbegriff und bringt beide zur Deckung.

c) Entstehung der Geschlechtscharaktere

Den Übergang von der psychologischen zur soziologischen Perspektive stellt Chodorow mittels der von Philip Slater (1961) und Robert Winch (1962) übernommenen Begriffe "persönliche" und "positionale" Identifikation her[55]. Im Rückgriff auf den sozialisationstheoretischen Rollen- und Identifikationsbegriff will sie stereotype Geschlechtszuweisungen erklären, indem sie diese Begriffe auf individuelle Identifikationsprozesse zurückführt und geschlechtsspezifische Verarbeitungsmechanismen daraus ableitet. Bei der Beschreibung der geschlechtsspezifischen typischen Persönlichkeitsmerkmale wechselt Chodorow die Argumentationsebene und schreibt aus der Sicht des Kindes und über die Identifikationsmöglichkeiten des Sohnes und der Tochter. Das kindliche Wissen um den Geschlechtsunterschied setzt sie voraus. Dabei wirke sich die in unserer Gesellschaft vorherrschenden Familienstruktur aus, in der Frauen "muttern" und Männer arbeiten gehen. Mädchen, die in Familien aufwachsen, in denen Mütter das präsente Elternteil darstellen, hätten deshalb mehr und direktere Möglichkeiten zur Identifikation als Jungen, die durch die Abwesenheit des gleichgeschlechtlichen Vaters lediglich Möglichkeiten zur einer positionalen Identifikation mit Aspekten der männlichen Rolle hätten. So kommt Chodorow zu der abschließenden Einschätzung, daß die männliche Identifikation in erster Linie einer sozialen Geschlechtsrollenidentifizierung gleichkommt und demgegenüber die weibliche Identifikation viel stärker auf die

Person der Mutter gerichtet ist. Zugleich sei der Junge geneigt, seine Identifikation und Beziehung mit der Mutter zu leugnen und dies durch Ablehnung der weiblichen Welt zu stabilisieren.

"Im männlichen Identifikationsprozeß liegt die Betonung auf der Differenzierung von anderen, auf der Leugnung affektiver Beziehungen und auf kategorischen, universalistischen Komponenten der männlichen Rolle. Die weiblichen Identifikationsprozesse sind beziehungsorientiert, während in den männlichen Identifikationsprozessen Beziehungen geleugnet werden" (Chodorow 1978:228).

Darüber hinaus wird die Mischung von Abhängigkeit und Selbständigkeit, die eine Mutter mit ihrem Kind erlebt, wohl auch davon abhängen, wieviel Eigenständigkeit sie dem Kind im allgemeinen zugesteht. Selbst wenn es plausibel ist, daß die Mutter ein geschlechtlich differierendes Verhalten ihrem Sohn und ihrer Tochter gegenüber an den Tag legt, so bleibt doch unbegründet, warum Verhaltensweisen und deren Bedeutungszuweisungen zwangsläufig aus den frühen Objektbeziehungen erwachsen sollen, da diese doch auch immer durch die gesellschaftliche Bedeutungszuweisungen gestaltet und geprägt sind und dadurch erst einen Teil ihrer Dynamik erhalten[56].

Chodorow hebt hier den psychoanalytischen Grundsatz hervor, daß jede erotische Beziehung den Wunsch beinhaltet, die primäre Beziehung wiederzufinden. So werden die verschiedenen Erfahrungen aktualisiert, die Mädchen und Jungen in der primären Beziehung machen. Männer seien bei dem Versuch, die frühkindliche Liebe wieder herzustellen erfolgreicher, da die Liebesbeziehung zu einer Frau ihrer frühkindlichen Situation eher entspricht. Diese Ähnlichkeit mit der Beziehung zur Mutter reaktiviere aber auch Regressions- und Verschmelzungsängste; Männlichkeit samt dem Primat des Phallus würden zur narzißtischen Abwehr benötigt. Demgegenüber sei die heterosexuelle Liebe bei Frauen nicht so ausschließlich: Frauen hätten "ihre affektiven Bedürfnisse nicht verdrängt. Sie wollen immer noch Liebe und sind bereit, dafür Unzulänglichkeiten ihrer männlichen Liebhaber oder Ehemänner in Kauf zu nehmen" (Chodorow 1978:254). Die "reichere Innenwelt" von Frauen bewirke, daß Frauen sich leichter von ihren Männerbeziehungen distanzieren könnten, daß Männer für Frauen nicht die gleiche Intensität und Exklusivität repräsentierten wie Frauen für Männer. Dies versteht Chodorow auch als Ergebnis des weiblichen Ödipuskomplexes. Im Ödipuskomplex sei die töchterliche Hinwendung zum Vater ambivalent; die Liebe zum Vater und die Rivalität mit der Mutter sei immer durch die Liebe zur Mutter abgeschwächt (Chodorow 1978:167). Deshalb sei auch der Ödipuskomplex der Töchter nicht vollständig: Der Vater aktiviere zwar in den meisten Fällen die heterosexuelle Genitalität der Töchter, könne aber wegen seiner eigenen geringen emotionalen Qualitäten und seiner erst spät einsetzenden Bedeutung im Leben der Kinder keine heterosexuelle Liebe evozieren. Später führt die Autorin aus, daß die Idealisierung, die aus der Beziehung des Mädchens zum Vater entsteht, eine Verleugnung echter Gefühle und von daher eine gewisse "Unechtheit" der Liebesbeziehungen zwischen Männern und Frauen bedeutet (Chodorow 1978:257).

Diese Struktur bewirke, daß die heterosexuelle Liebe unbefriedigend für Frauen ist, führe zum Kinderwunsch und letztlich zur Reproduktion von Mütterlichkeit. Obwohl die meisten Frauen "heterosexuell werden und es auch bleiben, führen sowohl die männlichen Probleme mit der Liebe als auch die eigenen Beziehungsgeschichten mit der Mutter dazu, daß sie woanders nach Liebe und emotionaler Befriedigung suchen" (Chodorow 1978:258). Die Bemühungen der Frauen, daß "Beziehungsdreieck" zu vervollständigen und das Gefühl der dualen Einheit mit der Mutter auch mit den Männern herzustellen, muß mißlingen, da die Beziehung der Frau zum Mann "weil sie selbst in einer emotional asymmetrischen Dreieckssituation aufgewachsen ist, auf der Ebene der psychischen Struktur einer dritten Person (bedarf), denn diese Struktur ist ursprünglich in einem Dreieck entstanden" (Chodorow 1978:259). Mit einem Kind könne die Frau ihren Ödipuskomplex lösen und im Beziehungsdreieck einen neuen Platz einnehmen, den der Mutter. Ein Kind schaffe für die Frau jene "exklusive, intensive, primäre Einheit, die für Männer bereits in der heterosexuellen Beziehung verwirklicht ist" (Chodorow 1978:260) und deshalb sei es "psychologisch logisch" für die Frau, ihre Ehe in eine Familie zu verwandeln. Dazu sei die Aktualisierung aller "Fähigkeiten zum Muttern" nötig, der Kreis schließt sich und alles fängt von vorn an.

"Diese Situation wird durch Unterschiede zwischen der männlichen und der weiblichen ödipalen Erfahrung erzeugt, die alle ihre Ursache im Muttern der Frauen haben" (Chodorow 1978:256).

Im letzten Teil ihrer Ausführungen ordnet die Autorin ihre an der Psychoanalyse gewonnenen Erkenntnisse über geschlechtsspezifische Entwicklungsprozesse mittels des Identifikationsbegriffes wieder in die gesamtgesellschaftliche Struktur ein. Hier schreibt sie mit einer starken funktionalen Ausrichtung; es geht ihr offenbar darum, entgegen aller Ambivalenzen, die sie vorher schilderte, das Funktionskontinuum darzulegen, das die Asymmetrie der Geschlechter aufrechterhält. In Unterkapiteln mit sehr allgemeinen Titeln, wie "Die Familie und die Ökonomie" und "Das Muttern, die Männlichkeit und der Kapitalismus" schlägt sie resümierend einen großen Bogen und betont noch einmal die Wechselwirkung:

"Wenn wir untersuchen, auf welche Weise Erwachsene ihre Geschlechterpersönlichkeit ausdrücken, erkennen wir, daß Frauen und Männer (oft gezwungenermaßen) die zwischenmenschlichen Beziehungen erschaffen, die der Familienstruktur, die sie erzeugt haben, zugrundeliegen und sie reproduzieren" (Chodorow 1978:246).

Ein Unterkapitel von 13 Seiten, das den Zusammenhang von Mütterlichkeit, Männlichkeit und Kapitalismus zu umreißen sucht (ebd.234-246), ist notwendigerweise verkürzt. Da die Autorin im Verlauf des gesamten zweiten Kapitels auch über Widersprüche, Leiden und Schwierigkeiten beim Erwerb einer Geschlechtsidentität schreibt, fallen o.g. Pauschalisierungen nicht allzu sehr ins Gewicht. Chodorows Schlußfolgerungen und die Art, in der sie ihre durch die Psychoanalyse gewonnenen Erkenntnisse wieder auf gesellschaftliche Zustände bezieht, haben jedoch eine Ausrichtung, die die Erklärung einiger weiblicher Verhaltensweisen als Festschreibung von Weiblichkeit (in Form weiblicher Persönlichkeit) erscheinen läßt. Zwar legen Chodorows sorgfältige und differenzierte Ausführungen über psychologische Prozesse, die bei der Entwicklung einer Geschlechtsidentität mitwirken, Schlußfolgerungen nahe, geben aber im besten Falle Anlaß, auf geschlechtspezifische Dispositionen, nicht aber auf "Geschlechter-Persönlichkeiten" zu schließen. Chodorow beschreibt in ihrem Buch durchweg Beziehungsverläufe und deren Konflikte, erst gegen Ende wird sie verabsolutierend und begreift die Psychoanalyse auf einmal als "Theorie der sozialen Reproduktion", die frühe Kindheitserfahrungen zur Erklärung der "Entwicklung der psychischen Struktur" heranzieht.

"Später stülpt eine Person dann diese innere Struktur, die Phantasien, Abwehr- und Beziehungsformen und die Voreingenommenheiten, die damit verbunden sind, äußeren sozialen Situationen über. Diese Rück-Externalisierung (oder wechselseitige Rück-Externalisierung) ist selbst ein konstituierendes Hauptelement sozialer und zwischenmenschlicher Situationen" (Chodorow 1978:266).

Dies "Überstülpen" der inneren Struktur auf die äußeren Begebenheiten passiert auf unterschiedliche Weisen und auch Chodorow sagt, daß sie nicht in Form linearer Übertragung von innen nach außen abläuft. Um jedoch tatsächlich zu *erklären*, wie die geschlechtspezifischen Beziehungserfahrungen und -erwartungen und die gesellschaftlichen Identifikationsangebote ineinandergreifen, bräuchte man eine Theorie, die den psychischen Prozeß der Anpassung zu begreifen versucht. Stattdessen fügt Chodorow ihren Erkenntnissen am Ende einen soziologischen Identifikationsbegriff an, ohne sich mit methodologischen Fragen des Überganges von der einen zur anderen Sichtweise aufzuhalten.

Erst der Identifikationsbegriff unterstellt eine nahtlose Einpassung des/der Einzelnen in gesellschaftliche Zusammenhänge und betont die Übereinstimmung von individuellen Neigungen und Rollenvorstellungen. Mit der Schlußfolgerung, daß die "persönliche Identifikation" der wichtigste oder sogar einzige Identifikationstypus der Mädchen sei, verschwindet auch, daß sich bei Frauen die Rollenanforderungen, also die "positionale Identifikation", zu einem guten Teil mit den Vorstellungen über "persönliche Identifikation" deckt. Die weibliche Beziehungsfähigkeit erscheint somit als etwas der Mutter-Tochter-Beziehung Immanentes und Wirkungen der Rollenanforderungen und gesellschaftliche Zuschreibungen finden weit weniger Berücksichtigung.

So werden mit der Unterscheidung in "positionale" und "persönliche" Identifikation zwar zwei verschiedene Arten von Identifizierungsprozessen beschrieben, die jedoch den geschlechtspezifischen Rollenvorstellungen samt der

Dichotomie von öffentlich und privat und der geschlechtstypischen Aufteilung in männliche Außenorientierung und weibliche Familienorientierung entsprechen. Chodorow kritisiert einleitend die Dichotomie öffentlich-privat als zu Lasten der Frauen gehend. In ihrem Fazit beschreibt sie die Reproduktion dieser Dichotomie durch das Entstehen von geschlechtsspezifischen Eigenschaften und Verhaltensweisen. Die über "persönliche und personale Identifikation" erworbenen Eigenschaften sind zweifelsohne empirisch auffindbar. Sie sind aber ebenso von Männern gemachte Zuschreibungen an die Frauen, die auch als ideologische Versatzstücke existieren. Wenn man den letzten Teil von Chodorows Ausführungen liest, ist man versucht zu sagen, daß die Identifikation mit der Geschlechterrolle unmittelbar in der Geschlechtsidentität aufgeht und im Selbst- und im Körperbild repräsentiert wird. Dagegen spricht das, was die Autorin im zweiten Teil ihrer Arbeit beschreibt, daß sich eine weibliche Identität mit den verschiedensten Rollenidentifikationen verbinden läßt und in widersprüchlichen Lebenszusammenhängen entwickelt wird.

Die Vorstellung, daß in den Identifikationen alle für die psychische Strukturierung wichtigen Einflüsse der Umwelt auf das Individuum enthalten seien, läßt offen, warum sich Individuen gerade mit diesen und nicht mit anderen Eigenschaften ihrer Eltern, Vorbilder, Feinde und Freunde identifizieren. Sowohl die Kräfte, mit denen Personen ihre Umwelt verändern, als auch die Transformationen der individuellen Psyche durch andere Mechanismen als die der Identifikation werden außer acht gelassen.

Chodorow umgeht es, Hypothesen darüber aufzustellen, wie genau die verschiedenen Einflüsse das Geschlechterverhältnis gestalten. Sie spricht lediglich davon, daß sich geschlechtsspezifische Arbeitsteilung, Charakterzüge und Ideologie "mischen" und so gemeinsam die Geschlechter-Asymmetrie erzeugen (ebd:246). Sie stellt fest, daß die Entwicklung psychischer Strukturen "im Einklang" mit den Identifikationsprozessen steht (Chodorow 1978:229). Damit scheint die Frage nach der Verbindung von soziologischen Modellen des Rollenlernens und der Identifikation einerseits und andererseits der Rekonstruktion individueller Erlebnisse, die die Psychoanalyse einbringt, beantwortet. Es ergänzt sich bzw. paßt einfach zusammen. Erst im Nachwort greift Chodorow noch einmal auf ihre differenzierten Ausführungen des zweiten Teils zurück, die verdeutlichen, daß die Anpassung an gesellschaftliche Erfordernisse und an Geschlechterrollen sich nicht widerspruchsfrei vollzieht.

2.2.1.2. Eine Theorie der Anpassung, um das Ineinandergreifen von individueller Psyche und gesellschaftlichen Anforderungen zu verstehen

Da Chodorow es unterläßt, eine genauere Vorstellung über den Ablauf eines Identifikationsprozesses, über die Art und Weise der Anpassung des Individuums an soziale Erfordernisse zu entwickeln, habe ich an anderen Stellen nach einer (nicht funktionalistischen) Begründung für Identifikationsprozesse gesucht. Bei meiner Suche bin ich auf Paul Parin (1978) gestoßen, der die "Widersprüche im Subjekt" zum Anlaß nimmt, Hypothesen über den Prozeß der individuellen Übernahme von gesellschaftlichen Strukturen zu entwickeln. Seine Überlegungen zu Prozessen der "Identifikation mit der (Ideologie) der (sozialen) Rolle" (Parin 1978:116) liefern auch für die Prozesse, die Chodorow lediglich als sich ergänzend beschreibt, eine Folie für ein Verständnis der Vermittlung von gesellschaftlichen Vorgaben und individuellen Aneignungs- und Verarbeitungsstrukturen. Parin unternimmt den Versuch, die Psychoanalyse auf gesellschaftliche Verhältnisse auszudehnen, indem er den Begriff des Anpassungsmechanismus und seine Auswirkungen darlegt[57]. Parin zufolge führt der Vorgang der Identifikation zu einer Veränderung der psychischen Struktur dergestalt, daß Teile des Ichs sich mit der Ideologie einer Rolle so weitgehend identifizieren, daß es zum psychischen Niederschlag einer "Rollenrepräsentanz" kommt[58]. Dies verschafft narzißtische Befriedigung und erhöht das Selbstwertgefühl, da die Identifikation mit der Rolle Befriedigungen sichert, die durch die gesellschaftliche Bewertung der Ideologie bereitgestellt werden: "Man gehört dazu" (Parin 1978:125). Der Preis dieser Stütze ist jedoch die Aufgabe eines Stückes Unabhängigkeit und zum Teil eine Art "Erstarrung", da der Konflikt, den die Rollenrepräsentanz ins Ich gebracht hat, stillgestellt wird. Die gesellschaftlichen Widersprüche und Konflikte, die zur Bildung eines Rollenstereotyps Anlaß gegeben haben, werden ausgehalten.

Die gesellschaftlichen Strukturen werden, so Parin, in Ideologie übermittelt und im Ich zur psychischen Struktur:

"Unser Ich handelt als Agent der Gesellschaft, deren Einwirkungen eine neue Qualität, die psychische, angenommen haben" (Parin 1978:126).

Gegen die Totalität einer solchen Prägung führt Parin an, daß derartige Identifikationen reversibel und nie direkt, sondern durch Verschiebungen, Abspaltungen etc. gedämpft sind. Zudem weist er darauf hin, daß Identifikationen ein Leben lang und nicht nur innerhalb der Familie stattfinden. Er führt deshalb die Unterscheidung in *vertikale* (an der hierarchischen Struktur der Familie ausgerichtete) und *horizontale* (an Gleichaltrigen ausgerichtete) Identifikation ein (Parin 1978:72). Damit erweitert er die psychoanalytische Konzentration auf die Familie und hebt Beeinflußungsfaktoren außerhalb der Familie und der frühen Kindheit hervor. Er ist der Meinung, daß gerade im Erwachsenenalter psychologische Veränderungen oft von Einflüssen der Umgebung eingeleitet und ausgelöst werden. Zwar ließen diese Veränderungen die frühkindliche Dramatik vermissen, aber die 'Neuauflage' von Kindheitskonflikten oder spätere psychische Umstrukturierungen, die große innere Konflikte zur Folge haben, würden oft von Veränderungen der Rollenidentifikation eingeleitet. Ein grob umrissener Ablauf könnte etwa folgendermaßen aussehen: Eine Rolle muß aus äußeren Gründen aufgegeben werden. Das Ich verliert seine Stabilität, da die narzißtische Befriedigung, die durch die Rolle gegeben war, verloren geht. Entweder werden neue Identifikationsmöglichkeiten gefunden, oder das Ich muß ohne eine derartige Stütze weiterleben. Zum Teil kann dies nur um den Preis, neurotisch zu werden, bewältigt werden. Die Anpassungsmechanismen können das Ich nicht mehr entlasten, es kommt dadurch zu tiefgreifenden Umstrukturierungen der Person, die die Person z.B. zu einem Rückgriff auf narzißtische Erlebnisweisen veranlassen, da die Befriedigungsmöglichkeiten der Anpassungsmechanismen nicht mehr als ausreichend empfunden werden oder sogar ganz weggefallen sind (Parin 1978:105f).

Mittels einer derartigen Perspektive hebt Parin zwei Identifikationsmuster hervor, die bei Chodorow zu kurz kommen: 1. Die Identifikation mit Gleichaltrigen und 2. die Identifikation als Erwachsene(r).

Parins Überlegungen sind auf Anpassungsmechanismen im Allgemeinen bezogen und richten sich nicht explizit auf die Identifikation mit Geschlechterstereotypen. Seine Hypothesen verdeutlichen aber auch für geschlechtsspezifische Identifikationsprozesse, daß eine Orientierung an Geschlechterrollen zu einem Teil der psychischen Struktur werden kann und zur narzißtischen Befriedigung wie zur Bildung von neurotischen Strukturen Anlaß geben kann. Weiterhin macht Parin deutlich, daß Identifikationsprozesse lebenslang stattfinden, und daß Identifikationsobjekte wechseln bzw. ein Wechsel von außen erzwungen werden kann. Die interaktionistische Sicht auf das Geschlechterverhältnis einiger angelsächsischer Feministinnen stellt genau dies heraus: Mit der These des "Doing Gender" wird betont, daß der Erwerb einer Geschlechtsidentität nicht statisch und einmal vollzogen und damit abgeschlossen ist, sondern in Auseinandersetzung mit Umwelterfordernissen und Rollenklischees variiert und immer neu hergestellt wird (West/Zimmerman 1987). Mutter, Freundin, 'Karrierefrau', Geliebte, Ehefrau oder Feministin sind Rollen, deren Vorhandensein zwar bereits Normativität bedeutet, deren Ausgestaltung sich aber individuell unterschiedlich, zwiespältig und in Abhängigkeit der jeweiligen 'Szenen', d.h. kulturellen Praxen, vollzieht. Wir sind also einerseits durch gesellschaftliche Erfordernisse und deren Organisationsformen gezwungen und geprägt sowie mit Geschlechter-Stereotypen tagtäglich konfrontiert und involviert. Andererseits zeigt die Variationsbreite der Verarbeitungsformen von Widersprüchen und Konflikten, die der Erwerb einer Geschlechtsidentität bedeutet, daß Gestaltungs- und Veränderungsmöglichkeiten vorhanden sind und Handlungsstrategien nicht in ihrer Funktion und Wirkung aufgehen. Gerade die emotionale Besetzung und die unbewußten Ambivalenzen des Erwerbs einer Geschlechtsidentität zeigen die Vielgestalt der Bedürfnisse und die Eigenständigkeit des Individuums.

So gesehen sind die Ausführungen von Chodorow an zwei Punkten zu erweitern:

1. In der inhaltlichen Beschränkung auf die Bedeutung der primären Sozialisation - zumindest in der Adoleszenz wird die soziale Geschlechtsidentifizierung erneut initiiert[59].

2. In der Fassung der gesellschaftlichen Strukturen als geschlechtsspezifische Arbeitsteilung in der Familie, die sich in weiblicher Mütterlichkeit ausdrückt - auch gesellschaftliche Verhältnisse und Rollenanforderungen sind vielfältiger und widersprüchlicher als in Chodorows Schlußfolgerungen dargestellt.

Jedoch soll hinter diesen Einschränkungen nicht zurücktreten, daß die feministisch-psychoanalytische Theorie Nancy Chodorows die Struktur von Familien neu beleuchtete und anders als die klinischen Analytikerinnen, die in Kapitel 2.1. Thema waren, folgende Sachverhalte stärker in den Blick rückte:

– Familien sind komplexe Strukturen, umfaßt von verschiedenen anderen Strukturkategorien, wie der Ideologie, dem Sex-Gender-System, den Produktionsverhältnissen und anderen Sozial- und Machtstrukturen.

– Die Familienstruktur samt ihrer geschlechtsspezifischen Arbeitsteilung ist ein wichtiger Faktor für die (Aufrechterhaltung der) Unterdrückung der Frauen und der Etablierung der Geschlechtsidentität.

– Zweigeschlechtlichkeit wird zuerst durch soziale Beziehungen in der Familie erfahren. Sie ist nicht ausschließlich durch den anatomischen Geschlechtsunterschied vorgegeben.

2.2.2. Zweigeschlechtlichkeit als psychisches Strukturprinzip

Die objektbeziehungstheoretische Argumentation von Nancy Chodorow ist nur eine Variante der feministischen Rezeption und Weiterverarbeitung psychoanalytischer Ausgangsüberlegungen. Nur kurze Zeit vor Chodorow veröffentlichte Dorothy Dinnerstein (1976) psychoanalytisch begründete Überlegungen zur weiblichen Mütterlichkeit, die eine andere Ausrichtung und Schwerpunktsetzung haben. Ich möchte dieser Argumentation im folgenden nachgehen, sie eingangs in den Kontext anderer feministisch-psychoanalytischer Autorinnen stellen und sie später ergänzen.

Eine weitere Argumentationsrichtung innerhalb der feministisch-psychoanalytischen Ansätze geht davon aus, daß Männlichkeit und Weiblichkeit als eine dichotomisch aufgebaute Klassifikation bereits frühkindlich angeeignet werden. Zur Erklärung dieses Prozesses nehmen beispielsweise Dorothy Dinnerstein (1976), Carol Hagemann-White (1979) und Christa Rohde-Dachser (1991) an, daß binäre Unterscheidungen das Fundament elementarer psychischer Strukturbildung sind und später mit dem bipolaren Klassifikationssystem der Zweigeschlechtlichkeit in Verbindung gebracht werden. Diese Betrachtungsweise geht zurück auf Melanie Klein, die psychische Spaltungen bereits als Ergebnis frühkindlicher Unterscheidungen zwischen Selbst und Nicht-Selbst behauptet. Klein nimmt an, daß das Ich nur fähig ist zwischen innerem und äußerem Objekt zu trennen, wenn eine entsprechende Trennung/Spaltung auch innerhalb des Ichs stattgefunden hat. Deshalb, so ihre These, sind die Strukturen des Ichs von den Gefühlen und Phantasien über das innere Objekt stark beeinflusst. Zwar räumt sie ein, daß die Ängste, die den Mechanismus der Spaltung initiieren, hauptsächlich der kindlichen Phantasie entspringen, trotzdem wirke sich dieser Mechanismus realitätsgestaltend aus:

"Es geschieht in der Phantasie, daß der Säugling das Objekt und sein Selbst spaltet, aber die Folge dieser Spaltung ist eine sehr reale, da sie dazu führt, daß Gefühle und Beziehungen (und später Denkprozesse) tatsächlich voneinander abgeschnitten werden" (Klein 1946:138).

Die Spaltung zwischen guten und bösen Objekten ist ein Versuch des kleinen Kindes seine/ihre Erfahrungen zu ordnen. Sie wird nach Otto Kernberg (1976) im Prozeß der Ich-Reifung und Entwicklung zunehmend differenziert und kann irgendwann in ihrer Funktion als Hilfsstruktur in Form des Entweder-Oders, des Schwarz-Weiß aufgegeben werden. Das Festhalten an solchen dichotomen Strukturierungs- und Welterklärungsmustern wäre dann ein Indiz für gescheiterte Problemaneignung, für nicht-gelungenes Erwachsen-Werden. Aufgrund derartiger Überlegungen verstehen die o.g. Autorinnen auch die Zweigeschlechtlichkeit als ein bipolares, unflexibles Wahrnehmungs- und Deutungssystem mit ausgeprägtem Abwehrcharakter. So versteht Dinnerstein beispielsweise unser "Arrangement der Geschlechter" als neurotisches Konstrukt und Rohde-Dachser geht davon aus, daß das Modell männlich-weiblich nicht aufgegeben werden kann, weil es für die Aufrechterhaltung von tragenden innerpsychischen Struktur von lebenswichtiger Bedeutung ist. Beide Autorinnen sehen Zweigeschlechtlichkeit als ein zentrales Muster der psychischen Strukturierung an. Dieses psychische Strukturprinzip kann jedoch nur überleben, wenn Weiblichkeit und Männlichkeit umfassende soziokulturelle Abstützung erfahren, so daß sich Einzelpersonen wie auch Gemeinschaften darin bestätigen können und es zur Versicherung der eigenen Integrität nutzen können. Das psychische Strukturprinzip braucht eine Absicherung von außen.

Besonders Dorothy Dinnerstein argumentiert im Unterschied zur Ich-psychologischen und der objektbeziehungstheoretischen Perspektive konsequent, daß das kritische Potential der Psychoanalyse in der Herausstellung des Unbewußten liege, und daß andere psychische Strukturen, wie das Ich und das Über-Ich, bereits Abwehrstrukturen seien und reiht sich damit in die traditionsreiche Diskussion um die Bedeutung der Triebtheorie ein. Aus triebtheoretischer Perspektive erscheint der objektbeziehungstheoretische Argumentationsverlauf von Chodorow harmonisierend, da das Unbewußte weniger berücksichtigt wird und in seiner Erklärung so ausschließlich auf die Mutter-Kind-Beziehung ausgerichtet ist[60]. Zwar ähneln sich Chodorow und Dinnerstein in ihren Ausgangsannahmen - beide problematisieren die Dominanz der Mutter bei der frühkindlichen Versorgung - und in einer Schlußfolgerung: Sie sehen in der Beteiligung der Väter an der Kinderpflege eine Möglichkeit die Entwicklung von geschlechtstypischem Verhalten zu relativieren. Sie unterscheiden sich jedoch in ihren Bezugstheorien und Schwerpunktsetzungen. Chodorows objektbeziehungstheoretische Ausführungen haben soziologische Ausrichtung und sind auf die Erklärung sozialpsychologischer Phänomene hin orientiert. Dinnerstein, deren Überlegungen ich mich hier ausführlicher zuwenden möchte, argumentiert viel psychologisch-grundsätzlicher. Ihr Buch hat anthropologischen Charakter und dient der Beschreibung allgemeiner Problemlagen.

Es geht mir im folgenden nicht um eine Gegenüberstellung von Chodorow und Dinnerstein, um eine Priorität von triebpsychologischer oder objektbeziehungstheoretischer Perspektive festzulegen, sondern vielmehr darum, zu betrachten, wo die theoretischen Erklärungs- und Zugangsweisen dem Themen- und Argumentationszusammenhang angemessen und wo (gleichermaßen) unsicher und unbefriedigend sind. Besitzt Dinnersteins These von der Strukturierungs- und Problembewältigungsfunktion der Zweigeschlechtlichkeit, die in der "mutterdominierten Kindheit" ihren Ausgang nimmt, auch in der Übertragung auf sehr allgemeine Probleme Plausibilität?

Dinnersteins Lesart der Psychoanalyse Melanie Kleins hat anthropologisch-philosophischen Charakter. Da es immer schwierig ist, philosophische Bücher zusammenfassend wiederzugeben und dies darüber hinaus auch für Leser und Leserinnen oft unbefriedigend bleibt, will ich die komplexen, ineinander verwobenen Ausführungen Dinnersteins lediglich unter zwei Fragestellungen bzw. Aspekten diskutieren. Zum einen gehe ich der Frage nach, wie die Autorin ihre These von der Polarität männlich-weiblich als einem zentralen psychischen Strukturprinzip begründet. Zum zweiten kritisiere ich ihre Ausführungen über den Prozeß der Bedeutungsausfladung von psychischen Spaltungen.

2.2.2.1. Das Arrangement der Geschlechter und seine "Wurzeln in der frühen Kindheit". Psychoanalyse als Anthropologie bei Dorothy Dinnerstein

Dorothy Dinnerstein (1976) geht in ihren Ausführungen über das "Arrangement der Geschlechter" der Frage nach, warum Menschen sich mit den herrschenden Geschlechtsrollen arrangieren, statt tatkräftig an ihrer Veränderung mitzuwirken. Dabei wendet sie sich einerseits gegen naturalisierende Erklärungsweisen, die das Geschlechterverhältnis als anatomisch oder hormonell bedingt verstehen, und andererseits gegen Begründungen, die das Geschlechterverhältnis mit gesellschaftlichem Zwang und kulturellen Zuschreibungen erklären. Demgegenüber sieht sie Geschlechterrollen zwar unter verschiedenen gesellschaftlichen und historischen Zuständen als variabel an, ihr "Wesen" wurzele jedoch in der Tatsache, daß in erster Linie Frauen für die Sorge und Betreuung von Säuglingen und Kleinkindern verantwortlich sind (Dinnerstein 1976:18). So erklärt die Autorin die Stabilität unserer Geschlechterrollen, indem sie Eigenschaften und Bedingungen der Säuglingszeit und der frühen Kindheit sowie deren Auswirkungen analysiert. Den Verlust des "primären Einsseins", den die Psychoanalyse bei der Entwicklung des Säuglings annimmt, begreift sie als grundlegendes Problem der menschlichen Persönlichkeitsentwicklung. Ihr Grundgedanke ist, daß unsere Geschlechtsrollenstereotypen Muster beinhalten, in denen fundamentale Gefühle der frühen Eltern-Kind-Beziehung wiederzubeleben und zu bearbeiten sind. Die Art und Weise der Konfliktbearbeitung aber, die die Geschlechterstereotypen nahelegten, trage bei zur Aufrechterhaltung grundlegender innerer Ambivalenzen gegenüber der menschlichen Sterblichkeit, dem Erwachsen-Werden, dem Wunsch nach Freiheit und gegenüber der Existenz anderer, anders fühlender Personen.

Diese von ihr als allgemein gesetzten Bedingungen (alle Menschen sind sterblich, werden älter bzw. erwachsen, haben - wie bei Fromm - einen Wunsch nach Freiheit und gemischte Gefühle gegenüber anderen Menschen) werden Dinnerstein zufolge von den Einzelnen im Rahmen der bestehenden Verhältnisse nicht angeeignet, sondern eher "neurotisch", in Form von Durchhalteoperationen und Notfallstrategien ausgehalten.

"Gesetze, Sitten, wirtschaftlicher Druck, Erziehungspraxis usw., die der Veränderung im Wege stehen (...) sind Symptome, nicht Ursache der Störung. Die bestehende Symbiose zwischen Männern und Frauen ist mehr als nur ein Produkt gesellschaftlichen Zwangs. Sie ist Teil der neurotischen Gesamteinstellung, mittels derer Menschen, männliche wie weibliche, mit massiven psychologischen Problemen fertig zu werden versuchen, die der Situation unserer Spezies zugrunde liegen" (Dinnerstein 1976:22).

Dabei dient das Festhalten an Geschlechterrollen und deren Stereotypen als Abwehr gegen frühe Ängste und Enttäuschungen, die im Zusammenhang mit der Mutter erlebt wurden, und der Entlastung bei psychischen Konflikten. So beschreibt die Autorin wie die Beziehungen zwischen den Geschlechtern primär neurotisches Verhalten von Menschen stabilisieren, jedoch auch eine Hoffnung auf die Ausdifferenzierung von Kritikfähigkeit beinhalten, so daß eine Veränderung der reglementierenden Verhältnisse denkbar und möglich wird.

Dinnerstein lehnt es ab, sich der gängigen Art und Weise wissenschaftlichen Schreibens zu unterwerfen und gibt ihren Ausführungen eine stark abstrahierende Ausrichtung. Sie verortet sich nur wenig in der psychoanalytischen oder soziologischen Literatur und betont mehrmals, lediglich für "geneigte Leser" zu schreiben. Ihre Ausführungen kreisen um grundsätzliche Fragen der Menschheit und anthropologische Zwänge. Ich möchte mich deshalb den impliziten Vorannahmen ihrer Thesen zuwenden und der Frage nachgehen, wie sie deren Allgemeingültigkeit begründet.

Dinnersteins anthropologische Grundannahmen: "Menschen sind gut und schlecht"

Die Autorin spricht von der "conditio humana", wenn sie grundsätzliche Problemstrukturen darstellt und beschreibt in ihrem Buch typische Strukturen und Bewältigungsmuster, die aus der "conditio humana" resultieren. In einem Kurzdurchgang durch die Evolutionsgeschichte des "homo sapiens" und mittels Verweisen auf kulturübergreifende Ideale und Riten macht sie deutlich, daß es ihr um mehr als um das Geschlechterverhältnis der weißen Mittelschicht in den USA geht. Sie spricht von menschlichen Grunddilemmata, vom "Rätsel der Menschheit", von "Lebensqual und Todesfurcht", von der Notwendigkeit der Assimilierung früher Wut und von der "frühen Neigung, andere für unser Wohl verantwortlich zu machen" (ebd:311). Sie nimmt eine allgemein menschliche "Sehnsucht" an, die die Ambivalenz von Befriedigung und Unbefriedigt-Bleiben am Leben erhält. Das herrschende Geschlechterverhältnis, das "sexuelle Arrangement", beziehe seine Stabilität und Langlebigkeit daraus, daß es die "Kernambivalenz" unangetastet lasse. Besagte Kernambivalenz taucht immer wieder in unterschiedlichen Variationen in Dinnersteins Text auf und beruht auf einem Menschenbild bzw. einem Verständnis vom Menschen, das neben der grundsätzlichen Schwierigkeit, erwachsen zu werden, seine/ihre Lernfähigkeit und Kreativität herausstellt.

Dinnerstein teilt die psychoanalytische Grundannahme, daß der Verlust des Eins-Sein mit der Welt, mit dem jeder Säugling konfrontiert ist, kompensiert werden muß und kann (ebd:23). Sie setzt dieser ersten leidvollen Erfahrung allgemein menschliche Eigenschaften, wie "Unternehmungslust", "Klugheit", "leidenschaftliche Neugier", "Vernunft", "intellektuelle Kreativität" und "eigenschöpferische Begabung" (Dinnerstein 1976:14) entgegen und geht davon aus, daß kognitive Fähigkeiten es uns ermöglichen, Gefühle sowohl zu ertragen wie auch zu erleben. Freuds Rede vom "ewigen Eros" interpretiert sie als ein fundamentales Verlangen des Menschen nach "Formen eines lebenswerten Lebens" (Dinnerstein 1976:25) und begreift dies als sowohl vitale als auch gefährliche "Gabe unserer Art", aus der Spannungen und Widersprüchlichkeiten erwachsen können. Ihre zentralen Annahmen über Ausgangsbedingungen menschlichen Werdens sind von daher widersprüchlich. Einerseits unterstellt sie, daß sich "die wichtigsten Charakteristika des Lebens" der Kontrolle entzögen (Dinnerstein 1976:23), also von unbewußten Wünschen und Sehnsüchten bestimmt seien. Andererseits glaubt sie an die Möglichkeiten einer rationalen Bewältigung und Bearbeitung von Problemen, Widersprüchen und Gefühlen und versteht den "Versuch, erwachsen zu werden - mag er auch noch so doppeldeutig ausfallen" als einen Schritt "nach vorn" (Dinnerstein 1976:254).

Trotzdem überwiegt in Dinnersteins Buch die Herausstellung der menschlichen *Abhängigkeit*. Sie sieht diese begründet in der Struktur der frühkindlichen Beziehungen und Erfahrungen. Die die erste Bindung zwischen Mutter und Kind sei der "Prototyp der Bindung an das Leben", der Abhängigkeit und Angst vor dem Verlassen-Werden in Erinnerung halte. Diesen "Prototyp", dieses Prinzip erweitert die Autorin um verschiedene kulturelle Dichotomien und führt ihn dann immer wieder als "fundamentales Muster", als "Ursprung" und "wesentliche Quelle" (ebd:132) für die Beibehaltung und Aufrechterhaltung von Widersprüchen und emotionalen Ambivalenzen an. Obwohl Dinnerstein im Hinblick auf die Verallgemeinerbarkeit ihrer Thesen relativierend darauf hinweist, daß persönliche Erfahrungen ihr gezeigt hätten, daß Kindheitsbedingungen variiert werden können (ebd:11), hält sie die frühkindliche Erziehungsstruktur, das weibliche Monopol bei der Kinderbetreuung, für *das* zentrale Organisationsmuster bei der Aufrechterhaltung von Abhängigkeiten.

Diese von ihr als universell gesetzte Annahme ist hypothetisch, da es für derartig allgemeine Behauptungen keine empirische Daten gibt. Zudem entspricht dies einer sehr abstrakten Darstellung sozialer Realität, die andere, möglicherweise auch wichtige Organisationsformen und Bereiche von Lebensverhältnissen gar nicht in die Auseinandersetzung miteinbezieht. Der hohe Grad an Verallgemeinerung ihrer Thesen wird monokausal begründet durch die Annahme einer immer wirksamen und überall existierenden "mutterdominierten Kindheit", die sie als "Wurzel" und als Basis der von ihr beschriebenen Dilemmata ansieht. Ihre Ausführungen stehen in erstaunlich großer Übereinstimmung mit herrschenden Klischees über Mütter und Mütterlichkeit[61], und die Vision von der mütterlichen Allmacht wird als zentrale Qualität der Mutter-Kind-Beziehung dargestellt, die alle anderen Erfahrungen mit der Mutter in den Hintergrund treten läßt. So gesehen ist eine derartige Schwerpunktsetzung in doppelter Hinsicht reduziert. Zum einen, da Dinnerstein ausschließlich die weibliche frühkindliche Kinderbetreuung als problemhafte Ausgangsstruktur der Ontogenese darstellt. Zum anderen, da sie in der Hauptsache lediglich die Seite der *Abhängigkeit* zwischen Mutter und Kind und ihre 'verheerenden' Auswirkungen darstellt. Die andere Seite der Mutter-Kind-Beziehung - das Bestreben die Abhängigkeit aufzulösen, das Kind zur Entwicklung und zum Erwachsen-Werden anzuhalten - wird hauptsächlich als Ausnahme des obigen Prinzips, nicht aber als eine tatsächlich vorhandene Beziehungsebene mit ihren Auswirkungen beschrieben[62]. Diese fast immer nur in Fußnoten verhandelten 'Ausnahmen' oder einleitenden Hinweise auf der Autorin persönlich bekannte Personen, die nicht den herrschenden Geschlechterklischees entsprechen und deshalb nicht zur Stabilisierung des "Geschlechterarrangements" beitragen, können mit Dinnersteins Theorie weder erklärt werden, noch verdeutlicht die Autorin, ob oder in welchem Ausmaß diese Ausnahmen ihre Theorie falsifizieren. Lediglich in Fußnoten schreibt sie:

"Die Gefühle, mit denen sich dieses Buch beschäftigt, sind dadurch gekennzeichnet, daß sie sich wandeln, wenn wir uns auf einer privaten Ebene ihres Charakters stärker bewußt werden".

"Wie sehr und in welcher Weise die früh entstandenen Gefühle modifiziert werden, hängt von der Geschichte des Individuums ab. Gewöhnlich bleiben sie als starkes Orientierungsverlangen während des ganzen Lebens bestehen" (Dinnerstein 1976:286/289).

Da es nicht Dinnersteins Anliegen ist, die Frage nach dem Zustande-Kommen der Ausnahmen zu klären, stellt sie keine Überlegungen darüber an, wie und warum Menschen von der Norm abweichen. Vielmehr geht es ihr um die Beschreibung von Prinzipien, die sie über alle Unterschiede hinweg als in allen Menschen vorhanden denkt. Die Ausformung derartiger Grundstrukturen mag dann individuell graduell oder auch radikal verschieden sein; das Grundmuster oder das "fundamentale Prinzip" ist als Grunddisposition vorhanden.

Dieses Grundmuster versteht Dinnerstein als "ein starkes Geflecht emotionaler Faktoren" (Dinnerstein 1976:265). So schreibt sie in der Hauptsache über Phantasien und deren Einfluß auf Gefühle, Sinnlichkeit und Beziehungsstrukturen zwischen Männern und Frauen. Im Gegensatz zu Chodorow, die diese Beziehungsstrukturen zu "Geschlechter-Persönlichkeiten" verfestigte, schreibt Dinnerstein viel leidenschaftlicher über die Widersprüche der Anpassungen an die Geschlechterrollen. Es geht ihr um den "Gefühlsstrom, der die weibliche Zustimmung zu männlicher Herrschaft stabilisiert" (Dinnerstein 1976:202). Ob Männer und Frauen sich, wie Chodorow und Benjamin es vertreten, hinsichtlich ihrer Fähigkeit unterscheiden, Sinnlichkeit und Gefühl zu integrieren oder zu trennen, ist nicht Dinnersteins Untersuchungsinteresse[63]. Vielmehr will sie begründen, daß männliche und weibliche Verhaltensweisen zusammen ein "sexuelles Arrangement" konstituieren, mit dem grundlegende Widersprüche befriedet, aber auch aufrechterhalten werden. Sie beschreibt Zusammenhänge, Wechselbeziehungen und die psychologischen Konstruktionen dieser Verhältnisse. Phantasien, Ängste und Zwangsvorstellungen erscheinen bei ihr als Stabilisatoren des geschlechtlichen Arrangements.

111

Sie nimmt an, daß Geschlechterrollen sowohl gesellschaftlichen wie auch persönlichen Erfordernissen entsprechen. Dies funktioniere nicht nur auf der Ebene der Wirkung von gesellschaftlichen Ideologien, sondern werde auch durch psychische Kräfte stabilisiert, die weit genug verbreitet seien, um geschlechtsspezifische Verhaltensvorschriften durchzusetzen. Dennoch blieben Geschlechterideologien veränderbar und veränderungsbedürftig.

Veränderungen aber hätten die Anerkennung und Bewältigung des Sachverhalts der "mutterdominierten Kindheit" zur Voraussetzung:

"Die entscheidende psychologische Tatsache ist, daß wir alle, Frauen ebenso wie Männer, den Willen der Frau fürchten. (...) Wir leben von ihrer Gnade, wenn unser Leben am zerbrechlichsten ist. In ihrer Aura werden wir zu Menschen. Während unser verwundbarsten, schicksalhaft einprägsamsten Jahre ist ihre Herrschaft total und durchdringt alles. Macht dieser Art, in einem Geschlecht konzentriert und von der Frau zu Anfang über beide Geschlechter ausgeübt, ist eine viel zu große und gefährliche Kraft, als daß man ihr im Erwachsenenleben unbegrenztes Walten erlauben könnte. Sie einzuschränken, unter Kontrolle zu halten, sie auf bestimmte Zwecke festzulegen, ist ein vitales Bedürfnis, eine lebenswichtige Aufgabe jedes von der Mutter aufgezogenen Menschenwesens" (Dinnerstein 1976:205).

Diese Art und Weise der Argumentation, die die Abhängigkeit von der Mutter fast dramatisiert, hat Kritikerinnen zu dem Vorwurf veranlaßt, Dinnerstein erhebe die Perspektive des Kleinkindes zur feministischen Theorie. So kritisieren Nancy Chodorow und Susan Contratto (1980), daß bei Dinnerstein zuweilen unklar bleibe, ob sie dem Arrangement zugrunde liegende Phantasien oder tatsächliche Lebensverhältnisse beschreibt. Diesem Vorwurf ist entgegenzuhalten, daß es Dinnerstein primär um *Liebes*verhältnisse geht, um die Organisation und Gestaltung von Gefühlen und deren Ausdrucksformen. Als einzigen Gestaltungsfaktor der *Lebens*verhältnisse, in denen Beziehungsstrukturen etabliert werden, erwähnt sie die weibliche Säuglingsbetreuung. Andere Lebensverhältnisse werden nur am Rande eingefügt. Umstände mütterlichen Lebens und deren Auswirkungen auf Aggression, Omnipotenzphantasien und Sexualität könnten durch den Einbezug einer soziologischen Alltagsperspektive thematisiert werden. Dies unterläßt die Autorin, da es ihr ja gar nicht um den konkreten Alltag einzelner Personen, sondern um die Analyse elementarer psychischer Spaltungsmechanismen und kollektiver Phantasiebildung geht.

Die Kritik von Chodorow und Contratto macht jedoch deutlich, daß Dinnersteins Blick auf das Arrangement der Geschlechter eingeengt ist. In das "fleischliche Leben von Säuglingen verstrickt zu sein" (Dinnerstein 1978:192) bedeutet nicht nur - wie Dinnerstein es beschreibt -, daß Leben, Tod, Blut, Schleim, Kot, Körper und Sexualität ambivalente Erfahrungen und Gefühle mobilisieren, die dann in die Dichotomie männlich-weiblich eingehen, sondern stellt sich auch in spezifischen Anforderungen und Aufgaben der alltäglichen Praxis mit Kleinkindern dar. Der Beschreibung und Analyse dieser konkreten Alltagsanforderungen widmet Dinnerstein aber nur wenige Zeilen und so bleiben die konkreten Interaktionen zwischen Mutter und Kind unterbelichtet, die auch die unterstützende, konstruktive Seite der Mutter-Kind-Beziehung illustrieren.

Dinnerstein analysiert zwar die "mutterdominierte Kindheit" als Strukturkategorie, gesellschaftliche Machtverhältnisse, die zu einer solchen geschlechtsspezifischen Arbeitsteilung führen, erscheinen aber nur noch in ihrer durch die weibliche Kinderversorgung vermittelten Form. Die kulturelle Kategorisierung in männlich und weiblich wird zum Produkt individueller Psychologie. Der Begriff der "frühen Spaltungen" macht es der Autorin möglich, von den Unterschieden zwischen psychologischer und kulturell-gesellschaftlicher Ebene zu abstrahieren. Ich möchte ihrer Verwendung des Spaltungsbegriffs deshalb nachgehen.

Spaltungen und Aufladung mit Bedeutung

Die Spaltung männlich/weiblich ist nach Dinnerstein Teil und Produkt der Verdrängung der ersten Frustrationserfahrungen in der Mutter-Kind-Beziehung. Statt die schmerzvolle Abgrenzung in der frühen Kindheit in Einklang mit einer tatsächlichen Person zu bringen - was einer reifen Entwicklung gleichkäme - wird diese Erfahrung einseitig dem weiblichen Geschlecht zugeordnet. Die Mühe, die jedes Kind aufbringen muß, um zu erkennen, daß die "magische elterliche Gegenwart der Säuglingszeit" eine Person war, könne neurotisch abgelehnt werden und könne dazu führen, daß man dieser Mühe ausweicht und pauschalisierend weibliche Personen als nicht vollwertige Personen und Persönlichkeiten wahrzunehmen bereit und in der Lage ist (Dinnerstein 1976:124f). Dabei spielten drei Bilder von Weiblichkeit eine Rolle:

1. Die Frau/die Mutter kann nur schwer als jemand wahrgenommen werden, die Subjektivität in vollem Maße besitzt; letztere kann ihr aber auch nicht in vollem Umfang abgesprochen werden.

2. Sie verkörpert das ursprüngliche Nicht-Selbst und ist für die Ich-Bildung sowohl notwendig als auch bedrohlich.

3. Auf sie können grundlegende widerstreitende Gefühle abgespalten werden (sie wird mit Tod, Blut, Natur, Lasterhaftigkeit assoziiert).

Dinnerstein erklärt diese Weiblichkeitskonstruktionen mit Melanie Kleins Modell der primären Spaltung in eine gute und eine schlechte Mutterbrust. Klein unterstellt, daß Säuglinge ihre Mütter als "Es" und nicht als "Ich" wahrnehmen. Zwar könne sich die kindliche Individualität ohne ein Gegenüber nicht entwickeln, die Mutter als das wichtigste Gegenüber werde aber nicht als eigenständiges Subjekt gesehen, da das Kind sie zu allererst als "Es", als Teil seiner eigenen Gefühlswelt erlebe.

Diese Verflechtung mit der Mutter deute das Kind als scheinbare Allmacht der frühen Mutter und begründe das zwiespältige Mutterimago als Ursprung von Gut und Böse. Diese emotionale Ambivalenz versteht Dinnerstein als wesentliche Quelle menschlichen Unbehagens (ebd:132) und nimmt an, daß diese kindlichen Phantasien auch in Erwachsenen vorhanden sind. Sie spricht von einer weitverbreiteten Infantilisierung, einem "Kern menschlicher Wut", einem "menschlichen Groll über die Conditio humana", die in unserer Gesellschaft auf die Frauen projiziert werden (ebd:297/293). Die infantile Phantasie, in der die Mutter mit schuldhafter Verantwortung beladen ist, kritisiert Dinnerstein als Sündenbockfunktion, stellt aber nicht ein einziges Mal in Frage, daß diese kindliche Phantasie über die Mutter tatsächlich und ursächlich etwas mit ihr zu tun hat. Dabei gerät außer acht, daß die Spaltungen und die Mechanismen der Abspaltung nicht identisch mit ihren Bewertungen und gesellschaftlichen Funktionen sind. Die Mutter als Quelle von Gut und Böse zu bezeichnen, verdeutlicht zwar einerseits den psychischen Mechanismus der Spaltung, transportiert aber andererseits auch Klischees über Mütter weiter, über deren Realitätsgehalt Dinnerstein keine Aussagen macht und auch nicht machen will, da sie sich ja mit psychischen Konstruktionen und mit Phantasien beschäftigt. Diese Bilder brauchen aber einen realen Erfahrungshintergrund, in den sie individuell eingeordnet werden können, und so bindet Dinnerstein die Klischees an die *reale Erfahrung* mit der frühen Mutter an. Der Kreislauf könne nur unterbrochen werden,

"wenn der frühe Kern menschlicher Wut nicht länger seinen Ursprung in der mystischen Gestalt der frühen Mutter hat, wenn wir die Schuld für das, was wir einander antun, auf uns nehmen, und die Verantwortung dafür, damit aufzuhören" (Dinnerstein 1976:297).

Die frühe Erfahrungen eines jeden Menschen, daß er/sie sich von der Mutter lösen muß und doch von ihr abhängig bleibt, schildert Dinnerstein sehr drastisch. Sie spricht von der "ersten schlimmsten Loslösung", von "Kummer" und "Gefühlen der Abhängigkeit und Unterwürfigkeit". Dennoch hofft sie, daß Menschen erwachsen werden können, daß sie lernen, Verantwortung zu übernehmen und Rücksicht zu üben. Diese Hoffnung scheint, da sie die Infantilität als so gefühlsbestimmend herausstellt, nicht sonderlich überzeugend, sie flakkert nur hin und wieder als menschenfreundliche Perspektive auf, ohne Bestandteil der Theorie zu werden. Die Hartnäckigkeit, die Dinnerstein den Phantasien einräumt, verleitet sie zu einer gewissen Übertreibung. Sie betrachtet den kindlichen Individuationsprozeß nur unter der Prämisse der "ersten, schlimmsten Loslösung", als "Verlust kindlicher Allmachtsillusion" und damit als "elementare Grundlage menschlichen Kummers" (Dinnerstein 1976:85).

So wird durch ihre Ausführungen überdeutlich, daß sich gerade in unserem Geschlechterarrangement und durch unsere "Geschlechtsregeln" eine Art Wiederholungsspiel früher Interaktionsmuster etabliert. Dinnerstein folgt der psychoanalytischen These, daß die erste, mit schmerzvoller Ablösung verbundene, und von daher als unvollkommen erlebte Beziehung in der Sexualität Erwachsener durch das Wiedererleben früher Verbundenheitsgefühle vergessen werden könne. Sie geht davon aus, daß diese Reaktivierung der frühen Säuglingserfahrung für den Mann leichter möglich ist als für die Frau, da der Körper der Frau dem der Mutter stärker ähnelt und die Frau auch die Einstellung dieses Elternteils stärker verinnerlicht habe. Verallgemeinernd schließt Dinnerstein daraus, daß emotionale Neigungen Erwachsener auf frühkindlichen Erfahrungen gründen, die dann mit späteren Erfahrungen "verschmelzen" (Dinnerstein 1976:61).

"Verschmelzen" von frühkindlicher Erfahrung und ideologischen Zuweisungen

Das unterschiedliche Erleben von Sexualität bei Männer und Frauen werde durch die in der Gesellschaft vorherrschende "Doppelmoral", die dem Mann mehr Freiheiten und mehr Rechte in der Sexualität gewährt als der Frau, zusätzlich dichotomisiert. Entscheidend für die Aufrechterhaltung der Doppelmoral hält die Autorin jedoch nicht die äußerlichen, sondern die innerlichen Stützen. Durch Dinnersteins Ausführungen wird deutlich, daß sie davon ausgeht, daß Ideologien an Bedürfnissen ansetzen und nur überleben können, wenn sie emotionale Ambivalenzen nähren. Es ist nicht ihr Anliegen zu klären, woher die Geschlechterideologien kommen, wie sie sich ändern und welche Funktion sie erfüllen. Auch ist nicht die politische oder rhetorische Bekämpfung dieser Ideologien ihr explizites Ziel, da sie die psychologischen Strukturen, die die Übernahme von Ideologien bei einzelnen Personen ermöglichen, für weitaus bedeutsamer hält. So beschreibt Dinnerstein, wie auch Chodorow, ein Ineinandergreifen von Ideologie und Unterdrückung, ohne ein Modell oder eine Vorstellung zu entwickeln von der Vermittlung zwischen individueller Verlust- oder Leiderfahrung und der gesellschaftlich angebotenen Kompensationsmöglichkeit, die die Ideologie darstellt. Individuelle Erfahrungen und gesellschaftliche Bewertungen "verschmelzen", "überlagern sich", "werden zugeordnet", oder die einen durch die anderen "wiederbelebt". Unklar bleiben die Rolle der Sprache, der Erfahrungen und die kognitiven Anteile dieses Ergänzungsprozesses.

So hält die Autorin beispielsweise einen Wunsch aus der Säuglingszeit für entscheidend bei der Konstitution und Aufrechterhaltung einer doppelzüngigen Sexualmoral im Patriarchat: Das Kind wolle die Mutter, die ihm Lust und Befriedigung spendet, ganz für sich haben. Diesen Wunsch trage man zeitlebens mit sich herum und differenziere ihn auf geschlechtsspezifische Art und Weise aus. Für das männliche Kind wie für den männlichen Erwachsenen bleibe die Befriedigung außerhalb seiner selbst und vollzieht sich an einem weiblichen Körper und erweckt in ihm die Erinnerung "an eine Situation, in der die Mutter unerträglicherweise nicht dem Baby gehörte" (Dinnerstein 1976:62). Die Frau hingegen könne die Atmosphäre der Säuglingszeit nicht so selbstverständlich wiedererleben und entwickele deshalb auch eine andere Einstellung zur Eifersucht. Seine körperliche Untreue könne für sie den Kummer der Säuglingszeit nicht so plastisch wiederbeleben, als die ihre es für ihn kann. Zudem trage die von der Mutter großgezogene Frau eine "Quelle des frühen magischen Reichtums der Eltern" in sich und könne deshalb selbstgenügsamer sein. So könne sie auch die Treulosigkeit des Mannes akzeptieren, solange sie nur weiß, daß er ohne sie unglücklich wäre. Der Mann hingegen kann seine Eifersucht nicht so handhaben, da er als von der Mutter aufgezogener Knabe das Gefühl habe, daß "der ursprüngliche, primitivste Lebensquell stets außerhalb seiner selbst liegen wird, daß er, um dieses Quells sicher zu sein, ausschließlichen Zugang zu einer Frau haben muß" (Dinnerstein 1976:64). Zusammenfassend bedeutet dies, daß durch die Beziehung Vater-Mutter-Kind, "auf primitive Weise", wie Dinnerstein sagt, die Jungen eine stärker ausgeprägte heterosexuelle Seite und die Mädchen eine stärkere homoerotische Seite in ihren kindlichen Gefühlen haben (ebd:69).

"Was sich also im einseitigen männlichen Besitzdenken wiederspiegelt, ist nicht nur der ursprüngliche, monolithische Säuglingswunsch, eine Frau zu besitzen, sondern noch ein weiteres, doppeldeutiges Gefühl, das im frühen Knabentum wurzelt: Daß die Hinwendung zu einer Frau nur dann gefühlsmäßig tragbar ist und im Einklang mit der Solidarität zwischen Männern, die Teil der Männlichkeit ist, steht, wenn sie und die Gefühle für sie unter sicherer Kontrolle bleiben" (Dinnerstein 1976:72).

Das bedeutet, daß bei Jungen eine Bindung an das eigene Geschlecht über die Abwertung des anderen Geschlechts erfolgt und Autonomie auf der Basis der Reduzierung bzw. des In-Schach-Haltens der Gefühle zur Mutter aufgebaut wird. Bei Mädchen stelle sich dieser Aspekt des ödipalen Konflikts anders dar, da Mädchen nicht dazu aufgefordert werden, die Mutter zu erobern, sondern lernen sollten mittels der Liebe eines Mannes auf die mütterliche Liebe zu verzichten. Der Vater biete ergänzend zur Mutter-Kind-Bindung eine Beziehung zur Tochter an und trage, so Dinnerstein, zu einer Pseudo-Lösung des ödipalen Konflikts bei: Positive, in den frühen Lebensstadien abgespaltene Gefühle würden auf den Vater übertragen, der keine Assoziationen an die Verwehrungen der Säuglingszeit ermöglicht. Die negativen Gefühle blieben vorwiegend bei der Mutter und helfen dem Mädchen, sich vom eigenen Geschlecht zu lösen und eine verehrende, abhängige Haltung Männern gegenüber einzunehmen und den Vater zu idealisieren (ebd:74ff).

Zusammengefaßt stellt Dinnerstein das "Verlangen der von der Mutter großgezogenen Menschen" also folgendermaßen dar: Der Mann fordert die weibliche Unterordnung in der Sexualität, da er als Säugling weibliche Autonomie als bedrohlich erlebte; die Frau tröstet sich über die Aufgabe ihrer Lust hinweg, indem sie ihre Schuldgefühle gegenüber der Mutter zu besänftigen versucht. Indirekt betrügt sie den Mann und kehrt zur mütterlichen Liebe zurück (ebd:91f). Dies bewahre das Gefühl von Hilflosigkeit, verhindere die Entwicklung von Autorität, Autonomie und Selbständigkeit bei Frauen.

Die sexuelle Unterordnung der Frau erscheint bei Dinnerstein als genährt durch regressive infantile Gefühle bei beiden Geschlechtern. Mit dieser Schwerpunktsetzung auf die psychischen Bedürfnisstrukturen kann sie zeigen, wie Herrschaftsmechanismen Gefühle beruhigen und auf bestimmte Art sogar befriedigen können. Dinnerstein geht aber in ihrem Erklärungsanspruch noch einen Schritt weiter, indem sie die frühkindlichen Wünsche und Bedürfnisse zu alleinigen Begründungsfaktoren für ein komplexes Geschlechterverhältnis macht. Sogar die grundlegende Struktur männlicher Herrschaft führt sie auf die Beruhigung und Verdrängung früher Abhängigkeitsgefühle gegenüber der Mutter zurück[64].

"Wenn wir die Säuglingszeit hinter uns lassen, lockt uns die Möglichkeit, Gefühle der Abhängigkeit und Unterwürfigkeit auf den zweiten Elternteil zu übertragen, - dessen anderes Geschlecht einen neuen Anfang, die Gelegenheit, reinen Tisch zu machen, verheißt, - in die Falle männlicher Herrschaft" (Dinnerstein 1976:235).

Das Bedürfnis, "reinen Tisch" zu machen, spiegelt bereits das Rigorose und Zwanghafte dieser Verschiebung. Die männliche Autorität erscheint als Rettungsphantasie, als vernünftige Zuflucht vor der weiblichen Macht. Das Geschlechterarrangement samt seinen Zuordnungen und Bewertungen sichert trotz seiner immanenten Probleme eine Struktur zur Befriedung (nicht Befriedigung) drängender Gefühle und Schwierigkeiten. "Das Patriarchat bleibt eine Zufluchtsstätte, vor deren Abbruch wir Angst haben" (Dinnerstein 1976:239). Die Menschheit nehme eine Art Selbsttäuschung vor, indem Verschiebung der Abhängigkeit von weiblicher Autorität auf eine Abhängigkeit zu männlicher Autorität vorgenommen wird.

"Die Weltherrschaft des Mannes (...) hat ihre emotionalen Wurzeln in der weiblichen Herrschaft über die frühe Kindheit" (Dinnerstein 1976:252).

Die Argumentationsfigur, auf die Dinnerstein immer wieder zurückgreift, stellt die Beeinflussung durch grundlegende Gefühle und Ängste heraus. Gerade die Bewertungen und Zuordnungen innerhalb des Geschlechterarrangements könnten ohne diese emotionalen Aufladungen kaum bestehen bleiben. Dabei sind die 'Lösungen', die das Arrangement der Geschlechter zur Besänftigung der Konflikte anbietet, tendenziell so strukturiert, daß *negative* Anteile auf die *Weiblichkeit* projiziert werden können. Diese Zuweisungen erscheinen bei Dinnerstein sowohl im Nachhinein konstruiert oder zugeschrieben als auch der einseitigen Struktur der weiblichen Kinderversorgung innewohnend. Ein angstbesetzter, anthropologischer Konflikt, bei dem die negativen Gefühle und Assoziationen auf die Frau bzw. die Weiblichkeit projiziert werden, sei beispielsweise der Umgang mit der menschlichen Sterblichkeit:

Dinnerstein zufolge "verschmelzen" unterschiedliche Gefühle - sie spricht von Liebe und Haß gegenüber dem menschlichen Körper - in der frühen Kindheit unter Aufsicht der Mutter mit dem später erworbenen Wissen von der Vergänglichkeit unserer Körper. In Anlehnung an Norman Brown (1962) führt sie aus, daß diese ambivalenten Gefühle der Körperlichkeit gegenüber solange unzugänglich und unversöhnt bleiben, wie die volle Anerkennung der Sterblichkeit emotional nicht verkraftet werden kann. Deshalb werde die Bedeutung der Leiblichkeit des Menschen geleugnet und mit dieser Verdrängung ginge auch die omnipotente Einheit des Säuglings verloren. Gegenwärtig, so ihre Behauptung, werden die ambivalenten Gefühle dem Körper gegenüber auf Weiblichkeit projiziert. Diese Verdrängung und Abspaltung bedeute die Entwicklung einer gehörigen Dynamik, da die "alte Freude am Fleisch und die uns noch eigene Fähigkeit, jene Berührung mit dem Leben zu fühlen, die das Fleisch ursprünglich vermittelte" (Dinnerstein 1976:189) weitgehend unterdrückt ist.

Erst wenn "die Liebe, die wir dem sterblichen Fleisch entgegenbringen, fähig geworden sein wird, sich auch den Haß einzuverleiben, dann werden wir leben können, ohne dem Tod auf halbem Wege entgegenzukommen" (Dinnerstein 1976:191).

Dinnerstein fordert die Auflösung der besonderen Verbindung zwischen Frau und Tod, um der Pathologie und der Nekrophilie unserer Gesellschaft entgegenzuwirken. Dazu scheint es ihr notwendig, daß Männer genauso wie Frauen in das "intensiv fleischliche Leben von Säuglingen und Kleinkindern verstrickt sind", weil dann auch der männliche Körper als Realität "eines Lebensquells neuer Geschöpfe bereits in einem frühen Alter seine wesentliche emotionale Bedeutung für uns" erlange (Dinnerstein 1976:192).

"Wenn einmal die Vaterschaft ebenso wie die Mutterschaft frühe physische Intimität bedeutet, wird die Zeugungskraft des Mannes in ihrer Art ebenso wunderbar erscheinen, ebenso von alltäglicher Magie erfüllt wie die der Frau. Denn der Körper des Mannes wird für uns ebenso emotional aufgeladen, so stark von primitiven präverbalem Gefühl durchdrungen sein, wie der der Frau" (Dinnerstein 1976:193).

Das sind große Worte, und sie versprechen Trost durch eine grundsätzliche Wertschätzung menschlichen Lebens. Als Ausweg aus dem System von geschlechtsspezifischen Verhaltensregeln und -zwängen, die Dinnerstein als letztendlich gesellschaftszerstörend begreift, schlägt die Autorin also die gleichberechtigte Einbeziehung des Vaters in die frühe Kinderversorgung vor. Diese Idee der geteilten Elternschaft resultiert bei ihr aus der Vorstellung, daß es besser wäre, die unvermeidliche Wut des Kindes gegen die Eltern zumindest auf Frauen *und* Männer zu verteilen.

Andererseits überrrascht es, daß sie eine Hoffnung bzw. Möglichkeit der Auflösung des "menschlichen Dilemmas" in einer individuellen Verhaltensänderung sieht, die vielleicht irgendwann einmal zu einer strukturellen werden kann[65]. In ihrem ganzen Buch ist die Rede von Spaltungsmechanismen, Prinzipien, die auch dann wirken, wenn nicht nur eine Mutter, sondern zwei Großmütter und diverse Tanten ein Kind großziehen (ebd:46). Sie akzentuiert also gerade die Allgemeingültigkeit und Hartnäckigkeit der Spaltungsprinzipien entgegen persönlicher, abweichender Erfahrung. Trotzdem postuliert sie die Veränderbarkeit der allgemein durchgesetzten Grundstrukturen durch individuelle Erfahrung und persönliches Verhalten.

Diese Argumentationsschleife ist bestenfalls aus ihren anthropologischen Annahmen heraus erklärbar, da in ihnen *zwei* Gedankenstränge stecken; der vom neurotischen Umgang vieler Menschen mit Konflikten und Spannungen, aber auch, gemäß der klassischen Triebtheorie, der des Potentials für menschliche Kreativität, mit deren Hilfe die neurotische Bewältigungsstrategie "Geschlechterarrangement" überwunden und verändert werden könnte. Diese Hoffnung wird durch ihr Menschenbild gestützt und metaphysisch begriffen, theoretisch begründet wird sie nicht. Während Jessica Benjamin theoretisch zu fassen sucht, wie Menschen auch in Abhängigkeitsstrukturen selbständig werden können, also primäre, frühkindliche Abhängigkeit nicht als einzige frühkindliche Erfahrung beschreibt, sondern eine "primäre Soziabilität" annimmt, unterstellen Dinnersteins Ausführungen stärker die Verhinderung der "wirklichen Gemeinschaft des Menschen mit seinesgleichen" (Dinnerstein 1976:308/9) durch die Macht der frühen Mutter.

Insgesamt läßt sich deshalb festhalten, daß auch Dinnerstein ein Entsprechungsverhältnis von Fühlen und Denken formuliert - es ergänzt sich, es paßt -, ohne Hypothesen über die Vermittlung der einen Ebene mit der anderen aufzustellen. Für sie ist zentral, daß eine Übertragung anderer Inhalte und die Negativaufladung von psychischen Grundspaltungen, wie z.B. gut und böse, ihren Anfang mit der weiblichen Kinderbetreuung nimmt. Erst gegen Ende ihres Buches erwähnt sie die Eindimensionalität der von ihr berücksichtigten Gestaltungsfaktoren und kennzeichnet es als "problematisch", daß sie "psychologische Bedingungen mit Bedingungen der Kinderaufzucht gleichsetzt und andere, die Psyche beeinflussende Faktoren völlig unerwähnt läßt" (Dinnerstein 1976:319).

So begründet Dinnerstein die Rolle der weiblichen Kinderversorgung als "Matrix" für Spaltungen und Bewertungen, als Grund- oder sogar Verursacherprinzip auf der Ebene von frühkindlichen Phantasien, die die Psychoanalyse uns liefert. Dabei beschreibt sie die Realitätsanteile dieser Phantasien und ihre ideologische Verstärkung oder Veränderung als die Phantasie ergänzend und stabilisierend, ohne zu differenzieren, wie die einzelnen Ebenen wirken. So bleibt offen, trotzdem sie das Prinzip der frühkindlich verankerten Spaltungen so ausführlich beschreibt, wie genau - in welchen, wie ineinandergreifenden Prozessen, mit welchen, wie gewichteten Gestaltungsfaktoren - sich geschlechtsspezifische Bewertungen konstituieren. Dadurch, daß der Einfluß von Erfahrungen sowie Entwicklungsprozesse bei Dinnerstein der Annahme allgemeiner, bereits frühkindlich grundgelegter Spaltungen subsumiert werden, erscheint selbst das, was sie zur Überwindung der Spaltung entwickelt, immer wieder der Spaltung unterworfen und von daher nicht voll überzeugend: Wir erfahren durch ihre Ausführungen nicht, wie männlich/weiblich als Kategorien der

Beschreibung von psychischen Strukturprinzipien und die Erfahrungen mit realen Männern und Frauen zusammenwirken und Bedeutung konstituieren; vielleicht bräuchten wir die geschlechtspolare Konstruktion ja auch weiterhin zum Aushalten von Widersprüchen, wenn Vater und Mutter das Kind gemeinsam erzögen.

In Opposition zu Dinnerstein begreift eine andere psychoanalytische Richtung die in den Einzelnen auffindbaren psychischen Spaltungen eher als Endpunkt einer komplexen Entwicklung und entwirft deshalb auch einen anderen Erklärungszugang und -modell über die Entstehung von Bedeutung und Bewertung im Individuum. Sowohl Jessica Benjamin (1988) als auch die Säuglingsforschung, die im nächsten Abschnitt Thema sein wird, gründen ihre Überlegungen auf andere Vorannahmen. Beide beleuchten das, was durch Dinnersteins Akzentuierung der menschlichen Abhängigkeit in den Hintergrund trat. Mir ist eine Relativierung der eher negativen Perspektive Dinnersteins wichtig, da ich es auch als ein Anliegen der feministisch-psychoanalytischen Ansätze begreife, Anknüpfungspunkte und Begründungen für eine weniger normative Weiblichkeit und Männlichkeit zu suchen. Jessica Benjamin bietet mit ihrem Konstrukt der "wechselseitigen Anerkennung" eine Möglichkeit, Ambivalenzen *und* Autonomiepotentiale zu denken.

Die Spannung zwischen Autonomie und Abhängigkeit

Wie Chodorow kritisiert auch Benjamin die Triebtheorie und die Konflikttheorie zwischen Ich, Es und Über-Ich und entscheidet sich für einen Bezug auf die Objektbeziehungstheorie[66]. Allerdings ist ihre Kritik der Triebtheorie - wie ja bereits erwähnt - nicht so rigoros wie die von Chodorow. 1982 forderte Benjamin noch ein Entweder-Oder zwischen Triebtheorie und Theorie der primären Intersubjektivität, 1988 spricht sie sich für eine ergänzende Sicht der beiden Perspektiven aus und behauptet, daß die intrasubjektive Perspektive in den ersten Lebensmonaten noch keine Gültigkeit habe, da sich innerpsychische Repräsentationen erst im Zusammenhang mit der Fähigkeit zur Symbolisierung im Verlauf des zweiten Lebensjahres entwickeln. Deshalb müsse die intersubjektive Theorie verstärkt für die Erklärung dieser Lebensphase herangezogen werden (Benjamin 1982:438/1988:31f). Als eine Anhängerin Melanie Kleins insistiert Dinnerstein demgegenüber auf dem Standpunkt, daß die Mutter aus der Perspektive des Kindes von Anfang an Triebobjekt ist, dem Liebe *und* Haß gelten. Diese Problematik der Ambivalenz von Liebe und Haß gegenüber dem mütterlichen Objekt, also intensiven und vielleicht auch extremen Gefühlslagen, erscheint bei Benjamin lediglich in Verkleidung der Begriffe Anerkennung und Nicht-Anerkennung, wird also mit Begriffen erfaßt, in denen die Heftigkeit und Tiefe nicht so drastisch ausgedrückt ist wie bei Melanie Klein. Jedoch sind auch bei Benjamin Anerkennung und Nicht-Anerkennung nicht zwei sich ablösende Phasen, sondern stehen für eine Ambivalenz, die in verschiedenen Konfliktsituationen als Widerspruch und in doppelter Existenz auftauchen. Auch für Benjamin ist das "Paradoxon der Anerkennung" als Ambivalenzkonflikt ständig gegenwärtig und repräsentiert in verschiedenen Entwicklungsphasen unterschiedliche Inhalte.

Sie faßt die "wechselseitige Anerkennung" als eine ontogenetische Implikation, die am Anfang der individuellen Entwicklung steht. Auch diese Hypothese birgt die Gefahr, daß das Gelingen der Aufrechterhaltung der Spannung doch wieder der Mutter aufgebürdet wird - entweder schafft es die Mutter, in dem Kind die Erfahrung und Erkenntnis des anderen Gegenübers zu initiieren oder nicht. Um dieser (möglichen) Schlußfolgerung entgegenzuwirken, müssen gesellschaftliche, private und intrapsychische Bedingungen, die der idealen Mütterlichkeit entgegen stehen und sie verhindern, mitdiskutiert werden. Zwar weist Benjamin immer wieder auf die Subjektivität der Mutter hin und stellt zudem das Austarieren der Spannung zwischen Abhängigkeit und Autonomie als einen lebenslangen Lernprozeß dar, sie sagt uns aber auch nicht, wie sich denn ein gelungener Differenzierungsprozeß vollzieht. Auch Benjamin widmet dem "Zusammenbruch der Spannung" mehr Beschreibung und Raum als der Skizzierung der Voraussetzungen und Bedingungen von gelungener "wechselseitiger Anerkennung".

Dabei bleibt sie auf der Ebene psychischer Funktionsmechanismen; die gesellschaftlichen Mechanismen und Strukturen, die Menschen vereinzeln und Anerkennungsverhältnisse verhindern und ideologisch verpacken, werden bei ihr als gegeben vorausgesetzt. Auf der psychischen Ebene beschreibt sie eine Struktur, in der das der Mutter-Kind-Beziehung inhärente Potential für "wechselseitige Anerkennung" in polaren Spaltungen verschwindet. Auch in ihrer Theorie bleiben aber die Mechanismen, die die Spaltungen bewirken, und die Ebenen der Vermittlung von gesellschaftlichen Vorgaben von Polarität und Spaltung mit der individuellen Psyche undeutlich. Dies ist überraschend, da die Autorin doch die psychische Verankerung von Macht und Herrschaft untersuchen will, dann jedoch primär entwicklungspsychologischen Zusammenhängen nachgeht und für diesen Themenbereich auf die Erkenntnisse der psychoanalytischen Objektbeziehungstheorie zurückgreift. Den Zusammenhang zwischen beiden Themenfeldern schafft sie, indem sie den geschlechtsspezifischen Verlauf der frühen Differenzierungsphase als Erklärung für männliche Herrschaft und weibliche Unterordnung beschreibt. Bei der Beschreibung dieser "typischen" Entwicklungsverläufe bei Jungen und bei Mädchen argumentiert sie mit Robert Stoller und Nancy Chodorow, daß der Junge durch die Erfahrung des Geschlechtsunterschiedes die Identifikation mit der ersten geliebten Bezugsperson (im allgemeinen: der Mutter) abbrechen muß und seine Männlichkeit darüber erreicht, daß er die primäre Identifikation mit der Mutter verleugnet und dies mit einer Negation von Weiblichkeit einherginge.

"Indem der Junge die Identifikation mit der Mutter und die Abhängigkeit von ihr abbricht, gerät er in Gefahr, überhaupt die Fähigkeit zu wechselseitiger Anerkennung zu verlieren. Emotionale Übereinstimmung und körperliche Harmonie, so typisch für den frühkindlichen Austausch mit der Mutter, bedrohen jetzt seine Identität. Kognitiv kann er natürlich das Prinzip akzeptieren, daß der Andere von ihm getrennt ist. Aber er tut dies ohne die Erfahrung von Empathie oder geteilter Empfindung, die getrennte Subjekte vereinigen kann. Vielmehr bezieht er sich auf die Andere als auf ein Objekt. Wenn diese Objektbeziehung zur Anderen verallgemeinert wird, dann ersetzt Zweckrationalität den affektiven Austausch mit anderen. Solche Rationalität umgeht die reale Anerkennung der Subjektivität anderer. Und diesen Prozeß können wir als "falsche Differenzierung" bezeichnen" (Benjamin 1988:76/77).

Einheit (zwischen Tochter und Mutter) und Differenz (zwischen Mutter und Sohn) werden hier als eine Polarisierung von Entwicklungserfahrungen dargestellt, die "wechselseitige Anerkennung" sowie wechselnde Einstellungen verhindern. Schwierig bei dieser Konzeption ist, daß Benjamin erneut das festschreibt, was sie überwinden möchte. Differenzierungen und andere Konstellationen, die in der individuellen Entwicklung möglich sind, bleiben unerwähnt. Nicht in jedem Fall ist Identifizierung gleichbedeutend mit Anerkennung, und Differenz muß nicht automatisch Abgrenzung und Nicht-Anerkennung bedeuten. Die männliche Ablösung von der primären Identifikation mit der Mutter muß nicht mit der Abgrenzung des Sohnes und der Nicht-Anerkennung der Mutter einhergehen, gerade darauf verweist ja auch der Terminus der "wechselseitigen Anerkennung".

So ist das Konstrukt Benjamins Ziel von Entwicklungs- und Bildungsprozessen und es ist ihr Verdienst, auf eine andere theoretische Möglichkeit individueller Entfaltung hingewiesen zu haben. Wie denn aber die beschriebenen Eigenschaften, Spaltungsmechanismen und Zuweisungen flexibler und durchlässiger werden können, fragen sich alle bislang diskutierten feministisch-psychoanalytischen Autorinnen nur am Rande (bzw. am Ende ihrer Ausführungen). Darüberhinaus ist allen gemein, daß sie der Rolle der Sprache für die Konstitution und Aufrechterhaltung von Bewertungen kaum nachgehen. Ich habe deshalb nach Erklärungsansätzen innerhalb der psychoanalytischen Theorie gesucht, die Sprache als Bindeglied von individueller Entwicklung und gesellschaftlicher Normierung reflektieren[67]. Wir sahen in Kapitel 1.2., daß Alfred Lorenzer den reglementierenden Einfluß der Sprache als wichtigen Faktor für die Veränderung der Mutter-Kind-Beziehung ansah. Ich will versuchen, diese Überlegung auch auf den Prozeß der Negativ-Zuweisungen an die Mutter, den Chodorow und Dinnerstein beschrieben, zu beziehen.

2.2.2.2. Das Problem der Nachzeitigkeit Oder: Wie konstituiert sich Bedeutung?

Zur Konstitution von Sinn und Bedeutung bedienen wir uns ganz unterschiedlichen Systemen wie z.b. Wissenschaft, Rationalität, Glauben und Aberglauben, dem 'gesunden Menschenverstand', auch den Emotionen und der Intuition, immer aber der Sprache. Dinnerstein hat verdeutlicht, daß der Geschlechtsunterschied und die gesellschaftlichen Bedeutungen, die ihm zugeschrieben werden, ein wichtiges und besonders weitgehend - da unbewußt - wirkendes Strukturprinzip von gesellschaftlichen Institutionen, Prozessen und Praktiken ist. Ihr Verständnis vom Geschlechtsunterschied wie auch jede andere Interpretation seiner Entstehungsbedingungen und Auswirkungen sind eingebettet in einen Kontext von Annahmen über die wechselseitige Beeinflußung von Sprache, der Subjektivität des jeweiligen Individuums und dem Modus der Erfassung bzw. Zuweisung des Geschlechtsunterschiedes.

In jeder Theorie, die die Geschlechterdifferenz zu erklären sucht, wird eine Grundstruktur angenommen, die entwicklungspsychologisch als Ausgangsdisposition oder Bedingung von Entwicklung erscheint. Aus erkenntnistheoretischer Sicht bringen diese unterschiedlichen Annahmen über Grundstrukturen mehrere Sichtweisen auf das Geschlechterverhältnis, mehrere Bedeutungen von männlich und weiblich hervor. Dinnerstein begründet eine Geschlechtsbedeutung, in der die Negativassoziation zur Mutter eine zentrale Rolle spielt. Chodorow beschreibt die frühe Objektbeziehung mit der Mutter und begründet eine Bedeutungszuschreibung, die für die Weiblichkeit eher eine positive Bewertung provoziert, da ihre Ausführungen auch nahelegen, Mädchen hätten die bessere, weil weniger zwanghaft abgrenzende Identität. Bei beiden Autorinnen wird die Subjektivität der Einzelnen durch die als Ausgangsstruktur gefaßten Annahmen maßgeblich bestimmt; lediglich in "Ausnahmefällen" sei es möglich, diese Grundstruktur zu verändern.

Wie wir gesehen haben nimmt Dinnerstein eine allgemeine *psychische Struktur*, genauer: eine "frühe Spaltung" als die Grundlage der geschlechtsspezifischen Bedeutungszuweisungen an. Die Bedeutungsaufladung der Spaltungen vollziehe sich im Nachhinein, baue auf dieser "Spaltung" auf. Dinnerstein geht es eher darum, diesen Funktionsmechanismus zu verdeutlichen als zu klären, wie genau die Vermittlung von Spaltung und Bedeutungsaufladung vonstatten geht. Auch bei Chodorow gibt es kaum Ausführungen über die Mechanismen, die die Erkenntnis transportieren, daß Mutter und Tochter dasselbe Geschlecht haben. Wie manifestiert sich die Erkenntnis des Gleich- oder Ähnlich-Seins? Ist sie an Sprache gebunden? Wie vollzieht sie sich und wie schlägt sie sich nieder? Chodorow und Dinnerstein geben auf diese Fragen Antworten, die die emotionale Seite von Beziehungen stark gewichten; auch diskutieren und erklären sie die Geschlechterfrage hauptsächlich unter dem Gesichtspunkt der psychischen

Struktur. Die Rolle der Sprache bei der Bedeutungszuweisung, wie auch die Bedeutung des Über-Ichs - also einer moralischen und wertenden psychischen Instanz - lassen beide Autorinnen und auch Jessica Benjamin relativ unbeleuchtet. Ich will deshalb zur Diskussion und Erweiterung der Positionen Dinnersteins und Chodorows zwei Ansätze aufgreifen, die das Thema *Sprache und Bedeutung* bearbeiten.

1. Die Hypothesen Dinnersteins werden durch die Untersuchungen der psychoanalytischen Säuglingsforscher Daniel Stern (1985) und Joseph Lichtenberg (1983) relativiert, da diese die frühen Objektbilder in den Kontext von Sprache stellen. Die ersten Objekte werden auf diese Weise nicht als durch die Erfahrungen des kleinen Kindes hervorgebracht interpretiert, also nicht als elementare, irreversible Grundspaltungen angesehen, sondern als nachträglich 'umgeschriebene' Produkte von Abwehr- und Konfliktverhalten interpretieren. Für die feministische Theorie ist dieser Ansatz (der selbst keine genaueren Ausführungen zur Geschlechterdifferenz macht) insofern interessant, als daß er - so überlegt beispielsweise Christa Rohde-Dachser (1991:221-233) - die Mutterimagines von Schuld und Allmächtigkeit nicht als Ergebnis der frühkindlichen Erfahrung, sondern bereits als Produkt eines Konfliktes oder eines Abwehrverhaltens, d.h. also auch als kulturell konstituiert ansieht. Damit ist zum einen der Blick auf die *kulturelle* Konstruktion von Zweigeschlechtlichkeit gelenkt, zum anderen wird hier indirekt der feministischen Kritik Rechnung getragen, daß die *reale* Mutter so oft hinter den Phantasievorstellungen über Mütter verschwindet. So gesehen können die Beobachtungen der Säuglingsforscher, die frühkindliche Erfahrungen als vielschichtig und komplex und durch Sprache neu systematisiert und nivelliert beschreiben, den Mechanismus der Schuldzuweisung an die Mutter verdeutlichen und der Negativ-Besetzung von Frauen entgegenwirken.

2. Einen ganz anderen Zugang zur Frage, wie sich Bedeutung konstituiert, entwickelt die poststrukturalistische Lesart der psychoanalytischen Theorie, die die Sprache selbst als konstitutive Struktur des Geschlechterverhältnisses auffaßt. In der Tradition von und in Auseinandersetzung mit Jacques Lacan entwickelte sich eine spezifische Variante der feministisch-psychoanalytischen Ansätze, deren Thesen zum Themenkomplex *Geschlechtsspezifische Bedeutung und Sprache* im Kapitel 2.3. diskutiert werden sollen. Auf andere Art und Weise als Dinnerstein und Chodorow entwickeln Julia Kristeva und Luce Irigaray u.a. Hypothesen über die Anfälligkeit und Instabilität des "Geschlechterarrangements", das sie als "geschlechtsspezifisches Symbolsystem" begreifen. Kristeva begründet eine Vorstellung von der "semiotischen chora" als Ort der Negativität und der Verunsicherung des Subjekts, das sich über symbolische Bedeutungen konstituiere. Dies mache ambivalentes Verhalten und Sprechen von Männern und Frauen, wie auch ihre mögliche Zersplitterung in verschiedene Subjektpositionen erklärlich. Irigaray denkt über Möglichkeiten weiblicher

Sprechweisen und Ausdrucksformen nach und argumentiert für ein bedeutungstranszendierendes Sprachsystem.

Mit der Säuglingsforschung und der an Lacan orientierten Psychoanalyse rücken hier neben der objektbeziehungstheoretischen Begründung von Chodorow und der eher triebtheoretischen argumentierenden Dinnerstein zwei weitere Lesarten der psychoanalytischen Theorie in den Blick. Mir geht es im folgenden weniger darum, die Vorzüge der einen oder der anderen Bezugnahme zu diskutieren, als vielmehr zu überlegen, worin der spezifische Erklärungswert dieser Perspektiven für die Zweigeschlechtlichkeit liegt[68].

Entwicklungspsychologische Vorstellungen der Säuglingsforschung

Die Säuglingsforschung[69] beschreibt Gefühle, Affekte und ein entstehendes Selbst im Wachstums- und Reifungsprozeß. Ihre Beobachtungen legen nahe, daß der Säugling von Geburt an ein aktiver Partner in den Objektbeziehungen ist, der sich stetig auf mehreren Ebenen des Lernens und in verschiedenen Stadien der Wachsamkeit entwickelt. Während die Psychoanalyse den Verlauf vom "primären Narzißmus" des Säuglings, seiner "Symbiose" mit der Mutter hin zur Subjekt-Objekt-Spaltung untersucht und dabei von einem unvermeidbaren Umgang mit Frustration, Aggression und Haß ausgeht, beschreibt die Säuglingsforschung entsprechend der Begrifflichkeit der Ich-Psychologie einen Entwicklungsprozeß der Anpassung auf allen Ebenen; biologisch, neurophysiologisch, interaktiv, symbolisch und das Verhalten betreffend. So bestätigen, laut Lichtenberg, die Beobachtungen der Säuglingsforscher die Thesen, die in der Ich-Psychologie von Heinz Hartmann lediglich deduktiv abgeleitet wurden. Hartmann u.a. (1946) gingen davon aus, daß die Fähigkeit des Säuglings zur Erinnerung, zum Wiedererkennen und zur Kontrolle seiner Bewegungen a) angeboren und b) sich autonom entwickelnd seien. Im Unterschied zur Triebpsychologie sieht Lichtenberg die menschliche Entwicklung nicht als Produkt von Konflikten, sondern nimmt "autonome Ich-Funktionen" als vor einer intentionalen Adaption vorhanden an und beschreibt diese als eigene Organisation und Reaktion auf Stimuli (Lichtenberg 1983:43). Wenn jedoch Erinnerung, Erwartungen und Gefühle als autonome Funktionen erscheinen, die sich kontinuierlich entwickeln, und nicht, wie innerhalb der Trieb-Psychologie in den Zusammenhang mit Bedürfnisbefriedigung bzw. Befriedigungsverweigerung gestellt werden, dann werden das psychoanalytische Modell der Spannungsreduktion als Motor von Entwicklung sowie die Annahme der Triebbefriedigung als Basis von Objektbeziehungen fragwürdig. Auch das Phasenmodell der Psychoanalyse (oral, anal, genital) wird relativiert, versteht man Faktoren wie Autonomie, Oralität, Symbiose, Individuation und Neugier als primäre Organisatoren von subjektiver Erfahrung. In diesem Sinne argumentiert und schlußfolgert der Säuglingsbeobachter Daniel Stern, daß es vier verschiedene "senses of self" gebe, die als soziale Fähigkeit zur Kontaktaufnahme, Gefühle, Wahrnehmungen, Erinnerungen und Kognition produzierten[70].

Nach Stern sind Säuglinge mit beobachtbaren Fähigkeiten ausgestattet, die reifen. Die Fähigkeiten werden als subjektive Perspektiven der Wahrnehmung vom Selbst und vom Anderen ausgestaltet und organisiert. Das heißt, daß es der Säuglingsforschung zufolge schon von Anfang an eine Subjekt-Objekt-Trennung gibt; die in der psychoanalytischen Theorie verbreitete Vorstellung einer Symbiose zwischen Mutter und Kind wird damit differenziert. Stern geht nun davon aus, daß jeder "Sense of Self" einen neuen Bereich ("domain") der Verbundenheit mit anderen begründet. Diese "domains" seien keine Phasen, sondern Formen sozialer Erfahrung, die im weiteren Leben intakt und wirksam bleiben. Jede Initiationsphase stellt zwar eine wichtige Stufe in der kindlichen Entwicklung dar, insgesamt sei die subjektive soziale Erfahrung aber ein Ergebnis der Summe und Integration der Erfahrung in allen "domains" (Stern 1985:34). Bereits im Alter von zwei bis drei Monaten fangen Säuglinge an, so Stern, den Eindruck zu vermitteln, sie seien eigene Personen. Es gebe eine frühe Formation eines Selbst-Gefühls, in der die Erfahrungen des Mit-anderen-Seins aktiv vom Säugling in sein Erinnerungsvermögen integriert werden. Die Erinnerung von Erfahrungen mit anderen Personen wird episodisch organisiert und als sog. RIGs (**R**epresentations of **I**nteractions that have been **G**eneralized) in der Erinnerung verankert. Diese RIGs stellen flexible Strukturen dar, die verschiedene erlebte Situationen verallgemeinern und als Prototyp repräsentieren. Deshalb ist ein RIG etwas, was in seiner repräsentierten Form noch nie genauso passiert ist, andererseits aber auch nichts berücksichtigt, was nicht schon einmal Gegenstand von Erfahrung gewesen ist (Stern 1985:110). Diese Überlegung steht in Entsprechung zu den von Alfred Lorenzer allgemeiner gefaßten "Einigungsformen" in der Interaktion zwischen Mutter und Kind. Auch bei Lorenzer werden Interaktionserfahrungen generalisiert und bilden die Basis der symbolischen Sprache.

Sterns Theorie nach verarbeitet das vorsprachliche Kind seine Erfahrungen mit Hilfe von Generalisierungen, die an einen Handlungskontext, an Episoden, gebunden sind. Auch ohne Sprache macht das Kind die Erfahrung, daß Absichten, Gefühle und Aufmerksamkeit mit anderen Menschen teilbar sind. Diese seit der Geburt vorhandene Intersubjektivität wird durch das Erlernen der Sprache enorm vergrößert und differenziert. Die Fähigkeit zur Symbolisierung kommt im allgemeinen zwischen dem 15. und dem 18. Lebensmonat zum Ausdruck, setzt jedoch eine Reihe von bereits entwickelten Fähigkeiten voraus. Neben physischen Voraussetzungen und dem Erinnerungsvermögen beschreibt Lichtenberg eine "Imaging Capacity"[71] sowie die Fähigkeit zur Unterscheidung von zwei Realitäten: die der Repräsentation und die der ausgeführten Handlung. Des weiteren muß die psychische Beziehung zwischen dem Selbst und dem Repräsentationsmodell entwickelt sein, Kleinkinder müssen in der Lage sein, sich als ganze Personen wahrzunehmen.[72] Aus diesen im Laufe der ersten 18 Lebensmonate entwickelten Fähigkeiten resultiere ein Vermögen

1. zum objektiven Blick auf das Selbst (das Spiegelbild kann als Abbild benannt werden),
2. zum symbolischen Spiel,
3. zum Gebrauch der Sprache.

Die Sprache als neuer Modus der Erfahrungsverarbeitung ist also an ausdifferenzierte Fähigkeiten zur Selbstwahrnehmung gebunden.

So vertritt Stern u.a. die These, das Kind begänne zu sprechen, um die Erfahrung des Zusammen-Seins mit der Mutter zu re-etablieren. Wörter funktionieren in diesem Sinne als "Übergangsobjekt", als Trost, wenn die Eltern nicht da sind. Zur Beantwortung der Frage, was Sprache an neuer Differenzierung ermöglicht, gebe die Antwort auf die Frage *Wem gehört die Sprache?* die Blickrichtung vor (Stern 1985:169). Diese Frage läßt sich nur beantworten, wenn unterschiedliche Schulen herangezogen werden, durch sie wird also noch einmal die Notwendigkeit von mehreren Perspektiven verdeutlicht. Je nachdem, ob mit a) Mir!, b) Niemandem! oder c) Uns! geantwortet wird, sind verschiedene theoretische Perspektiven angerissen. Während a) *Mir gehört die Sprache* einem Ich-psychologischen Verständnis zuzuordnen wäre, entspricht b) *Niemandem gehört die Sprache* eher der poststrukturalistischen Lesart und c) *Uns beiden gehört die Sprache* einem intersubjektiven Verständnis à la Benjamin.

In die Zeit vom 15. bis zum 20. Lebensmonat fällt die psychische Verankerung des Geschlechtsunterschiedes. Die Erfassung der eigenen Körperlichkeit mittels Abgrenzung zu anderen entwickelt sich parallel zur Symbolisierungsfähigkeit. In diese Zeit fällt nun auch, das zeigen die Beobachtungen, die Erfahrung des ersten ambivalenten Konfliktes, die Erfahrung von Frustration, die zu oppositionellem Verhalten führt (Lichtenberg 1983:122ff). Erst ab diesem Punkt der Entwicklung könne in kategorialen, eher statischen Begrifflichkeiten wie "gut" und "böse" gedacht werden. Dies ist der Punkt, an dem die Säuglingsforschung gegen Melanie Kleins "depressive Position" argumentiert. Klein postuliert, daß die "guten" und "bösen" Imagines etwa ab dem fünften Lebensmonat psychisch integriert werden. Nach Meinung der Säuglingsforschung sind intrapsychische Repräsentationen frühestens im Verlauf des zweiten Lebensjahres möglich, da sie ein psychisches Organisationsniveau voraussetzen, das erst entwickelt werden müsse (ebd:243). Erst mit der Symbolisierungsfähigkeit würden Widersprüche als Konflikte erfahrbar. Die Zuschreibung von "gut" und "böse" an Erfahrungen im fünften Lebensmonat verstehen die Säuglingsforscher als *nachträgliche*, die eine neue Ebene der mentalen Organisation zur Voraussetzung hat: die Fähigkeit zur symbolischen Repräsentation. Die Unterteilung in "gute und böse Brust" entspreche somit nicht den kindlichen Erfahrungen.

Da ein Kind jeden Tag ca. sechs Erfahrungen mit der Brust hat und jede ein bißchen anders ist, gibt es zwischen gut und böse diverse Schattierungen. So kritisiert Stern, daß im psychoanalytischen Modell die gut/böse-Dichotomie der Spaltung in Selbst undAndere vorausgeht. Die Beobachtungen können eine derartige Vorzeitigkeit von Trieben vor Kognition nicht bestätigen, sondern legten eher nahe, daß sich beide gleichzeitig entwickeln und wechselseitig beeinflußen. Das bedeute nicht, so Stern, daß Erfahrungen nicht unter Lust/ Unlust-Gesichtspunkten als RIGs schematisiert werden, sondern lediglich, daß dies nicht in einer Dichotomie geschehe. Demgegenüber entwickelt er die Vorstellung, daß in den RIGs Einschätzungen und Erfahrungen gesammelt und verallgemeinert werden. Das Kind muß viele dieser Modelle erstellen und kann erst später, nachdem es zu sprechen gelernt hat, - als Kind oder als Erwachsener - die RIGs mit Hilfe von Symbolen "re-indexieren" und in das hierarchische System von gut und böse einkategorisieren. So gesehen sei die Spaltung weniger eine Teilung als eine Integration in ein Kategorisierungssystem höherer Ordnung[73].

Deshalb faßt Lichtenberg den Primärprozeß und den Sekundärprozeß als "two general modes of perceptual-cognitive-affective organizations", die miteinander inVerbindung stehen[74]. Seiner wie auch Jessica BenjaminsAuffassung nach beschreiben Primär- und Sekundärprozeß verschiedene Formen des Lernens, deren unterschiedliche Lernmodalitäten durch die zu Beginn des Sekundärprozesses wirkende Symbolisierungsfähigkeit bestimmt sind. Damit ist zum einen die Behauptung aufgestellt, daß psychische Repräsentationen, die psychoanalytisch rekonstruiert werden können, d.h. an Symbole gebunden sind, bis zum ca. 18. Monat nicht gebildet werden. Zum anderen wird ein anderesVerständnis von Entwicklung zu Grunde gelegt, das bei Lichtenberg in der Forderung nach einer neuen Theorie des Lernens mündet. Er kritisiert, daß die psychoanalytische Entwicklungstheorie, wie Freud sie in den *Drei Abhandlungen zur Sexualtheorie* formulierte, eineVorstellung vom Lernen als Ergebnis von Unlust beinhalte[75]. Seiner Theorie nach findet Lernen (speziell senso-motorisches Lernen, das für das erste Lebensjahr charakteristisch ist) gerade im Zustand von geringen emotionalen Spannungen statt. Situationen mit hoher Spannung brächten hingegen Störungen der Integration von biologischen, neurophysiologischen und verhaltensorientierten Ebenen hervor. Diese Störungen manifestierten sich im Austausch von Mutter und Kind und in der Erfahrung des Kindes eines "per-ceptual-affective-action mode" und fände auch ohne symbolische Repräsentation statt (Lichtenberg 1983:165). Dieser Theorie zufolge gibt es also auchVorsprachlich-Verdrängtes und nicht nur verdrängtes Symbolisches, das bei Lorenzer "Klischee" heißt. Lichtenberg grenzt sich gegen klassisch triebtheoretischeAnnahmen ab:

The "infant does not have a symbolic representation of passive intimacy. What the infant has is an interactional body-movement-pattern. This pattern is probably holistic rather than discretely mouth-centered, and during feeding, it is probably an expression of active competence" (Lichtenberg 1983:168).

Die psychoanalytische Terminologie, die zur Beschreibung von frühen Erfahrungen von einer *oralen Phase* spricht, ist Lichtenberg zufolge eine nachträgliche, symbolische Transformierung, die den tatsächlichen Entwicklungsprozeß nur unzureichend beschreibt[76]. Gleichzeitig geht Lichtenberg davon aus, daß nur *die* Erfahrung, die im Verlauf des Primär- und des Sekundärprozesses codiert wurde, durch die analytische Methode der freien Assoziation in die aktuelle Erinnerung geholt werden kann. Die Erfahrungen der ersten eineinhalb Lebensjahre und das Wieder-Erkennen der "diskreten Muster" der "perceptual-affective-action modes", die noch nicht symbolisch repräsentiert wurden, lägen jenseits der Möglichkeit, interpretiert zu werden[77]. Die Psychoanalyse brauche also die Säuglingsforschung als Ergänzung, um die Ereignisse der ersten 18 Monate beschreiben zu können. In der Erinnerung würden die vorsprachlichen Erfahrungen durch die Brille des späteren Erfahrungsmodus getönt, der mit der Sprachfähigkeit neu in das Leben des Kleinkindes eingeführt wird. Es findet also in gewisser Weise eine Neu- bzw. Umschreibung statt. Diese Behauptung unterstützt die logische Annahme, daß große (innere wie äußere) Veränderungen und deren Integration insgesamt eine Umorganisierung der Psyche erforderlich machten. Was genau diese Überlegung über das Ausmaß der Veränderungen, die dann mit der Adoleszenz und dem Eintritt in das Erwachsenenleben einhergehen, im Hinblick auf eine Umstrukturierung des Innenlebens bedeuten, muß noch genauer untersucht werden.

Die Symbolisierungsfähigkeit verändert also Erfahrung und erweitert den Bereich der Intersubjektivität. Stern stellt hier jedoch die Behauptung auf, daß der Spracherwerb eine gespaltene Angelegenheit ist. Zwar wird einerseits die Beziehung zum anderen enorm erweitert, das Kind kann mittels Sprache zum ersten Mal Erfahrung mit anderen teilen, andererseits verursacht die Sprache aber auch einen Bruch in der Erfahrung und führt eine Teilung in sprachlich abstrahierte und direkte Bereiche des Mit-anderen-zusammen-Seins[78]. So gibt es auch immer einen Teil der Erfahrung, der durch Sprache nicht repräsentiert wird. Es ist leichter, mit Sprache Zustände zu benennen (glücklich, traurig) als Dimensionen (wie glücklich, wie traurig). Sprache ist für die Weitergabe kategorialer Information geeignet, nicht so tauglich jedoch für die Beschreibung von analogen Situationen; es gibt immer einen Raum/eine Gratwanderung zwischen der persönlichen Sicht der Dinge und der offiziellen Sichtweise, die durch Sprache eingebracht wird, zwischen Realität und Phantasie, zwischen dem erlebten Ereignis und seiner sprachlichen Repräsentation. Die Unmittelbarkeit des Erlebnisses wird durch Sprache ansatzweise aufgelöst und die Realität kann nun mittels Sprache zerteilt, transzendiert und symbolisiert werden. Diese Spaltungen der Realität bereiten den Boden für neurotische Konstrukte (Stern 1985:182). Es ist zu ergänzen, daß dies nur eine Voraussetzung für die Entstehung von Neurosen darstellt; eine mindestens genauso wichtige Vorbedingung ist der Konflikt, die tatsächlich erfahrene Entbehrung, die, in der Spaltung aufbewahrt, ihre verzerrende Wirkung entfalten kann.

Für eine Theorie der Weiblichkeit und der Zweigeschlechtlichkeit macht es nun aber einen Unterschied, ob die gängigen - sprachlich gefaßten - Vorstellungen von Weiblichkeit eher als im Nachhinein entstandene neurotische Konstrukte oder ob sie, wie bei Dinnerstein, als zwangsläufiges Ergebnis menschlicher, genauer gesagt, frühkindlicher Abhängigkeit von einer Frau angesehen werden.

Werden frühe Beziehungserfahrungen nachträglich unter dem Vorzeichen der Zweigeschlechtlichkeit umgeschrieben?

Christa Rohde-Dachser (1991) regt eine theoretische Neuorientierung in die oben angedeutete Richtung an. Sie will Sterns These, daß es im vorsprachlichen Alter keine wunscherfüllenden Phantasien, sondern lediglich tatsächliches Geschehen für den Säugling gibt, für die Bestimmung des Stellenwertes von Weiblichkeit nutzen. Da sowohl eine Vorstellung vom Geschlechtsunterschied als auch die Fähigkeit für die Interpretation von Konflikten erst mit der Symbolisierungsfähigkeit um den 18. Lebensmonat herum entwickelt wird, hält Rohde-Dachser es für möglich, daß die frühen Objektbilder, wie z.B. das von der bösen Mutter, unter den in der Sprache transportierten gesellschaftlichen Normierungsdruck geraten und nachträglich eine Um-Interpretation erfahren. Ihrer These zufolge stellen die in der Psychoanalyse als "frühe" Objektbilder beschriebenen Vorstellungen über die Mutter und den Vater bereits eine soziokulturelle Bestimmung der Zweigeschlechtlichkeit dar und sind - psychoanalytisch gesprochen - bereits eine Abwehrreaktion auf die ersten Erfahrungen (mit der Mutter), die sie zu beschreiben vorgeben (Rohde-Dachser 1991:224ff). Die "Recodierung", die die frühen Objektbilder mit dem Spracherwerb erfahren, sei nun maßgeblich durch das Konfliktpotential des Entwicklungszeitraums von eineinhalb bis zwei Jahren beeinflußt. Ein wichtiger in dieser Zeit stattfindender Prozeß ist die Erfahrung des Geschlechtsunterschieds, die für Mädchen und Jungen ein unterschiedliches Konfliktpotential birgt. Mit Dinnerstein und Chodorow hebt Rohde-Dachser heraus, daß Jungen wie Mädchen ihre Geschlechtlichkeit in Beziehung zur Mutter erfahren. Für Jungen bedeute die Erfahrung des Geschlechtunterschieds jedoch eine radikalere Trennung vom Körper der Mutter als für Mädchen, für die in diesem Lebensabschnitt noch kein Objektwechsel nötig sei[79]. Diese unterschiedlichen Erfahrungen während der Zeit des Spracherwerbs wirken sich nun wahrscheinlich auch bei der "Recodierung der frühen Objektbilder" aus. Deshalb geht Rohde-Dachser davon aus, daß die Bilder von der guten, idealisierten, schützenden, mächtigen Mutter wie der bösen, bedrohlich-mächtigen, neidischen Mutter während dieses Zeitraums entstehen und geschlechtsspezifisch als Abwehrphantasien ausgestaltet werden. Da der Erwerb einer männlichen Geschlechtsidentität gemäß der erwähnten Vorannahmen als konfliktreicher angesehen wird, geht sie davon aus, daß die Mutterbilder des Jungen aggressiver und als Folge davon stärker entwertet oder idealisiert sind. Durch die Verdrängung der ersten Nähe erhalte das Bild von der Mutter jedoch weitere Energie und transformiere auch die Wahrnehmungen und Vorstellungen von der lebendigen Mutter und Frau und rechtfertige die Distanz und die gesellschaftliche Struktur der Unterordnung der Frauen.

"Die dem präverbalen Bereich zugehörigen Erfahrungen mit der Mutter, die während der Frühsozialisation mit ihr erlebten Beziehungsepisoden, sind wegen der damit verbundenen Erinnerung an die körperliche Intimität der Mutter für den Jungen dagegen vermutlich eher tabuisiert als für das Mädchen und werden auch leichter der Symbolisierung entzogen. Das bedeutet, daß sich die Sprache über der so entstandenen Lücke schließt, so wie Lorenzer dies für (abwehrbedingte) Desymbolisierungsvorgänge beschrieben hat, wo dann nur mehr leere Zeichen, "Klischees" den Ort des Ausschlusses markieren" (Rohde-Dachser 1991:228).

Für die Entwicklung der Mädchen hält Rohde-Dachser fest, daß diese die frühen Beziehungserfahrungen mit der Mutter nicht zum selben Ausmaß wie Jungen von der symbolischen Kodierung ausschließen müßten, da die Entwicklung ihrer Geschlechtsidentität nicht an die Ablehnung der Mutter gebunden ist, sondern die Nähe zur Mutter sogar durch die Geschlechtsrolle legitimiert wird[80]. Sie vermutet deshalb auch, daß die negativen Mutterbilder des Mädchens Produkte einer später nicht erfolgten Ablösung von der Mutter sind, in denen sich die Symbiose mit der Mutter sado-masochistisch niederschlage.

Diese Interpretation Rohde-Dachsers ähnelt den Erklärungen von Männlichkeit und Weiblichkeit, die wir bei Dinnerstein, Chodorow und Benjamin finden konnten. Die Autorinnen eint, daß sie die Zweigeschlechtlichkeit als soziale Kategorie verstehen, die per Sozialisation entwickelt wird und ihren psychischen, z.T. unbewußten Niederschlag findet. Vater- und Mutter-Imagos verweisen deshalb auf Konfliktsituationen, Ausschlüsse und Verschiebungen und haben individuelle und gesellschaftliche Ausgestaltungen. Im Unterschied zu den drei letztgenannten Autorinnen aber greift Rohde-Dachser die in der klinischen Realität auffindbaren Bilder auf und begründet deren gesellschaftliche Dominanz mit der normierenden Wirkung der Sprache. Sie unterscheidet zwischen frühkindlicher Erfahrung und der Erfahrung, die in den Zusammenhang mit Sprache gebracht wird. Die sprachliche Erfahrung transportiere die soziokulturell bedingte Wertschätzung und schreibe die frühkindlichen Erfahrungen durch ein patriarchales Symbolsystem im Nachhinein um. Bei der 'Übersetzung' der psychischen Inhalte von einem Erfahrungsmodus in einen anderen gingen Inhalte verloren und es fände eine gesellschaftliche Normierung statt. Für die Entwicklung von Zweigeschlechtlichkeit bedeutet diese Hypothese, daß die Konnotationen und Assoziationen zu Männlichkeit und Weiblichkeit stärker in ihrer Funktion als kulturelle Konstruktionen betrachtet und weniger als Niederschlag konkreter Erfahrung verstanden werden müssen.

Dabei bleibt fraglich, ob und in welcher Form sich der prä-ödipale Erfahrungsraum jenseits der Symbolisierungsfähigkeit und der prä-ödipalen Erfahrungen des weniger Entfremdet-Seins, der Ganzheitlichkeit, der größeren Verbunden-heit mit der Mutter trotz der Re-Codierung durch Sprache erhalten kann, und ob diese Erfahrung für die Beschreibung von Weiblichkeit nützlich sein kann.

Die feministisch-psychoanalytischen Theoretikerinnen der poststrukturalisti-schen Ausrichtung haben diese Fragen auf ihre Weise weitergedacht und wie Rohde-Dachser die Hypothese von zwei unterschiedlichen Erfahrungsmodi und deren hierarchischer Strukturierung im Hinblick auf die Zweigeschlecht-lichkeit ausgeführt. Während Luce Irigaray die Idee einer Mehrfach-Codierung der kindlichen Erfahrung dahingehend aufgreift, daß sie zu beschreiben sucht, was vor bzw. jenseits einerVereinnahmung durch die symbolische Sprache des Patriarchats (gewesen) sein könnte, entwickelt Julia Kristeva vielmehr ein Mo-dell, um die sprachliche Neu-Codierung eines vorher anders strukturierten Er-fahrungsraumes faßbar zu machen.

2.3. Sprache, Körper, Unbewußtes

Innerhalb der feministisch-psychoanalytischenAnsätze stellt die strukturalisti-sche Lesart der Psychoanalyse durch Jacques Lacan neben derTriebpsycholo-gie und der Objektbeziehungstheorie einen wichtigen Bezugsrahmen dar[81]. Lacan begreift das Verhältnis von Individuum und Gesellschaft und die Frage nach dem Subjekt, obwohl auch er mit der Freudschen Triebtheorie arbeitet, nicht mit Hilfe der körperlichenVerankerung der Libido in den erogenen Zonen des Körpers, sondern nimmt eine umfassende Beeinflußung durch ein unbe-wußt verankertesAllgemeines an, das er "Struktur" nennt. SowohlAnatomie als auch Objektbeziehungen werden bei Lacan zweitrangig, da er die sprachliche Struktur des Bezeichnens und Bezeichnet-Werdens bzw. Bezeichnet-Seins als grundlegend ansieht.

Die von Lacan beeinflußten Autorinnen Luce Irigaray und Julia Kristeva phi-losophieren im Gegensatz zu Chodorow und Benjamin, deren Ausführungen um die Konstitution undVeränderung des "Selbst" kreisen und im Unterschied zu Dinnerstein, die die Erkenntnisse der Psychoanalyse über das Unbewußte zum Verständnis von gesellschaftlichen Organisationsstrukturen und deren Problemen nutzt, über die Nicht-Existenz der Frau als Subjekt. Die unterschied-liche Begrifflichkeit und Schwerpunktsetzung liegen in der jeweiligenTheorie-tradition begründet, der sich die verschiedenenAnsätze verpflichtet fühlen. Im Gegensatz zurAnnahme, daß die sprachlicheWelt eine psychische Grundstruk-tur und Erfahrungen spiegelt, postuliert die an Lacan ausgerichteteTheorie, daß die Erfahrung, sofern sie etwas bedeutet, in der Sprache konstituiert werde. Unterschiede, so die Annahme, erhalten durch Sprache ihre Bedeutung. Die Bedeutung ist dabei kein Ausdruck oderWiderspiegelung einer bereits existierenden, feststehenden Wirklichkeit, sondern nur eine Auffassung unter vielen. Damit erscheinen Bedeutung und Interpretationen als vieldeutig, vorübergehend und kritisierbar, da sie in dem Zusammenhang (=Diskurs), der sie hervorgebracht hat, gesehen werden müssten und keinen umfassenden Geltungs- oder Bedeutungsanspruch hätten. So bezeichnet auch der Begriff des Subjekts in dieser Theorie einen Ort innerhalb von Sprache und wird nicht im Sinne von Handlungsfähigkeit, Autonomie oder zur Beschreibung des Verhältnis von Selbst und Anderen verwendet. Ein derartiges Verständnis schwingt eher in dem der Ich-Psychologie verwandten Begriff des "Selbst" mit, in dem ein Zentrum, das potentiell auch autonom sein könnte, mitgedacht wird.

In Gemeinsamkeit mit den Theoretikerinnen des "Selbst" und mit Dinnerstein heben auch Irigaray und Kristeva die Bedeutung der prä-ödipalen Phase der psychosexuellen Entwicklung hervor und ziehen diese Phase zur Begründung ihrer Theorien heran. Wie Dinnerstein beschreiben sie unbewußte Strukturen, verorten das Unbewußte jedoch weniger in der psychischen Struktur, sondern sehen es als ein Strukturelement des Diskurses an. Sie kritisieren den Diskurs, der über Jahrhunderte hinweg fundamentale Imagos und Stereotypen der Geschlechter konstituiert hat, und analysieren das Weibliche dabei als das Unsagbare, als das, was keine Repräsentation in der symbolischen Ordnung habe. So verallgemeinern Irigaray und Kristeva psychoanalytische Modelle der Ontogenese in Abstraktion von der Einzelperson zu einer übergreifenden Struktur. Dabei machen die Autorinnen Aussagen über gesellschaftliche und psychische Strukturprinzipien, auch ohne diese von der Gesellschaft abzuleiten. Stattdessen begründen sie ihre Verallgemeinerungen im Rückgriff auf die Sprachstruktur, die sowohl auf Individuen als auch auf die Gesellschaft wirke. Dies ist eine Modifikation von Begründungsgängen, in denen die Psychoanalyse gesellschaftstheoretisch erweitert wird. Kristeva und Irigaray beziehen sich auf ein äußeres Prinzip, das auch als Weiblichkeit seinen spezifischen (Nicht-) Ausdruck finde. Wir sahen, daß im Unterschied dazu, andere Autoren und Autorinnen eine Struktur oder einen Mechanismus im Individuum als bedeutsam auch für die gesellschaftlich-kulturelle Ausgestaltung von Zweigeschlechtlichkeit annehmen: So unterstellt Erich Fromm beispielsweise einen menschlichen "Drang nach Freiheit" als gesellschaftsprägend, Alfred Lorenzer beschreibt frühkindliche Interaktionsformen zwischen Mutter und Kind, Jessica Benjamin stellt eine "wechselseitige Anerkennung" in der frühkindlichen Interaktion zwischen Mutter und Kind heraus, Dorothy Dinnerstein beschreibt frühkindliche psychische Spaltungen und Nancy Chodorow erste Beziehungserfahrungen mit der Mutter als Strukturprinzipien, die auch gesellschaftsrelevant sind oder werden könnten.

Kristeva und Irigaray aber richten ihre umfassenden Hypothesen auf die Erklärung kultureller Definierungs- und Konstruktionsprinzipien. So machen sie keine individual- oder entwicklungspsychologischen Aussagen, trotzdem sie mit Erklärungsmodellen aus der Ontogenese arbeiten. Bei ihnen ist "Frau" ein Prinzip und die Mutter-Kind-Beziehung eine Institution, denen allgemeingültige Eigenschaften und Auswirkungen zugeschrieben werden. Die Hypothesen von Kristeva und Irigaray liefern den Hintergrund für eine theoretische Erfassung von Weiblichkeit bzw. Zweigeschlechtlichkeit als Ausdruck der Kultur. Als Theorie der Weiblichkeit bleiben sie aber sehr abstrakt und bedürfen des Dialogs mit entwicklungspsychologischen Theorien. Ich möchte zeigen, daß ihre Versuche der begrifflichen Erfassung von Weiblichkeit sich ausschließlich auf einer allgemeinen Ebene bewegen, so daß die Beschreibung und Analyse der Wechselbeziehungen zwischen der allgemeinen Sprachstruktur und der Rezeption und Ausgestaltung dieser Struktur durch die Einzelperson hinter der Beschreibung der Funktionsmechanismen der Struktur zurückbleiben. Zudem spart auch dieser Ansatz der psychoanalytischen Konstruktion von Weiblichkeit die Frage nach der Vermittlung zwischen der übergeordneten "Struktur" und der individuellen Entwicklung und Reifung aus.

Da die Bezugstheorie von Kristeva und Irigaray - die strukturalistische Psychoanalyse Jacques Lacans - so stark von bislang diskutierten Lesarten von Psychoanalyse abweicht, möchte ich zur Einordnung und zwecks Nachvollziehbarkeit, bevor ich mich den Schriften von Luce Irigaray und Julia Kristeva zuwende, auf zentrale Hypothesen Lacans eingehen. Dies geschieht unter der Vorgabe, daß Lacans Texte keinen eindeutigen Bedeutungsrahmen haben, da er die "Signifikanten flottieren" läßt. Der Sinn seiner Ausführungen wandelt sich ständig, eine 'eigentliche' Bedeutung läßt sich kaum ausmachen. So ist auch meine stark verkürzte Widergabe der Lacanschen Grundgedanken eine vorläufige Interpretation, da eine Festlegung seiner Ausführungen und Absichten seiner Schreibweise nicht entsprechen würde. Ich kritisiere, daß er von anthropologischer zu psychoanalytischer und literarischer Darstellungsebene springt, keinen Unterschied zwischen kulturellen und historischen Betrachtungsweisen macht, sondern assoziierend die Wirkungen der grundlegenden und alles verallgemeinernden "Struktur" beschreibt.

2.3.1. Jenseits der Entwicklungspsychologie: "LA femme n'existe pas"

Zur Begründung seiner Theorie von der "Ordnung des Symbolischen" als alles strukturierendem Prinzip verknüpft Jacques Lacan die Psychoanalyse Freuds mit de Saussures strukturaler Linguistik und der Anthropologie von Levi-Strauss. Er beschreibt den Beginn der Wirkung der symbolischen Ordnung mit dem menschheits- wie individualgeschichtlichen Verzicht auf inzestuöse Wünsche. Der Mensch verzichtet auf die Befriedigung seines Begehrens durch die ihm am nächsten stehende Person und richtet seine Triebregungen auf fernere Objekte. Diese erste Form der Abstraktion, der Sublimierung verläuft nach

Lacan über das "Symbol" bzw. über den "Signifikanten". Das Symbol bzw. der Signifikant verweist auf ein abwesendes Objekt, indem es dessen Stelle einnimmt. Dadurch verliert das eigentliche Objekt seine Gegenständlichkeit zugunsten der Bedeutung, die es durch das Symbol erhält. Objekte oder Dinge bekommen also symbolische Funktion oder werden durch diese ersetzt. Das bedeutet in der Lacanschen Logik, daß die 'eigentlichen Dinge' nicht mehr existieren, sondern durch das symbolische Sinn- und Wertesystem der Sprache repräsentiert sind.

Im Individuum wirkt die syntaktische Struktur der Sprache sowohl während des unbewußten Primärprozesses als auch im Verlauf des Sekundärprozesses. Im Unterschied zu Freud, der den Sekundärprozeß zwar als widersprüchlich, aber dennoch als Prozeß des rationalen und zielgerichteten Denkens beschrieb, begreift Lacan den Sekundärprozeß als wesentlich unbewußt[82], da für ihn Sprache grundsätzlich unbewußt ist. Dementsprechend gilt auch der Umkehrschluß: "Das Unbewußte ist wie eine Sprache strukturiert" (Lacan 1964:26). Der Eindruck, daß wir als Sprechende über die Sprache verfügten, ist für Lacan demzufolge irreal, "imaginär", wie er sagt. Diese Behauptung gründet sich auf seine Annahmen über die symbolische Ordnung und auf sein Konzept des "Spiegelstadiums".

Die symbolische Ordnung

Lacan geht mit Levi-Strauss davon aus, daß sich, anthropologisch gesehen, Abstraktion und Symbolbildung per Inzestverbot und Exogamieregel durch den Verzicht auf die blutsverwandte Frau begründen[83]. Diese 'Urverdrängung' wird symbolisch durch den Phallus repräsentiert, der, so Lacan, die wesentliche Rolle bei der Verankerung des Symbolischen im Unbewußten spielt. Der Phallus symbolisiere die erste Abstraktion von unmittelbarer Bedürfnisbefriedigung zu kulturbildenden Aktivitäten. Dabei sei entscheidend, daß mit dem Phallus alle Objekte nur noch Ersatzobjekte sind, er also den Verlust des Unmittelbaren und die Abstraktion markiert. Zugleich steht er für die symbolische Potenz des Mannes, für seine Fähigkeit zur Sublimierung und Selbstdisziplin. Das Objekt, auf das durch die erste Verdrängung 'verzichtet' wird, ist nicht nur das Objekt der Begierde, die verwandte Frau, sondern auch die Frau als Gleichberechtigte und Subjekt. Die Frauen erhalten bei diesem Tauschakt symbolischen Wert, sie symbolisieren das Männerbündnis, das beschloß, auf die konkreten Frauen in der Familie zu verzichten und stattdessen Ersatzobjekte aus anderen Familien als Gebärende und als weibliche Andere zu wählen. Damit werden Frauen zur Eigenschaft, sie werden abstrakt vergleichbar und austauschbar, zuvor aber ihrer Körperlichkeit und Eigenständigkeit beraubt. Lacan schlußfolgert daraus, daß es DIE Frau in der phallischen, symbolischen Ordnung nicht gibt, sie existiere bestenfalls als Ausgeschlossene (Lacan 1973:156ff). Um zu existieren, brauche sie ein phallisches Zeichen. Da ihr das phallische Zeichen nicht wesensmäßig gehört, gilt für den "imaginären" Bereich - also dort, wo wir uns vorstellen, was Weiblichkeit/Frau-Sein sein könnte, - daß sie nicht ganz (pas tout) ist. Das führe zur "Maskerade" der Geschlechter, die im Imaginären die physischen Gegebenheiten interpretieren und verkleiden. So verweist der Phallus zum einen noch auf das ursprüngliche männliche Begehren. Zum anderen deutet er immer auch auf den Objektstatus der Frau hin. Es gibt, so Lacan, kein symbolisches, weibliches Pendant zum Phallus; er denkt die Frau[84] getreu der klassisch psychoanalytischen Lehrmeinung als "Nichts" bzw. als Funktionsraum für den Mann. Dieses weibliche "Nichts" gemahne nun aber ständig an die Kastrationsdrohung. Sein oder Nicht-Sein, Sinn oder Sinnlosigkeit liegen bei Lacan eng beieinander und da er sich nicht festlegt und die 'Frau' wie den 'Phallus' unbestimmt läßt[85], bleibt das Existieren des einen Geschlechts und das Nicht-Existieren des anderen ein logisches und kein konkretes Phänomen[86].

Die Einsetzung der symbolischen Ersatzobjekte, die mit dem Verzicht auf die Frauen in der eigenen Familie begann, setzt nun eine Kommunikationsstruktur in Gange, die Lacan Diskurs nennt, wobei *Diskurs* die Geschichte des Symbolischen und seiner Wirkungen benennt. Die erste Verdrängung bzw. Signifikanten-Substitution schreibt sich in den Diskurs der Menschheitsgeschichte ein und wird von jeder Person durch die Verdrängung des ursprünglichen Objekts nachvollzogen, indem sie Mitglied der symbolischen Kultur wird. Das Objekt unmittelbarer Wahrnehmung gehe ins Unbewußte über und wirke von dort als Signifikant. Eine Rückkehr zum realen Objekt ist gemäß dieser Logik ausgeschlossen, sobald die Sprachtätigkeit eingesetzt hat. Die unbewußt wirksame Sprachstruktur wird als relativ und vom Kontext abhängig gesehen, da es beim Austausch von symbolischen Objekten nicht um deren Eigenwert, sondern primär um die Regelung der männ(sch)lichen Beziehungen untereinander geht. Mit de Saussure nimmt Lacan die Sprache als Transporteur der symbolischen Struktur an, der gleichzeitig in der Lage ist, die Struktur zu verändern, da Signifikate und Signifikanten im ständigen Wechselspiel des Bezeichnens den Diskurs in Bewegung halten[87]. Es ist eine zentrale Annahme des Lacanschen Denkens, daß Sprachelemente selbst nichts sind, also eine Leerstelle darstellen, und erst durch ihre Bezeichnungsfunktion, durch ihren referentiellen Verweis auf andere Signifikanten innerhalb eines ganzen Systems, das so funktioniert, Bedeutung entstehen lassen. Bei Lacan entsteht der Sinn der Signifikanten in der Relation zu anderen Signifikanten und durch die Verdrängung von Signifikanten ins Unbewußte. Dort verleihen diese den Signifikanten, die an ihre Stelle getreten sind, Bedeutung. Die erste, verborgene, unbewußte Instanz, welche Signifikate bewirkt, ohne selbst ein Signifikat zu haben, ist bei Lacan der "Phallus".

"Durch das Wort, das bereits eine Anwesenheit darstellt, die auf Abwesenheit gründet, erhält in einem besonderen Augenblick die Abwesenheit selbst einen Namen. (...) Durch das, was nur als Spur eines Nichts Gestalt annimmt und dessen Basis sich infolgedessen nicht verändern kann, erzeugt der Begriff, indem er die Dauer des Vergänglichen bewahrt, die Sache" (Lacan 1953:116/7).

Dies will sagen, daß Sprache nie Abbild von Realität, und Bedeutung erst Produkt der Kombination der syntaktischen Struktur und dem ständigen Wechselspiel von Signifikanten und Signifikaten ist[88]. Die unbewußte Sprache (oder das sprachliche Unbewußte) erscheint als die kulturelle Determinierung des Subjekts, der zu entrinnen nur um den Preis der Psychose möglich ist.

Das "Spiegelstadium" und das Imaginäre

Der Prozeß der Enkulturation wird individuell durch die *Imagination des Phallus* und im *Spiegelstadium* vollzogen. Mit Freud denkt Lacan den Menschen als primär narzißtisch. Der primäre Narzißmus wird jedoch durch schmerzliche Trennungserfahrungen gestört; das ersehnte Eins-Sein mit der Mutter, das die totale Befriedigung ermöglichen würde, wird durch die gelegentliche Abwesenheit der Mutter verunmöglicht. Dies führt dazu, daß das Kind zu wünschen und zu begehren beginnt. Die Tatsache, daß das Kind sich etwas wünscht, drückt aber bereits seine Differenz zum Objekt der Wünsche aus. Deshalb versteht Lacan das Begehren als Antrieb für die Produktion von Erinnerungen und Vorstellungen, später von Begriffen, die entwickelt werden, um die Kluft zwischen der Person und dem Objekt ihrer Bedürfnisse zu überbrücken[89]. Dies Begehren wird nun im Spiegelstadium, dem "Bildner der Ich-Funktionen" (Lacan 1947) direkt sichtbar. Lacan beschreibt, daß das Kind im Alter von 6-18 Monaten sich mit Begeisterung selbst im Spiegel wahrnehmen und erkennen kann. Das Kind bekommt durch die Spiegelung eine Vorstellung von seiner körperlichen Gestalt. Dies stellt jedoch eine Vorwegnahme seiner Erfahrung einer ganzheitlichen Körperlichkeit dar, da es sich selbst bislang selbst nur als unkoordiniert und mit einer Vielzahl von verschiedenen Trieben und Wahrnehmungen ausgestattet erleben konnte. Das einheitliche Spiegelbild ist eine Fiktion, da das Kind seinen Körper noch nicht selbst koordinieren kann. Deshalb braucht es auch die Vergewisserung dieses Bildes durch die Bestätigung eines Dritten. Die vorher fließenden Grenzen zwischen Selbst und Anderem/Anderer werden verfestigt, indem die objektivierende Anerkennung des Spiegelbildes durch einen Dritten erfolgt. Das Kind erfährt durch das Spiegelbild die Trennung des Selbst von anderen, es lernt, sich mit den Augen der anderen zu sehen, begreift, wie man aussehen muß, um zu gefallen. Mit dem Spiegelstadium ist so der Punkt benannt, an dem das Kind sich erstmals von außen sieht. Nicht nur nimmt es seine eigene Gestalt wahr, sondern es stellt auch fest, daß andere ihn/sie sehen, indem es den Austausch mit anderen praktiziert. Dies erfährt es zuerst anhand eines Bildes, das dann aber eine symbolische Konnotation erfährt, um kommunizierbar zu sein.

137

Diese Trennungserfahrung, die die Aneignung von Signifikanten, d.h. auch die Verwandlung von sinnlich Wahrnehmbarem in abstrakte Vorstellungen ermöglicht, beschreibt Lacan (1964:68f) auch in seiner Interpretation des Fort-Da-Spiels. Im Fort-Da-Spiel beschrieb Freud seinen Neffen, der mit einer Fadenspule spielend, die An- und Abwesenheit seiner Mutter imaginiert, indem er die Spule über den verhängten Bettrand gleiten läßt und sie wieder hervorholt und das Spiel mit dem Lauten "O" und "A" begleitet. Das Kind mache so zum einen die abwesende Mutter durch ein symbolisches Objekt anwesend, zum anderen könne es nun Ab- und Anwesenheit benennen. Lacan sieht darin die Wirkung der Sprache: Die fehlende Präsenz der Mutter verwandelt sich in eine imaginierte Abwesenheit, hervorgerufen durch den Signifikanten. Erst die symbolisch gefaßte Abwesenheit könne zur Differenzierung genutzt werden, vorher sei das vorsprachliche Kind nicht in der Lage, sich von der Mutter zu lösen.

Das Konzept des Spiegelstadiums benennt Bestätigung und Wertschätzung durch eine andere Person als notwendige Voraussetzungen für die Entwicklung des Kindes zur Selbständigkeit. Anders jedoch als Benjamins Idee einer "wechselseitigen Anerkennung" zwischen Mutter und Kind beschreibt Lacan die mütterliche Wertschätzung der 'Leistungen' des Kindes zwar als Anfang des Prozesses des Selbständig-Werdens, zugleich aber auch als beginnende Abwertung der Mutter. Gegenseitigkeit zwischen Mutter und Kind werde durch Sprache aufgehoben. Sprache als "Gesetz des Vaters" sei mit der Abwertung der Mutter verbunden. Gemäß seiner binären Beschreibung der "Struktur" denkt er auch hier wieder zwei Prinzipien - das mütterliche und das väterliche Prinzip. Trennung von der Mutter ist für ihn gleichbedeutend mit völliger Distanz und Abwertung der Mutter. Eine Mutter könne das Kind nur im Namen des Vaters selbständig werden lassen, da Selbständig-Werden Trennung von ihr bedeute und die Einführung von Sprache das "Gesetz des Vaters" repräsentiere. Das Andere, das heißt auch die Frau, ist für Lacan nur denkbar mit dem phallischen Signifikanten, den sie nicht gültig repräsentieren kann, da sie ja in der Lacanschen Logik "kastriert" ist, und

"insoweit sich die Kastration darauf bezieht, schreibt sich auch hier die Funktion des Vaters ein. Wie man sieht, ergibt beides zusammen nicht zwei Götter, sondern nicht mehr als einen"(Lacan 1973:163).

Wie Freud denkt auch Lacan die Frau als bereits kastriert und unterstellt ihr zwecks Kompensation ein allgemeines Streben nach einem phallischen Ersatzobjekt, den Wunsch nach einem (männlichen) Kind. Das, was sie begehrt, ist das, was ihr fehlt und dies weiß bei Lacan auch bereits das Kind. Das Kind nämlich, so Lacan, phantasiere bei schmerzhafter, aber unvermeidbarer Abwesenheit der Mutter zur Beruhigung seines primären Narzißmus, daß er ihr Phallus sei. Es möchte wieder ein ungetrennter Teil ihres Körpers werden und imaginiert sich deshalb als das, was der Mutter fehlt. Im Spiegelstadium und im Fort-Da-Spiel wird nun nicht nur die Abwesenheit der Mutter symbolisch verarbeitet, sondern auch ihr Kastriert-Sein, d.h. ihr Anders-Sein anerkannt, da durch das symbolisierte Auftauchen und Verschwinden von Dingen auch die eigene Kastration vorstellbar werde. So vollziehe sich das Ende der primären Mutter-Kind-Beziehung über die Feststellung der Mangelhaftigkeit der Mutter und der eigenen phallischen Wertschätzung. Im Ergebnis beschreibt der männliche Ödipuskomplex eine identifikatorische Beziehung mit dem Vater und eine von Ablehnung geprägte Objektbeziehung zur Mutter: Wünsche nach Eins-Sein mit der Mutter, nach Identifizierung mit ihr werden verdrängt, und an deren Stelle tritt die Wertschätzung des Phallus und des phallischen Prinzips. Daran habe der Vater maßgeblichen Anteil, indem er bei der symbolischen Differenzierung zwischen dem Kind und der Mutter behilflich ist und die gesellschaftliche Definitionsmacht verkörpert. Durch die Identifikation mit dem Vater übernehme der Junge die grundlegende Struktur des Über-Ichs und wiederhole so den phylogenetischen Verlauf der Sublimierung[90].

Hier ist es wichtig festzuhalten, daß Lacan, ohne dies selbst für erwähnenswert zu halten, das Modell der männlichen Entwicklung zum Normalfall macht. Ob das Spiegelstadium und das Fort-Da-Spiel von Jungen und Mädchen in der gleichen Weise erlebt werden und gleichermaßen wirken, ist für Lacan keine Frage, da es ihm ja um die Einführung der "Struktur" geht, die für die Kultur konstitutiv sei und deshalb übergreifende Gültigkeit besitze. Luce Irigaray (1987:127-138) hat demgegenüber in ihrer Interpretation des Fort-Da-Spiels behauptet, es sei offensichtlich, daß Freud seinen Enkel und nicht seine Enkelin beobachtet hat. Sie vertritt die Position, daß das Fort-Da-Spiel als Modell der Einführung in Sprache für Mädchen in der vorliegenden Form nicht zutreffe, da Mädchen aufgrund der Gleichgeschlechtlichkeit mit der Mutter diese nicht als Objektstatus in Form einer Fadenspule symbolisierten. Da die Tochter die Mutter als gleichgeschlechtlich erfährt, werde ein Teil der mütterlichen Identität auch immer als Subjekt und nicht ausschließlich als Objekt wahrgenommen. Mädchen sprächen deshalb *mit* der Mutter, Jungen in ihrer Abwesenheit.

Für Lacan hingegen steht es außer Frage, daß es das männliche Modell ist, das individual- wie kulturgeschichtlich wirksam ist.

Ontogenese als Phylogenese im Kleinen?

Die verdrängte Sehnsucht nach der unerreichbaren Wieder-Verschmelzung mit dem ersten Objekt konstituiert nach der Lacanschen Vorstellung sowohl das Unbewußte des Einzelnen wie auch den gesellschaftlich codifizierten und reglementierten Fluß der Ersatzobjekte. Die Fähigkeit, die Mutter als abwesend zu erkennen und zu benennen, begründet Subjektivität durch die Trennung von ihr und durch die Verdrängung der Abhängigkeit. Dieser Vorgang braucht nun aber, so Lacan, eine Symbolisierung, einen Signifikanten, der diese Trennung bezeichnet, damit sie erfahrbar wird. Durch diese Lücke kommt dann das in Gange, was Lacan als metaphorische und metonymische Bewegung der Signifikantenkette beschrieben hat. Dem Phallus als phylo- wie ontogenetisch erste Symbolisierung komme dabei die zentral strukturierende Stellung zu. Während das Symbol des Phallus phylogenetisch für Verschiebung von Triebbefriedigung und Abstraktion von den Frauen steht, dient es in der Ontogenese dazu, der Abwesenheit wie "dem Mangel" der Mutter einen Namen zu geben und führt zur Fähigkeit, zwischen Geschlechtern zu differenzieren. Vieles an dieser Konstruktion deutet darauf hin, daß der Phallus als Abstraktionsprinzip, als erster Signifikant doch in bezeichnendem Zusammenhang mit dem Penis des Mannes steht. Dies ist jedoch per definitionem nicht möglich, da Signifikanten nur als Verweis und in Beziehung zu anderen Signifikanten ihren Sinn bekommen, eine Bezeichnungsfunktion eines bestimmten Objektes sozusagen unzulässig ist[91].

Der anatomische Geschlechtsunterschied drückt sich auch bei Lacan mittels der Unterscheidung in Penis-Haben oder Nicht-Haben aus. Zwar betont Lacan, daß der Phallus lediglich *symbolische* Funktion habe, aber die Organisation von Begehren und Sexualität nach Maßgabe des ersten - phallischen - Symbols ermöglicht Männern dank ihres Penis den Zugang und eine begrenzte Kontrolle über die symbolische Ordnung, während Frauen, die das phallische Zeichen nicht haben, gar keine Stellung in der symbolischen Ordnung hätten, sondern nur in ihrer Relation zu Männern auftauchen. Der Phallus wird für das Geschlechterverhältnis zum einzigen Repräsentanten von Unterschieden. Diese Opposition von Ja oder Nein, von Haben oder Nicht-Haben reduziert nicht nur den Geschlechtsunterschied auf die Sichtbarkeit eines herausragenden, symbolisierten Merkmals, sondern nivelliert auch die Komplexität frühkindlicher Entwicklung und die Organisation von gesellschaftlicher Erfahrung. Differenzen, Widersprüche, Abweichungen und Verschiedenartigkeit bleiben hinter Lacans Modell vom Funktionieren der Struktur zurück. Bei ihm manifestiert sich "das Gesetz des Vaters" unumstößlich in der Organisation des Begehrens und in der Struktur des Ödipuskomplexes. Mittels dieser Modelle samt ihrer Ausgangsannahmen[92] beschreibt er das Wachsen der endlosen Reihen von Äquivalenzen, die nach der ersten Symbolisierung der Differenz dem unbewußten Vergleich mit dem ersten Objekt ausgesetzt sind. Dabei werde ein Objekt durch das nächste ersetzt und der Mensch entferne sich immer mehr von seinem ersten Objekt. Männer und Frauen erscheinen als von der symbolischen Ordnung hervorgebracht und ihr unterworfen, die Kontrolle der symbolischen Ordnung sei eine Illusion. Autonomie und Selbstkontrolle im Konzept des bürgerlichen Subjekts werden so von Lacan als Fiktion kritisiert.

Die Folgen und gesellschaftlichen Auswirkungen dieser Fiktion wie auch die faktischen und historischen Machtzusammenhänge, die bewirken, daß sich die von ihm beschriebene symbolische Ordnung als männliche Herrschaft organisiert, bleiben bei Lacan ausgespart, da er "diese Angelegenheit, die ich aus guten Gründen verabscheue, die GESCHICHTE nämlich"[93], in seinen kulturellen Ausführungen nicht berücksichtigt. So wird verabsolutiert und festgeschrieben, was als - vielleicht übertriebene - aber doch durch die Realität zum Teil bestätigte Beschreibung des Status der weiblichen Sexualität und des Geschlechterverhältnisses bei Lacan zu finden ist. Indem er die phallische "Struktur" als universellen und immerwährenden Wert und Bedeutungskonstituenten auffasst, erscheint die konkrete Geschichte der Unterdrückung von Frauen lediglich im Licht phylogenetischer Organisationsmodelle.

Viele Gedanken Lacans die "Struktur" betreffend greifen Gedanken und Hypothesen Freuds auf und entwickeln sie unter dem Vorzeichen des Primats der Sprache weiter[94]. Wie Freuds kulturtheoretische Schriften spiegeln auch Lacans Hypothesen seine Annahmen über Bedingungen der menschlichen Existenz. Diese Annahmen über die menschliche Natur - bei Lacan: Bedürfnisse müssen über Sprache artikuliert werden und an von uns unabhängig existierende Andere gerichtet werden - erscheinen als motivationaler Ausgangspunkt und als Begründung der Perpetuierung des kulturellen Systems. Andererseits muß in der Ontogenese jenes bewältigt, geleistet und entwickelt werden, was durch den kulturellen Rahmen vorgegeben ist. Dies Wechselverhältnis faßt Lacan mit den Begriffen des Begehrens und dem ersten Symbol für die Verschiebung der Befriedigung des Begehrens: dem Phallus als Signifikanten. Priorität hat letztlich aber doch die Signifikanten-Struktur; sie steht als kultureller Rahmen fest, und die bei Lacan beschriebenen Entwicklungsstadien, die jeder einzelne Mensch durchlaufen muß, formulieren die Aufgaben, die es beim Hinein-Wachsen in die Kultur zu bewältigen gilt.

Als eine Beschreibung des kindlichen Entwicklungsverlaufes kann das Lacansche Modell des Spiegelstadiums deshalb kaum dienen. Durch die Nachzeitigkeit der psychoanalytischen Theoriebildung, sprich die Tatsache, daß in der therapeutischen Behandlung die persönliche Geschichte durch Erinnerung und Assoziation re-konstruiert wird, kann der Entstehungsverlauf des Ichs, das vom rekonstruierenden Individuum doch immer bereits vorausgesetzt wird, nicht genau erinnert werden. Dies Dilemma wirkt sich auch für das "Spiegelstadium" aus. Obwohl das Ich sich erst in dieser Phase konstituieren soll, benutzt Lacan die Fähigkeiten des Ichs (Erkennen, Benennen, Austausch mit anderen) bereits zur Beschreibung des "Spiegelstadiums". Er markiert mit dieser Konzeption also eher einen Punkt, an dem das Kind in der Lage ist, zu differenzieren und Anfänge seines Ichs zu begründen, als daß er den Verlauf und die Entwicklung der "konkreten Operationen" (Piaget) des Erkennens und der Bestätigung des Spiegelbildes durch eine andere Person beschriebe. Anregungen, Entwicklungsfortschritte und Wachstumsvoraussetzungen des Spiegelstadiums sowie den Prozeß der Entwicklung läßt er hingegen unberücksichtigt.

Lacan geht es also nicht primär um die präzise Erfassung des Verlaufs der menschlichen Entwicklung. Stattdessen erfaßt er *Bedingungen* menschlicher Subjektwerdung und kulturell vorgegebene Aufgaben der Entwicklung auch in einem ontogenetischem Modell. So gesehen spiegelt das Spiegelstadium die Abstraktion und Abstraktionsfähigkeit, die durch Symbole und mit der Sprache ins menschliche Leben eingeführt werden. Dies alles ist nach Lacans Theorie nur durch die Unterordnung und Verdrängung der Frauen möglich. Sie haben in der "Struktur" keine Bedeutung, keinen Ort, keine Existenz und können deshalb mit verschiedensten Bedeutungsinhalten gefüllt, substituiert und ideologisch gebraucht werden. Sigrid Weigel (1986) spricht deshalb streng in der Terminologie Lacans vom "Weiblichen als Metapher des Metonymischen".

Angesichts dieser postulierten Nicht-Existenz der "Frau"/des "Weiblichen" mag es überraschen, daß sich Theoretikerinnen überhaupt in (kritischer) Auseinandersetzung auf Lacan beziehen und an ihn anknüpfend neue Weiblichkeitsbilder entwerfen.

2.3.2. Elemente des "Anderen". Weiblichkeit, die "semiotische chora" und das Fremde bei Julia Kristeva

Die Arbeiten Julia Kristevas von 1974-1983 spiegeln eine Verlagerung von linguistischen Themen hin zu psychoanalytisch orientierten Untersuchungen von Weiblichkeit und Mutterschaft[95]. Obwohl Kristeva sich der feministischen Theorie und Bewegung gegenüber distanziert verhält und sich verschiedentlich gegen eine feministische "Überbewertung" der Geschlechter-Differenz wendete[96], sind ihre Texte in ihrem allgemeinen Bemühen, monolithische Machtstrukturen zu analysieren und zu kritisieren der feministischen Kritik zuzuordnen und von derselben rezipiert und diskutiert worden[97]. Ihre zentrale Arbeit "Die Revolution der poetischen Sprache" von 1974 ist zwar rein linguistischer Art, - an keiner Stelle spricht sie die geschlechtsspezifische Dimension der Sprachstruktur an - ist hier aber trotzdem von Interesse, da Kristeva in späteren Ausführungen ihre Überlegungen zur Sprachstruktur in den Zusammenhang mit Weiblichkeit und Männlichkeit stellt.

Mit Lacan vertritt sie die Ansicht, daß die Sprache Bedeutung nicht wiedergebe, sondern sie entsprechend dem primären Signifikanten des Geschlechtsunterschiedes, dem Phallus, konstituiere. Jede sprachliche Bezeichnung werde durch "das Gesetz des Vaters", der Bedeutungsdominanz des Phallus strukturiert, von dem unsere patriarchalische Ordnung vollständig gekennzeichnet sei. Das "Gesetz" gestatte "der Frau" keinen Zugang zur Sprache und verdränge ihre Ausdrucksformen und Bedeutungen. Für Kristeva besteht "Frau" nur in der Negation, kann nur durch das definiert werden, was sie *nicht* ist bzw. was der Signifikant *nicht* bezeichnet (Kristeva 1974b:137ff). Auch Subjektivität ist für sie im Grunde negativ formuliert. Sie geht davon aus, daß die Möglichkeit symbolischer Sprache entsteht, indem primäre Triebe samt der Erfahrung der ersten Abhängigkeit des Kindes vom Körper der Mutter verdrängt werden. Das "Subjekt" bilde sich in der Folge dieser Verdrängung. Da es seine Existenz der eindeutigen, repressiven Bedeutung verdankt, entsteht Subjektivität durch die Unterdrückung von Bedeutungsvielfalt.

Zwar teilt auch Kristeva die Lacansche Prämisse, daß die kulturelle Entstehung von Bedeutung die Verdrängung der ersten Beziehung zum Körper der Mutter voraussetzt, nimmt darüber hinaus jedoch an, daß diese primäre Beziehung eine spezifische Sprachform hervorbringe: "Das Semiotische". So beschreibt sie den Prozeß der Sinngebung als eine dialektische Beziehung zwischen zwei Sprachmodalitäten, dem Semiotischen und dem Symbolischen. Einerseits gibt es ein patriarchales, symbolisches System der Bezeichnung, das ein Subjekt erfordert, das in einer Subjekt-Objekt-Struktur verankert ist, und dadurch die Syntax der Sprache mitkonstituiert. Diese Seite der Sprache, die *symbolische* Ordnung, hat das zur notwendigen Voraussetzung, was bei Lacan das "Andere" heißt[98]. Andererseits unterstellt Kristeva ein Geflecht von randständigen und verdrängten Anteilen der Sprache, das sie "semiotische chora" nennt. Diese "chora" bleibe jedoch unbewußt und repräsentiere die ursprüngliche Libido-Vielfalt, die in der ersten Beziehung zum Körper der Mutter noch vorhanden war. Sie komme in den rhythmischen, poetischen und semantisch unabgeschlossenen Diskursen (z.B. Lyrik, Kunst) zum Ausdruck und verdeutlicht, da "das Semiotische" in der Lage sei, eindeutige Bedeutungen ins Wanken zu bringen und zu verschieben, die Instabilität der Einheitlichkeit des rationalen Diskurses samt seines Subjekts. So zeichnet die Autorin eine Parallele zwischen der Heterogenität der Triebe und der Bedeutungsvielfalt der poetischen Sprache: Die Regeln des Symbolischen beruhten zwar auf der Verdrängung der Triebe, die verdrängten Triebe besäßen jedoch derartige Energie und Heterogenität, daß sie die Bezeichnungsfunktion des Symbolischen störten. Das "Semiotische" sei ein mit den "Primärvorgängen" verbundener "Prozeß der Sinngebung", dessen Ausbreitung jedoch reglementiert bleibt (Kristeva 1974:36).

"Wir haben es hier mit jener Modalität der Sinngebung zu tun, in der das Sprachzeichen noch nicht die Stelle des abwesenden Objektes einnimmt und noch nicht als Unterscheidung von Realem und Symbolischem artikuliert wird. Doch ändert das nichts an der Tatsache, daß die *chora* in ihrer stimmlichen und gestischen Organisation einer - nennen wir es - objektiven *Auflage* (*ordonnancement*) unterworfen ist durch natürliche und soziohistorische Zwangseinwirkungen wie den biologischen Geschlechtsunterschied oder die Familienstruktur" (Kristeva 1974:37, *Kursiv* in der deutschen Übersetzung).

Kristeva versteht also das Symbolische und seine Auswirkungen auf das "Subjekt in der Sprache" mit seinem kategorialen und syntaktischen Verstand als nur eine Seite des Sinngebungsprozesses. Als gesellschaftliches Produkt der Beziehung zum Anderen sei das Symbolische geformt durch historisch vorgegebene

Familienstrukturen und geschlechtliche Unterschiede und werde immer wieder durch das Semiotische[99], durch die verdrängten Triebe und ihre Artikulation, gestört. So sei das Semiotische nicht zu trennen von einer Subjekttheorie, die Freuds Verständis des Unbewußten Rechnung trägt (ebd:41). Deshalb ist die Autorin der Meinung, daß Freuds Begriff des Unbewußten und seine Beschreibung der Auswirkungen des Unbewußten auf die Widersprüchlichkeit des Individuums zeigt, daß Subjektivität sowohl sprachlich, d.h. symbolisch, als auch durch prä-ödipale, semiotische Anteile strukturiert ist. Das Semiotische komme zwar nur in kulturellen Ausnahmefällen zum Ausdruck, halte aber die ständige Unruhe bei der Selbstdefinition des Individuums in Gange. Theoretisch könne die semiotische Sprachform von Männern wie von Frauen praktiziert werden, da beide Arten des Bezeichnens, das Semiotische wie das Symbolische, auch Aspekte des bisexuellen Individuums seien. Im Verlauf und in der Entwicklung der Trieborganisation aber werde die Varianz der Triebe, die Bisexualität wie auch die Zweiseitigkeit des Diskurses verdrängt und im Ödipuswie im Kastrationskomplex mit einem männlichen Vorzeichen versehen. So gerate das Semiotische, das aus prä-symbolischer, d.h. prä-ödipaler Zeit stammt, in Vergessenheit, sei aber noch virulent, da es als Voraussetzung des Subjekts des symbolischen Codes seine ständige Neu-Verortung im symbolischen Diskurs erforderlich mache.

Die Autorin parallelisiert in dieser Argumentation die Ontogenese mit den beiden von ihr postulierten Modi der Sprache. Indem sie die prä-ödipale Phase als Entwicklungsabschnitt des anthropologisch-biologischen Trieb-Prinzips und die ödipale Phase als Entwicklungsphase des kulturellen Prinzips begreift und ihnen je ein Sprachsystem zuordnet, wird logisch, daß durch die Normierung unserer "polymorph perversen Sexualität" (Freud) auch die vielfältigen, sprachlichen Bedeutungsebenen reduziert werden. Liest man Kristeva weniger linguistisch und stärker subjekttheoretisch könnte diese These vom Untergang der verschiedenen Sprach- und Kommunikationsformen durch die Sublimierung und Verschiebung von Wünschen und Sehnsüchten in Beziehung gesetzt werden zu Ausführungen von Jessica Benjamin. Zwar kritisiert Kristeva nicht wie Benjamin die Verdrängung der konkreten Interaktion zwischen Mutter und Kind in der wissenschaftlichen Literatur, sondern macht Andeutungen darüber, wie das in der prä-ödipalen Phase mit dem Körper der Mutter entwickelte Semiotische in der avantgardistischen Literatur von Joyce und Mallarmé in Erscheinung tritt, Benjamin und Kristeva verweisen aber gleichermaßen auf ausgeblendete Kommunikationsformen.

Das Semiotische bei Kristeva steht für das Prinzip des Mannigfaltigen und gegen das bereits Strukturierte, das sie das "Thetische" nennt. Das "Thetische" und seine ontogenetische Entsprechung, die thetische Phase, benennen den Einschnitt, der die Setzung von Bedeutung einleitet und zugleich die Schwelle zwischen dem Semiotischen und dem Symbolischen darstellt. In der thetischen

Phase findet die Scheidung des Kindes von seiner Imago in mehrere Imagos und in und von seinen Objekten und deren Setzung im symbolischen Bereich statt. Die thetische Phase als Phase der Trennung von der Mutter, als Trennung durch Sprache, beschreibt Kristeva durch die Lacanschen Modelle des Spiegelstadiums und der "Entdeckung der Kastration". Dabei ist ihr die Instabilität und die Unabgeschlossenheit dieser Stadien wichtig: In der thetischen Phase wie auch im Ödipuskomplex könnten nicht alle anstürmenden Triebe in Signifikat/Signifikanten übergeleitet werden und so wirkt das Semiotische, indem die "Metonymie des Begehrens" Ambiguität in die Sprache bringt[100].

Die Sinnkonstitution der symbolischen Ordnung wird nach Kristeva durch den "Ansturm des Semiotischen" immer neu gestaltet. Den Einzelnen samt seiner Subjektivität versteht sie dabei als sprachlich konstituiert und in stetiger Veränderung begriffen und spricht deshalb von einer "Setzung des Subjekts im Prozeß" (Kristeva 1974:71). Die Funktionsweise des Semiotischen, das in das Symbolische eingeschleust dessen Ordnung verletzt, beschreibt Kristeva als "Negativität oder Verwerfen". "Verwerfen" und "Negativität" bezeichnet eine Funktionsweise, die als *differentielles* Moment in die Sprache der symbolischen Setzungen eingeht, da vor jeder Sprachoperation eine Trennung - eine Negativität oder Verwerfung - stattfinden müsse. Für diese theoretische Konstruktion reformuliert Kristeva Freuds Begriff der Analität und faßt Analität als Prozeß des "analen Verwerfens", der dem Symbolischen vorausgehe und seine Bedingung wie zugleich sein Verdrängtes sei (ebd:153). In der Freudschen Topik geht die triebhafte Analität - bei Kristeva das "Verwerfen" bzw. die "Negativität" - dem Ödipuskomplex, also der Trennung von Ich und Es, als anale Phase unmittelbar voraus. Daraus schlußfolgert Kristeva, daß die anale Aggressivität durch die Einführung der Sprache zwar einerseits "verworfen" werden muß, andererseits aber als regressiver Drang zur Re-Symbolisierung und Re-Konstruktion zur Bildung immer neuer Objekte beiträgt.

"Was wir mit *Verwerfen* bezeichnen, ist nichts anderes als der semiotische Modus dieser permanenten Aggressivität, die Möglichkeit ihrer *Setzung*, das heißt ihrer *Erneuerung*" (Kristeva 1974:155).

Die Macht des Verwerfens, des Semiotischen, bringe durch gesellschaftliche Regulierung und Praxis die andere Ordnung, das Symbolische, hervor. Daß es diese beiden Ordnungen sind, die nach Kristeva dialektisch die Sinnproduktion vorantreiben, gerate durch die psychoanalytische Übertragungsbeziehung aus dem Blick. Erstens werde so der "Prozeß des Verwerfens in der starren Form der intersubjektiven Beziehung nach dem Modell der Familienbeziehungen" gefaßt (Kristeva 1974:203). Zum zweiten kritisiert Kristeva, daß die Psychoanalyse durch ihre Offenlegung des Mangels, der Begehren und Symbol konstituiert, das Verwerfen mit den Sekundärvorgängen verknüpft, indem sie die Auseinandersetzung in das System des Signifikanten überleitet (ebd:177). Durch diese Kritik am Primat des Ödipuskomplexes in der Psychoanalyse stellt die Autorin

die Mehrschichtigkeit von Gefühlsebenen und die Vielfalt von Interpretationsmöglichkeiten heraus. Dieser Punkt entspricht auch hier der Kritik Jessica
Benjamins: Das Symbolische, die Trennung vom ersten Objekt und die Trieb-
sublimierung sind nicht die einzigen Prinzipien, die unsere Beziehungen und
Gefühle zu anderen und zur Welt beeinflussen[101]. Benjamin fordert deshalb die
(theoretische) Anerkennung einer Wechselseitigkeit von Ablösung und Hinwendung in (frühkindlichen) Beziehungen und analog plädiert Kristeva für eine
Dialektik zwischen Symbolischem und Semiotischem.

"Schließlich erlaubt eine solche Dialektik (...eine) Praxis, die einerseits das Thetische
nicht verabsolutiert - denn sonst würde es wieder zum theologischen Verbot erhöht - und
die es andererseits nicht verleugnet, also dem alles verheerenden Irrationalismus im
Phantasma entgeht. Eine solche Praxis wäre weder göttliche, unübertretbare, Schuldge-
fühl beschwörende Gesetzgebung noch `romantische' Vernunftferne, reiner Wahn (...),
sondern heterogener Widerspruch zwischen zwei Unvereinbaren, die getrennt, jedoch
nicht zu isolieren sind im *Prozeß*, in dem sie asymmetrische Funktionen haben. So stellt
sich uns die Bedingung des Subjekts in der Sinngebung dar" (Kristeva 1974:91).

Eine solche Dialektik bleibt jedoch vorerst Utopie. Das Semiotische ist marginalisiert durch Verdrängung und spielt eine untergeordnete Rolle. Die Margina-
lisierung des Semiotischen ist der Punkt, an dem Kristeva an anderer Stelle die
Parallelisierung von semiotisch und weiblich einführt. In einem Interview über
die "Produktivität der Frau" (Kristeva 1975) beschreibt sie die weibliche
Identität als "Wirkung im Bereich des Symbolischen", als symbolischen Effekt,
der sich zweifach niederschlage, als "Effekt Frau" und als "Funktion der
Mutter" (Kristeva 1975:167). Sie geht davon aus, daß "die Frau" weder Sprache
noch Macht besitzt, sondern eine Art Zwischenglied darstellt, das selbst kaum
in Erscheinung tritt. Frauen werden durch die symbolische (phallische) Ordnung und durch die Verdrängung des Semiotischen zu Frauen, die aus der Sicht
des Mannes beschrieben werden, statt sich selbst zu definieren. Eher vorsichtig
weist Kristeva auf Entsprechungen von "Effekt Frau" und dem "Semiotischen"
hin:

"Ich habe diese linguistische (zugleich auch gesellschaftliche) Funktionsweise, nämlich
nicht in Erscheinung zu treten, im Bereich der Sprache eine semiotische genannt"
(Kristeva 1975:167).

Wie das Semiotische sei auch "die Frau" eine Art Negativität, die die Macht in
Frage stellen kann. Dies beinhaltet nach Kristeva jedoch zwei Gefahren. Zum
einen die Regression auf das Prä-ödipale, die durch die Rückkehr zur archaischen Mutter ohne das Andere des reglementierenden Vaters, zur "Regression
bis hin zum Wahnsinn" (ebd:169) führen könnte[102], die Realitätsblindheit
bedeute, da eine Gesellschaft ohne Widersprüche phantasiert wird. Zum anderen gäbe es die Gefahr der phallischen Identifikation mit der Macht, die dazu
führt, daß die Widerspruchsposition der Frau aufgegeben wird. Trotz dieser
Bedenken argumentiert die Autorin für den Versuch, das Verdrängte zum
Sprechen zu bringen. Wir haben gesehen, daß das Verdrängte für Kristeva das

Semiotische ist, das auf der frühen Mutter-Kind-Beziehung basiert und als Motor von Innovationen gedacht wird. Wenn diesem nun Ausdruck verliehen würde, so ihre Hoffnung, könnte eine "Immanenz", eine "Dialektisierung", eine "Harmonisierung" zwischen Libido und symbolischer Sprache hergestellt werden, die der verstärkten Produktion von Neuem diente. Neues könnte darin bestehen, andere Definitionsmöglichkeiten für Weiblichkeit zu entwickeln und die Beziehung zur Mutter als Ursache bestimmter marginaler Praktiken wie auch als "Ursache von Innovationen zu sehen" (Kristeva 1975:170), sprich sie aufzuwerten, statt dem "Gesetz des Vaters" alleinige Macht zuzusprechen.

Mit dieser Aufwertung des Prä-ödipalen und einer Sicht auf die Rolle der Mutter, nicht nur als diejenige, die Regression darstellt, sondern auch als diejenige, die Entstehung von Sinn mit vorantreibt, liegt Kristeva im mainstream der feministisch-psychoanalytischen Ansätze. Sie argumentiert zwar aufgrund ihrer abstrakten, an sprachlichen Prinzipien orientierten Ausrichtung wesentlich unkonkreter als andere feministisch-psychoanalytische Autorinnen, diskutiert und kritisiert aber dieselben Spaltungen und Verdrängungen, indem auch sie die Mißachtung der frühen Mutter-Kind-Beziehung und die Abwertung von Weiblichkeit (bei Kristeva: den Ausschluß des Weiblichen aus dem Symbolischen) als konstituierende Mechanismen der Individualgeschichte wie der gesellschaftlichen Sinnproduktion beschreibt[104].

Der Psychoanalyse kommt in Kristevas Schriften die Rolle zu, die Prozesse der Sinnkonstitution zu beschreiben und das Verdrängte zum Sprechen zu bringen. Jede psychoanalytische Interpretation oder Deutung käme der Herstellung einer Verbindung gleich, sei also Semiologie (Kristeva 1983:304). Die psychoanalytischen Interpretationen verwiesen durch ihre Unvollständigkeit und durch die Heterogenität der Bedeutungen auf das, was fehlt, auf das Verdrängte. Dies ist die Leitlinie für Kristevas spätere Schriften, in denen sie die kulturellen Ausdrucksformen dieser psychoanalytischen Erkenntnis der Spaltung untersucht, der Tatsache, daß wir immer uneins mit uns selbst sind[105]. Dieser Gedanke des eigenen Gespalten-Seins wird bei ihr zur aufklärerischen Erkenntnis und begründet die Hoffnung, daß durch individuelles Akzeptieren dieser psychoanalytischen Erkenntnis, eine "Ethik des Respekts für das Unversöhnbare" (Kristeva 1988:198) einsetzen könne, auf daß es den Menschen möglich werde, "sich gegenseitig zu ertragen, als Irreduzible, weil Begehrende, Begehrenswerte, Todgeweihte und Todbringende" (Kristeva 1988:198).

Das "Andere" als das eigene Unbewußte zu erkennen sei möglich, da die frühe Trennung, die das Unbewußte konstituierte, noch in der "Semiologie des Unheimlichen" aufgehoben ist. So sind die Varianten des Unheimlichen und des Fremden vielfältig, aber "alle wiederholen meine Schwierigkeiten, mich im Verhältnis zum anderen zu situieren, und eröffnen noch einmal den Weg der Identifikation-Projektion, der am Grund meines Aufstieges zur Autonomie liegt" (Kristeva 1988:203).

Diese Überlegung kommt der Hoffnung Jessica Benjamins auf wechselseitige Anerkennung und Anerkennung von Andersartigkeit recht nahe und entspricht auch der Grundannahme Dinnersteins, daß anthropologische Begebenheiten nicht zwangsläufig in eine Spaltungen münden müssen, die eine Seite abwertet. Eine "Ethik des Respekts für das Unversöhnbare" ist die zum Prinzip erhobene "wechselseitige Anerkennung" der konkreten Interaktion. Auch wenn Kristeva diesen Gedankenschritt selbst nicht macht, beinhaltet auch ihre Idee von der Anerkennung des/der "Anderen als eigenes Unbewußtes" die Aufhebung der Verdrängung der Frau als Subjekt. Das Unheimliche und das Fremde-Andere transportiert, wie sie beschreibt, infantile Wünsche und Ängste gegenüber dem Anderen. Gemäß den triebtheoretischen Prämissen denkt Kristeva das frühkindliche Andere als Tod, unbeherrschbarer Trieb und als Frau (Kristeva 1988:208). Die Forderung nach Anerkennung der menschlichen Triebhaftigkeit (siehe Zitat oben), als konstituierendes Moment des Unbewußten=Fremden beinhaltet aber auch, das hat Dinnerstein deutlich gemacht, die Anerkennung der (eigenen) Sterblichkeit und das Akzeptieren der Eigenständigkeit der Mutter. Auch Kristeva beschreibt das Weibliche (den Körper der Mutter) als eine Form des verdrängten Fremden. Der Wunsch nach dem "Respekt für das Unversöhnbare" schließt deshalb auch die Anerkennung einer Zweigeschlechtlichkeit ohne Hierarchisierung und die Vorstellung eines weiblichen Subjekts ein.

Wie die anderen feministisch-psychoanalytischen Autorinnen leitet auch Kristeva ihre Idee einer "Ethik des Respekts für das Unversöhnbare" vom Modell der frühkindlichen Entwicklung her, verlegt die Hoffnung ihrer "Ethik" aber auf die nachträglich zu gewinnende Erkenntnis des eigenen Unbewußten. Nicht die tatsächlich in der Mutter-Kind-Beziehung erlebte wechselseitige Anerkennung, sondern die Erinnerung und die positive Bewältigung der früh geleisteten Trennung samt ihren Entbehrungen, die im Unheimlichen und Fremden konserviert sind, sollen uns zum gegenseitigen Respekt verhelfen. Damit folgt Kristeva im Gegensatz zu Benjamin der These vom "Unbehagen in der Kultur", das als anthropologisch unvermeidlich gedacht wird und durch Reflexion und (Psycho-)Analyse gemildert werden kann.

Dies bleibt jedoch eine Utopie, die selbst innerhalb des Gedankengebäudes von Kristeva als nicht sehr begründet bzw. wahrscheinlich erscheint. Zwar beschreibt sie einerseits das ausgegrenzte Andere, z.B. in Form der semiotischen Sprechweisen als Bestandteil der herrschenden Kultur und des symbolischen Diskurses. Sie seien zwar verdrängt, stellten aber, sozusagen unterhalb des symbolischen Codes liegend, durch die Vielfältigkeit der Triebe die sich bewegende Grundlage der Kultur dar. Andererseits versteht Kristeva aber die "semiotische chora" wie auch die "Produktivität der Frau" als durch die rationale, symbolische Sprache marginalisiert und räumt ihr allenfalls die Möglichkeit zur zeitweiligen Subversion ein. Da die semiotische chora also nie kulturelle Praxis oder gültiger Bestandteil von Kultur werden kann, steht sie gewissermaßen auch außerhalb der Kultur. So denkt Kristevas das Verdrängte nur auf dem Hintergrund der Unmöglichkeit, es zur Realität werden zu lassen: In der Position der Negation[106].

Das Semiotische/Weibliche beschreibt Kristeva in ihren Hypothesen über den Verlauf der Sinnkonstruktion als einen Mechanismus der Bedeutungsvariation. Das Verhältnis von unterdrückten semiotisch-weiblichen Sprachpraxen und -inhalten und der gesellschaftlichen Definitionsmacht ist davon gekennzeichnet, daß der männliche, "phallokratische" Teil der Sprache umfassender und dominanter ist. Über historische Veränderung von Sprache, ihre kulturspezifischen Varianten, über die Verschiedenartigkeit gesellschaftlicher Diskurse und die daraus erwachsenen (Sprach-)Praxen, die die Konstitution von Weiblichkeit und Männlichkeit mitgestalten, ist damit recht wenig ausgesagt. Dafür ist ihr Modell zu abstrakt und auf die Erklärung allgemeiner Funktionsmechanismen ausgerichtet[107]. Männlichkeit und Weiblichkeit erscheinen als Eigenschaften der Sprache und werden somit zwar von der biologischen Grundlegung des Geschlechtsunterschiedes in der Freudschen Psychoanalyse abgelöst, aber bei Kristeva erneut als durch eine grundlegende Struktur konstituiert beschrieben. Statt der Vorstellung von einer unabänderlichen und eindeutigen Anatomie führt Kristeva zur Begründung des Geschlechtsunterschiedes eine andere, aber ebenso vorgegebene Struktur ein: die Sprache[108]. Diese Konstruktion stellt das Ausmaß der Wirkung der symbolischen, männlichen Sprache heraus und beschreibt, daß das Symbolische und die Kultur auf der Verdrängung (der Körper) der Frauen basiert. Dies ernst genommen überrascht es, daß Kristeva von der Annahme ausgeht, es gebe zwei Sprech- und Bedeutungssysteme, von denen das eine, das Semiotische, als jeder Bedeutung vorgängig gesetzt wird. Wendet man ihre These von der Dominanz des symbolischen Sprachsystems, das es lediglich erlaube, das Weibliche als das, was es *nicht* ist, zu fassen, konsequent an, so erscheint die Annahme von den unterdrückten Primärvorgängen und dem verdrängten Semiotischen als (ideologisches) Produkt genau dieses symbolischen Diskurses. Die Annahme einer "semiotischen chora", die mit der unterdrückten Mannigfaltigkeit der Triebe korrespondiere, kann innerhalb des Gedankengebäudes von Kristeva auch als eine Erfindung des "Gesetz des Vaters" zur Beherrschung des Körpers der Mutter interpretiert werden.

Eine solche Position vertritt Judith Butler (1990), indem sie die psychoanalytisch begründete Annahme einer frühkindlichen semiotischen Sprachpraxis mit dem Körper der Mutter zurückweist und stattdessen die Diskurstheorie Foucaults zur Erklärung der Unterdrückung von Weiblichkeit heranzieht. Nach Foucault (1984) sind Repressionsmechanismen widersprüchlich. Es reiche nicht, ihren Verbots-Charakter herauszustellen (das Symbolische unterdrückt/verbietet das Semiotische), sondern sie müßten immer als prohibitiv *und* generativ gesehen werden. Im Hinblick auf die Weiblichkeit hieße das, daß die Repression die unterdrückte Weiblichkeit zugleich auch hervorbringt, sie durch die Unterdrückung produziere und definiere. Dies Verständnis einer "diskursiven" oder auch ideologischen Konstituierung von Weiblichkeit ermöglicht einen Begriff von Geschlecht, der den geschlechtsspezifischen Körper als etwas kulturell konstruiertes fasst, ohne dessen Bedeutungen an etwas Verschüttetem, wie 'ursprünglichen Lüsten', `Natur' oder frühkindlichen Erfahrungen, festzumachen. Auf der theoretischen Ebene, so die These von Butler, bleibe dadurch Platz für Möglichkeiten einer kulturellen Neubestimmung und Weiterinterpretation von Weiblichkeit.

Dieser Annahme freilich widersprechen klinische Erfahrungen. Die psychoanalytische Praxis zeigt, daß ins Unbewußte abgedrängte frühkindliche Erfahrungen, die Normierung von mannigfaltigen Bedürfnissen und die Art und Weise des Umgangs mit Körperlichkeit sich gestaltend auf unsere Vorstellungen von Weiblichkeit und Männlichkeit auswirken, also bei der Bedeutungskonstruktion von Zweigeschlechtlichkeit auch ihren Anteil haben. Andererseits hat Butler recht, wenn sie sagt, daß Weiblichkeit/Geschlecht immer neu diskursiv hergestellt wird. Verdrängung und Sublimierung sind auch generativ: Das Unbewußte ist einerseits die Instanz, die das Unterdrückte und Sublimierte repräsentiert, genauso ist es aber auch die psychische Ebene, durch die die verdrängten Inhalte sich immer wieder in Realität und Alltag Platz verschaffen und Wirkung und Dynamik entfalten, die gerade auf der Verdrängung beruhen.

Kristeva bringt Anteile beider Perspektiven - der diskursiven wie der psychoanalytischen - zusammen, verfolgt aber weder die individualpsychologischen Implikationen der Psychoanalyse noch die differenzierenden Bedeutungen von Machtstrukturen weiter, in deren Kontext sich Diskurse etablieren. Zwar begründet Kristeva ihre Vorstellung von Weiblichkeit diskursiv, treibt diesen Begründungsgang aber nicht derartig weit, daß sie diskutierte, ob denn auch ihre Idee von Frau/Weiblichkeit im Zirkel von Prohibition und Generativität verbleibt. Dadurch, daß sie das triebtheoretische Modell der Psychoanalyse übernimmt, entfernt sie sich von der bei Judith Butler (1990) für die Diskurstheorie behaupteten Möglichkeit, Weiblichkeit und geschlechtsspezifische Körperlichkeit überhaupt als kulturell-diskursive Konstruktionen neu und anders zu "generieren". Von der Psychoanalyse übernimmt Kristeva mit der Triebtheorie die Vorstellungen von der Verdrängung mannigfaltiger Triebe und erweitert sie um die Hypothese einer (gleichzeitigen) Verdrängung von Bedeutungsformen (dem Semiotischen). Später ordnet sie den Bezeichnungsmodi symbolisch und semiotisch eine Geschlechtsspezifik zu. Dadurch schreibt sie ihre Vorstellung von Weiblichkeit fest. Frau-Sein bedeutet, marginalisiert oder sogar nicht existent zu sein. Eine konkretere oder präzisere Vorstellung der verdrängten semiotischen Praxen entwickelt die Autorin nicht. Sie setzt stattdessen die Verdrängung der prä-ödipalen Erfahrungen und eine narzißtisch-regressive Tendenz, die auch im Erwachsenen-Leben mittels semiotischer Einsprengsel die Sinnkonstitution verunsicherten, als Allgemeines.

So kritisiert Kristeva zwar die herrschenden Definitionen von Weiblichkeit, geht aber über deren Festschreibungen nicht hinaus. Mit Lacan meint auch Kristeva, daß es die Frau nicht gibt. "Streng genommen, kann man nicht sagen, daß die 'Frau' existiert"[109]. Kristevas Theorie rückt weibliche Unterdrückung in den Erklärungszusammenhang des umfassenden Prinzips Sprache. Sprache wiederum begreift sie als durch Verlagerung und Unterdrückung von Begehren hervorgebracht. Damit wird die These Dinnersteins von der nachhaltigen Stabilität des Geschlechterarrangements auf abstrakter Ebene noch einmal begründet. Ein ganzes Symbol- und Emotionssystem ist darin verwoben.

Kristeva benutzt das psychoanalytische Modell der prä-ödipalen Phase, um ein weiteres theoretisches Konstrukt zu entwickeln. Sie konzipiert eine Vorstellung von primären Trieben mit eigener Qualität, die phylo- wie ontogenetisch verdrängt würden. Anders als Luce Irigaray hofft sie nicht darauf, ein verdrängtes Frau-Sein zu finden, um es in heutige symbolische Praxis zu reintegrieren. So regt Kristevas Konstruktion von Weiblichkeit als "das andere" bestenfalls zum Nachdenken darüber an, ob und wie es produktiv sein könnte, Weiblichkeit als etwas zu fassen, was außerhalb der sie ausgrenzenden Kultur steht. Demgegenüber entwickelt Luce Irigaray ihre Theorie der weiblichen Sexualität und der Geschlechterdifferenz, indem sie Weiblichkeit als eigenständige, duale Opposition zum Männlichen setzt, die es zu entwickeln und aufzuwerten gelte.

2.3.3. *Mimesis und weibliche Subjektivität bei Luce Irigaray*

In all ihren Schriften setzt sich Irigaray mit der Verkennung der sexuellen Differenz in der abendländischen Philosophie auseinander. In ihrem 1974 erschienenen Werk "Speculum - Spiegel des anderen Geschlechts" kritisiert sie die einseitige Perspektive auf die Geschlechterdifferenz in den Ausführungen Freuds; in "Das Geschlecht, das nicht eins ist" (1977) geht es vor allem um Lacans Anmerkungen zum Thema Weiblichkeit. In ihrer Lesart der Gedanken Freuds arbeitet sie heraus, daß die Defizit-Beschreibung der Frau Freud daran hindert, Frauen als zweites, eigenständiges Geschlecht wahrzunehmen. Indem er die weibliche Existenz lediglich "aufgrund eines gewissen Mangels an Qualitäten"[110] begrifflich zu fassen weiß, beschreibt er Weiblichkeit nur in ihrer Spiegelfunktion zum Mann. Es ist jedoch nicht Irigarays Ziel, die Leerstelle bei Freud zu füllen und ein Modell von Weiblichkeit zu entwickeln, da sie die patriarchale Dominanz in Sprache und Kultur für so übermächtig hält, daß jede Beschreibung des Frau-Sein sogleich einer männlich definierten Festschreibung gleichkäme. Ihrem Verständnis zufolge verweist "die Frau" in ihrer Spiegelfunktion stets auf eine Transzendenz und kann deshalb nie ganz begriffen und beschrieben werden. So sei die weibliche Sexualität bei Freud - und auch in den Schriften anderer 'großer Männer'[111] - nicht nur Lücke und ergänzungsbedürftiger Teil, sondern Funktion in der Theorie selbst. Um dies zu verdeutlichen, braucht es ein Verfahren, das Irigaray "Mimesis spielen" nennt. Damit versucht sie ein "Noch-Nicht" des weiblichen Seins und Zwischenräume von Bedeutungen und Eigenschaften durch spielerisches und verwirrendes "Wiederdurchqueren" des Diskurses erahnbar werden zu lassen[112]. Sie begreift die Frau dabei als "Volumen ohne Konturen" (Irigaray 1974:282) und spricht von einer speziell "weiblichen Ökonomie", deren zentrale Merkmale Offenheit, Nicht-Linearität und Nicht-Logik seien. Die von Freud und auch von Kristeva angenommene Bisexualität wird in den Schriften Irigarays durch eine deutliche Unterscheidung in männliche und weibliche Sexualität zurückgewiesen.

Zentral im Denken Irigarays ist die These, daß Frauen und weibliche Sexualität immer von männlichen Parametern ausgehend gedacht und begriffen wurden und werden, und daß Weiblichkeit im männlichen Diskurs verdrängt ist. Einziges Medium, das nicht völlig vom männlichen Diskurs verschüttet und noch in Ansätzen zur Verfügung steht, um die Weiblichkeit wieder in den Bereich der Bemerkbarkeit zurückzuholen, ist die "Mimesis".

"Mimesis zu spielen bedeutet also für die Frau den Versuch, den Ort ihrer Ausbeutung durch den Diskurs wiederzufinden, ohne sich einfach reduzieren zu lassen (...) durch einen Effekt spielerischer Wiederholung (soll) das erscheinen (...), was verborgen bleiben mußte: die Verschüttung einer möglichen Operation des Weiblichen in der Sprache" (Irigaray 1977:78).

So ist es also nicht das Anliegen Irigarays zu klären, wie oder was die Frau ist. Sie möchte stattdessen "die Frau" zunächst einmal interpretierend-wiederholend als einen Mangel, ein Fehlen auffinden. Erst daran anschließend erfolgt ihr Versuch, das "Frau-Sprechen" gegen logisch-formale Diskurse abzusetzen.

Das "Frau-Sprechen"

Mit Lacan geht Irigaray davon aus, daß das Begehren durch den Spracherwerb erzeugt wird und daß umgekehrt die Sprache durch das Bestreben hervorgebracht wird, das Begehren zu stillen. Trotzdem nimmt sie ein "grundlegend anderes" weibliches Begehren an, das die Grundlage ihrer These von der Andersartigkeit der weiblichen Sprache darstellt. In Analogie zu der auf den Penis konzentrierten männlichen Sexualität begreift sie die weibliche Lust als vielfältig und autoerotisch: Die Sexualität der Frau sei doppelt und "darüber hinaus vielfältig", da ihre sich berührenden Schamlippen nicht *ein* Geschlecht repräsentierten, sondern mindestens zwei, die aber nicht als jeweils eins identifizierbar seien. Darüber hinaus habe die Frau überall erogene Zonen, sie habe "bald da, bald dort Geschlechtsteile" (Irigaray 1977:28). Auf der Basis dieser Annahmen skizziert Irigaray die weibliche Sprache dann als inkohärent und für die männliche Sprache in ihrer Ausrichtung auf Logik und Verstehen als unverständlich.

"Widersprüchliche Reden, ein wenig verrückt für die Logik der Vernunft, unhörbar für den, der sie durch immer schon fertige Raster, mit einem schon vorgefertigten Code hört. Das heißt auch, daß in ihrem Sagen - wenigstens wenn sie es wagt - die Frau sich immerzu selbst berührt. (...) Man muß ihr zuhören von einem anderen Punkt der Lust oder des Schmerzes aus, mit einem anderen Ohr ihr zuhören, wie einem anderen Sinn, der immer dabei ist sich einzuspinnen, sich mit Worten zu umarmen, aber auch sich davon abzulösen, um sich darin nicht festzulegen, darin nicht mehr zu erstarren" (Irigaray 1977:28).

Die Motive des "Sich-Berührens" und der "Nähe" leitet Irigaray nicht direkt aus dem von ihr zuvor eingeführten Bild der "sich berührenden Schamlippen" ab, sondern benutzt es gemäß ihrer Vorstellung von der Notwendigkeit der Mimesis als Bild. Dieses Bild soll, wenn man ihr Verständnis zugrunde legt, mittels "spielerischer Wiederholung" das verdrängte Weibliche zur Sprache bringen.

Zwar spricht Irigaray von der Verbindung von Biologie und Identität viel direkter als Lacan dies tut, will aber ihre Forderung nach Anerkennung der Geschlechterdifferenz nicht als Wahrnehmung und Beschreibung der unterschiedlichen Genitalien von Mann und Frau verstanden wissen (ebd:148). Stattdessen versucht sie auf diese Art, eine "weibliche Ökonomie" metaphorisch zu erschließen. Sie weist die Möglichkeit zurück, durch Begriffe wie "Sich-Berühren" und "Nähe" das Weibliche erneut festzulegen. Durch eine Festschreibung wäre die von ihr geforderte Vermeidung jeglicher Zentrierung, das Verständnis von "Sich-Berühren" als unaufhörlicher Verweis der Einen auf das Andere, blockiert (ebd:81). Da die Wortspielereien mit dem weiblichen Genital als Metapher aber leicht mißverständlich sind, haben sie den Vorwurf des Biologismus provoziert[113]. Demgegenüber steht eine andere Lesart, die Irigaray gegen derartige Kritik verteidigt und das Bild von den "sich berührenden Lippen" als 'counterpart' versteht, als ironische Imitation der Theorie Lacans, die um den Phallus kreist. So argumentiert zum Beispiel Maggie Berg (1991), daß Irigarays "Lippen" nicht die Labia, sondern das Imaginäre bezeichneten, und daß dadurch besonders deutlich würde, daß Zweigeschlechtlichkeit innerhalb des Determinismus des diskursiven Systems an die Anatomie gebunden ist[114]. Auch daß Irigaray selbst gegen eine biologistische Interpretation ihrer Texte argumentiert und die zweite Lesart zudem weitaus mehr Anknüpfungs- und Interpretationsmöglichkeiten bietet, spricht dafür, den Vorwurf des Biologismus zurückzustellen.

Trotzdem zieht sich das Problem der Eigentlichkeit durch alle Texte Irigarays. Damit ist die Frage aufgeworfen, ob Irigaray selbst die Inhalte ihres Mimesis-Prinzips zur Beschreibung eines Wesenhaft-weiblichen benutzt, oder ob sie nur häufig so gelesen und verstanden wird, weil der Wunsch nach Eindeutigkeit so groß ist. Liest man Irigarays Ausführungen jüngeren Datums drängt sich diese Frage durch ihre Wortspielereien mit der Begrifflichkeit der "Mutter-Tochter-Beziehung" und des "Göttlichen" erneut auf.

Irigaray postuliert in ihren Schriften aus den 70er Jahren, daß es bereits eine Vereinnahmung des männlichen Repräsentationssystems darstellt, zu behaupten, Weiblichkeit ließe sich als Begriff zum Ausdruck bringen. Trotzdem geht die Autorin davon aus, daß es eine vom Männlichen unabhängige Weiblichkeit gibt und nimmt an, daß ein großer Teil dieser Weiblichkeit im Unbewußten gefangen ist. Inhalte und Themen dieses Unbewußten können jedoch nicht bestimmt werden, da dies hieße, das Weibliche aus der heutigen Ökonomie des Unbewußten zu befreien. Das Einzige was auffälligerweise in der herrschenden Theorie des Unbewußten wenig umrissen wird, ist das Verhältnis der Frau zur Mutter und das Verhältnis der Frauen untereinander (Irigaray 1977:130). Mit dieser Einschätzung steht Irigaray nicht allein; die Bedeutung der frühen Mutter-Kind-Phase wird sowohl in der Psychoanalyse als auch unter Feministinnen seit geraumer Zeit hervorgehoben. Irigaray jedoch faßt die frühe Mutter-Tochter-Beziehung als transformierende Kraft. Sie nimmt an, daß, wenn es der Tochter nur gelingen könnte, sich mit der Mutter zu identifizieren, hieraus ein lebensbestätigendes und revolutionäres Potential entfaltet werden könnte. Um eine Vorstellung darüber entwickeln zu können, wie sich diese weibliche Kraft entfalten könnte, ohne der männlichen Herrschaft zu gleichen, bemüht Irigaray Mythen und mythologische Vorstellungen vom Kosmos, dem Göttlichen und der Natur.

In neueren Aufsatzsammlungen (Irigaray 1987/1989/1989a) stellt die Autorin die weibliche Stärke in den Zusammenhang mit weiblicher Erfahrung mit dem Körper, mit der Geburt und der Betreuung von Kleinkindern. Dabei beschreibt sie die in der Regel vorherrschenden Mutter-Tochter-Beziehungen als den "dunkelsten Punkt unserer sozialen Ordnung". Eine Beziehung von Ähnlichkeit und Differenz könne nicht entstehen, da es kein Bild von der eigenständigen Frau gibt, die auch Mutter ist. So ist das Bild der Mutter mit Phantasien von Bedrohung überfrachtet und eine echte Identifikation mit der Mutter ist unmöglich (Irigaray 1987:47-60). Als ein Beispiel dienen ihr die in der psychoanalytischen Theorie gängigen Beschreibungsmuster von Weiblichkeit. So kritisiert sie zum Beispiel die psychoanalytische Beschreibung der Gebärmutter als Phantasie des alles verschlingenden Mundes. Der mainstream der Psychoanalyse spricht hauptsächlich von "oraler Gier" und verlagert alles in diesen Begriff, statt die Mutter-Kind-Beziehung zu begreifen und die Gebärmutter als ersten Aufenthaltsort zu beschreiben und auszuführen, was das Baby alles im Bauch seiner Mutter bekommen hat: Nahrung, Wärme, Bewegung (Irigaray 1987:106f). Diese Perspektive des psychoanalytischen mainstreams unterbinde eine konstruktive Identifikation zwischen Mutter und Tochter[115].

Stattdessen fordert die Autorin, daß wir uns mit unseren Müttern befreien, das mütterliche Begehren anerkennen und ein anderes Verständnis von der Mutter-

Kind-Beziehung entwickeln. Das "Körper an Körper mit der Mutter"-Sein, wie Irigaray diese positive Orientierung nennt, wird aber durch die soziale Ordnung unserer Kultur verdeckt und dies führt dazu, daß die Mutter-Tochter-Beziehung hauptsächlich in ihren reglementierenden und beengenden Seiten gelebt und wahrgenommen wird. Trotzdem behauptet Irigaray, daß der frühen Mutter-Tochter-Beziehung lebensbestärkende Elemente der Pflege, der Reziprozität und Rücksichtnahme innewohnen, die es anzuerkennen und zu bestärken gilt. Im Gegensatz zu Jessica Benjamin sieht Irigaray die positiven Elemente der Mutter-Tochter-Beziehung eher als Bestandteil von zukünftigen Welten denn von Ist-Zuständen. Gemeinsam mit Benjamin stellt sie zwar die Wechselseitigkeit in der frühen Mutter-Kind-Beziehung heraus, begründet diese jedoch anders. Was bei Benjamin als zwangsläufiger Bestandteil der kindlichen Entwicklung erscheint, dessen Bedeutung bislang aber theoretisch kaum entfaltet wurde, stellt Irigaray in Körpermethaphern und mit mythologischen Bezügen dar. Für Irigaray ist es von Bedeutung, daß Tochter und Mutter beide mit derselben Körperlichkeit und einer verschütteten, eigenen Sexualität konfrontiert sind. Die Wahrnehmung dieses Sachverhalts könnte Tochter und Mutter zu gegenseitigem Erkennen und Anerkennen führen.

Einschränkend merkt Irigaray jedoch an, daß besagtes Erkennen und Anerkennen außerordentlich schwierig ist, da der weibliche Ort, von dem aus wahrgenommen, kritisiert und gedacht wird, ein Ort der Zensur und der Verdrängung ist. Innerhalb des Diskurses könne deshalb die Artikulation des Weiblichen also nicht stattfinden, brauche aber eine gemeinsame Perspektive, um sich auszudrücken und in die Gesellschaft eintreten zu können. Um zu koexistieren und etwas miteinander teilen zu können bräuchten wir Werte; diese könnten im Imaginären und Mythologischen und Legendären der Geschichte gefunden werden. Dazu schreibt sie:

"Um die historischen Momente der Positivität einer weiblichen Ordnung wiederzufinden, muß man - das gilt für den größten Teil unserer indo-europäischen Kultur - zu den Ursprüngen der griechischen Geschichte zurückkehren, zu dem Moment des Überganges und dann der Reduzierung der fernöstlichen Kulturen in der patriarchalen Ordnung. Dort ist es, wo sich die Wurzeln autonomer sozio-kultureller Schöpfungen der Frauen verlieren. Dort werden auch die positiven Beziehungen Mütter-Töchter und ihre Attribute der Achtung der Natur, des Friedens, der Gastfreundschaft, von über Orakel vermittelten Beziehungen zum Göttlichen zerstört" (Irigaray 1987:155).

Das, was Irigaray zuvor durch die Begriffe der "Wiederberührung", "Dynamik des Fließenden", dem "weiblichen Lusterleben als sinnlich Transzendentalem, das nie aufhört und irreversibel" ist, dem kulturellen Verständnis der Geschlechter als davon Verdrängtem anzudeuten versuchte, wird nun mythisch-religiös ausgedrückt. Wir bräuchten eine Referenz zum "Kosmischen", zum "natürlichen Universum, seiner Kultur und seiner Kunst".

"Die Achtung der Ordnung des Universums, die Frage nach unserer Beziehung zum Göttlichen, sie sind notwendig, um uns bei der Suche nach unserer persönlichen und kollektiven Identität zu unterstützen" (Irigaray 1987:127).

Damit bringt Irigaray zum Ausdruck, daß es ihrer Meinung nach, zur Konstitution von individueller und kollektiver weiblicher Subjektivität eine Repräsentation des Frau-Seins brauche; Weiblichkeit also in gewisser Weise verabsolutiert werden müsse. Da das Absolute in unserer Gesellschaft gängigerweise mit dem Begriff Gott gefasst wird, spielt sie mit dieser Begrifflichkeit und fordert die Entwicklung einer weiblichen "Beziehung zum Göttlichen". Das, was vorher als nicht ausdrückbar dargestellt wurde, was eigentlich gar nicht, und wenn überhaupt nur mimetisch erfasst werden konnte, wird bei der 'späten' Irigaray relativiert und bekommt eine neue Ausrichtung, da es als Absolutes gefasst der zukünftigen gesellschaftlichen Orientierung dienen soll.

So ist es also nötig, zwischen den früheren Schriften Irigarays, wie "Speculum" und "Das Geschlecht, das nicht eins ist", und den späteren Schriften, wie der "Ethik", "Zur Geschlechterdifferenz" und der "Zeit der Differenz" zu unterscheiden, da hier mit verschiedenem Erkenntnisinteresse geschrieben wurde. In früheren Ausführungen geht es ihr hauptsächlich um die Dekonstruktion des herrschenden Diskurses. Überlegungen jüngeren Datums kreisen eher um die konkrete Benennung dessen, was anders werden müßte. Sie formuliert eine "Ethik" und konkrete gesellschaftliche Veränderungsvorschläge[116]. In ihre Überlegungen aus jüngerer Zeit gehen eine Reihe von metaphorischen Assoziationen ein, die einen Zusammenhang von Geschlecht, Diskurs und Mythos konstruieren und uns zum Ausgangspunkt der Überlegungen zurückbringen: Dem Problem der Eigentlichkeit.

In ihren in Rotterdam gehaltenen Vorträgen über die "Ethik der sexuellen Differenz" (Irigaray 1984) ist es der Referentin wichtig, beide Geschlechter als in sich ganz und verschieden voneinander darzustellen. Um nicht in dem von ihr als männlich kritisierten Nihilismus der Postmoderne steckenzubleiben, will Irigaray aus der Reflexion der Machtstrukturen des bislang vorherrschenden abendländischen Denkens eine Idee von einer glücklicheren Welt entwickeln. Dies wird Irigaray zufolge möglich, wenn die philosophische Tradition vor dem Hintergrund einer Ethik der sexuellen Differenz neu gelesen und interpretiert wird. Wenn konsequent eine Art zweigeschlechtlicher Sittlichkeit mitgedacht würde, könnte es gelingen, das Verhältnis der Geschlechter neu zu bestimmen, könnte das Geschlechterverhältnis nicht länger als Kampf, den die Frauen verlieren, sondern als Begegnung begriffen werden. Dazu bedürfe es zunächst einmal der Anerkennung der beiden Geschlechter als Mann und als Frau. "Sie sind einander nicht substituierbar" (Irigaray 1984:20). Dies zu akzeptieren sei Voraussetzung dafür, daß eine Begegnung möglich wird, in der nicht Komplementarität und daraus resultierend Abwertung und Reduzierung hervorgehen; die vielmehr das zulasse, was Descartes mit dem Begriff der "Verwunderung" umschrieben hat: Das Staunen über die Entdeckung eines neuen, anderen Gegenübers. Nach Irigaray hat es diese offene Begegnung zwischen Mann und Frau bis heute nicht gegeben. Es fehle die

"Verwunderung, die die einander nicht substituierbaren Geschlechter im Status der Differenz bewahrt. Die zwischen ihnen einen Raum von Freiheit und Anziehung erhält, die Möglicheit von Trennung und Vereinigung" (Irigaray 1984:21).

Dies war, so Irigaray, bislang deshalb nicht möglich, da Frauen und Männer durch Arbeitsteilung und Raumaufteilung (öffentlich/privat) hierarchisiert sind und den Frauen keine Sprache und kein Ort zugestanden wird. Auf der Suche nach einem weiblichen Ort unterzieht sie Aristoteles Abhandlungen über das Wesen des Ortes einer erneuten Lektüre (Irigaray 1984:46-70). Ich werde in Kapitel 5.3. auf ihre gewinnbringende Auseinandersetzung mit Aristoteles eingehen und mich hier Ausführungen zuwenden, bei denen Irigarays Metaphorisierungen Gefahr laufen, bestehende Klischees zu reproduzieren anstatt, ihrem eigenen Anspruch entsprechend, Mimesis zu betreiben.

Von der Suche nach einem weiblichen Ort zur Körpermetaphorik und Göttlichkeit

In allen Texten Irigarays spielt die Metaphorik des Ortes und der weiblichen Genitalien eine große Rolle. In der "Ethik" wird diese ergänzt um eine religiöse Metaphorik. Ihre assoziative und bildhafte Darstellung soll die Leserin dazu anregen, fast in einer Art "freien Assoziation" implizite Annahmen und Festschreibungen des Diskurses zu entdecken und zu kritisieren. Sowohl das Funktionieren des Diskurses als auch die eigene Beteiligung daran kann durch die Mobilisierung der in den Diskurs verwickelten Phantasien erfahren werden. Zum Beispiel provoziert ihre Metapher der "Schwelle vor dem Schleim" zur Beschreibung des Zusammenhanges vom weiblichen Ort, seiner unbenennbaren, "flüßig-schleimigen" Qualität und seines bislang noch nicht ermöglichten Zuganges (er ist erschwert durch eine "Schwelle") aller Wahrscheinlichkeit nach Assoziationen, die Ängste und Phobien deutlich werden lassen[117]. So können die Assoziationen, die die Metaphern in Irigarays Texten ermöglichen, kritisch-reflektierende Funktion haben, insofern sie dazu anregen, über ungewöhnliche oder übertriebene oder unklare Verwendung von Begriffen nachzudenken und so das ungebrochene Funktionieren des Diskurses ein Stück zu unterbrechen. Über die Rolle des Unbewußten bei dieser Art der Assoziation schreibt Irigaray nichts weiter, sondern hofft auf eine möglichst 'konstruktive' Assoziationskette. Gerade weil sie an diesem Punkt die psychoanalytische Theorie des Unbewußten nicht weiter ausbuchstabiert, sich keine Gedanken über Symbole, deren gesellschaftliche Bedeutungsaufladung und sprachliche Fixierung macht, sondern abstrakte Größen, wie "Gott" oder "Engel" einführt, wird sie gegenständlich und unterläuft ihren eigenen Anspruch, mimetisch zu verfahren[118]. Ich will diese Behauptung an einem Begründungsverlauf der Autorin in der "Ethik der sexuellen Differenz" verdeutlichen.

Irigaray greift bei ihrer Suche nach Neu-Bestimmungsmöglichkeiten des Weiblichen oder eines weiblichen Ortes auf vorhandene Metaphern zurück. So führt sie beispielsweise aus, daß die Frau traditionellerweise als Geliebte und Mutter den Ort für den Mann repräsentiere. Durch diese Lokalisierung wird sie selbst zum Ding, das nie abgelöst von der Tätigkeit des Mannes, durch ihn und seine Identität definiert ist. Das passende und gängige Bild dazu sei, daß die Frau dem Mann als "Umschließende" einen Ort gibt, ohne selbst einen Ort zu haben. In der Vorstellung der Frau als "Umschließende" werden Ortsmetaphorik und Geschlechtsmetaphorik vermischt. Irigaray nun verlängert diese Vermischung, indem sie morphologische Begriffe verschiedener Bedeutungskontexte assoziativ aneinanderreiht, um eine eigenständige Weiblichkeit erahnbar werden zu lassen. Dazu dient ihr die Beschreibung von Abhängigkeitsverhältnissen, die sie folgendermaßen bebildert:

– Der Mann konstuiere permanent Substitute seines vorgeburtlichen Aufenthaltsortes, indem er 'die Frau' als Ort, als Spiegel seiner selbst, besetzt hält und ihr Eigenständigkeit verweigert.
– Stattdessen biete er ihr Ersatzräume: Familie ("ein Haus") und Liebe "er schließt sie sogar in ihm ein", kauft ihr künstliche "Umhüllungen", in Form von Kleidern, Schmuck etc.
– Trotzdem bewahre sie ihr Verhältnis zum Räumlichen durch ihren raumkonstituierenden doppelten Besitz von zweifachem Mund und Lippen (oral und genital) (Irigaray 1984:18/9).

Irigarays Fazit: "Er umgibt sie mit Mauern, während er sich und seine Dinge mit ihrem Fleisch umhüllt" (Irigaray 1984:19).

Dieselbe Metapher der Umhüllung-Umschließung benutzt die Autorin aber auch, um eine vom gängigen Diskurs unabhängige, eigene, weibliche Subjektivität zu umschreiben: "Sie müßte sich wieder mit sich selbst umschließen und dies zweifach: als Frau und als Mutter" (Irigaray 1984:18). Sie läßt dabei offen, wie die erwünschte Bedeutungsveränderung der bereits besetzten und von ihr kritisierten Begriffe möglich werden soll. Ihr mimetisches Durchstreifen der möglichen Bedeutungskontexte erweitert die "umschließend"-umhüllende Frau um das Bild eines "Zwischenraumes", als eine Art "Eingangs-Ausgang" in der "Hülle für beide". "Und im Sinne einer Möglichkeit zu sowohl Bewegungsfreiheit als auch friedlicher Immobilität für beide" (Irigaray 1984:20).

Hier wünscht sie eine Art der Begegnung der Geschlechter, die zwar mit der Assoziation Umhüllendes-Umhülltes spielt, den herrschenden Bedeutungskontext jedoch durch einen anderen ersetzen möchte: Ein Zusammenleben der Geschlechter, in dem jede Person über eine eigene, von anderen verschiedene

Identität verfügen würde, die dann ein wechselseitiges Durchdringen der Identitätsgrenzen ermöglichen, und die Begegnung der Subjekte nicht angleichend, reduzierend oder verschlingend sein lassen würde.

Worauf baut diese Vision auf, an welche Vorüberlegungen knüpft Irigaray hier an? In "Zur Geschlechterdifferenz" (Irigaray 1987) verweist sie immer wieder auf die verlorengegangenen Qualitäten der frühen Mutter-Tochter-Beziehung. Anders als Kristeva aber nimmt Irigaray keine unterdrückte sprachliche Qualität, das Semiotische, als Bezugspunkt für das Überleben oder die Existenz einer eigenen Weiblichkeit an, sondern hofft viel unspezifischer, daß eine Ahnung von der frühen Mutter-Tochter-Beziehung uns doch daran erinnern könnte, daß wir Strukturen, Definitionen, Raum und Zeit neu und anders begrifflich fassen könnten. Diese Hoffnung bleibt abstrakt und wird per Metapher mit Weiblichkeit verknüpft. Eine Begründung oder Herleitung dieser Hoffnung wäre wohl profan bzw. zu sehr in den symbolisch-männlichen Diskurs verstrickt. So bleibt Irigaray bei Andeutungen mittels Bebilderung. Ihr Bild vom weiblichen Geschlecht als "Schwelle vor dem Schleim" symbolisiere jenseits der klassischen Gegensätze als halboffene Schwelle ein Denken ohne Dualismen. Irigaray hält das Bild der Lippen für geeignet, Mehrdeutigkeit herauszustellen, die Frauen ihrer Meinung nach repräsentierten: Die Frau hat oben und unten Lippen, die waagrecht und senkrecht verlaufen. Dies symbolisiere nie Eindeutigkeit, sondern immer ein "Zwischen" (Irigaray 1984:27). Diesen so bedeutungsvollen Körperrändern müsse sich nun genähert werden. Das Medium dieser Annäherung, die Art und Weise, fällt buchstäblich vom Himmel:

"Dazu bedarf es eines Gottes, oder einer so aufmerksamen Liebe, daß sie göttlich ist" (Irigaray 1984:27).

Liebende bräuchten eine außerhalb ihrer selbst stehende dritte Ebene. Für eine Begegnung zwischen den Geschlechtern ohne Reduktion und Verschlungen-Werden sei die "Beziehung zum Göttlichen, zum Tod, zum Gesellschaftlichen, zum Kosmischen" Voraussetzung (Irigaray 1984:20). Darüber hinaus sei für diese Art der Begegnung die Vermittlung durch ein überirdisches Wesen erforderlich.

"Der Engel ist derjenige, der unaufhörlich die Umschließung(en) durchquert, von einer Seite zur anderen wechselt, jeden Ablauf, jede Entscheidung abändert, jede Wiederholung verhindert" (Irigaray 1984:24).

Wohlmeinend könnte man assoziieren, daß die Verwendung der Engels-Metapher uns daran gemahnen sollte, daß die Geschlechterdifferenz im Irigarayschen Verständnis noch lange keine gesellschaftliche Wirklichkeit ist und lediglich durch den Boten "Engel" erahnbar wird. Eine solche Lesart fällt allerdings in den Bereich bloßer Spekulation, da die Metaphern, mit denen Irigaray jongliert, nichts herzuleiten ermöglichen. So hängt die Bewertung ihrer Ausführungen wahrscheinlich nicht zuletzt von der Assoziation ab, die ihre Ausführungen bei Leserinnen und Lesern hervorrufen. In der "Ethik der sexuellen Differenz" läßt uns die Autorin darüber im Unklaren, ob eine mimetische Verwendung von Begriffen, die darauf ausgerichtet sind etwas Absolutes zu bezeichnen, - wie z.B. ihr Spielen mit den Begriffen "Gott" und "Kosmos" - eine 'andere' Bedeutung hervorbringen kann oder nicht. Wie in der patriarchalen Religion und Ideologie funktionieren auch bei Irigaray "Gott" und "Kosmos" als absolute, universalistische Prinzipien, die zwar andere Inhalte transportieren, aber gleichermaßen die Funktion des Heil- und Segen-Bringens, der letztendlichen sinnkonstituierenden Instanz innehaben. Das Prinzip der Assoziation, das bei Körper- und Orts-Metaphern noch das Unbewußte der kritischen LeserIn oder HörerIn zu mobilisieren vermag, wird damit insofern untergraben, als daß der *Sinn* der Gott- oder Engel-Metapher bereits vorgegeben ist: Er-Sie-Es steht für ein Absolutes, an dem sich alle orientieren, das genauer zu benennen aber nicht möglich ist.

Sicherlich hängt Irigarays Bezugnahme auf absolute Kategorien wie auch deren Funktion auch mit ihrem Anliegen zusammen, eine *Ethik* zu erstellen: ein derartiges Anliegen muß versuchen, sich über allgemeine Sätze und abstrakte Bezugspunkte zu definieren[119]. Zur Begründung ihrer "Ethik" arbeitet die Autorin zwar mit der psychoanalytischen Theorie des Unbewußten, bleibt aber gemäß ihres Vorverständnisses von der Umfassendheit des patriarchalen Diskurses abstrakt, assoziativ und unpräzise. Dies erschwert auch das Verständnis ihres Umgangs mit den Begriffen Gott, Kosmos und Engel; als Leserin überlege ich immer, ob durch die Hintertür nicht doch eine Festschreibung der Bedeutung eingeführt wird. Zudem fällt auf, daß obwohl Irigaray Fragen der Prinzipien- und Bedeutungsentstehung diskutiert, ihren Argumentationsverlauf auf die prä-ödipale Phase stützt und Aspekte der Über-Ich-Bildung in diesem Zusammenhang ganz unerwähnt läßt. Wie moralische und ethische Überzeugungen in der einzelnen Person verankert werden, bleibt so ausgespart. Zwar entwickelt Irigaray Vorstellungen darüber, woraus bestimmte ethische Grundüberzeugungen abgeleitet werden könnten; wie sie in der Psyche der Einzelnen wirken, interessiert sie jedoch weniger.

So läßt sich ihr Bemühen festhalten, den Rahmen abzustecken für andere Bedeutungsebenen, für eine sexuelle Differenz, in der ein bislang nicht beschreibbares Weibliches sich als eigenständig abzeichnet. Das zukünftige Verhältnis der Geschlechter skizziert sie dabei als Begegnung von zweien, die jeweils zu sich gefunden haben. Diese Vision von einer glücklicheren Welt scheint jedoch kaum hergeleitet, und so greift Irigaray denn auch auf eine weibliche Gottheit zurück, um einen Horizont zu finden, der es Frauen möglich macht, sich als selbst, absolut und eigen zu definieren.

Zusammenfassend heißt das für die an der Lacanschen Psychoanalyse ausgerichteten Theoretikerinnen Julia Kristeva und Luce Irigaray, daß beide - obwohl sie stärker als alle anderen Autorinnen des psychoanalytischen Feminismus von

Kultur- und Gesellschaftsstrukturen ausgehen - keine Aussagen über die Entstehung und Entwicklung von sprachlich vermittelten (ethischen) Prinzipien im Individuum machen. Sie beschreiben das Über-Ich als patriarchalisch determiniert. Kristeva schlußfolgert daraus, daß Verdrängtes (auch Weibliches) deshalb lediglich das rigide Über-Ich verunsichern könne. Irigaray hingegen postuliert eine weibliche Subjektivität, ohne uns zu sagen, wie wir denn unser patriarchalisch strukturiertes Über-Ich loswerden können. Ihre spezifische Weiterentwicklung der Lacanschen Psychoanalyse transzendiert zwar die Vorstellung Freuds, der Zweigeschlechtlichkeit in der Anatomie begründet sah; benutzt die Genitalien aber als Bilder, um Bezugspunkte für eine mögliche, vorläufige Bezeichnung des Weiblichen zu assoziieren. Sie wehrt sich selbst gegen eine Lesart ihrer Schriften, die unterstellen, daß sie Weiblichkeit qua Anatomie, Gebärfähigkeit und Metaphysik neu festschreiben will. Andererseits bleibt dadurch, daß sie weibliche Subjektivität durch die Bezugnahme auf bereits vorgegebene, abstrakte Konstruktionen (Geschlecht, Ort und Gott) zu begründen versucht, unklar, was denn nun eigentlich besser würde, klärten 'die Frauen' ihr Verhältnis "zu Gott, zum Kosmos und zum Gesellschaftlichen". Hinzu kommt, daß Irigarays Prinzip, Weiblichkeit zu erfassen, an der Zweigeschlechtlichkeit festhält: Auch das weibliche Geschlecht wird, damit es dem männlichen als eigenes gegenübertreten kann, als "an und für sich", eben als *eins* begriffen. Das ist eine deutliche Abkehr von ihren in den 70er Jahren vorgelegten Aufsätzen, in denen das Weibliche nicht-identisch, offen, fließend, nicht faßbar war, eben: "Das Geschlecht, das nicht eins ist".

Anmerkungen

1 Diese Darstellung ist notwendig verkürzt und wirft unter der besagten Fragestellungen lediglich Schlaglichter, die der gesamten Diskussion keinesfalls gerecht werden können. Auch lasse ich die klassischen Konzeptionen von Weiblichkeit, wie den "Penisneid", den "weiblichen Masochismus" und die "weibliche Passivität" und die darum geführte Diskussion außer acht. Die Komplexität der diesbezüglichen Debatten verdeutlichen Schlesier 1981, Alpert 1986, Rohde-Dachser 1991, Mertens 1992.
2 Der psychoanalytische Begriff "Objekt" bezeichnet die psychische Repräsentanz anderer Personen, Teile anderer Personen, Gegenstände und Gefühlslagen.
3 Der Begriff der Geschlechtsidentität umfaßt mehrere Komponenten. Money 1973:399 unterscheidet in "gender role, gender identity and core gender identity", wobei er davon ausgeht, daß sich Geschlechtsidentität besonders in der Selbstwahrnehmung und im Verhalten ausdrücke und "gender role" eher die Äußerungen und Handlungen beschreibe, die eine Person tätigt, um sich als ein geschlechtliches Wesen darzustellen. "Gender identity is the private experience of gender role and gender role is the public expression of gender identity". Person/Ovesey 1983:204 sprechen vo einer "gender-role-identity" als "psychological self-image", während Stollers 1968 Begriff der "core gender identity" ein "biological self image" benennt, das bereits im Alter von 18 Monaten zu beobachten ist.

4 Vgl. Freud 1924, wo er auch die These entwickelt, daß der weibliche Kinderwunsch nicht primär eine weibliche Eigenschaft sondern Ersatz für den Penis, d.h. Trost für die narzißtische Kränkung sei, die die Penislosigkeit bedeute.

5 Stoller 1968 spricht von einer "Kerngeschlechtsidentität", Mahler und ihre Mitarbeiter 1975 bestätigten diese These durch Beobachtungen.

6 Damals siehe z.B. Horney 1923, 1926, Jones 1927, 1935, heute siehe z.B. Chodorow 1978:78ff, Hagemann-White 1979, Chasseguet-Smirgel 1989:36ff, Rohde-Dachser 1991:55ff.

7 Vgl. Freud 1926. In feministischer Literatur wird dieser Ausspruch von Freud immer wieder bemüht. Die Metapher vom weiblichen Körper als "Landschaft" und "geographische Region" ist auch in frauenfreundlichen Schriften zu finden. Ich gehe davon aus, daß es sich nicht um Ironie handelt, wenn Buchtitel wie z.B. "Expedition in den dunklen Kontinent " (Rohde-Dachser 1991) und "Der Körper als Bedeutungslandschaft" (Heigl-Evers/Weidenhammer 1988) gewählt werden. Mich überrascht diese unkritische Verwendung, da sowohl "Expeditionen" als auch die Bedeutungsaufladung von Landschaften bislang vornehmlich die herrschende Ideologie spiegeln. Meines Erachtens kann man aber nicht annehmen, daß diese Begriffsgeschichte ohne weitere Auseinandersetzung mit der Terminologie kurzerhand durch den feministischen Kontext revidiert würde und durch diesen ihre frauenfeindlichen Implikationen verlöre. Es bliebe also mit Rohde-Dachser darüber zu spekulieren, welche "kollektiven Phantasien" diese Bilder für die Analogiebildung attraktiv machen.

8 Jones 1955:493, der Freuds Ausspruch "Was will das Weib?" zitierte.

9 Streng genommen ist Stollers Theorie nicht im mainstream der psychoanalytischen Thoerie entstanden. Stoller entwickelte seine Theorie der geschlechtsspezifischen Identität anhand von Fällen unklarer physiologischer Geschlechtsidentität, die eine Zuweisung von psychologischer Geschlechtsidentität erforderlich machten. Ich erwähne ihn hier, da er der erste war, der eine von den früheren Ansichten abweichende Vorstellung begründete und da seine Gedanken im feministisch-psychoanalytischen Kontext als konstruktiv und wertvoll angesehen werden. Vgl. Chodorow 1978, Benjamin 1988.

10 Dieser Vermutung widerspricht Nancy Chodorow 1978, die zwar Stollers Ausgangsthese einer frühen Identifikation mit der Mutter teilt, jedoch die Schwierigkeiten des weiblichen Ablösungsprozesses in den Mittelpunkt ihrer Gedanken stellt. Beide verweisen aber auf den Schaden, den diese Ablehnung der frühen Identifikation mit der Mutter der männlichen Psyche zufügt. Vielleicht ist dieser `Schaden' als das männliche Äquivalent zu dem von Freud konstatierten `Mangel' der Frau zu interpretieren? Siehe auch Kapitel 2.2.1.1. dieser Arbeit.

11 Eine Sichtweise, die die Unterschiede der Geschlechter berücksichtigt, sie jedoch weder werten noch miteinander versöhnen will, legen auch Person/Ovesey 1983:218 vor. Sie gehen von der Notwendigkeit einer "dis-identification" von der Mutter für beide Geschlechter als Teil des Separation-Individuationsprozesses aus, die jedoch von jedem Geschlecht unterschiedlich gelöst werde. Anders als Benjamin 1988 betonen sie aber nicht die Möglichkeit gleichzeitiger Identifikation mit dem Vater und der Mutter in der prä-ödipalen Phase.

12 Auch die Forderung nach "geteilter Elternschaft" trägt der Bedeutung der Qualität der Elternbeziehung Rechnung. Dieses Postulat ist Gegenstand meiner Auseinandersetzung in Kapitel 5.

13 Mary Douglas 1986 spricht weniger psychologisch von "Denkstilen", Thomas Kuhn 1962 von "Paradigmen".

14 Z.B. von Adrienne Rich 1976.

15 In Berlin fand z.b. 1989 eine große, viel besuchte Austellung zu dem Thema statt, auch tauchen zu dieser Zeit vermehrt Publikationen auf. Siehe z.b. Bierhoff-Alfermann 1988, Badinter 1986, Brückner 1988.

16 Eine tendenziell andere Blickrichtung etablierte sich durch die Säuglingsforschung, auf deren Hypothesen und Beobachtungsergebnisse ich noch in Kapitel 2.2.2.2. zu sprechen kommen werde.

17 Die Problematik der Verallgemeinerbarkeit psychoanalytischer Beobachtungsverfahren betreffend, da sie nicht den Erfordernissen der systematischen Beobachtungsverfahren der akademischen Psychologie entsprechen, weisen Mahler et al. 1975:287-338 selbst darauf hin, daß ihre Leitfragen und Beobachtungs- und Orientierungskriterien keinen Anspruch auf Allgemeingültigkeit haben. Sie wurden im Verlauf von Beobachtungen spontan geändert und waren auch immer persönlicher Ausdruck der jeweiligen BeobachterIn, so sehr sich diese auch um eine objektive Haltung bemühte. Identifikation und Einfühlung fanden immer statt und beinflußten die Interpretation. So wird zum Teil beim Lesen ihrer Ausführungen nicht deutlich, anhand welcher Kriterien die Beobachtungen gedeutet werden und worauf genau sich die Schlußfolgerungen eigentlich stützen.

18 Im feministischen Kontext hat Ulrike Schmauch 1987 die Beobachtung Margaret Mahlers in genau diesem Punkt als unzureichend kritisiert und arbeitete selbst in einer neueren Beobachtungsstudie geschlechtsspezifische Einflüsse der frühen Kindererziehung heraus. Sie fragt konkret nach Verhalten und unbewußten Wünschen der Eltern in der Interaktion mit den Kindern: Wie verhält sich die Mutter? Welche unbewußten Ängste, Vorstellungen, Wünsche gibt die Mutter an ihr Kind weiter? Wie verhält sich der Vater? Welche Projektionen gehen von ihm aus? Welche Rolle spielen Geschwister und die elterliche Beziehung?

19 Yvonne Schütze 1980 weist darauf hin, daß Mahler die Kleinsche Spaltung in "gutes Objekt" und "böses Objekt" übernimmt, jedoch anders als Klein, die diese Spaltung bereits im zweiten Vierteljahr als Wirkungsweisen frühester Abwehrmechanismen ausmachte, nicht begründet für die Beschreibung der Entwicklungsprozesse im dritten Lebensjahr anführt.

20 Vgl. Gambaroff 1984, Bassin 1982, Kleeman 1976.

21 Die so oft beschriebenen Haß- und Angstgefühle auf die prä-ödipale Mutter werden in diesem Verständnis als Ergebnis einer unzureichenden frühen Triangulierung interpretiert und nicht mehr als Hinweis auf eine per se hassenswerte, anal-sadistische, prä-ödipale Mutter gesehen.

22 Siehe z.B. Lynn 1974, Ross 1977, 1979, Lamb 1976, Yogman 1982. Einen Überblick geben Keller/Anthasios 1991.

23 Auch bei Donald Winnicott findet sich das Konzept einer Drei-Personen-Beziehung auch schon in der prä-ödipalen Zeit. Siehe dazu Rotmann 1978:1109-1114.

24 Hinter dieser Theorie steckt die Annahme, daß Entwicklung von einem symbiotischen Zustand zwischen Mutter und Kind über allmähliche Loslösung von der Mutter zur Individuation verlaufe. Heute kritisieren Feministinnen, daß Aufgabe von Bindungen bzw. Trennung als hauptsächliche Entwicklungsschritte dargestellt werden. Eine bedeutende feministische Neuinterpretation stellt die Sichtweise von Ver-

änderung von Beziehungen bzw. vom In-Beziehungen-Selbständig-Werden dar. Vgl z.B. Benjamin 1988.

25 Vgl. z.B. Rohde-Dachser 1991:190ff.

26 Abelin 1980:164. Hier unterscheidet sich die Mahlersche Schule, der Abelin angehört, von Thesen Melanie Kleins. Eine Integration von "guten" und "bösen" Imagines erfolgt nach Klein ab dem 5. Lebensmonat, nach Mahler et al. erst gegen Ende des zweiten Lebensjahres. So ist es denn auch möglich, daß Abelin argumentiert, die erste Repräsentation der Mutter entstehe eigentlich auf der Schwelle zur ödipalen Phase und sei *symbolisch*, demgegenüber erfahre der prä-ödipale Vater keine symbolische Repräsentation. Ich finde diese Argumentation insofern nicht überzeugend, als daß - wie wir noch sehen werden - eine Durchsicht ödipaler Konstruktionen gerade verdeutlicht, daß die Mutter kaum oder nur äußerst negativ repräsentiert wird. Zudem gelte dann das, was Abelin an mangelnder symbolischer Repräsentanz für den prä-ödipalen Vater ausmacht, genauso für die prä-ödipale Mutter und hinge weniger mit dem Vater bzw. der Mutter als mit noch nicht entwickelten Symbolisierungsfähigkeiten des prä-ödipalen Säuglings zusammen.

27 Diese Theorie liefere somit auch "das Fundament einer psychologischen Erklärung der inferiorisierten und zum anderen (zweiten) Geschlecht gestempelten Frauen im Patriarchat" (Mitchell 1974:460).

28 Z.B. Person/Ovesey 1983:219.

29 Stork 1974, Rohde-Dachser 1991 argumentieren, daß die Vorstellung von der primären Mutter-Kind-Einheit bereits eine derartig mächtige Illusion ist, daß sie auch in die Theoriebildung einging. In gewisser Hinsicht verfolgt auch Benjamin 1988 diesen Gedanken, die die Polarisierung von Abhängigkeit und Autonomie kritisiert und damit auch gegen die eindimensionalen Zuordnungen Mutter=Verbundenheit und Vater=Separatheit argumentiert.

30 Siehe Benjamin 1988:144-175 und Rohde-Dachser 1991:172-190. Benjamin versteht das klassische, ödipale Modell als Rationalisierung der gescheiterten Anerkennung von Unterschiedlichkeit, nämlich der Unterschiedlichkeit von Mann und Frau: Die Vorstellung, daß psychische Differenzierung innerhalb der Mutter-Kind-Dyade nicht möglich sei, und daß der Vater kommen müsse, um Unabhängigkeit hervorzubringen, beruhe auf der Abwertung von Weiblichkeit. Die Abwertung des Weiblichen untergrabe nun genau das, was der Ödipuskomplex dem eigenen Anspruch nach leisten sollte: "nämlich Unterschied, erotische Spannung sowie das Gleichgewicht der intrapsychischen Kräfte zu gewährleisten. Das ödipale Modell ist ein Beispiel dafür, wie eine einseitige Art der Individuation genau den Unterschied aufhebt, den sie konsolidieren sollte" (Benjamin 1988:155).

31 Vgl. z.B. ihre Äußerungen zur Diskussion um die Aktualität psychoanalytischer Sozialisationstheorie, bei: Görlich 1989 und auch Grunberger/Chasseguet-Smirgel 1979.

32 Die Begriffe des Apollinischen und Dionysischen (Nietzsche) wurden in den 20er/30er Jahren zur Beschreibung kultureller Gegensätze häufiger verwendet. Kardiner und Preble 1961:213/4 weisen darauf hin, daß die Anthropologin Ruth Benedict einen in den jeweiligen Gesellschaften "vorherrschenden Trieb" (dionysisch oder apollinisch) unterstellte, der die Organisation wiederkehrender Situationen (Geburt, Sterben, Wohnen, Essen) nach bestimmten Regeln veranlasse. Chasseguet-Smirgel 1986 untersucht die psychische Verankerung dieser gesellschaftlichen Gefühlslagen.

33 Dieses Menschenbild unterstellt, Menschen drohten ständig in die Barbarei zurück-
zufallen. Die Analyse Benjamins 1988 verdeutlicht jedoch, daß dieses Verständnis
der Polarität von Vernunft vs. Regression verhaftet bleibt.

34 Die Bezeichnung negativer Ödipuskomplex meint entsprechend der heterosexuellen
Norm das Verlangen nach einem gleichgeschlechtlichen Liebesobjekt, spricht also
homoerotische Aspekte der Mutter-Tochter-Beziehung an.

35 Das Lektüre-Vergnügen des sehr anregenden Buches von Annelise Heigl-Evers und
Brigitte Weidenhammer 1988 wird z.T. durch ihr klassisch-traditionelles Verständnis
von Psychoanalyse geschmälert. So z.B. wenn sie behaupten, daß ödipale Bezie-
hungsentwicklung nur möglich sei, wenn sich das "Kind aktiv, mit auf Eindringen
bedachter Phallizität" der Mutter nähert (Heigl-Evers/Weidenhammer 1988:129)
oder wenn im Zusammenhang mit der Tochter von "der Begrenztheit der eigenen
körperlichen Möglichkeiten, die ihm die ersehnte Wiedervereinigung mit der Mutter
nicht gestattet" (ebd:132) die Rede ist. Es scheint, daß die Autorinnen hier die
Penetration als die sexuelle Norm setzen und, obwohl sie einräumen, daß die Tochter
eine homosexuelle Liebesbeziehung mit der Mutter phantasieren kann, unterstellen,
daß die Tochter annähme, sie könne die Mutter mangels Penis nicht befriedigen
(ebd:132). Ob das nun tatsächlich so ist, oder gar so sein soll, bleibt offen. Insgesamt
ist bei den Autorinnen ein ständiges Wechseln zwischen verschiedenen Beschrei-
bungsweisen zu beobachten. Mythos, Literatur und Wirklichkeit werden, z.T. ohne
die Unterschiedlichkeit der Diskurse zu berücksichtigen, miteinander verwoben.
Dadurch dient z.B. die vor über 200 Jahren von Rousseau niedergeschriebene Ideal-
vorstellung einer Frau zur Illustration der weiblichen Beziehungsmoral, ohne daß
auch nur ein Wort darüber verloren wird, welche Aussagekraft diese Textsorte haben
kann. So wird in ihrem Buch die Männerphantasie Rousseaus zum wesentlichen
Bestandteil von Weiblichkeit (ebd:139 ff).

36 Heigl-Evers/Weidenhammer 1988:143. Bereits Ernest Jones 1927:15 verwies auf
die spezifisch weibliche Angst vor dem Verlassen-Werden, die daraus resultiere, daß
die Mädchen von der Mutter fortgeschickt werden und der Vater ihnen die ersehnte
Befriedigung verweigert.

37 Das entspricht auch der These Chasseguet-Smirgels, die vom weiblichen Problem
spricht, anal-sadistische Anteile in ihre Sexualität zu integrieren, also eine Triebhem-
mung vor die positive Akzentuierung des Beziehungsaspektes stellt.

38 Siehe z.B. Chodorow 1989.

39 Siehe z.B. Schmauch 1987.

40 Auch Lorenzers Begriff der "Einigungsformen" betont die Beteiligung und Mit-
Gestaltung der InteraktionspartnerInnen.

41 In diesem Abschnitt erwähne ich lediglich die Autorinnen, die sich mit der Freudschen
Psychoanalyse und der Objektbeziehungstheorie auseinandersetzen. Darüber hinaus gab es auch die feministische Rezeption und Weiterverarbeitung der psychoanalytischen Ansätze von C.G. Jung und J. Lacan. Auch will ich nicht weiter darüber
spekulieren, warum diese Rezeption zuerst und so stark im englischsprachigen, speziell im nordamerikanischen Raum stattfand.

42 So z.B. bei Judith Arcana 1979 oder auch bei Ulrike Schmauch 1987.

43 Segal 1987:182f, Rohde-Dachser 1990, Großmaß 1989:172ff und Othmer-Vetter
1989:99ff. Regine Othmer-Vetter vergleicht Chodorow mit Talcott Parsons: "Im
großen und ganzen folgt die theoretische Konstruktion des Verhältnisses von Psy-

choanalyse und Soziologie bei Nancy Chodorow den Maßgaben des Verhältnisses von Sozialstruktur und Persönlichkeit, wie es von Talcott Parsons vorgedacht wurde" (Othmer-Vetter 1989:102). Sowohl Parsons als auch Chodorow interpretierten die Psychoanalyse so, daß die gesamte Persönlichkeit sozial strukturiert sei.

44 In der deutschen Übersetzung wird für das englische Verb 'to mother' das Wort 'muttern' erfunden. Warum die Übersetzerin nicht auf das existierende Verb 'bemuttern' zurückgreift, das doch gerade die Ambivalenzen von mütterlichem Verhalten ausdrückt, bleibt offen. Vielleicht hielt die Übersetzerin den Begriff für zu belastet und besetzt...

45 Heißt: die soziale Organisation der Geschlechter und ihre gesellschaftlichen Ausdrucksformen.

46 Relativierend bemerkt allerdings auch Chodorow 1978:278 am Ende ihres Buches, daß Menschen kreativer und vielschichtiger mit der Verarbeitung ihrer frühkindlichen und auch späteren Erfahrungen umgehen, als ihr Modell es nahelegt.

47 Da diese Akzentverschiebung bei Chodorow Postulat bzw. Forschungsprogramm bleibt (ihr Buch von 1989 besteht zu drei Vierteln aus älteren Aufsätzen) und ihr Buch von 1978 sozusagen ein Klassiker in der feministischen Auseinandersetzung mit der Psychoanalyse ist, beschäftige ich mich mit ihren älteren Ausführungen.

48 Vgl. z.B. Judith Lorber, und Ruth Coser, in Chodorow 1981:482-492 und auch Ruth Großmaß 1989:195, die ausführt, daß Chodorows Modell, das so plausibel die Einbeziehung des Vaters in den Individuierungsprozeß fordert, nur scheinbare Plausibilität habe, da es erst dann zwingend werde, wenn die heterosexuelle Ehe als selbstverständliche Voraussetzung für die erste Phase der Kindererziehung gedacht wird.

49 Großmaß 1989:183 weist darauf hin, daß diese Reduktion zwar methodisch zulässig sei, um den Stellenwert der Arbeit zu bestimmen. Wenn jedoch am Ende der Analyse versäumt wird, die Ergebnisse wieder in den Rahmen allgemeiner Strukturannahmen über Gesellschaft zu stellen, werde aus der methodischen Reduktion eine inhaltliche.

50 Auch kritische Analytikerinnen verweisen auf die Bedeutung von der geschlechtlichen Gleichheit von Mutter und Tochter. Sie stellen allerdings das fehlende gegengeschlechtliche Begehren in dieser Beziehung heraus: Olivier 1980 betont, daß dem Mädchen das sexuelle Begehren durch die Mutter fehle. Chasseguet-Smirgel und Torok 1964 nehmen an, daß die präödipale Mutterbeziehung des Mädchens durch übermäßige Versagungen ausgezeichnet ist und daß die notwendige narzißtische Bestätigung in der frühen Lebensphase der Mädchen oft ausbleibe. Hendrika Halberstadt-Freud 1987 führt aus, daß das "Fehlen von Unterschieden" bewirke, daß die Beziehung zur Tochter viel mehr Anknüpfungspunkte für die Identifikation ohne Separation biete.

51 Z.B. führt Yogman 1982 aus, daß das väterliche Spiel mit den Kindern anregender und aggressiver sei und weniger auf Zusammen-Sein und auf Einstimmung hin orientiert sei. Zur Diskussion um die väterliche Bedeutung siehe auch Kapitel 5.1. dieser Arbeit.

52 Irene Fast 1984:106 behauptet weitergehend, daß wenn diese frühe Identifikation nicht stattfindet, die Anerkennung des Gegengeschlechts durch Ablehnung oder Idealisierung gefährdet ist, liefert also eine Hypothese zur Erklärung männlicher Misogynie und Verherrlichung des Männlichen (durch Männer wie durch Frauen).

53 Auch Carol Hagemann-White 1987:29 und Jessica Benjamin 1988:112 stellen heraus, daß Frauen mehr als selbständig erscheinen und erlebt werden müssen. Die

erste spricht von der realen Ohnmacht der Mütter, die sich in der Vorstellung von der "allmächtigen Mutter" verkehre und der mit Machtzuwachs der realen Mutter begegnet werden könnte, die zweite betont die Notwendigkeit eines eigenständigen weiblichen Begehrens, das auch die Mutter als autonome Person erscheinen ließe.

54 Dies entspricht der These Daniel Sterns 1985, der darauf abhebt, daß Phantasien "narrative constructions" seien. Er setzt also der gängigen Vorstellung, daß Phantasien frühkindliche Erlebnisse rekonstruierten, entgegen, daß diese immer erst sprachlich konstruiert werden. Ich will auf diese Kontroverse erst unter Punkt 2.2.2.2. eingehen, es scheint aber so zu sein, daß unabhängig davon, wie Phantasien ursprünglich konstruiert sind, wir uns unbewußt in der ersten aller Beziehungen, der Beziehung zur Mutter phantasieren.

55 Die "persönliche Identifikation" bestehe aus einer diffusen Identifikation mit der gesamten Persönlichkeit der Erziehungsperson. Die "positionale Identifikation" hingegen sei eher an die Rolle einer Person gebunden und setze auch die Verinnerlichung der Werte und Einstellung dieser Person nicht voraus. Vgl. Chodorow 1978:227.

56 So auch Lynne Segal 1987:196, die ausführt, daß sowohl Weiblichkeit als auch Männlichkeit über Jahre hinweg durch die Teilnahme an verschiedensten Sitten und Gebräuchen sich in den Körpern der Menschen niederschlagen. Die kindliche Mutterbindung ist demzufolge nur ein Aspekt der Entstehung von Männlichkeit und Weiblichkeit. Segal fragt: "Die offenbar unvergleichliche Liebe der Mutter zu ihrem Sohn, so sehr sich diese von ihrer Liebe zu ihrer Tochter unterscheiden mag, weist nichts auf, woraus der Sohn entnehmen könnte, daß er wegen seiner Männlichkeit anders geliebt wird. Warum sollte der kleine Junge nicht das Gefühl haben, daß er aufgrund seiner eigenen Liebenswürdigkeit genau so geliebt wird, wie es der Fall ist? Die Erkenntnis des Unterschieds muß von woanders herkommen". Die kindliche Mutterbindung wird ergänzt durch das Gewicht kultureller Vorstellungen und Definitionen.

57 Der Begriff der Anpassung ist oft von der Ich-Psychologie dahingehend verwendet worden, daß die gesellschaftlichen Verhältnisse auf eine angenommene Durchschnittlichkeit reduziert wurden. Parin 1978:79ff hingegen versteht die sozialen Verhältnisse als welche, die stark und gewaltsam auf Menschen einwirken und ihn beeinflussen.

58 Etwa vergleichbar mit der "Objektrepräsentanz".

59 Zwar widmet Chodorow ein Unterkapitel ihres Buches der Adoleszenz, begründet diese Lebensphase jedoch ausschließlich im Rekurs auf frühkindliches Erleben, so daß ihr Blick auf die Pubertät auf jeden Fall eingeschränkt bleibt. Regina Becker-Schmidt 1992a diskutiert Chodorows reduziertes Verständnis von Adoleszenz.

60 Vgl. die Kritik an Chodorow bei Rohde-Dachser 1991:258ff

61 Sie setzt, daß das Kind tatsächlich und allein der Mutter bzw. ihrer Willkür völlig ausgesetzt ist. Diese Sicht läßt die Perspektive und Alltagssituation der Mutter unberücksichtigt, die ihrerseits wahrscheinlich nicht selten empfindet, daß das Baby *sie* tyrannisiert.

62 Auf den Seiten 215ff schreibt Dinnerstein sehr differenziert über das Verhältnis von mütterlicher Macht und Förderung des kindlichen Wachstums durch die Mutter. Sie ist aber der Meinung, daß die entwicklungsfördernde Komponente der Mutter-Kind-Beziehung in der kollektiven Phantasiebildung nicht reaktiviert wird und da sie über Anpassungsmechanismen und Abwehrstrukturen nachdenkt, widmet sie sich diesem Teil der kindlichen Wirklichkeit nicht weiter.

63 Wohl diskutiert sie geschlechtstypische Unterschiede als Ergebnis des Ödipuskomplexes, die mit denThesen Chodorows im Einklang stehen, zentriert ihreAusführungen aber nicht darauf, sondern stellt das "Arrangement", das Zusammenwirken, in den Mittelpunkt.

64 So charakterisiert Dinnerstein 1976:285 das Festhalten an der Geschlechterordnung als neurotische Einstellung und nimmt eine "Feigheit vor der Freiheit" als ein weibliches Motiv, sich nicht an der Gestaltung derWelt zu beteiligen, an: DasAnders-Sein habe die positive Seite, daß es vor Übernahme der vollen Verantwortlichkeit schütze. Andererseits hält sie es für notwendig, daß die Frau ihre Kolloboration mit dem Mann aufgibt, da sie sonst nicht in die Geschichte eintreten kann. Wir sahen in Kapitel 2.1., daß auch Fromm eine "Furcht vor der Freiheit" (so die deutsche Übersetzung seinesTitels "Escape from Freedom") annahme, diese jedoch nicht triebpsychologisch und auch nicht mit psychischen Spaltungsmechanismen begründet, sondern gesellschaftliche Beschränkungen und Reglementierungen als zentral für diese Furcht (bei Dinnerstein Feigheit) ansieht.

65 "Wenn der frühe elterliche "Andere" nicht länger ausschließlich weiblich ist, wird auch die Frau nicht länger eigentümlich qualifiziert erscheinen, diese Art von Gesellschaft zu leisten. Infolgedessen wird die Frau auch nicht länger darauf angewiesen sein, die Erfahrung des Ichs stellvertretend durch den Mann zu machen. Sie wird von ihrer gegenwärtigen Verpflichtung erlöst werden, in sich selbst das mütterliche Du neu zu erschaffen und mit seinen Wohltaten den Mann zu überschütten, dessen Bedürfnis, sich vor den vom Du ausgehenden Gefahren zu schützen, sie dann aus Sorge um seineAutonomie respektieren muß, die sie wiederum aus zweiter Hand genießen darf. Sie wird sich wegen der Möglichkeit, eine andere Person zu betäuben oder zu verschlingen, nicht mehr Sorgen machen als der Mann" (Dinnerstein 1976:148).

66 Dies kritisiert z.B. Mechthild Rumpf 1989:57, die behauptet, daß es bei Benjamin weder Triebunterdrückung noch Abwehrmechanismen, sondern nur gestörte, intersubjektive Beziehungen gebe. Ich halte diesenVorwurf angesichts derVeränderung der Argumentation Benjamins von 1982 zu 1988 für unberechtigt.

67 Sicherlich wäre zu Überbrückung dieser 'Lücke' ein Bezug auf kognitionspsychologische oder lerntheoretische Theorien angebracht. Die Beschränkung meiner Suche nach psychoanalytisch argumentierenden Theorien ergibt sich aus meiner Schwerpunktsetzung, die ich nicht um noch weitere Theoriefelder vergrößern wollte.

68 Das heißt auch, daß dieThesen der Säuglingsforscher von mir lediglich zusammenfassend wiedergegeben werden und nicht einer (m.E. notwendigen) Kritik aus triebtheoretischer Perspektive unterzogen werden. Diese Konfrontation der beidenAnsätze stellt ein eigenesThema dar, siehe dazu Baumgart 1991; mir geht es hier eher darum, den möglichen Beitrag der Säuglingsforschung zur Erklärung der Geschlechterdifferenz zu beleuchten.

69 Ich beziehe mich hier beispielhaft auf dieAusführungen von Daniel Stern 1985 und Joseph Lichtenberg 1983, die sowohl die wichtigsten Beobachtungen zusammengetragen haben als auch versuchen, diese Ergebnisse in die psychoanalytischeTheorie der kindlichen Entwicklung zu integrieren.

70 Stern 1985:37-184 unterscheidet in zwei vorsprachliche Selbst-Bewußtseinsformen, dem "Sense of an Emergent Self" und dem "Sense of a Core Self", sowie den sprachlich beeinflußten "Sense of a Subjective Self" und dem "Sense of a Verbal Self".

71 Nach Lichtenberg 1983:102ff wird ab dem zehnten Monat die Raum- und Umriß-
wahrnehmung des Säuglings deutlich differenzierter. Daran gebunden sei eine
"Imaging Capacity", die im Zuge des Lernens des Erkennens von Zeichen und
Signalen entwickelt werde. Allmählich etabliert sich zuerst per Zeichen und Signal
die externe Welt. Zugleich entwickele sich eine Art des Lernens, in der die Informa-
tionen des 'draußens' als Richtlinien für die Entwicklung des Selbst genutzt werden
können.

72 Genau das stellt auch Lacans "Spiegelstadium" heraus. Vgl. Lacan 1947.

73 Stern 1985:253. Seiner Meinung nach ist der Verlauf umgekehrt zu dem, den die
Psychoanalyse beschreibt: "reality experience preceeds fantasy distortions in development" Stern 1985:155.

74 Lichtenberg 1983:133. Zur Konfliktorientierung der Psychoanalyse schreibt Lichtenberg 1983:147: "Conflict and incomplete regulatory support will be experienced
and remembered by the toddlers in the form of intrapsychic tensions they can't
resolve. Failures in parenting may be reprojected onto the external world. It is these
situations that give rise to the transference phenomena observed in psychoanalysis".

75 Die Psychoanalyse nimmt an, daß die Nicht-Befriedigung von Trieben und Bedürfnissen dem Säugling zeigt, daß es Entbehrungen und Frustrationen gibt. Dies
bewirke Wünsche und Phantasien, die im Zusammenhang mit der Außenwelt entwickelt werden. Die Wunschproduktion beinhaltet also die Anerkennung der Außenwelt, erst als Teilobjekt, später als ganzes Objekt. Durch diese Annahmen wird die
erste Unlust- und Frustrationserfahrung zum Initiator von Entwicklung.

76 Auch kritisiert Lichtenberg 1983:170 den psychoanalytischen Begriff der "Libido",
und will stattdessen von "affective amplification triggered by dense neural firings"
sprechen. Er zieht die biologische Beschreibung des Wirkungskomplexes von Gefühlen der Libido-Konstruktion vor, da ihm die theoretische Konstruktion zuviele
Implikationen beinhaltet, die den Einzelfall normieren. So hat er z.B. den Eindruck,
daß das psychoanalytische Verständnis der Emotionen als primitive, infantile und
unterdrückte Triebe, die Tatsache verzerre, daß Gefühle immer Grundlage einer jeden mentalen Operation sind und im Guten wie im Schlechten organisierend wirkten.
Diese Problematik der übertreibenden Konfliktorientierung der Psychoanalyse
einerseits und der relativierenden Beschreibung der Entwicklung des Einzelnen der
Ich-Psychologie andererseits, ist für die Sozialwissenschaft, die mit der Psychoanalyse arbeitet, wie wir in Kapitel 1.2. gesehen haben, nicht neu. Die Diskussion der
triebtheoretischen Implikationen zeigt aber immer wieder welche Auslassungen
abstrahierende Erklärungsmodelle machen und um welche Überlegungen die Abstraktionen ergänzt werden können.

77 Lichtenberg 1983:181. Sein Einwand ist aber lediglich für die Entwicklungspsychologie von Bedeutung. Fragt man sich aber, wie unbewußte Erfahrungen im späteren
Leben wirken und welche Auswirkungen sie haben, ist es von zweitrangiger
Bedeutung, ob die frühkindlichen Erfahrungen 'falsch' bzw. "re-codiert" erinnert
werden. Wichtig ist die Tatsache, daß die erlittenen Entbehrungen nach wie vor eine
Auswirkung haben, die, wie ja auch die Psychoanalyse nicht bestreitet, verzerrt und
neurotisch übersteigert werden.

78 So spricht Stern 1985:174ff vom "Alienating effect of language on self experience
and togetherness".

79 Einschränkend weist Rohde-Dachser 1991:227 darauf hin, daß derartige Hypothesen über die unterschiedliche Bedeutung des Geschlechtsunterschiedes noch recht spekulativ sind, hält deshalb Forschungsvorhaben zu diesem Thema für dringend erforderlich.

80 Ob deshalb auch, wie Rohde-Dachser 1991:229 behauptet, die "Sprache des Mädchens (wie der Frauen überhaupt) (...) im allgemeinen auch 'näher am Gefühl', weniger entfremdet" ist, wage ich zu bezweifeln, da dadurch unterstellt wird, daß es eine nicht-entfremdete Sprache, eine Identität von Gefühl und Bezeichnung gibt.

81 Die hier diskutierte Lesart der Psychoanalyse wird auch als "ecriture feminine", ihre Vertreterinnen nicht selten einfach als "Französinnen" bezeichnet. Da sich die Autorinnen (z.B. Josette Feral, Xaviere Gautier, Monique Wittig, Helene Cixous und die beiden im Text genannten) jedoch in vielerlei Hinsicht unterscheiden, ist ihnen z.T. nur noch ihr Ausgangspunkt gemein: die Auseinandersetzung mit Lacan. Stellvertretend für diese Theorierichtung diskutiere ich hier lediglich die Positionen der für die bundesrepublikanische Diskussion wichtigsten Vertreterinnen Luce Irigaray und Julia Kristeva.

82 "Es spricht" sagt Lacan 1955:413f und dementiert damit die Vorstellung, das Subjekt könne sich selbst als artikulierend und handelnd begreifen. Er versteht es als subjectum, als der Sprachstruktur Unterworfenes.

83 Auf diese Art überlagere das "Reich der Kultur durch die Regelung von Verwandtschaftsbeziehungen" das Reich der Natur, "das dem Gesetz der Paarung unterliegt", Lacan 1953:118.

84 bzw. ihr Genital als Ort ihrer Lust, der mit dem Phallus/Penis vergleichbar sein könnte.

85 Peter Widmer 1990:93 führt in diesem Zusammenhang aus, daß hierin eine Unmöglichkeit des Beziehungsmusters zwischen Mann und Frau läge: Für beide Geschlechter gelte, daß ihre Existenz gespalten ist. Beide erfahren den Mangel, daß kein Signifikat den phallischen Signifikanten zu bezeichnen in der Lage ist. Beide suchten aneinander ein phallisches Ideal, das zu erfüllen unmöglich sei.

86 Diese Gedankenkonstruktion veranlaßte Luce Irigaray, wie wir noch sehen werden, zu der Schlußfolgerung, daß es ohne die Vorstellung vom weiblichen Leerraum für Projektionen des männlichen Selbst keine symbolische Kultur gibt. Die Abstraktion von der konkreten Frau und vom weiblichen Körper macht die männliche Kulturleistung möglich und etabliert seine Spaltung als Subjekt: Um sich mit anderen Männern als gleich denken und begreifen zu können, braucht es ein anderes Drittes, auf das die Subjekte ihre Verschiedenheit voneinander projiizieren können. Die Frau als abstrahiertes, kastriertes Wesen zu begreifen, erscheint dieser Annahme zufolge als notwendige Voraussetzung unserer symbolischen Kultur.

87 Lacan 1957:20. Signifikat=Bedeutung, Inhalt, Signifikant=Begriff, Ausdruck.

88 Die nie abschließende Symbolisierung des phallischen Signifikanten bewirkt zwei spezifische Arten der Bewegungen der Bedeutungen, die Lacan "Metapher" und "Metonymie" nennt. Vgl: Lacan 1957:30ff.

89 Edith Seifert 1987 stellt die besondere Bedeutung des Begehrens als Antriebskraft bei Lacan im Unterschied zu Freud dar.

90 Lacan 1953:118/9, der Ödipuskomplex des Mädchens bleibt unerwähnt.

91 Lacan 1958. Während bei Freud die Bezeichnung *Penis* und *Phallus* undifferenziert einmal das Organ und einmal die symbolische Abstraktion bezeichnen, wehrt sich Lacan gegen eine Analogisierung vom Phallus mit dem männlichen Geschlechtsor-

gan. Für ihn hat der Phallus nur symbolische Funktion. Kritikerinnen dieses Postulats sind Irigaray 1977, Weedon 1987, Mitchell/Rose 1982. Auch Jane Flax 1990:104 kritisiert die uneingestandene Analogisierung von Penis und Phallus bei Lacan als unaufrichtig: "Would we be persuaded by Lacan if he claimed that the mother lacks, say "a mouse" or that her desire for the child is to be the "waxpaper"?"

92 Jane Flax 1990:100ff kritisiert Lacans ontologische Wahrheiten über die menschliche Natur als Konsequenzen seiner Annahmen über die Natur der Bedürfnisse und des Begehrens. Die Transformation der Freudschen Narzißmustheorie in eine Theorie allgemein menschlicher Natur bei Lacan habe Reduktionen auf mehreren inhaltlichen Ebenen zur Folge. Es verschwinde sowohl das Freudsche Konzept der Ich-Entwicklung wie die mütterliche Macht in der frühen Kindheit wie auch das weibliche Begehren. Auch Brigitte Nöllekes 1985:204f Kritik setzt an den impliziten Annahmen des primären Narzißmus an, der letztendlich dem Freudschen Konzept des Todestriebes das Primat einräume: Da Lacan davon ausgeht, daß die im primären Narzißmus ersehnte Verschmelzung das Ende allen Austauschs, den Tod bedeutet, treibt derselbe Wunsch, der danach strebt, mit dem Objekt zu verschmelzen, das Subjekt auch davon weg, da dieser Wunsch gleichzeitig die Gefahr beeinhaltet, die Subjekthaftigkeit zu verlieren und Nichts zu werden. Das phallische Begehren als eines, dem das eigentliche Objekt fehlt und dessen Ersatzobjekte beliebig austauschbar sind, ist eigentlich ein Begehren nach dem Nichts. Der Phallus als derartiges Ab-straktum stifte mehr Verwirrung als Klarheit.

93 Lacan zitiert nach Irigaray 1977:106.

94 Peter Widmer 1990 stellt in seiner Darstellung des Lacanschen Werkes den französischen Autor immer im Zusammenhang und in Auseinandersetzung mit Freud dar. Dadurch werden sowohl Ähnlichkeiten wie Unterschiede der beiden Denkgebäude deutlich.

95 Da nur einige Texte Kristevas ins Deutsche übersetzt sind und meine Französischkenntnisse so gering sind, daß mir das Verstehen der französischen Originaltexte außerordentlich große Mühe bereitete, habe ich mich bisweilen englischen Übersetzungen ihrer Aufsätze bedient. Dies ist dann im Literaturverzeichnis vermerkt.

96 Kristeva 1974a und auch Kristeva 1979, wo sie die Sorge äußert, daß der feministische Diskurs sich zuweilen als Herrschaftssprache darstelle.

97 Siehe z.B. Weedon 1987, Jones 1988, Gallop 1982, 1988.

98 Die Tatsache, daß diese Stellung des "männlichen" Subjekts nur mäßig reflektiert wird, deutet Kristeva bereits als Produkt des phallozentrischen, symbolischen Diskurses, in dem "die Frau" verdrängt wird.

99 Ich verzichte im folgenden darauf, diesen Begriff Kristevas mit Anführungszeichen zu versehen.

100 ebenda:58. Auch bei Kristeva liegt dem Begehren der Todestrieb zugrunde. Die Rückwendung zum Körper wird gleichgesetzt mit der Rückgängig-Machung der Besetzung des Objekts. Das bedeute dann, wie bei Lacan, Stillstand und Tod. So werde Sprache im "Dienste des Todestriebs zur narzißtischen Hülle", Kristeva 1974:59.

101 Trotz dieser Gemeinsamkeit ist ihr Verhältnis zur Triebtheorie ein entscheidender Unterschied zwischen Benjamin und Kristeva. Benjamin stellt die Triebtheorie zugunsten der Objektbeziehungstheorie zurück, für Kristeva ist sie jedoch zentraler Bezugspunkt ihrer Ausführungen.

102 Diese Bedenken teilt Kristeva mit Janine Chasseguet-Smirgel (vgl. Kapitel 2.1.1.).

103 Kristeva 1983:29ff schreibt selbst gegen eine Idealisierung der prä-ödipalen Mutter, indem sie einen prä-ödipalen Vater konzipiert, der - verstanden als mütterlicher Wunsch nach dem Phallus - im vierten Lebensmonat die erste Teilung in der Leere des primären Narzißmus darstelle.

104 Trotz gravierender Unterschiede hat Kristeva auch mit dem Säuglingsforscher Stern gemein, daß beide auf das psychoanalytische Modell der psychosexuellen Entwicklung zurückgreifen und eine 'Umschreibung' der prä-ödipalen Zeit durch die Einführung der Sprache als bedeutungskonstituierend herausstellen. Beide gehen davon aus, daß die Sprachentwicklung, die während der ödipalen Phase einsetzt, frühere Strukturen und Erfahrungen dominiert und durch Anpassung an gesellschaftlich vorherrschende Wertungen und Einschätzungen reglementiert. Im Gegensatz zu Kristevas "semiotischer chora" sind Stern hierbei die frühkindlichen Erfahrungen wichtig, die seinem Verständnis nach differenzierteren und vielfältigeren Charakter haben als eine binäre, sprachliche Zuweisung von 'gut' und 'böse' oder 'Neid' und 'Dankbarkeit' es verdeutlichen kann. Kristeva benutzt im Unterschied zu Stern die psychoanalytische Theorie der psychosexuellen Entwicklung eher metaphorisch als konkret, wenn sie den Ödipuskomplex als universellen Punkt der Durchsetzung des patriarchalen, symbolischen Diskurses ansieht.

105 Kristeva 1983 geht dem Gedanken nach, daß Liebe Trennung überwinden helfen kann, und untersucht verschiedene Ausdrucksformen und Funktionsweisen von Liebe als Übertragungsliebe, Mutterliebe und dem besonderen Zugang der Frauen zur Liebe. 1988 analysiert sie den unterschiedlichen Umgang mit Fremden in verschiedenen Kulturen und Epochen als Ausdruck der eigenen Gespaltenheit.

106 Wir sahen diesen Bezug auf das Unsagbare/Unausdrückbare bereits bei Adorno in Kapitel 1.2..

107 Das heißt jedoch nicht, daß Kristeva nur abstrakt-theoretisch argumentiert. In diversen semiologischen und literaturwissenschaftlichen Untersuchungen zeigt sie poetische Adern im symbolischen Diskurs auf. In z.B. "Geschichten über die Liebe" (1983) und in "Fremde sind wir uns selbst" (1988) geht sie den in historischen Epochen gewandelten Konstruktion der Begriffe von 'Liebe' und dem 'Fremden' nach. Dort, wie auch in ihrem Buch "Die Chinesin" (1973) thematisiert sie auch kulturelle Unterschiede. Dadurch aber, daß sie Weiblichkeit in der Hauptsache als sprachlichen Niederschlag beschreibt, erhält Strukturelles und Allgemeines in ihren Ausführungen ein Übergewicht.

108 Dem entgegengesetzten Gedanken, daß Geschlecht sich nicht mit einer eindeutigen Erklärung erfassen ließe, sondern gerade durch vielfältige Bedeutungen und mannigfaltige Definitionsebenen konstituiert werde, sind Autorinnen des feministischen Poststrukturalismus nachgegangen. Judith Butler 1990, Chris Weedon 1987 oder auch bei Diamond/Quinby 1988 diskutieren in Auseinandersetzung mit Kristeva die Vielfältigkeit der Diskurse in ihrer Bedeutung für die Konstitution von Zweigeschlechtlichkeit.

109 Kristeva zitiert nach Butler 1990:15.

110 Irigaray 1974:143. An anderer Stelle spricht sie von der Unmöglichkeit über ihr Frau-Sein zu sprechen: "weil *Frau* weder Attribut von Sein, noch *weiblich geschlechtlich* Eigenschaft von Sein, sei es weil *ich bin eine Frau* nicht das Prädikat

von Ich ist oder weil *ich bin geschlechtlich* das weibliche Genus ausschließt" (Irigaray 1977:155).

111 Sie verdeutlicht an verschiedenen Textauszügen von z.b. Hegel, Kant, Aristoteles, Descartes und Platon, daß die Frau bei diesen Denkern keinen Ort hat, Nicht-ist, kein Subjekt darstellt.

112 Dabei bedient Irigaray 1974:224 sich zum Teil der "Rätselsprache der Mythen, die einen geheimen Sinn bergen", nicht um zu beschreiben, sondern eher um zur Reflexion anzuregen.

113 z.B. von Weedon 1987, Busch 1989.

114 Berg 1991, und ansatzweise auch Gallop 1982, die es für das Verständnis von Irigarays Texten für notwendig hält, eine Unterteilung in einen referentiellen Gebrauch von Sprache und einen poetischen Gebrauch vorzunehmen.

115 Diese Kritik der zur Theorie erhobenen Phantasien eint Irigaray mit Rohde-Dachser 1991.

116 In ihrem 1991 auf deutsch erschienen Aufsatzband "Die Zeit der Differenz" überlegt Irigaray, wie Frauen in die Gesellschaft eintreten könnten. Sie arbeitet die in unserer Kultur vernachlässigten Themen heraus, die der Mutter-Tochter-Beziehung, die "Achtung von der weiblichen Rede" und Respektierung der weiblichen "Jungfräulichkeit' - damit bezeichnet sie ihre Forderung auf ein Recht nach körperlicher Unversehrtheit und Selbstbestimmung für Frauen. Um diese zu etablieren, bedürfe es einer Änderung der symbolischen Codes, d.h. der Sprache, des Rechts und der Religion. Ihre Ideen und Vorschläge über "Bürgerliche Rechten und Pflichten für beide Geschlechter" fallen in den Bereich feministischer Vorschläge zur gesellschaftlichen Veränderung und sollen deshalb im fünften Kapitel diskutiert werden.

117 Irigaray 1984:26f. In der deutschen Übersetzung wird, um die Negativ-Assoziation zu "Schleim" zu umgehen, immer vom "Mukösen" gesprochen, eine Übersetzung, die meiner Meinung nach nicht im Sinne Irigarays ist.

118 Ähnlich kritisiert wird Irigaray auch von Astrid Deuber-Mankowsky 1986:72, die ihr "schlechten Idealismus und Ganzheitsdenken" vorwirft. Auch bemängelt die Rezensentin, daß Irigaray in ihrem Bemühen, weibliche Subjektivität in Analogie zur männlichen dialektisch zu formulieren, leider doch auf die früher verweigerte Ein-Deutigkeit des weiblichen Geschlechts zurückgreift. "Was nützt das Flüssige, Poröse und Durchlässige ihre Geschlechts den Frauen, wenn es ihnen sogleich wieder als Identifikationsvorhaben vorgehalten wird".

119 So spielt denn auch die göttliche Terminologie in der Aufsatzsammlung "Die Zeit der Differenz" (1989), in der Irigaray sehr praktische, auf Handlungen ausgerichtete Ideen entwickelt, kaum mehr eine Rolle. Die Praxis kann, wie es scheint, auch ohne eine Bezugnahme auf die absolute Kategorie "Gott" auskommen.

III.

Feminismus und
Psychoanalyse.
Versuch einer Verbindung
unter Berücksichtigung
methodischer
Unterschiede

3. Feminismus und Psychoanalyse. Versuch einer Verbindung unter Berücksichtigung methodischer Unterschiede

Die bisherige Diskussion der feministisch-psychoanalytischen Ansätze zeigte, daß - trotz gemeinsamer Bezüge - kein feststehender Begriff von Weiblichkeit, geschweige denn eine einheitliche Theorie der Geschlechterdifferenz aus dieser Theorierichtung abgeleitet werden kann. Die Bedeutungen von 'Weiblichkeit' und 'Frau' sind vielfältig und sich zum Teil widersprechend und stehen damit im Gegensatz zu Auffassungen, die die Konfigurationen der Geschlechtsidentität als relativ fest und eindeutig beschreiben. Wie wir gesehen haben, stellt die einleitend beschriebene Dreiteilung feministisch-psychoanalytischer Ansätze in

1. Psychoanalytische Thesen zur Psychologie der Frau und zur Weiblichkeit,

2. Hypothesen, die die frühe Mutter-Kind-Beziehung als bedeutend für die Herausbildung eines Geschlechtscharakters wie der gesellschaftlichen Abwertung von Frauen ansehen,

3. An Lacan orientierte Ansätze, die die männliche Dominanz in der Kultur als sprachlich strukturiert und konstituiert verstehen,

lediglich eine Grobeinteilung dar. Innerhalb der jeweiligen Ansätze bestehende Unterschiede und Gemeinsamkeiten zwischen ihnen werden durch diese Klassifizierung nicht erfaßt. Auch wurde deutlich, daß es in der psychoanalytisch argumentierenden Diskussion um Weiblichkeit zu kurz kommt, Akzentuierungen und Überlegungen der anderen Theorieansätze zur Kenntnis zu nehmen und deren Bedeutungen für das jeweils eigene Verständnis zu reflektieren[1]. So spielen z.B. neuere klinische Forschungshypothesen und -ergebnisse für die Theoriekonzeption des strukturalistisch-psychoanalytischen Feminismus kaum eine Rolle. Andererseits setzen sich auch die Theoretikerinnen der "mutterdominierten Kindheit" mit den möglichen Bedeutungen der von Lacan herkommenden Überlegungen auch für ihre Theorie nur wenig auseinander. Umgekehrt finden feministische Kritik und Anregungen nur zögerlich Anwendung und Berücksichtigung in der psychoanalytischen Forschung, die Bedeutung der Zweigeschlechtlichkeit bleibt oft unberücksichtigt[2].

Indem ich in dieser Zwischenbilanz Abgrenzungen, Unterschiede, aber auch Gemeinsamkeiten zusammenfasse, will ich den Beitrag eines jeden Theorieansatzes zum Verständnis der Geschlechterdifferenz akzentuieren. Zudem möchte ich zeigen, daß die Defizite und Begrenzungen der jeweiligen Theorien gerade durch die Zusammenschau der drei Ansätze aufgehoben werden; sie ergänzen sich wechselseitig. Damit will ich nicht für eine Synthese der drei Richtungen des feministisch-psychoanalytischen Denkens plädieren - ein Integrationsversuch der Ansätze würde über irreduzible Differenzen zwischen diesen Diskursen hinweggehen. Die Zusammenschau bietet jedoch Möglichkeiten zur Reflexion, da durch sie Diskurse, Methoden und immanente Grenzen der verwendeten Denkgebäude deutlich werden. Zudem spiegelt eine Zusammenschau auf der theoretischen Ebene das wieder, was als praktisch-politische Forderung des psychoanalytischen Feminismus laut wurde: die Anerkennung von Mehrdeutigkeiten und das Tolerieren von Ambiguitäten. Um dies zu verdeutlichen, möchte ich die aus dem zweiten Kapitel resultierenden Überlegungen zur Art und Weise, in der feministische Autorinnen psychoanalytische Erklärungsmodelle zur Bearbeitung sozialwissenschaftlicher Fragestellungen heranziehen, unter drei Gesichtspunkten systematisieren.

– Unter a) will ich noch einmal Unterschiede und Gemeinsamkeiten zwischen den drei Ansätzen herausarbeiten und begründen, warum eine verstärkte Diskussion zwischen den Ansätzen wünschenswert ist.

– Unter b) soll das Problem der Deckungs-Ungleichheit von Individuum und Gesellschaft (d.h. die Nicht-Identität des einzelnen 'Weibes' und der gesellschaftlich definierten Weiblichkeit) erneut betrachtet werden. Ich will die in den feministisch-psychoanalytischen Ansätzen ausgemachten Abstraktionen und Ausblendungen zusammentragen, um dann

– Unter c) über die sozialwissenschaftliche Verwendung von Psychoanalyse in den jeweiligen feministischen Theorien Aussagen machen zu können.

a) Unterschiede und Gemeinsamkeiten zwischen den drei feministisch-psychoanalytischen Ansätzen

Die Gemeinsamkeiten der verschieden argumentierenden feministisch-psychoanalytischen Theorien liegen auf der strukturellen Ebene. In allen Ansätzen wird von *einer* als zentral angesehenen Struktur auf andere, allgemeine Zusammenhänge geschlußfolgert. Während die Frage nach der Argumentationsstruktur überleitet zu einer metatheoretischen Diskussion der feministisch-psychoanalytischen Texte, wird auf der inhaltlichen Ebene deutlich, daß sowohl die Anatomie als auch die Objektbeziehungen und die Sprache als geschlechtskonstituierende Faktoren herangezogen werden, - also mehrere Erklärungsansätze die Komplexität der Geschlechterdifferenz erst erahnbar werden lassen. So bleibt nach Durchsicht, Darstellung und Diskussion der verschiedenen feministisch-psychoanalytischen Ansätze der Eindruck von Heterogenität und Vielfalt. Das Feld erstreckt sich von der Diskussion orthodox-psychoanalytischer Betrachtung der weiblichen Genitalorganisation über eine Sichtweise, die die

Beziehung vom Selbst zu anderen als zentral ansieht, bis hin zu kulturkritischen Sichtweisen einer diskursiven Produktion von Sexualität und Subjektivität. Trotzdem gibt es Gemeinsamkeiten und Ähnlichkeiten zwischen den feministisch-psychoanalytischen Ansätzen. So spielt die prä-ödipale Phase und die frühe Beziehung zur Mutter als Ausgangspunkt der Argumentationsverläufe bei allen Theorieansätzen eine wichtige Rolle. Daran gekoppelt ist die Kritik der Theorie des Ödipuskomplexes und seiner normierenden Dominanz bei der Etablierung von männlicher Autorität und Heterosexualität. Gemeinsam kritisieren mehrere Autorinnen die durch eine starre Zweigeschlechtlichkeit gestützte Unfähigkeit, Mehrdeutigkeiten und Widersprüche zu tolerieren. So gibt es beispielsweise bei Benjamin und Kristeva Ähnlichkeiten in den Schlußfolgerungen. Die erste fordert eine "wechselseitige Anerkennung", die zweite kritisiert, daß wir "das Fremde in uns" nicht sehen und stellt dies dar als psychologische Grundlage der Schwierigkeiten, andere und Fremde wahrzunehmen und zu akzeptieren.

Gemeinsam ist den Autorinnen auch, daß sie einen Teil dessen, was Zweigeschlechtlichkeit ausmacht, als *unbewußt* aufgenommen und weitergegeben beschreiben. Alle zeigen einerseits, daß Geschlecht als unbewußte Strukturkategorie unsere Vorstellungen vom eigenen Selbst wie von Geschlechterverhältnissen im allgemeinen mitbestimmen. Andererseits wird bei allen drei Ansätzen klar, daß über die individuelle Geschlechtsidentität hinaus, Zweigeschlechtlichkeit mit anderen Bedeutungsinhalten angereichert wird, daß unsere Vorstellung von der eigenen Weiblichkeit oder Männlichkeit von unbewußten Phantasien und Vorstellungen aus anderen gesellschaftlichen Bereichen beeinflußt wird und mit individuell und kulturell verschiedener Bedeutung und Emotion aufgeladen ist. So ist auch allen Ansätzen gemein, daß sie gegen eine eindimensionale Ableitung von Zweigeschlechtlichkeit aus der menschlichen Biologie argumentieren. Ähnlichkeiten kommen auch dadurch zustande, daß alle Autorinnen eine *psychologisch begründete* Konzeption von Zweigeschlechtlichkeit entwickeln und die psychoanalytischen Subjekttheorien kritisieren, die Abgrenzung über Wechselseitigkeit und Verbundenheit stellen und mit dieser hierarchisierten Aufteilung auch immer eine Abwertung des Weiblichen verbinden.

In diesen Ähnlichkeiten kommen jedoch unterschiedliche Grundannahmen, Denksysteme und Schwerpunktsetzungen zum Tragen. Um diese zu verdeutlichen, will ich die Teile des zweiten Kapitels noch einmal bewertend zusammenfassen.

Anatomie, Objektbeziehung, Sprache als geschlechts-
konstituierende Faktoren

Die Autoren und Autorinnen der unter 2.1. abgehandelten Hypothesen, die innerhalb der psychoanalytischen Theorie zum Thema Weiblichkeit entwickelt wurden, diskutieren hauptsächlich die Entstehung von Geschlechtsidentitäten und die Bedeutung von Körpererfahrungen. Ihnen ist gemein, daß sie Vorstellungen über Männlichkeit und Weiblichkeit als klinische Praktikerinnen entwickeln und dem anatomischen Geschlechtsunterschied für die Entwicklung von Geschlechtsidentitäten eine wichtige Rolle zuschreiben. Die Postulate Freuds zur Entwicklung von Weiblichkeit bestimmen die heutige Diskussion als gedanklicher Ausgangspunkt für Kritik und Weiterentwicklung. Drei Thesen Freuds spielen dabei eine herausragende Rolle: Zum einen kreist die Diskussion um seine Annahme, daß der Geschlechtsunterschied bis zur sog. phallischen Phase im Alter von ca. vier Jahren keine Rolle spiele. Das Mädchen sei ein kleiner Mann mit männlicher Sexualität. Auf dieser Annahme baut seine oft kritisierte, zweite Vorstellung des "phallischen Monismus" auf. Bis zur Pubertät gebe es nur ein geschlechtsdifferenzierendes Organ: den Penis. Deshalb erscheint drittens die Entwicklung zur Weiblichkeit, bei Freud beschrieben als Heterosexualität und Kinderwunsch bzw. mütterliche Fähigkeiten, auch als sekundäres Entwicklungsprodukt, als Ergebnis nicht zu realisierender Männlichkeit.

Seit Veröffentlichung dieser Thesen wurde gegen sie argumentiert und aufgrund dieser Vorgaben geht es in der innerpsychoanalytische Debatten um Weiblichkeit auch verstärkt um den anatomischen Geschlechtsunterschied, dessen Wahrnehmung und seine Auswirkung auf die Sexualität. In der Diskussion um die Entdeckung des Geschlechtsunterschieds und seine Folgen spielt die Bedeutung des körperlichen Unterschiedes für die spätere psychosexuelle Entwicklung die zentrale Rolle, mag man nun der traditionellen Interpretation von Galenson/Roiphe (1981) folgen oder der Kritik Lerners (1976) an der elterlichen Unfähigkeit, das weibliche Genital in seinen Einzelteilen zu benennen. Erst die Arbeiten von Stoller (1968) und Kleeman (1976), die jedoch bestenfalls am Rande des psychoanalytischen mainstream stehen, lenkten die Aufmerksamkeit weg von den Genitalien als Anlaß für die Entwicklung von Geschlechtsidentitäten hin zu Einflüssen, wie Objektbeziehungen, Entwicklung des Selbst und der Kognition.

Ein Teil der feministisch-psychoanalytischen Theoretikerinnen (vgl. Kapitel 2.2.1.) greift die Einwände Stollers und Kleemans und die Überlegungen der britischen Objektbeziehungstheorie auf. Chodorows These (1978), daß die unterschiedliche Geschlechtsidentität von Männern und Frauen als Ergebnis der frühen Beziehung zur Mutter anzusehen ist, gründet auf der Überlegung, daß Frauen durch die frühe Beziehung mit der gleichgeschlechtlichen Mutter sich selbst als in Beziehung zu anderen wahrnehmen und daß diese Einstellung ihre bewußten und unbewußten Aktivitäten bestimmt. Diese objektbeziehungstheoretische Sicht versteht Männlichkeit als Ergebnis der "mutterdominierten Kindheit" und als defensives und abgrenzendes Verhalten gegen das Mit-anderen-Verbunden-Sein; diese Ablehnung ist tief in unserer Kultur und Gesellschaft verwurzelt. Die Unterschiede zwischen der klassischen Lesart von z.B. Heigl-Evers/Weidenhammer (1988) und Nancy Chodorow und Dorothy Dinnerstein bestehen darin, daß die ersteren die feministische These, daß Mädchen eher ein Teil der dyadischen, primären Mutter-Kind-Beziehung bleiben, als ein verbreitetes Ergebnis der Phase des "Dazwischenstehens" ansehen - als Abwehr der Tatsache, kein Objekt zur Verfügung zu haben (Heigl-Evers/Weidenhammer 1988:130). Sie stellen dies als zwangsläufig und essentiell dar: Die Einsicht in den Verzicht auf die Mutter als Sexualobjekt wird als "prinzipielle Versagung" aufgrund der anatomischen 'Unmöglichkeit' angesehen. Demgegenüber heben Chodorow und Dinnerstein die Organisation der Kleinfamilie und die in der Rollenaufteilung bedingte "Abwesenheit der Väter" hervor.

In diesem letzteren Sinne beschreibt Benjamin (1988), wie die asymmetrischen Konstruktionen von Weiblichkeit und Männlichkeit in Formen der instrumentellen Vernunft gesellschaftlich institutionalisiert wurden und werden. Diese Theorierichtung veranschaulicht besonders die Defizite in der bisherigen Theoriebildung, z.B. daß die Mutter in der (psychoanalytischen) Theorie kaum als Subjekt, sondern häufig als Objekt oder in Form kindlicher Phantasma begriffen wird, und auch, daß nicht nur die kindliche Ablösung von der Mutter, sondern auch die wechselseitige Anerkennung zwischen Mutter und Kind als notwendige Bedingung zufriedenstellender Entwicklung angesehen werden müßte. Auf diese Art berücksichtigt diese objektbeziehungstheoretische Sicht auf das Geschlechterverhältnis zwar die bewußten und unbewußten Komponenten des Geschlechtsidentitätserwerbs, nimmt aber nicht den anatomischen Geschlechtsunterschied als Grund für die Unterschiede zwischen den Geschlechtern an, sondern führt Objektbeziehungen und deren gesellschaftliche Organisationsformen als konstituierend ein.

Ein anderer Argmentationsverlauf innerhalb dieses Ansatzes stellt die Bedeutung der Geschlechterpolarität als unbewußte, psychische Strukturierungskategorie heraus und beschreibt, wie die Geschlechter-Asymmetrie Strukturierungshilfe bei der kollektiven Abwehr und Regelung von Konflikten leistet (Vgl. Kapitel 2.2.). Dinnerstein (1976) hat zwar mit Chodorow gemein, daß auch sie das weibliche Monopol bei der Versorgung der Kleinkinder als strukturelle Ursache für Misogynie und ungleiche Geschlechterkonstellationen in der Gesellschaft annimmt und für eine Einbeziehung des Vaters in die frühkindliche Erziehung plädiert, argumentiert aber nicht mit der objektbeziehungstheoretischen Ausrichtung wie Chodorow. Dinnerstein sieht weder Objektbeziehungen noch den anatomischen Geschlechtsunterschied als wesentliche

Ausgangsbedingungen an, sondern beschreibt frühe unbewußte psychische Spaltungen in gut und böse als Ausgangsstruktur für die Geschlechterasymmetrie. In Gemeinsamkeit mit Dinnerstein versteht auch Christa Rohde-Dachser (1991) Geschlecht primär als psychisches Strukturprinzip, legt ihren Schwerpunkt aber auf die psychoanalytische Interpretation der bei Dinnerstein beschriebenen Phantasien und Mutterbilder und kritisiert das in der Theorie verbreitete "Bild der bösen Mutter".

So beschäftigt sich dieser zweite Ansatz mit den Selbstbildern und Objektbeziehungen von Frauen und Männern im familialen Rahmen und stellt Hypothesen über die Beziehungen zwischen ungleichen Strukturen innerhalb der Familie, der kulturellen Zweigeschlechtlichkeit und ihrer psychischen Dynamik auf. Dabei überwiegen die Überlegungen über die Organisation und die Bedeutung der psychischen Struktur, der Rolle der Bedeutungskonstruktion durch Sprache wird kaum Aufmerksamkeit zugewendet.

Diskutieren die ersten beiden Ansätze das Ausmaß, in dem das Geschlecht unser Selbst bestimmt, so steht es im dritten Ansatz mehr oder weniger fest: Es gibt keine Subjektivität jenseits von Geschlechtlichkeit. Die (post-)strukturalistische Variante der feministisch-psychoanalytischen Theorie (vgl. Kapitel 2.3.) argumentiert, wie auch die psychoanalytische Kritik an der Freudschen Theorie der Weiblichkeit, gegen den sexuellen Monismus im Freudschen Werk. Auch Irigaray denkt den anatomischen Geschlechtsunterschied als Ausgangspunkt für eine von Männlichkeit unterschiedene Weiblichkeit; sie sieht die Bedeutung der anatomischen Unterschiede jedoch weniger in ihrer realen Existenz als in ihrer Repräsentation im Unbewußten begründet. Während für viele Psychoanalytikerinnen der anatomische Geschlechtsunterschied den konkreten Anlaß für geschlechtsspezifische Verhaltensweisen darstellt und als Ausgangspunkt für geschlechtlich unterschiedliche Wünsche, Phantasien, Entwicklungsaufgaben und Problemstrukturen angesehen wird, denkt Irigaray ihn zunächst als eine im Unbewußten konstruierte wie gleichzeitig das Unbewußte sprachlich konstituierende Kategorie. Da sie Weiblichkeit als im herrschenden, symbolischen Sprachsystem als nicht vorhanden annimmt, konstituiert sich Subjektivität durch *das* bedeutungsunterscheidende Symbol, durch die Abwesenheit oder Präsenz des Phallus. So spielt das weibliche anatomische Geschlecht in Irigarays Theorie nicht real, sondern metaphorisch eine Rolle, als Bild für aus der Sprache Verdrängtes und Mehrdeutiges. Bei Irigaray wie bei Kristeva erscheint Sexualität als sprachlich strukturiertes Unbewußtes, der Geschlechtsunterschied demzufolge nicht als biologisch, sondern als sprachlich strukturiert. Aber auch innerhalb dieses Ansatzes sind die Positionen nicht einhellig. So versteht z.B. Kristeva das Weibliche als unbeschreibbar, Irigaray versucht hingegen noch, Weiblichkeit mittels nicht-logischer, offener, fließender, bedeutungsvielfältiger, "mimetischer" Sprache erahnbar werden zu lassen.

Die strukturalistische Variante der feministisch-psychoanalytischen Theorie stellt den weiblichen Objektstatus und seine Entfremdung von der patriarchalen Kultur heraus und warnt vor der Idealisierung sog. weiblicher Werte, da diese auch in ihrer Unterbewertung doch immer männliche Konstruktionen darstellten. Im Unterschied zu den objektbeziehungstheoretisch orientierten Feministinnen wird hier die Geschlechterdifferenz vorrangig als Kategorie der Bezeichnung begriffen und ihrer alltäglichen und individuellen Bedeutung weniger Aufmerksamkeit gewidmet.

Allen drei Ansätzen ist gemein, daß sie zum einen die Bedeutung der frühen Beziehung zwischen Mutter und Kind für die Entwicklung von Weiblichkeit und Männlichkeit und zum anderen eine Konzeption von primärer Weiblichkeit entwickeln. Diese Gemeinsamkeit ist aber vorwiegend formal; inhaltlich beschäftigen sich die Autorinnen mit jeweils anderen Themen. Die unter 2.1. diskutierten PsychoanalytikerInnen gründen ihre Theorie einer primären Weiblichkeit auf der Annahme einer frühkindlichen Wahrnehmung und eines Bewußtseins auch des weiblichen Genitals. Ihre Aufwertung der prä-ödipalen Phase basiert auf Beobachtungen und Untersuchungen von Mutter-Kind-Interaktionen, die eine lebenszeitlich frühere Triebentwicklung annehmen lassen als von Freud postuliert. Der objektbeziehungstheoretisch ausgerichtete Feminismus dagegen konzipiert primäre Weiblichkeit als in der frühen Mutter-Tochter-Beziehung begründet und versteht die Objektbeziehungen in der prä-ödipalen Phase insgesamt als konstitutiv für den Geschlechtsunterschied. Demgegenüber entwickelt der strukturalistisch argumentierende Feminismus eine Vorstellung von primärer Weiblichkeit, die als verschüttet und vom symbolischen Diskurs unterdrückt, als jenseits dieser Kultur stehend gedacht wird. Frühe Mutter-Tochter-Erfahrungen beinhalten Möglichkeiten und Elemente der weiblichen Wertschätzung, die durch die Dominanz des Männlichen in unserer Kultur verloren gegangen sind.

Diese Unterschiede führen nicht nur zu verschiedenen Interpretationen und Einschätzungen klinischer Fälle, gemäß ihrer Bezugswissenschaften ist auch der epistemologische Anspruch unterschiedlich. Zudem definieren sie ihren Gegenstand auf je besondere Weise und stehen für andere Vorstellungen von Subjektivität, von Entwicklungstheorie und von Geschlecht. Bereits die vielgestaltigen psychoanalytischen Schulen - reichend von einem Verständnis der Psychoanalyse als empirische Naturwissenschaft über beobachtende Säuglingsforschung bis hin zu einer interpretativen Hermeneutik - haben eine jeweils andere Fragestellung, einen anderen Wahrheitsanspruch und eine unterschiedlich definierte Realität, die sie untersuchen. An der Objektbeziehungstheorie ausgerichtete Theoretikerinnen verstehen die psychoanalytischen Erkenntnisse als Beschreibung von empirischer Realität. Von Lacan herkommende Feministinnen begreifen die psychoanalytische Theorie wie auch ihre klinischen Fallbeschreibungen dagegen als *Text*, den es zu interpretieren gilt. So sind bei

Irigaray und Kristeva Beweise und Belege für die eigenen Hypothesen überflüssig, da es stark um die logische Konsistenz des Textes geht. Auch spielen richtig oder falsch, angemessene oder unpräzise Beschreibung von Wirklichkeit keine Rolle, da die Stimmigkeit der Argumentation an logisch-formalen Kriterien bemessen wird. Demgegenüber benutzen die Feministinnen der Objektbeziehungstheorie die klinischen Berichte und Hypothesen als Beweise oder Belege für ihre Annahmen. Zwar zeigt sich die Relativität dieser Belege durch die Reichhaltigkeit an Interpretationsmöglichkeiten, aber der Anspruch, doch zumindest einen Teil von Wirklichkeit beschrieben zu haben, wird aufrechterhalten. Insgesamt haben Beobachtungen gezeigt, daß die triebtheoretischen Modelle Freuds zur Rekonstruktion von lebensgeschichtlichen Ereignissen in einer Psycho-Analyse zwar gewinnbringend eingesetzt werden können, sich als Kategorien für die Beobachtung von entwicklungspsychologischen Prozessen jedoch als zu unpräzise erwiesen haben.

Inhaltlich variieren die Konzeptionen von Weiblichkeit in ihren entwicklungspsychologischen und subjekttheoretischen Vorstellungen. Subjektivität und die Entwicklung derselben wird einmal begriffen als Prozeß der sprachlichen Verortung in der Kultur, in der der Mensch im Ödipuskomplex als Einübung in die sprachliche Welt nicht vorbeikommt; ein anderes mal in Begriffen der Erfahrung vom Selbst mit anderen und als ein Produkt der prä-ödipalen und der ödipalen Mutter beschrieben. Weiblichkeit wird konzipiert im Rückgriff auf

– ein Genital mit geschlechtsspezifischen Funktionen und Entwicklungsaufgaben;
– geschlechtsdifferente Qualitäten und Fähigkeiten, sich mit anderen Menschen in Beziehung zu setzen, und die
– Vorstellung, daß die Geschlechterdifferenz an sich - sprachlich - gegeben ist; männlich und weiblich nur in ihrer wechselseitigen Bezogenheit Sinn konstituieren.

So läßt sich zusammenfassen, daß die Gemeinsamkeiten der drei Ansätze nicht tatsächliche Gleichheiten sind, sondern verschiedene, theoretische Konstruktionen darstellen, die der Erklärung unterschiedlicher Sichtweisen auf die Kategorie Geschlecht dienen. Inhaltlich, epistemologisch und methodisch bearbeiten sie die ihnen gemeinsamen Themen auf je spezifische Weise und so zeigt das Zusammen-Tragen dieser Ansätze die Strukturierungsfunktion von Zweigeschlechtlichkeit auf verschiedenen Ebenen. Zweigeschlechtlichkeit bzw. Weiblichkeit erscheint in der feministischen Kritik und Weiterentwicklung der psychoanalytischen Theorie als strukturierende Kategorie der individuellen Psyche wie der gesellschaftlichen Institutionen und allgemein menschlicher Problemkonstellationen. Die drei Ansätze übergreifenden Fragen und Hypothesen lassen sich folgendermaßen zusammenfassen:

– Überall lassen sich geschlechtsspezifische Konnotationen ausmachen. Ein duales Prinzip, das sich auch in Form von männlich und weiblich ausdrückt, ist in allen Lebensbereichen, Bedeutungen und Bewertungen auffindbar. Der Bedeutungshof von Weiblichkeit und der von Männlichkeit ist zwar vielfältig, aber in seiner Zuordnung ungleichgewichtig; die tendenziell negativen und weniger selbständigen Eigenschaften werden als weiblich gedacht. Diese als patriarchalisch bezeichnete Weltsicht durchzieht auch die psychoanalytische Theoriebildung.

– Daran kann abgelesen werden, daß die geschlechtsspezifische Strukturierung von Bedeutungen hochgradig unbewußt von statten geht und tiefer verankert ist, als daß sie einer nur ansatzweise stattfindenden Selbst-Reflexion der Psychoanalyse und anderer Wissenschaften zugänglich wäre.

– Durch die feministisch-psychoanalytischen Ansätze wird nicht nur auf der strukturellen Ebene, sondern auch auf der inhaltlichen Ebene deutlich, daß die Kategorie Geschlecht bei der Theoriebildung mitgedacht werden muß, will man grundlegende Funktionsmechanismen der individuellen wie der gesellschaftlichen Entwicklung analysieren.

– Die Verunsicherung, die mit der Freudschen Theorie einherging und sich auf die Vorstellung vom bürgerlichen Subjekt und seiner Selbstbestimmung auswirkte, ging von der 'Entdeckung' des Unbewußten und der Konflikthaftigkeit der menschlichen Sexualität aus. Der strukturalistische feministisch-psychoanalytische Ansatz wie auch Jessica Benjamin zeigen, daß die Formen des gegengeschlechtlichen Begehrens durch eine ungleiche Beziehung zwischen Mann und Frau organisiert werden. Dadurch wird, wie auch bei Freud, die Konflikthaftigkeit von Sexualität betont. Anders als Freud aber, der die Probleme des Trieblebens durch die zivilisatorische Notwendigkeit der Unterdrückung der Triebe begründet sah, betrachten die Feministinnen sexuelle Probleme und Schwierigkeiten unter der Vorgabe einer grundsätzlichen Ungleichwertigkeit von Mann und Frau. Dies führt im Gegensatz zu Freud, der die Männlichkeit als das einzig tatsächlich relevante Geschlecht annahm, nicht nur zur Problematisierung von Männlichkeit, sondern auch zu Überlegungen darüber, warum Frauen das ungleiche Spiel ihrerseits tragen, unterstützen und mitmachen[3].

– Die feministisch-psychoanalytischen Theorien verdeutlichen die Notwendigkeit, Weiblichkeit jenseits der alten, überbrachten, patriarchalischen Symbole und Eigenschaftszuschreibungen zu begreifen[4].

Das die Ansätze Übergreifende ist also ihre feministische Position, die Forderung nach Veränderung der bestehenden Ausprägungen der Zweigeschlechtlichkeit, die einmal mehr die Zwangsläufigkeit in den polaren Zuweisungen der Geschlechterdifferenz in Abrede stellt. In den Hintergrund dagegen rücken die Gemeinsamkeiten, die durch den psychoanalytischen Argumentationsgang bedingt sind, der die Rolle des Unbewußten, der frühen Kindheit, der Sexualität und der Triebschicksale herausstellt. Wir haben gesehen, daß gerade in dem

Bezug auf verschiedene psychoanalytische Schulen diese psychoanalytischen Axiome (wie Unbewußtes, frühe Kindheit, Triebschicksale) relativiert werden und so unterschiedliche Sichtweisen auf das Geschlechterverhältnis begründet werden.

So konfrontiert uns diese Zusammenfassung mit einem (scheinbaren) Widerspruch. Einerseits behaupte ich, daß die feministisch-psychoanalytischen Theoretikerinnen jeweils etwas anderes unter Geschlecht verstehen, es anders fassen. Andererseits unterstelle ich eine feministische Position als das ihnen Gemeinsame. Wie paßt das zusammen? Das den Autorinnen Gemeinsame liegt in der Zurückweisung männlicher *Dominanz*, ganz gleich, wie männlich und weiblich begriffen wird. Für die weitere Theoriediskussion hieße das, sich stärker mit Fragen von Macht, Stärke und Partizipation zu beschäftigen.

Eine weitere Gemeinsamkeit der Ansätze ist, daß alle mit dem Problem konfrontiert sind, wie ihre gesellschaftstheoretischen Ausführungen in Einklang zu bringen sind mit individualpsychologischen Erklärungen durch die Psychoanalyse.

b) Nicht-Identität von Weib und Weiblichkeit. Was erklären Modelle?

Obwohl keine der feministisch-psychoanalytischen Ansätze historische und kulturspezifische Dimensionen der Geschlechterverhältnisse ausdrücklich berücksichtigt, erscheint Zweigeschlechtlichkeit im Lichte dieser Theorien zwar als hartnäckig, aber nicht als statisch, und als etwas tendenziell Variables. Die facettenreichen theoretischen Bemühungen, Anteile von Weiblichkeit neu zu beschreiben und in Erklärungshypothesen neu zu erfassen, ermöglichen es, Geschlecht als etwas Veränderbares zu begreifen. Die Vielfältigkeit der Ansätze, Geschlecht zu verstehen, zeigt sich jedoch erst in der Zusammenschau feministisch-psychoanalytischer Ansätze. Ihr steht entgegen, daß innerhalb der einzelnen Theorieansätze jeweils eindimensionale Erklärungen für komplexe Geschlechterverhältnisse überwiegen und andere Einflüsse in den Hintergrund geraten bzw. als konstituierende Faktoren gar nicht mehr mitbeschrieben werden.

Während innerhalb der einzelnen Ansätze von *einer* als zentral angesehenen Struktur (psychosexuelle Struktur der Entwicklung, Struktur der mutterdominierten Kindheit, Struktur der frühen Spaltungen, Sprachstruktur) auf vielschichtige und auf allgemeine Zusammenhänge (Geschlechtsidentität, Geschlechterasymmetrie in gesellschaftlichen Strukturen, instrumentelle Rationalität) geschlossen wird, zeigt der Theorie-Überblick vielmehr, auf wievielen Ebenen und verschiedenen Zusammenhängen Zweigeschlechtlichkeit hergestellt wird. Auch für den individuellen Erwerb einer Geschlechtsidentität be-

deute dies, daß eine Erklärung durch eine als zentral definierte Struktur eingeschränkt ist. Eine zusätzliche Verengung erfahren die Erklärungsmuster der
feministisch-psychoanalytischenAnsätze, da sie mit psychoanalytischen, symbolisierten und als universell ausgegebenen Entwicklungsverläufen (wie z.b.
prä-ödipale Phase, Ödipuskomplex, Inzesttabu, Penisneid) argumentieren. Durch
diesen, ihnen gemeinsamen Rückgriff auf bestimmte Grundaxiome der psychoanalytischen Theorie haben ihre Erklärungsmuster gemeinsam, daß sie

1. eine psychologische Konzeption der kulturellen Zweigeschlechtlichkeit erstellen.

2. die psychoanalytischen Begriffe zu Beschreibungen von als allgemeingültig
angesehen Entwicklungsverläufen benutzen.

3. Erklärungen in der frühen Kindheit suchen.

Die drei Punkte hängen über den Begriff des Unbewußten zusammen. Uns
unbewußte Prozesse werden zuerst durch frühkindliche Erfahrungen (3.) strukturiert und schlagen sich in unserer Psyche (1.) nieder, wobei davon ausgegan-
gen wird, daß bestimmte Entwicklungsverläufe und -mechanismen des Unbewußten aufgrund biologisch-anthropologischerAusgangsbedingungen als universell anzusehen sind und deshalb symbolisch gefaßt werden können (2.).

Ich will im folgenden begründen, daß das Zusammentragen der Perspektiven,
Hypothesen und Ergebnisse der feministisch-psychoanalytischen Ansätze im
zweiten Kapitel dagegen zeigt, daß für die Erklärung von Zweigeschlechtlichkeit die Theorien in genau diesen Punkten zu eng sind.

Zu 1.: Geschlecht ist nicht nur auf der psychischen Ebene beschreibbar

Alle feministisch-psychoanalytischenAnsätze entwickeln eine*psychologische*
Konzeption vonWeiblichkeit. MitAusnahme des kulturkritischenAnsatzes, der
eine Gleichsetzung von Innen und Außen macht und neben der verdrängten,
ausgegrenzten, prä-ödipalen Erfahrung mit der Mutter eine fast vollständige
Definitionsmacht der Kultur auf das Individuum annimmt, suchen die feministisch-psychoanalytischen Ansätze den Ausgangspunkt für Zweigeschlechtlichkeit in der psychischen Struktur. Wie die unbewußten Vorstellungen im Inneren dabei durch Kategorien, Erfahrungen und Bestätigungen derAußenwelt
unterstützt werden, verfolgen die Autorinnen nicht systematisch. Sie entwikkeln kaum Hypothesen über das *Wie* des Zusammenwirkens von inneren und
äußeren Strukturen. Dieses Manko kann nicht vollständig dadurch erklärt werden, daß die Psychoanalyse eine Theorie ist, die die inneren, psychischen Vorgänge im Individuum klären will; gibt es doch psychoanalytische Modelle, die
dieWirkungen von außen nach innen und umgekehrt auszudrücken suchen.Wir
haben gesehen, daß z.B. Christa Rohde-Dachser (1991) die These vertritt, daß
unbewußte, innere Phantasien der Unterstützung durch ein äußeres Klischee

bedürfen, um realitätsgestaltend zu werden. Diese Suche einer unbewußten Vorstellung nach äußerer Bestätigung nennt sie "Herstellung einer Wahrnehmungsidentität". Auch Paul Parins versucht, das "Ich und die Anpassungsmechanismen" (1978) zu skizzieren und liefert damit ein Modell für die Vermittlung von äußeren und inneren Strukturen.

Obwohl alle Autorinnen in gesellschaftstheoretischen Problemkategorien denken und Zweigeschlechtlichkeit als kulturell konstituiert beschreiben, basieren ihre Erklärungsansätze sämtlich auf der psychischen Struktur der Einzelnen. Die amerikanischen feministisch-psychoanalytischen Theoretikerinnen bedienen sich eines induktiven Erklärungsansatzes und erklären die Psychogenese geschlechtlicher Arbeitsteilung, indem sie männliche Subjektivität von der Nicht-Anerkennung der Mutter als Subjekt herleiten. Trotz der bereits erwähnten neuen Anregungen und Hypothesen dieses Ansatzes bleibt schwierig, daß in dieser Argumentation die Unterschiede zwischen psychologischen und soziologischen Begriffen verwischt werden. Die Analyse der ontogenetischen Entwicklung beschreibt die psychischen Prozesse der Trennung des kleinen Jungen von der Mutter. Die kritische Gesellschaftsanalyse hingegen beschreibt die Nicht-Anerkennung des Subjektstatus der Frau, auf der die geschlechtsspezifische Arbeitsteilung aufbaut, die Männer von Kindern fernhält und Frauen in die Familie verweist. Die Kategorien und Begrifflichkeiten der beiden Bereiche Ontogenese und Gesellschaftskritik werden hier theoretisch zusammengebracht, ohne daß berücksichtigt wird, daß Logik und empirischer Geltungsbereich der Begriffe verschieden sind. Auf diese Art wird die Reproduktion der Geschlechterverhältnisse nicht nur nicht hinreichend analysiert, sondern geradezu befördert: Trotz der Akzentuierung mütterlicher Fähigkeit zur Intersubjektivität bleibt das männliche, autonome Subjekt das Modell, nach dem die Kultur geformt ist. Dies ist als Patriarchats-Analyse zutreffend; eine "Soziologie der Geschlechter", wie der Untertitel von Chodorows Buch von 1978 es nahelegt, ist allerdings damit theoretisch nicht legitimiert. Sozial- und Machtstrukturen werden in diese Erklärungen der Persönlichkeitsentwicklung nicht systematisch integriert und so bleibt in den Theorien Chodorows, Dinnersteins und Benjamins immer ein deutlicher Rest von psychozentrischer Betrachtungsweise.

Eine andere Art der In-Eins-Setzung von Soziologie und Psychologie mag initiiert sein durch den hohen Abstraktionsgrad der psychoanalytischen Modelle. Die entwicklungspsychologischen Modelle der Psychoanalyse beanspruchen, Entwicklungsabschnitte wie auch Pathologien und Neurosen zu erfassen. Die Vielzahl der möglichen Interpretationen eines Einzelfalls zeigt jedoch, daß diese Allgemeinheit nicht jeder Besonderheit gerecht werden kann. Es wäre deshalb zu eng, die psychoanalytischen Modelle als vorgebene Entwicklungsverläufe mit festem Ausgang und Ziel zu definieren. Welches Verständnis von 'Modell' resultiert aus dieser Überlegung? Welche Art von Allgemeinem bleibt übrig, wenn die Normativität der psychoanalytischen Konstruktionen in Frage gestellt wird?

Zu 2: Zweigeschlechtlichkeit als Komplex?

Die psychoanalytische Begrifflichkeit unterstellt durch ihre kategoriale Beschreibung von Entwicklungsverläufen in Modellen einen hohen Grad an Allgemeinheit. Die Modelle sind Vorstellungen, mittels derer versucht wird, Bedingungen und Zwänge menschlicher Entwicklung in Phasen einzuteilen und Funktionsweisen des Psychischen zu erfassen. Für das psychoanalytische Phasenmodell der menschlichen Entwicklung relativieren die psychoanalytisch-interne Diskussion wie auch die feministischen Variationen die von der Psychoanalyse in kategorialen Begriffen benannten Strukturen dahingehend, daß sie nicht als vorgegebene, ontogenetische Abläufe mit standardisiertem Ausgang zu verstehen sind; sie variieren kulturell, historisch und individuell sehr stark, und diese 'Abweichungen' werden im Modell nicht erfaßt. Stattdessen legen die verschiedenen klinischen Berichte und die unterschiedlichen theoretischen Auffassungen ein Verständnis nahe, daß die symbolisierte Begrifflichkeit der psychoanalytischen Entwicklungstheorie eher Strukturen, Aufgaben und Konfliktfelder benennen, an denen sich mit großer Wahrscheinlichkeit jedes Individuum abarbeiten muß, um erwachsen zu werden. So verstanden markiert der Ödipuskomplex den Punkt in der menschlichen Entwicklung, an dem der Eintritt in die symbolische Welt der Sprache es erforderlich macht, ein Verhältnis zu kulturellen Zwängen und Normierungen zu entwickeln. Das Allgemeine, das dieser *Komplex* zu beschreiben sucht, liegt deshalb nicht in seinem Ausgang bzw. seinem Ergebnis, sondern in seiner Problemstruktur; er benennt, wie Irene Fast verdeutlicht hat, eine Entwicklungsaufgabe.

Wenn man davon ausgeht, daß die Psychoanalyse Konfliktfelder und Entwicklungsprobleme beschreibt, mit denen eine jede Person im Prozeß der Eingliederung in Kultur und Gesellschaft konfrontiert ist, dann erscheint Zweigeschlechtlichkeit gemäß dem o.a. Verständnis des Ödipuskomplexes auch als *Komplex*; als eine Konzeption, die beschreibt, daß es notwendig ist, sich in einer zweigeschlechtlich strukturierten Welt zu verorten. Der Überblick über die feministisch-psychoanalytischen Ansätze legt es nahe, Zweigeschlechtlichkeit selbst als Komplex zu begreifen. Geschlecht beschreibt etwas Allgemeines, da sich kaum ein Mensch außerhalb der Kategorien männlich/weiblich denken kann, und da Geschlecht - verstanden als ein psychisches Strukturierungsmuster - eine allgemeine Struktur darstellt, zu der sich jede Person im Verlauf ihrer Entwicklung verhalten muß. So erscheint auch Weiblichkeit bzw. Zweigeschlechtlichkeit als Entwicklungsaufgabe, als zu erwerbende Fähigkeit, sich als ein geschlechtliches Wesen zu erfahren und zu verhalten. Das Ergebnis dieses Prozesses wie auch seine Gestaltungsfaktoren sind vielfältig, sie variieren in kulturellen, individuellen und historischen Ausgestaltungen. Deshalb bezeichnet Weiblichkeit/Männlichkeit nicht eine Persönlichkeitsstruktur, sondern einen vielschichtigen Entwicklungskomplex in seinen unterschiedlichen Schattierungen.

Die Mutter-Kind-Beziehung als Modell

Das allen feministisch-psychoanalytischen Ansätzen gemeinsame Paradigma der Mutter-Tochter-Beziehung, also der Betonung der prä-ödipalen Phase für die Entwicklung des weiblichen Subjekts, skizziert allgemeine Abläufe (Säuglinge werden durch die erste Bezugsperson befriedigt, frustriert, sie sind abhängig, hilflos und bekommen Zuwendungen, durch die sie sich entwickeln). Die Vorstellungen, die über die Abläufe der prä-ödipalen Mutter-Kind-Beziehung entwickelt worden sind, sind einerseits theorie-immanent als Reaktion auf die jahrzehntelange Vorherrschaft des Ödipuskomplexes zu verstehen, andererseits stellen sie Erklärungshilfe für das Verstehen von individuellen Erfahrungen und Lebensverläufen dar. Ob die von den feministisch-psychoanalytischen Theoretikerinnen entwickelten Modelle Realität und Erfahrungen auch angemessen erfassen und beschreiben, muß (teilweise) erst noch durch empirische Studien abgesichert werden. Dadurch, daß die feministisch-psychoanalytischen Ansätze andere möglicherweise bedeutsame gesellschaftliche Strukturen in ihrer Bedeutung für die Zweigeschlechtlichkeit nicht weiter verfolgen, erfassen sie nur einen Ausschnitt von Wirklichkeit[5]. Darüberhinaus deuten vorhandene empirische Untersuchungen an, daß psychoanalytische Erklärungen oft zu kategorial und pauschal sind, als daß sie die Vielfalt der Realität und die Differenziertheit der Ontogenese tatsächlich beschreiben könnten[6]. So beschreibt also auch das Modell mit dem Namen Mutter-Kind-Dyade nicht nur eine Entwicklungsphase, sondern ist auch ein Versuch, eine theoretische Vorstellung von realitätsmächtigen Phantasien und Sehnsüchten nach Geborgenheit und Zusammengehörigkeit zu entwickeln oder auch ein Verständnis von der Grundlage vereinfachender Bipolaritäten (fort-da, gut-böse) zu konzipieren. Der Rekurs auf die frühe Kindheit könnte deshalb auch als Versuch gelesen werden, vor der Erlangung der Sprache das anzusiedeln, was uns bislang unerklärlich und unbewußt erschien.

Für die theoretische Herleitung von Zweigeschlechtlichkeit entwickelten die Theoretikerinnen der prä-ödipalen Phase wichtige Erklärungshypothesen, trotzdem immer Beispiele gefunden werden können für die individuelle Überwindung des Determinismus der frühen Kindheit. Das bedeutet, daß auch in der Theorie mehr berücksichtigt werden muß, was es sonst noch braucht, um aus weiblichen und männlichen Säuglingen Frauen und Männer zu machen.

Zu 3: Frühe Kindheit ist nicht alles

Entwicklungsaufgaben sind mit dem psychoanalytischen Phasenmodell lediglich in ihren Anfängen beschrieben. Die allgemeine Problemorientierung der psychoanalytischen Beschreibung von Zweigeschlechtlichkeit, Sexualität und Familie verdeutlicht, daß eine Persönlichkeit in den seltensten Fällen statisch ist; man kann sie bestenfalls im Erwachsenenalter als konsolidiert bezeichnen. Problemstrukturen und Konflikte bleiben weiterhin virulent, werden weiter bearbeitet und ins alltäglich-individuelle Leben integriert. Das Modell gibt in seiner Rückwärtsgewandheit zu verstehen, daß Zweigeschlechtlichkeit frühkindlich grundgelegt wird und in späteren Lebensphasen ausdifferenziert und weiterentwickelt wird. Das ist zunächst einmal logisch; individuell betrachtet nimmt alles seinen Anfang in der frühen Kindheit. Die Gründe und Ursachen für die relative Stabilität der Zweigeschlechtlichkeit deshalb auch in der frühen Kindheit zu suchen, so wie die feministisch-psychoanalytischen Theorien es tun, berücksichtigt die Frage nach der Bedeutungsaufladung durch Sprache, durch Kultur und gesellschaftliche Machtverhältnisse nicht in ausreichendem Maße. Beispielsweise werden Prozesse der Naturalisierung des Geschlechts und des Körpers kaum in die Diskussion miteinbezogen. Es überwiegt die Vorstellung vom Körper als der Kultur vorgängig, auf die kulturellen Prägungen wartend.

Die Plausibilität der Begründungen von Zweigeschlechtlichkeit im Rekurs auf prä-ödipale Entstehungszusammenhänge wird relativiert durch Überlegungen, die darauf hinweisen, daß Bewertungen und Bedeutungsaufladungen mit der Einführung der Sprache im Nachhinein an die Geschlechtlichkeit geknüpft werden. Wie wir gesehen haben, behaupten die Säuglingsforscher Stern und Lichtenberg eine Um-Schreibung früher Erfahrungen durch das Erlernen von Sprache. Darüber hinaus kann auch die Geschlechterdifferenz nicht unberührt davon bleiben, daß Sprache sich wandelt, und auch deshalb die Wahrnehmung und Beschreibung von 'Realität' veränderlich ist[7]. Chodorows Verständnis vom Erwerb einer Geschlechtsidentität durch die frühen Objektbeziehungen z.B. macht plausibel, daß frühe Identifikationen unbewußt ein Leben lang weiterwirken, untersucht aber die gesellschaftlichen und kulturellen Strukturen nicht mehr weiter, die zur Stabilisierung und kontinuierlichen Unterstützung dieser Identifikationen beitragen. Dies bringt den hohen Verallgemeinerungsgrad ihrer Thesen hervor, die die kulturellen, geschichtlichen, klassenspezifischen und individuellen Variationen von frühen Mutter-Kind-Beziehungen unberücksichtigt lassen. Auch wird so vernachlässigt, daß gerade das phasenartige Triebmodell der psychosexuellen Entwicklung beschreibt, daß es neben der frühen Entwicklung auch noch den pubertären Triebschub gibt, der als ein Modell für das Begreifen von der Konstruktion von Männlichkeit und Weiblichkeit in späteren Lebensphasen dienen könnte. Das bedeutet auch, daß Feministinnen wie Psychoanalytikerinnen und Analytiker berücksichtigen müssen, daß das Verhältnis von Eltern und Kind in verschiedenen Lebensabschnitten jeweils anders ist. Das hieße dann auch, daß Kinder nicht immer nur unter dem Zugriff oder in der Perspektive von Erwachsenen beschrieben werden, sondern auch in ihrer Eigenständigkeit, Handlungsfähigkeit und Aktivität wahrgenommen werden müssen.

Allgemein legen die feministisch-psychoanalytischen Theorien in ihrem Rekurs auf die frühe Kindheit, trotz gegenteiliger Absicht, die tendenzielle Unveränderbarkeit der Geschlechtlichkeit nahe. Das entwicklungspsychologische Modell verweist darauf, wie tief, wie unbewußt und wie sehr die Geschlechterdifferenz von Anfang an in unser Leben eingebaut ist. Es wäre zu überlegen, ob eine begriffliche Konzeption von Weiblichkeit auf entwicklungspsychologischer, d.h. ontologischer Grundlage nicht bereits die Ideologie vom 'Wesen der Frau' fortschreibt, da durch sie ja auch immer begründet wird, wie Frauen *sind*. Auf diese Art wird die kritisierte Geschlechterdifferenz auch immer ein Stück weit begründet und legitimiert, weil die Autorinnen - mit Ausnahme von Dinnerstein - die psychologische Erklärung nicht systematisch in Relation mit ideologischen Zuschreibungen und realen Vorteilen diskutieren, die die Konstruktionen der Zweigeschlechtlichkeit liefern[8].

Diese Kritik und Einschränkungen legen nun hinsichtlich der Rolle, die Psychoanalyse in feministischen Argumentationsgängen spielen kann, Relativierungen nahe.

c) Psychoanalyse und feministische Gesellschaftstheorie

Die Eingangsthese, daß feministische Theorie in ihrem Anliegen, Psychoanalyse in sozialwissenschaftliche Theorie zu integrieren, die Nachfolge der Bemühungen der früheren Diskussion um die Rolle der "Psychoanalyse als Sozialwissenschaft" antritt, ist in zweifacher Hinsicht begründet worden. Nicht nur schreiben die feministisch-psychoanalytischen Theoretikerinnen ein sozialpsychologisches Projekt anhand des Themas *Geschlecht als soziale Strukturkategorie* fort, sie übernehmen auch metatheoretische und methodische Probleme. Der Blick auf die verschiedenen feministisch-psychoanalytischen Ansätze zeigt, daß die zur Erklärung von Zweigeschlechtlichkeit notwendige Interdisziplinarität methodisch schwierig und bislang nur um den Preis der Vereinfachung zu realisieren ist. Ähnlich wie in vorangegangenen sozialpsychologischen Debatten besteht auch in der feministisch-psychoanalytischen Theorie die Gefahr einer funktionalistischen Zirkelschlußerklärung, in der das Individuum in den gesellschaftlichen Erfordernissen aufgeht; in anderen Ansätzen wiederum überwiegt die Negation, die tendenzielle Unbeschreibbarkeit von (weiblicher) Subjektivität und Eigenständigkeit. Auch wird zu Gunsten *einer* Lesart von Psychoanalyse auf Diskussionen mit anderen Ansätzen verzichtet.

Auf der inhaltlichen Ebene wird von Unterschiedlichkeiten abstrahiert, indem in feministisch-psychoanalytischen Ansätzen die individuelle Entwicklung von Zweigeschlechtlichkeit sowohl als Erwerb einer Geschlechtsidentität als auch als kulturelles Produkt männlicher Herrschaft analysiert wird. Es geht in diesen Theorien auch immer darum zu verstehen, wie Herrschaft, genauer gesagt männliche Herrschaft, funktioniert. Aufgrund dieses doppelten Erklärungsanspruches bleiben die Aussagen der feministisch-psychoanalytischen Kategorien zum Teil unpräzise: Kategorien für die Beschreibung der Geschlechterdifferenzierung mischen sich mit solchen, die der Analyse männlicher Herrschaft entstammen. Diese Vermischung ist entweder Ergebnis ungenügender Differenzierung oder aber Absicht, hinter der die These steht, daß der individuelle Erwerb einer Geschlechtsidentität als der Ausgangspunkt oder die Basis der Reproduktion von geschlechtsspezifischen Macht- und Unterwerfungszusammenhängen anzusehen ist.

Wir sahen, daß sowohl Chodorow als auch Dinnerstein geschlechtstypisches Verhalten (wie z.B. die Mütterlichkeit) zur Beschreibung von sozial-strukturellen Erscheinungen (wie z.B. die geschlechtsspezifische Arbeitsteilung in der Familie oder auch die Trennung von öffentlich und privat) benutzen. Dabei setzen sie die psychodynamische und die gesellschaftstheoretische Betrachtungsebene miteinander in Beziehung. Psychische Strukturen und Eigenschaften bekommen einen Erklärungswert in der Analyse von gesellschaftlichen Zwängen und Strukturen zugewiesen. Dies ist nicht per se problematisch, kann im Gegenteil Strukturelemente der individuellen Psyche wie der gesellschaftlichen Zwänge verdeutlichen. So erscheint es beispielsweise durch die Argumentation von Benjamin und Chodorow unmittelbar einleuchtend, daß ein instrumenteller Bezug auf die Welt in Form von einseitiger Interessensausrichtung und emotionaler Verarmung zentraler Bestandteil sowohl des frühen Entwicklungsprozesses von männlicher Identität wie auch instrumenteller Vernunft ist. Die bestehende Wechselbeziehung zwischen psychischen und gesellschaftlichen Strukturen wird jedoch reduziert, wenn einseitig kausale Anhängigkeitsbeziehungen konstruiert werden; wenn beispielsweise Instrumentalität als direktes Ergebnis früher Individuations- und Trennungsprozesse beschrieben würde.

Iris Young (1983) hat anläßlich solcher Argumentationsgänge gefragt, ob eine derartige Entsprechung von subjektiven Zuständen und objektiven (gesellschaftlichen) Erfordernissen tatsächlich zutreffend ist. Sie plädiert für eine Trennung der Themenbereiche des Geschlechtsidentitätserwerbs und dem der männlichen Herrschaft und vertritt die Ansicht, daß die Geschlechterdifferenzierung ein Phänomen der individuellen Psychologie, Erfahrung und kulturellen Kategorisierung ist und sich demgegenüber männliche Herrschaft auf strukturelle Beziehungen von Zweigeschlechtlichkeit und institutionelle Formen bezieht, die diese Strukturen prägen. Herrschaft sei zwar ohne die Analysekategorie Geschlecht nicht vollständig zu beschreiben, brauche aber einen Erklärungszugang zu Ursachen und Reproduktionsstrukturen, die außerhalb der Geschlechterpsychologie liegen (Young 1983:134).

So gesehen reicht eine Theorie des Geschlechtsidentitätserwerbs nur als Basis für eine Theorie männlicher Herrschaft. Sie ist notwendigerweise unvollständig und bedarf der Erweiterung. Trotzdem sind die feministisch-psychoanalytischen Ansätze in ihrer Rezeption und Weiterverarbeitung in weitreichender Übertragung auf andere Themen bezogen worden[9]. Anscheinend bieten sich speziell die Hypothesen von Chodorow und Benjamin für eine Integration in umfassende Erklärungsansätze an. Die große Bereitschaft, psychoanalytische Theorien zu Welterklärungszwecken zu nutzen, verwischt jedoch die Unterschiede zwischen psychoanalytischer und gesellschaftskritischer Perspektive. Von Unterschieden in Inhalt, Erklärungsanspruch und erkenntnistheoretischem Status der einbezogenen Blickrichtungen kann jedoch nicht ohne Bedenken abstrahiert werden. Dies gilt auch für die Frage nach der Psychoanalyse als Gesellschaftstheorie.

Die Frage suggeriert, daß mit einer Theorie - vorausgesetzt, sie wird nur richtig angewandt - alles erklärbar würde. Dies erweist sich angesichts der feministisch-psychoanalytischen Ansätze als Wunschvorstellung. Zwar zeigt sich ein sozialwissenschafliches Potential der Psychoanalyse in ihrer Problemorientierung und in der analytischen Anwendung ihres Begriffes des *Unbewußten*. Die feministisch-psychoanalytischen Ansätze zeigen aber, daß es keine Theorie linearer Verknüpfung zwischen Individualtheorie (Psychoanalyse) und Gesellschaftstheorie (Feministischer Theorie) gibt, die die Wechselwirkung zwischen Individuum und Gesellschaft bei der Konstitution von Zweigeschlechtlichkeit ausreichend erklären konnte. Es braucht sowohl begriffliche Differenzierungen (z.B. zwischen gesellschaftlichen Strukturen und kultureller Form, zwischen Modellen psychischer Konflikte und deren kulturellem und individuellem Erleben), wie auch die Erschließungen weiterer Inhalte[10].

Durch die Darstellung und Diskussion der drei Ansätze wurde die inhaltliche und methodische Vielfalt der Weiblichkeitskonzeptionen beleuchtet. Daran zeigt sich zum einen, daß die Strukturkategorie Geschlecht in den verschiedensten Lebensbereichen zum Tragen kommt und überall - neben dem männlichen Blick auf die Dinge - auch eine weiblichen Sicht etabliert und durchgesetzt werden muß. Zum anderen zeigen die drei Richtungen feministisch-psychoanalytischer Theorie die unterschiedlichen Zugangsweisen der Konstruktionen von Weiblichkeit, die unter Einbezug psychoanalytischer Hypothesen soziologisch, entwicklungspsychologisch und philosophisch begründet werden. Diese Themenfelder und Zugangsweisen der Konstruktion von Weiblichkeit sind unvollständig und stellen erst den Anfang einer vielschichtigen Auseinandersetzung dar, die mit dem Schlagwort der gesellschaftstheoretischen Erweiterung der Psychoanalyse nur ansatzweise begriffen werden kann. Die Beschreibung und Analyse der

Wirkungsbereiche der Strukturkategorie Geschlecht bezieht sich auf Wechselbeziehungen zwischen verschiedenen Bereichen menschlichen Lebens. Demgegenüber scheint die Polarität Psychoanalyse einerseits, Gesellschaftstheorie andererseits zu grob und zu unspezifisch. Trotzdem bleibt der feministischpsychoanalytischen Diskussion und der Debatte um die "Psychoanalyse als Sozialwissenschaft" gemein, daß beide sich um die Anerkennung von Wechselwirkungen zwischen Psyche, kulturellen Symbolen, gesellschaftlichen Organisationsstrukturen und anthropologischen Voraussetzungen bemühen.

Da die in Kapitel 2.1. - 2.3. diskutierten Ansätze sowohl auf der Erklärungsebene als auch auf der Beschreibungsebene mehrdeutig sind, stellt sich auch Weiblichkeit als vielschichtig dar. Die Unterschiedlichkeit der feministischpsychoanalytischen Erklärungsansätze läßt die Frage nach der Rolle und Bedeutung des Geschlechts für die Gesamtpersönlichkeit bzw. für Subjektivität offen[11]. Einmal wird Zweigeschlechtlichkeit als feststehender Grundzug der Persönlichkeit, ein anderes Mal als sich kontinuierlich herstellender Teil von Identität begriffen. Die klinische Praxis zeigt, daß es die unterschiedlichsten Symbolisierungen und Übertragungen gibt. Sie verdeutlicht auch, daß Beziehungen und Körperteile nicht nur für unterschiedliche Menschen mit anderen Bedeutungen versehen sind, sondern auch innerhalb des Lebens eines Menschen sich ändernde Bedeutungen und Einflüsse haben. Dies, wie auch die verschiedenen theoretischen Perspektiven auf das Thema Weiblichkeit, sprechen dafür, sich nicht auf *eine* Definition, auf *ein* Verständnis von Weiblichkeit als Beschreibung von Eigenschaftszuschreibungen oder Abgrenzungen zum Gegenteil Männlichkeit festzulegen, sondern Zweigeschlechtlichkeit in ihren Zusammenhängen und in ihren Konfliktpotentialen zu beschreiben. Statt davon auszugehen, daß es *ein* strukturierendes Hauptkriterium bei der Ausgestaltung der Geschlechtlichkeit einer jeden Person gebe, scheint es aufgrund der vielen das Geschlecht mitkonstituierenden Ebenen, die die Zusammenschau der feministisch-psychoanalytischen Ansätze verdeutlicht hat, angemessener zu sein, Zusammenhänge zu analysieren; z.B. den Stellenwert des genitalen Unterschiedes für die weibliche Entwicklung im Kontext von kulturellen Kategorien, Objektbeziehungen, der Ich-Entwicklung und der kognitiven Zuweisung zu diskutieren, statt induktiv vom Einzelphänomen des anatomischen Geschlechtsunterschiedes auszugehen und daraus allgemeine Zusammenhänge abzuleiten. Dies erfordert für eine feministische Theorie jedoch, daß Überlegungen anderer Ansätze nicht nur zur Kenntnis genommen werden, sondern auch auf die eigenen Gedanken bezogen werden müssen und sich relativierend oder präzisierend, auf jeden Fall aber gestaltend auswirken. So zeigt die Zusammenschau feministisch-psychoanalytischer Ansätze, daß in neuen und anderen Zugängen folgende Inhalte auch eine Berücksichtigung finden müßten:

– Theorien über die Rolle der Sprache, zum Zusammenhang Sprache-Bedeutung-Kognition. Das heißt auch, daß die Psychoanalyse mehr entwicklungspsychologische Forschung braucht. Für die Beschreibung von geschlechtsspezifischen Entwicklungsabläufen bei Säuglingen oder auch pubertären Jugendlichen gibt die Theorie noch zu wenig Auskunft.

– Eine konsequent gesellschaftstheoretische Sicht auch auf die Zweigeschlechtlichkeit, die den Faktor der Macht und der Machtverteilung miteinbezieht. Dafür eigneten sich etwa die feministischen Ansätze mit Foucault, die die Herstellung von Weiblichkeit jenseits der Psyche analysieren[12].

– Eine Bestimmung des erkenntnistheoretischen Stellenwertes der Theorie des Unbewußten. Wie wäre eine psychoanalytisch ausgerichtete Analyse kultureller und gesellschaftlicher Zusammenhänge in eine Ideologietheorie zu integrieren? Psychoanalyse stellt die unbewußte Tiefendimension von Problemstrukturen heraus und stellt sie in einen psychodynamischen oder psychosexuellen Triebzusammenhang. Unabhängig davon produzieren gesellschaftliche Verhältnisse selbst Interessen und Ideologien. Wie könnte dies bei der Einbeziehung der Kategorie des Unbewußten zur Erklärung gesellschaftlicher Strukturen mitberücksichtigt werden?

Trotz dieser Einschränkungen bleibt bestehen, daß die hier bearbeiteten Theoretikerinnen den Anfang machten bei der Beschreibung und Analyse der vielfältigen Aspekte und Dimensionen von Zweigeschlechtlichkeit. Darüber hinaus entstanden neben der Präzisierung und Modifikation eines Verständnisses von Geschlechtsidentität auch innerhalb dieser Ansätze selbst theoretische Neu-Konzeptionen, auf die ich im Fünften Kapitel eingehen werde. Da die feministische Theorie so oft zweigleisig argumentiert, - zum einen eine Analyse der Geschlechterordnung vornimmt und zum anderen eine Theorie zu entwikkeln sucht, die Frauen in ihrer Auseinandersetzung mit Ausbeutung und Unterdrückung unterstützen kann - versuchen Wissenschaftlerinnen den vorgegebenen Rahmen theoretischer Konstruktionen zu erweitern. Die Versuche, theoretisch neue Begrifflichkeiten und Modelle zu begründen, die auf eine Veränderung unserer Vorstellungen von Weiblichkeit zielen, haben konzeptionellen und ansatzweise utopischen Charakter. Sie sind aus der Einsicht heraus entstanden, daß die Kritik der männlichen Begriffs-, Denk- und Wissenschaftssysteme, eigene Definitionen und Kategorienbildung herausfordert[13]. Dabei besteht die grundlegende Schwierigkeit, daß die Kontinuität und Hartnäckigkeit der Geschlechterdifferenz zwar erklärt, aber trotzdem noch deren Veränderbarkeit plausibel werden soll. Das bedeutet, daß die feministische Theorie aufpassen muß, das Geschlechterverhältnis nicht erneut festzuschreiben. Die in Kapitel 5 diskutierten Neukonzeptionen und Vorschläge sind aus den feministisch-psychoanalytischen Ansätzen heraus entwickelt worden und stehen in genau diesem Spannungsverhältnis. In ihnen werden Psychoanalyse und feministische Kritik zur Begründung von Handlungsmaximen und zur Entwicklung von

Utopien verbunden. Ich möchte daher im fünften Kapitel untersuchen, ob auch dies nur um den Preis der Vereinfachung zu haben ist.

Bevor ich jedoch den feministisch-psychoanalytischen Bemühungen um die Konzeption von 'Orten' eigenständiger Weiblichkeit nachgehe, will ich mich einem Themenbereich zuwenden, der bislang in der feministisch-psychoanalytischen Diskussion um Weiblichkeit nur am Rande auftaucht: Die weibliche Adoleszenz. Wir sahen, daß alle feministisch-psychoanalytischen Autorinnen als Ausgangspunkt für ihre Argumentationen und Konzeptionen von Weiblichkeit die prä-ödipale Phase wählten. Dem steht entgegen, daß die Aneigung von Geschlechtlichkeit ein lebenslanger Lernprozeß ist, der gerade durch die Geschlechtsreife in der Pubertät noch einmal neu organisiert wird. Ich möchte deshalb die Weiblichkeitsentwürfe diskutieren, die psychoanalytische Perspektiven auf die Lebensphase der Adoleszenz hervorgebracht haben.

Anmerkungen

1 Erst in jüngerer Zeit findet im englischen Sprachraum eine die verschiedenen Ansätze umfassende Diskussion statt, z.B. bei Gardiner 1992 und Barrett 1992. Diskussionen zwischen den drei Ansätzen sind hingegen noch selten; auch stellt sich der Einbezug der Forschungsergebnisse der jeweils anderen Theorietraditionen als ein langsamer Prozeß dar.

2 Auch die feministische Kritik Rohde-Dachsers 1991 am psychoanalytischen mainstream bezieht andere feministisch-psychoanalytische Überlegungen nur am Rande ein; z.B. bleiben die Ausführungen Benjamins 1988 unerwähnt.

3 So ist Weiblichkeit nicht nur eine Definition der Männer, sondern wird von Frauen mit "komplementär narzißtischer Position" (Rohde-Dachser 1991) tatsächlich gelebt. Welche Konflikte und Ängste Frauen durch ihre "Mittäterschaft" (Thürmer-Rohr) bearbeiten und beruhigen, diskutieren Dinnerstein 1976 und Rohde-Dachser 1991.

4 Ob das überhaupt möglich ist, und wenn ja, wie? ist eine andere Frage. Wichtig ist zunächst, auf die Definitions-Abhängigkeit des Weiblichen hinzuweisen; das, was Frau ist, leitet sich bislang vom Mann ab, nicht umgekehrt, oder geschweige denn eigenständig.

5 Zum Beispiel relativiert die feministische These von der "Zwangsheterosexualität" feministisch-psychoanalytische Hypothesen, da diese von der regulären Kleinfamilie ausgehen. Rich 1983 stellt sich in ihrem Aufsatz außerhalb der gesellschaftlichen Norm der Kleinfamilie und ermöglicht so die Wahrnehmung empirischer Vielfalt.

6 Andererseits wurden in empirischen Studien Fragen nach einer geschlechtsspezifischen Entwicklung lange Zeit vernachlässigt, so daß die o.g. Aussage für die feministisch-psychoanalytischen Ansätze noch überprüft werden müßte.

7 Siehe dazu Barbara Duden 1991, die die begriffliche und visuelle Herstellung des *Fötus* beschreibt, einem 'Gegenstand', von dem sie in historischen Zeugnissen nachweist, daß es ihn früher im heutigen Sinne nicht gegeben hat, und der ihrer Meinung

nach seit ca 15 Jahren kulturell produziert und sich in den Eigen- und Körperwahr-
nehmungen der schwangeren Frauen heute niederschlägt.

8 Diesen Gedanken verfolgt Judith Butler 1990:217 mit Foucault in ihrer "Kritischen
Genealogie der Geschlechter". Eines ihrer Resultate ist die Kritik der Annahme der
Ontologie als Grundlage der Geschlechterdifferenz. Ihrem Verständnis zufolge "fungieren die Geschlechter-Ontologien in einem etablierten polititischen Kontext stets als
normative Anweisungen, die festlegen, was als intelligibles Geschlecht gelten kann,
die die Fortpflanzungszwänge der Sexualität aufrufen und festigen und die Vorschrif-
ten aufstellen, die die sexuell oder geschlechtlich bestimmten Körper erfüllen müssen,
um ihre kulturelle Intelligibilität zu erlangen. Die Ontologie ist demnach keine Grundlage, sondern eine normative Anweisung, die verstohlen wirksam ist, indem sie sich
als notwendiger Grund in den politischen Diskurs schreibt".

9 Zum Beispiel dient - um nur einige zu nennen - der Rekurs auf Chodorow bei Evelyn
Fox Keller 1985 zur Begründung der Kritik wissenschaftlicher Objektivität, bei
Carol Gilligan 1982 zur Konzeption geschlechtsspezifischer Moralen und Vandana
Shiva 1988 der Kritik am Fortschrittsglauben und der Naturausbeutung.

10 Wie andere Sichtweisen in bestehende feministisch-psychoanalytische Ansätze integriert werden könnten, ob dies eher bausteinartig im Sinne eines "Thinking Fragments" (Flax 1990) geschieht oder möglicherweise sogar systematisch geschehen
kann, ist eine weiterführende Frage, zu der es bereits einige Überlegungen gibt. Siehe
Weedon 1987, Flax 1990, oder auch Nölleke 1985.

11 Z.B. bleibt in den neueren Arbeiten Chodorows 1989 offen, ob männlich/weiblich
tatsächlich das zentrale, bedeutungsunterscheidende Prinzip ist, oder ob es lediglich
ein duales System unter mehreren wichtigen ist.

12 Hagemann-White 1988 schlägt hierfür den Einbezug einer feministischen Soziologie vor, die mit den Mitteln des symbolischen Interaktionismus arbeitet.

13 Die Gefahren, männliche Zuschreibungen dabei zu wiederholen, nichts tatsächlich
Neues zu produzieren, oder nicht weit genug gedacht zu haben, müssen dabei in Kauf
genommen werden. Ohne sie wäre kein Weiterdenken möglich. Christa Rohde-
Dachser 1991 mutmaßt z.B., daß die den feministisch-psychoanalytischen Ansätzen
gemeinsame Konzentration auf die prä-ödipale Phase von "unbewußten Phantasien"
genährt werde. Sie beschreibt, daß das Bild einer dämonischen Mutter als "unbewußte Phantasie" in die psychoanalytische Theorie hineingewoben sei und hält es für
nötig, auch die feministisch-psychoanalytischen Weiterentwicklungen unter dem
Vorzeichen zu untersuchen, ob auch hier diese "unbewußte Phantasie" in die Theorie
miteingegangen ist.

IV.

(Neu-?)Konstruktion
von Weiblichkeit
in der Adoleszenz

4. (Neu-?)Konstruktion von Weiblichkeit in der Adoleszenz

Zum Thema Jugend und Pubertät gibt es eine fast endlose Fülle von soziologischer und pädagogischer Literatur. Sichtet man die Vielfalt der Publikationen, so wird recht bald deutlich, daß zum einen Jugendliche fast immer männlich sind, und daß zum anderen das Thema Adoleszenz in der Psychoanalyse auffällig wenig Beachtung erfahren hat. Daraus ergibt sich dann auch, daß psychoanalytische Konzeptionen des weiblichen Jugendalters besonders selten sind. Die Adoleszenz als "Stiefkind der Psychoanalyse" (Seiffge-Krenke 1986) wird in ihren geschlechtsspezifischen Ausformungen wenig thematisiert[1]. Das ist bedauerlich, da die in der Pubertät größer werdende äußere, gesellschaftliche Orientierung gar nicht in ihren Entwicklungsbedeutungen ausbuchstabiert werden kann. Der Adoleszenz kommt beim Konstitutionsverhältnis zwischen Individuum und Gesellschaft eine besondere Rolle zu, die bereits Freud mit der Zweiphasigkeit der körperlichen Entwicklung des Menschen begründete[2].

Die Bedeutung der Zweizeitigkeit in der menschlichen Entwicklung

Biologisch betrachtet liegt eine lange Wachstums- und Entwicklungsphase vor der Geschlechtsreife, in der sich eine langzeitige Reifung des Gehirns vollzieht. Kulturell betrachtet verlängert die zweiphasige Entwicklung der Sexualität die Kindheit und ist zugleich für die kulturelle Leistungsfähigkeit des Menschen verantwortlich. Aus triebpsychologischer Sicht liegt zwischen der ersten und der zweiten Phase der Sexualitätsentwicklung (frühe Kindheit und Pubertät) eine längere Phase relativer Ruhe, die sogenannte Latenzzeit. Während dieser Zeit vollzieht sich die körperliche Reifung, ohne daß der Entwicklung der Sexualität eine herausragende Rolle zugeschrieben werden müßte. Im Alter zwischen vier bis zehn Jahren werden kognitive Fähigkeiten entwickelt und erprobt, finden Beobachtungslernen und wichtige Identifikationsprozesse statt. Erfahrungen außerhalb des Elternhauses nehmen zu und außerfamiliäre Beziehungen entstehen vermehrt. Bewertung und Attribuierung von Männlichkeit und Weiblichkeit wird erfahren, ausprobiert und kognitiv stabilisiert. Die Latenzzeit ist deshalb für den Prozeß des bewußten Erwerbs und des Lernens einer Geschlechtsidentität von großer Bedeutung[3].

In der zweiten Phase der Triebentwicklung werden die in der Latenzphase entwickelten 'Einstellungen' mit einem emotionalen und körperlichen Entwicklungsschub kombiniert. Die Psychoanalyse geht davon aus, daß die Dynamik dieser in der Pubertät neu einsetzenden Prozesse stark ist, daß diese Prozesse oft von Willen und Wissen unabhängig sind und zu Teilen unbewußt ablaufen. Darüber hinaus kennzeichnet es die Adoleszenz, daß ihre Ausgestaltung mehr als die Versorgung der Säuglinge und Kleinkinder, deren Organisation in stärkerem Maße von der Hilflosigkeit des Babys bestimmt ist, sich in Abhängigkeit von gesellschaftlichen Erfordernissen vollzieht. Sie wird in größerem Ausmaß, als dies für die Kindheit der Fall ist, in gesellschaftlichen Institutionen des öffentlichen Lebens erlebt und von ihnen und durch sie reglementiert. Wie Erwachsen-Werden und Erwachsen-Sein definiert sind, welche Entwicklungsaufgaben in der Adoleszenz ihren Abschluß finden sollen und wie die Konsolidierung von moralischen Kategorien und des Über-Ichs sich vollzieht, macht sich an gesellschaftlichen Bewertungen, Erfordernissen und Regulierungen fest. Für das Verhältnis von Adoleszenz und Kultur/Gesellschaft bei der Ausgestaltung einer Geschlechtsidentität bzw. von Zweigeschlechtlichkeit bedeuten diese Voraussetzungen zumindest zweierlei:

1. Die Ausgestaltung der Adoleszenz ist gesellschaftlich organisiert und variiert von Kultur zu Kultur. Um die kulturelle Komponente dieses Prozesses zu verdeutlichen, wird in Schriften über die Adoleszenz oft über Pubertäts- und Initiationsriten anderer Kulturen berichtet, wo der körperliche Reifungsprozeß den Anlaß darstellt, die Jugendlichen rituell in die Erwachsenenwelt und die Kultur einzuführen, um sie von da an als erwachsen gelten zu lassen. Unsere Gesellschaft betreffend wird konstatiert, daß die Komplexität des modernen Lebens die Zeit der Adoleszenz stark verlängere.

2. Somit kann die Adoleszenz als die Entwicklungsphase beschrieben werden, in der die individuelle, körperliche Entwicklung mehr im öffentlichen Raum stattfindet als der erste Schub in der Triebentwicklung und in anderer (stärkerer?) Form gesellschaftlicher Normierung und Bewertung unterliegt. Die Ausgestaltung der körperlichen Entwicklung zum Mann oder zur Frau wird in dieser Phase an gesellschaftliche Erfordernisse und Vorgaben angepasst.

Für die Frage nach der doppelten Perspektive, die die Zusammenschau von Psychoanalyse und feministischer Sozialwissenschaft ermöglicht, ist die Zeit des pubertären Entwicklungsschubes insofern wichtig, als daß gerade in dieser Entwicklungsperiode eine Ausrichtung auf die gesellschaftlichen Normen abschließend erfolgen soll. Um die Prozesse der Adoleszenz als wichtige Entwicklungsperiode erklären und verstehen zu können, ist hier der Einbezug gesellschaftstheoretischer Überlegungen in psychoanalytische Hypothesen geradezu notwendig. Auf dieses Erfordernis wird auch in der psychoanalytischen Theorie zum Thema Adoleszenz hingewiesen. Andererseits aber spielte in psychoanalytischer Theorie und Praxis die Vorstellung eine wichtige Rolle, daß die pubertäre Triebumgestaltung hauptsächlich eine Re-Aktualisierung frühkindlicher Konflikte bewirke.

Neuanfang oder Neuauflage?

Freud macht deutlich, daß der Weg von der Kindheit zum Erwachsensein nicht linear verläuft, sondern daß es diverse Bewegungen und Entwicklungsansätze in verschiedene Richtungen gibt, und daß die Pubertät eine entscheidende Phase der Wandlung darstellt. Der Nachdruck, den Freud auf die Einflüsse der kindlichen Vergangenheit legte, ließ jedoch die Bedeutung der Adoleszenz als Entwicklungsphase in den Hintergrund treten. So galten die Ereignisse der Adoleszenz lange Zeit als Wiederholung oder Neuauflage der kindlichen Triebschicksale[4]. Zwar versuchte Siegfried Bernfeld bereits zu Lebzeiten Freuds die Bedeutung der Adoleszenz als eigenständige Phase theoretisch zu verankern, seine Bemühungen wurden jedoch nur zögerlich aufgegriffen und weitergedacht[5]. Die These von der Variation oder Rekapitulation des kindlichen Beziehungsdramas wurde zusätzlich dadurch gestützt, daß die Erkenntnisgewinnung durch die psychoanalytische Therapie (1. Therapie mit Jugendlichen und 2. die Rekonstruktion von Erlebnissen der Jugendzeit in der Therapie Erwachsener) sich als schwierig erwies und noch immer erweist[6]: Theoretische Einsichten in unbewußte Konflikte und psychische Mechanismen des Jugendalters sind aus der Therapie nur schwer zu gewinnen. Therapeutisch wird hauptsächlich das bearbeitet, was in lebensgeschichtlich weiter Ferne liegt. In jüngerer Literatur wird dieser Einschränkung Rechnung getragen und überlegt, ob die Adoleszenz als Neuauflage alter Konflikte zutreffend beschrieben ist oder ob nicht besser die Eigenständigkeit der Adoleszenz als Entwicklungsphase wahrgenommen und beschrieben werden sollte[7].

Auch für die psychoanalytische Literatur zur Adoleszenz gilt, was Carol Hagemann-White (1979, 1988) für die Behandlung des Themas Weiblichkeit in der Psychoanalyse aufgezeigt hat: Die Diskussion des Themas verlief zweiphasig[8]. Die Kombination beider Themen, sprich die weibliche Adoleszenz, mußte aber noch zwanzig Jahre länger darauf warten zum Gegenstand einer breiteren Auseinandersetzungen zu werden. Warum das Nachdenken über die weibliche Adoleszenz so verzögert eingesetzt hat, ist eine komplexe Frage. Mario Erdheim (1988:235) stellt die These auf, daß das Verständnis von Geschichte auch immer mit von dem Verständnis der (eigenen) Adoleszenz bestimmt ist. Wenn hier auch der Umkehrschluß gültig ist, dann könnte man vermuten, daß ein mit der historischen Frauenforschung gewachsenes Verständnis von Frauengeschichte auch die Fragen nach der Individualgeschichte und nach der Veränderungen in der Ontogenese verdeutlicht hat und Fragen nach der weiblichen Adoleszenz aufwarf.

Wenn die weibliche Adoleszenz in der nicht aktuellen psychoanalytischen Theorie überhaupt Erwähnung findet, wird hauptsächlich auf Helene Deutsch (1944) und die Freudsche Theorie der Unterschiede in der frühkindlichen Entwicklung rekurriert, die als Bedingungen für die spätere Ausgestaltung in der

Adoleszenz angesehen werden[9]. Helene Deutsch stellt insofern eine Ausnahme dar, als daß ihr Werk "Psychologie der Frau" sich ausführlich mit der Darstellung der Vorgänge in der weiblichen Adoleszenz beschäftigt. Darüber hinaus entwickelt auch Erik H. Erikson Vorstellungen über das weibliche Jugendalter. Ich möchte nachfolgend ihre Argumentationsweisen und Konstruktionen der weiblichen Adoleszenz im Hinblick auf die Frage diskutieren, ob deren psychoanalytische Ausführungen Anknüpfungspunkte bieten für die Begründung von Adoleszenz als Lebensphase, in der weniger normative und repressive Weiblichkeitsbilder verankert werden könnten.

4.1. Die "Suche nach dem Mann" und die "feminine Frau" als Ziele weiblicher Entwicklung

Erik H. Erikson hat als einer der ersten eine allgemeine, ausführlichere psychoanalytische Adoleszenztheorie vorgelegt. Er greift Freuds Gedanken von der Zweizeitigkeit der menschlichen Entwicklung auf und versteht Jugend als eine Zwischenwelt zwischen Kindheit und Erwachsenenalter. Jugend, so Erikson, stelle eine Phase der Identitätsverwirrung, eine Krise dar, die abschließend jedoch die Identitätsfindung durch Verarbeitung und Ablösung der Kindheitsidentifikationen, durch die Erprobung verschiedener Identitätsangebote und durch die Entwicklung persönlicher und psychosozialer Konstanz zur Aufgabe habe (Erikson 1959). Diese Entwicklungsaufgabe gestalte sich in modernen Gesellschaften in Form eines "psychosozialen Moratoriums". Jugendliche erhalten, nach Erikson, einen Aufschub hinsichtlich der Erfüllung von Verpflichtungen. Es wird ihnen ein gesellschaftlicher (Frei-)Raum zugestanden, in dem sie relativ entlastet von äußeren Anforderungen verschiedene Möglichkeiten von Verpflichtungen und Variationen von Selbstkonzepten erproben können.

Zur Konzipierung der weiblichen Identitätsbildung im Jugendalter benutzt Erikson, vom phallischen Motiv ausgehend, ein Modell weiblicher Entsprechung. Er schlußfolgert hier von der weiblichen Anatomie auf die weibliche Identität. Die "Morphologie der genitalen Differenzierung" wird mit dem Geschlechtscharakter parallelisiert. Konstitutiv sei der "somatische Grundplan", der bei der Frau einen "inneren Raum" ausweise, der dazu bestimmt sei, "die Nachkommen erwählter Männer zu tragen" (Erikson 1968:279).

"Die Grundmodalitäten der Hingabe und der Beteiligung der Frau spiegeln natürlicherweise auch den Grundplan ihres Körpers wieder. In anderem Zusammenhang habe ich das `In-Sich-Aufnehmen' als eine schon im frühesten Leben und im Kinderspiel dominante Modalität identifiziert" (Erikson 1968:299).

Diese Behauptung stützt Erikson auf Beobachtungen von Spielverhalten von Jungen und Mädchen, die erbrachten, daß diese den Spiel-Raum unterschiedlich nutzten: "Mädchen betonen den inneren, die Jungen den äußeren Raum" (Erikson 1968:283). Mädchen bauen das Innere des Hauses, mit "sorgfältig ausgebautem Eingangstor", "oft spielte ein kleines Mädchen Klavier", Jungen bauen Szenen, die im Freien stattfinden, viele Türme, viel Zerstörung und Zusammenbruch. Nach Eriksons Interpretation spiegeln die Spielszenen die Beschäftigung der Voradoleszenten mit ihren eigenen Geschlechtsorganen. Er läßt aber auch eine "soziale Deutung" gelten, die eher auf Geschlechtscharaktere als die Anatomie verweist. In dem selben Text scheut er sich nicht, auch die Wanderungsorganisation der Pavianhorden zur Illustration seiner These von der Bedeutung des weiblichen Innenraums heranzuziehen: Sind Paviane auf Wanderschaft, halten sich die schwangeren Weibchen stets im Inneren des Kreises auf. Diese 'Tatsachen' ohne kulturelle, gesellschaftliche und historische Variationen zieht Erikson zur Begründung einer allgemein gefaßten Weiblichkeit heran.

Selbst das Verständnis von Phantasien und Ängsten von Frauen aufgrund ihres "inneren Raumes", die ja klinisch auffindbar sind und deren Vorhanden-Sein als abgesichert gelten kann, mündet bei Erikson in einen universellen Sachverhalt: Frauen hätten spezifische Gefühle der Einsamkeit, Angst, leergelassen zu werden, auszutrocknen. Die Menstruation sei Ausdruck dieser "Leere", sei ein "Schrei gen Himmel", ein Schrei nach dem Mann, denn ein

"echtes Moratorium muß eine zeitliche Grenze und einen Abschluß haben: die Fraulichkeit tritt ein, wenn es Anziehungskraft und Erfahrung gelungen ist, das auszuwählen, was auf Dauer zur Bewillkommnung durch den inneren Raum zugelassen werden soll" (Erikson 1968:197).

Zwar räumt er eine Mitgestaltung von Außeneinflüssen ein, auch die Entwicklung "als Person innerhalb der Rollenmöglichkeiten ihrer Zeit" spiele ein Rolle (Erikson 1968:297). Insgesamt aber ist sein Fazit, "Anatomie, Geschichte und die Persönlichkeit sind gemeinsam unser Schicksal" (Erikson 1968:299) wenig überzeugend. Stellt er doch keine These über das Verhältnis von Individuum und Gesellschaft, von Körpernatur und Geschichte auf, sondern paßt Physiognomie und Psyche derartig widerspruchslos zusammen, daß die weibliche Adoleszenz zu einem reinen Sachzwang wird. Diese Vorgehensweise ist überraschend, vergegenwärtigt man sich, daß auch Erikson ein vehementer Verfechter einer sozialpsychologischen Erweiterung der Psychoanalyse war. Offensichtlich ist die Forderung nach gesellschaftstheoretischer Erweiterung eines psychologischen Ansatzes nicht per se kritisch oder per se positiv zu bewerten[10].

Weitaus differenzierter, aber im Endeffekt doch ähnlich normativ erscheint die weibliche Adoleszenz bei Helene Deutsch.

Die "feminine Frau" als positives Entwicklungsziel bei Helene Deutsch

Helene Deutschs "Psychologie der Frau" (1944) unterscheidet sich insofern von anderer psychoanalytischer Literatur, als daß sie darauf verzichtet, die frühkindliche Entwicklung des Mädchens zu beschreiben, und mit der Darstellung der Vorpubertät beginnt. Daraus kann jedoch nicht abgeleitet werden, daß Deutsch diese Entwicklungsphase als besonders bedeutsam für die Konstitution von Weiblichkeit ansieht. Vielmehr hält sie es für die Erklärung der Probleme der erwachsenen Frau für geeigneter, diese zunächst zu beschreiben, und dann bei Bedarf die Bezüge zur kindlichen Vergangenheit herzustellen. Zur Illustration dessen, was sie unter Weiblichkeit versteht, dienen ihr Beispiele aus der Literatur und eine Vielzahl von Krankengeschichten, die in Spitälern, Fürsorgestellen und in ihrer klinischen Praxis gesammelt wurden. Der erste Band ist der Entwicklung der weiblichen Persönlichkeit gewidmet, der zweite befaßt sich hauptsächlich mit der Mutterschaft.

Bei der Ausbreitung des sehr umfangreichen Materials unterscheidet die Autorin nicht systematisch zwischen der Beschreibung von Beobachtungen und der Interpretation oder Erklärung derselben. So kommt es immer wieder vor, daß Deutsch die Beschreibung ihrer Wahrnehmung als bereits erklärten bzw. für sich selbst sprechenden Tatbestand ausgibt. Dabei tritt der interpretatorische Gehalt ihrer Äußerungen in den Hintergrund und ihre Beschreibungen der Weiblichkeit erscheinen voll von Zuschreibungen, die zum Teil nicht hergeleitet und erklärt werden. Sie entledigt sich der Mühe einer begründeten Argumentation dadurch, daß ihre Darstellung der Fallbeispiele ihr zur eindeutigen Erfassung von Weiblichkeit dienen. Dieser Eindeutigkeit fällt dann die Notwendigkeit einer Erklärung zum Opfer. Frau-Sein und Weiblichkeit wird als Wesenhaftigkeit in den Krankengeschichten aufgespürt. Deutschs Buch ist ein Konglomerat von Assoziationen, Analogien und systematischer Theoriebildung. Ich will im folgenden verdeutlichen, wie dies das Anliegen, mehr über die Herstellung von Weiblichkeit in der Adoleszenz zu erfahren, streckenweise behindert.

Trennung als Entwicklungsaufgabe

Deutsch geht, wie die meisten ihrer psychoanalytischen Kolleginnen und Kollegen, davon aus, daß während der Vorpubertät[11] die sexuellen Triebe am schwächsten, der Schub in der Ich-Entwicklung jedoch am stärksten ist. Dabei sind Identifikationsprozesse von zentraler Bedeutung, die offensiv und mit homosexueller Ausrichtung geführt werden. Motor dieser Identifikationsprozesse sei der Wunsch, sich von der Mutter zu lösen, und das wachsene Bedürfnis nach einem Ich-Ideal, das mit Hilfe der Imitation und der Identifikation mit z.B. der gleichaltrigen Freundin oder der Lehrerin gelöst wird. Dieser Kampf um

Unabhängigkeit - d.h. Loslösung von der Mutter - hatte seine Vorstufe in dem ersten Trennungsprozeß von der Mutter in der prä-ödipalen Phase. Deutsch will nun mit ihren Studien die Freudsche Annahme, der weibliche Objektwechsel von der Frau zum Mann vollziehe sich in der Kindheit, widerlegen. Sie verdeutlicht an Fallbeispielen, daß dieser Objektwechsel nie vollkommen ist, daß die Bindung an die Mutter und andere Beziehungen zu Frauen lebenslang eine wichtige Rolle spielen. Aufgrund dessen geht sie davon aus, daß Loslösungsprozesse auch weiterhin die individuelle Psyche der erwachsenen Frau bestimmen (Deutsch 1944:24).

Diese These korrespondiert sowohl mit der feministischen Hypothese, daß Frauen "fortwährend mit Fragen der Loslösung" (Chodorow 1978) konfrontiert blieben als auch mit der These des "Doing Gender", der Überlegung, daß die Auseinandersetzungen mit der Geschlechtsidentität und die Frage danach, wie ich als Frau sein möchte und sein kann, nicht mit dem Ende der ödipalen Phase und wohl auch nicht mit Ende der Pubertät abgeschlossen sind. Meine Kritik an Deutsch bezieht sich deshalb nicht auf diese Schlußfolgerung, sondern richtet sich gegen die Art und Weise, mit der sie ihre These begründet, daß Loslösungsprozesse die Adoleszenz und die Psyche von Frauen bestimmen.

Alle Jugendforscherinnen und -forscher halten die Lösung von den Eltern für eine zentrale Aufgabe der Adoleszenz. Dazu müssen neue Beziehungen geschaffen und alte gelockert werden. Deutsch geht davon aus, daß dabei bisexuelle Identifizierungen in einer Dreierkonstellation und "gute Beeinflussung" wichtige Gestaltungsfaktoren sind. Sie beschreibt eine Phase der Frühpubertät, in der eine bisexuelle Ausrichtung und ein Schwanken in der Objektwahl vorherrschend sind. Klinische Beispiele illustrieren die traumatischen Gefahren, die der Pubertätsentwicklung innewohnen. Die Früh-Pubertierende sucht sich systematisch Dreieckssituationen, in denen sie sich mal mit dem männlichen und mal mit dem weiblichen Teil identifiziert. Dabei wiederholt sie eine Phase, die "sich in der Kindheit zwischen die präödipale und die ödipale einschiebt" (Deutsch 1944:33). Auftretende Probleme versteht Deutsch dabei als Wiederholung von Kindheitserlebnissen. Das geschlechtlich gemischte Dreieck, nach Deutsch Spiegelbild der Bisexualität, muß zugunsten der Heterosexualität aufgelöst werden, wobei jedoch das weibliche Bedürfnis nach Dreiecksbeziehungen ungebrochen bleibt. Da das Dreieck aber Nachfolger einer "noch älteren und noch dauerhafteren Beziehung ist, der Mutter-Kind-Beziehung" (Deutsch 1944:185), gibt es für die Frau auch nur den einen sinnvollen Weg, die frühe Mutter-Kind-Einheit in der Beziehung zum eigenen Kind zu wiederholen und so die "Gesetzmäßigkeiten der seelischen Vorgänge durch ein neues Dreieck fortzusetzen" (Deutsch 1944:186).

Hier entwickelt Deutsch ein an Freud angelehntes Verständnis von Weiblichkeit, das die Schwierigkeiten bei der Ausgestaltung der Adoleszenz als Neuauflage der frühkindlichen Konfliktsituationen versteht. Im Gegensatz zu feministischen Autorinnen, wie z.B. Nancy Chodorow, geht es Deutsch nicht darum zu verstehen, was Frauen bewegt, das "Erbe der Mütter" anzutreten, sondern sie erhebt diese Kontinuität zur Norm, versteht sie als einen "sinnvollen Weg", ohne uns zu sagen, warum er ihr so sinnvoll erscheint. Interessant ist jedoch, daß sie hier schon einen Verweis auf die bei Mahler et al. beschriebenen "Triangulierungsprozesse" macht, wenn sie von einer Phase zwischen der prä-ödipalen und der ödipalen spricht (s.o.) und generell auf die psychische Bedeutung von Dreierkonstellationen hinweist. Damit entspricht sie den Thesen aktueller psychoanalytischer Literatur; man denke nur an Heigl-Evers/Weidenhammer (1988), die die Bedeutung von Triangulierungsprozessen, also Dreiecksbezügen und -beziehungen bei Konflikten und in Wachstumssituationen herausstellen. Deutschs Ausführungen bezüglich der Objekt-Schwankungen und der bisexuellen Ausrichtung in der Frühpubertät sind also aktueller als ihr Image es erahnen läßt[12].

Die Triangularität samt ihrer bisexuellen 'Unentschiedenheiten' erscheint bei Deutsch jedoch nur als Zwischenstadium. Die Entwicklung zur "reifen" Weiblichkeit, die Heterosexualität und Mutterschaft umfaßt, bleibt in ihrer Konzeption oberstes Ziel von Entwicklung. Zwar ist das klinische Material, mit dem Deutsch ihre Thesen untermauert, ein einziges Beispiel für die Schwierigkeiten oder das Scheitern dieser Entwicklungsnorm, stellen aber für die Analytikerin keinen Anlaß dar, das Konzept der "reifen Weiblichkeit" in Frage zu stellen. Vielmehr problematisiert sie das individuelle Scheitern der Entwicklung von Weiblichkeit und deren Folgen[13].

Die Notwendigkeit einer endgültigen heterosexuellen Ausrichtung in der Pubertät steht für Deutsch fest, obwohl sie die Zeit der Adoleszenz nicht nur als eine zweite Auflage des Ödipuskomplexes versteht, sondern auch zentral für die Mutter-Tochter-Beziehung hält. Es stehe die wichtige Aufgabe an, die alte elementare Bindung an die Mutter in "reife Form" zu bringen (Deutsch 1944:103). So ist die Rolle der Mutter für die Entwicklung der Tochter bereits bei Helene Deutsch ein wichtiges Gestaltungselement von Weiblichkeit. Wie auch in der aktuellen feministisch-psychoanalytischen Literatur beschreibt Deutsch Schwierigkeiten der Mutter-Tochter-Beziehung. Dabei stellt sie fest, daß Probleme der Mutter mit der eigenen Weiblichkeit auch die töchterliche Reifung beeinträchtigen, daß die negative Beurteilung des weiblichen Genitals sowohl durch die Mutter als auch durch eine allgemeine gesellschaftliche Abwertung sich hemmend auf ein geglücktes, weibliches Sich-Selbst-Akzeptieren auswirkt. Andererseits bereite die Nähe zwischen Mutter und Tochter, die "länger anhaltende Identifizierungsphase der Frau, die auch ihre Aktivität nach außen hemme" (Deutsch 1944:115/6), zwei "typisch weibliche Eigenschaften" vor, 1. die größere Intuition und 2. die größere Anteilnahme der Frau.

"Der gemeinsame Nenner für alle diese Eigenschaften liegt in der größeren, tief wurzelnden Passivität allen Vorgängen gegenüber, die außerhalb der Fortpflanzungsfunktion liegen" (Deutsch 1944:116)[14].

Hier werden auf einmal die Beschreibungen ihrer Wahrnehmungen oder Beobachtungen als bereits erklärt oder sogar als eigenständige Erklärungen für darauf aufbauende Charaktereigenschaften ausgegeben. Die von Deutsch konstatierten "Neigungen" der Frauen interpretiert sie selbst kaum und hält sie offenbar auch nicht für weiter erklärungsbedürftig. Lediglich Ansätze zu Erklärungen sind bei ihr zu finden, wenn sie z.B. weibliche Apathie und Passivität mit der "Notwendigkeit des Weibes von außen befruchtet zu werden" (Deutsch 1944:117) zu verstehen sucht. Derartige Versuche, einen Charakterzug im Rückgriff auf die Physiologie zu begründen, sind bei Deutsch rein auf die Anatomie bezogen und sprechen den biologischen Prozeß der Begattung und Fortpflanzung an. Metaphorische und symbolische Interpretationsmöglichkeiten sind deshalb wohl auszuschließen. Anders als die in Kapitel 2.3. diskutierten feministischen Ansätze, die Weiblichkeit symbolisch begründen, ist bei Deutsch eine philosophisch-kulturtheoretische Lesart kaum möglich. Ihr geht es, wenn sie derartige Körpermetaphern benutzt, nicht um die Symbolisierung bzw. das Ausdrückbar- und Sichtbar-Machen von Problemen, die bei Frauen auftauchen, sondern um real stattfindende Vorgänge.

Hinweise auf mögliche Erklärungen gibt Deutsch jedoch in ihren Darstellungen der weiblichen Phantasietätigkeit mit erotischen Inhalten. Mit Verweis auf Anna Freud betont sie mehrmals, daß die psychische Energie der sexuellen Triebe auch Angst und Abwehrkräfte provoziert. So erwägt sie zwar, Phantasietätigkeit auch als Schutz und Abwehr vor tatsächlicher Realisierung dieser Gedanken, als eine Verschiebung der Realisierung auf später zu interpretieren (Deutsch 1944:109/111), fragt jedoch kaum nach den Möglichkeiten und Formen einer gesellschaftlichen Kanalisierung dieser Ängste und Abwehr. So bleibt ausgespart, daß die starke Phantasietätigkeit von Mädchen in der Adoleszenz ja nicht nur, wie bei Deutsch, als Indiz für Intuition, Innerlichkeit und Passivität gewertet werden kann, sondern auch Hinweise auf Schwierigkeiten darstellen, Begehren und Lust tatsächlich zu realisieren.

Diese Schwierigkeiten von Frauen thematisiert Deutsch in ihren Kapiteln über Femininität, Frigidität und Masochismus. Dabei dient ihr der Wesenszug der "weiblichen Passivität" immer wieder als Erklärung für die verschiedensten Auswirkungen auf die weibliche Sexualität. Für besonders charakteristisch hält sie, daß die weibliche Sexualität in viel größerem Ausmaß als die männliche "in die Sublimierung zu bestimmten Gefühlswerten" übergeht (ebd:131). Diese "Vergeistigung des Sexuallebens", die Gefühlsbesetzung von Sexualität beschreibt sie sowohl als weiblichen Wesenszug als auch als Abwehrmechanismus gegen den Ansturm der Triebe in der Pubertät. Die Probleme resultierten aber hauptsächlich aus einem grundsätzlichen weiblichen Dilemma, das darin bestehe, daß die weiblichen Sexualaufgaben ein Doppelziel verfolgen. So hätten die pubertären Phantasien auch zwei verschiedene Ausdrucksformen: a) Sexualität/Erotik, b) Fortpflanzungsinstinkt/Mütterlichkeit. Diesem Verständnis zufolge müssen Frauen sich zwischen zwei in ihnen kämpfenden Trieben entscheiden. Wollen sie eher Sexualwesen oder "Dienerin der Art" werden, d.h. ihren Fortpflanzungsfunktionen nachkommen? (ebd:156) Das tatsächliche Problem, das damit angesprochen ist, - die für viele Frauen schwierige Frage nach Mutterschaft oder Kinderlosigkeit und die Tatsache, daß es gesellschaftlich wenig akzeptiert ist, auf verschiedene Arten Frau zu sein, - macht Deutsch durch die Normativität ihrer Beschreibungen zu einer Frage von pathologisch oder normal. Sie ist der Meinung, daß Frauen, die sich nicht für die Mutterschaft entscheiden, zwangsläufig in Konflikte mit ihrer Weiblichkeit geraten und diesen weiblichen Rollenkonflikt nur verlieren können[15].

Adoleszenz und die gesellschaftlichen Bestimmungen von Weiblichkeit

Das Material, das Deutsch vorlegt, ist umfangreich und gibt einen Eindruck davon, wie die Problemkonstellationen von Mädchen in der Pubertät um Möglichkeiten einer befriedigenden Sexualität und um Ausdruckformen der eigenen Individualität kreisen. Für eine Leserin von heute ist es erstaunlich, wieso die Autorin trotz der differenzierten Beschreibung der Probleme und des Leidens mit und an der "femininen" Weiblichkeit, letztendlich doch an diesem normativen Weiblichkeitsentwurf festhält bzw. ihn immer wieder als Ideal oder Utopie anführt, anstatt zu thematisieren, daß die Eindimensionalität dieser Weiblichkeit auch etwas ist, worunter die von ihr beschriebenen Frauen leiden[16]. Was Deutsch mit empirischen Studien zur Adoleszenz von heute verbindet, ist die Beobachtung und Beschreibung, daß die Adoleszenz für viele Mädchen Verlust an Selbstvertrauen bedeutet und zugleich verstärkte Hinwendung und Unterstützung des anderen Geschlechts als eine weibliche Verhaltensweise hervorbringt[17]. Als theoretischen Bezugsrahmen für die Erklärung dieser weiblichen Entwicklung halte ich ihre Ausführungen jedoch aufgrund der erwähnten Vermischung von Beobachtung und Erklärung für ungeeignet. Zu häufig bemüht Deutsch eine Parallelität von Physiognomie und Psychologie als vermeintliche Erklärung des Wesenhaft-Weiblichen. Zu sporadisch und wenig ausgeführt sind die Andeutungen darüber, daß die Bestimmung des weiblichen Selbstbildes nicht zu trennen ist von den gesellschaftlichen Angeboten für die Lösung adoleszenter Probleme. So halten ihre Beispiele eher in Erinnerung, daß frühkindliche Erfahrungen und Beziehungskonstellationen in der Pubertät wie im Erwachsenenalter die Gefühle und Handlungen von Frauen und Männern beeinflussen, werden aber nicht systematisch mit Rollenerwartungen und der Beeinflussung durch Geschlechterstereotypen konfrontiert. Stattdessen nimmt Deutsch eine diffuse Vorstellung der Ergänzung bzw. Deckungsgleichheit von weiblicher Rolle und weiblicher Triebentwicklung an, bei der die leidvolle Ausnahme die Regel bestätigt. Über das Verhältnis von körperlicher Entwicklung, frühkindlichen Erfahrungen und gesellschaftlichen Rollenzuschreibungen, das Weiblichkeit in der Adoleszenz konstruiert, ist somit recht wenig ausgesagt. Übrig bleibt nach der Lektüre der Psychologie der Frau ein widersprüchlicher Eindruck.

Zum einen erscheint die Adoleszenz als die Phase der Neuorganisation der Beziehungen und des Selbst, in der die Regelung dieser psychischen Konflikte auch über geschlechtsspezifische gesellschaftliche Angebote und Bewältigungsstrategien abläuft. Die Entwicklungsprozesse sind aber bei Deutsch derartig normativ formuliert, daß die Adoleszenz hier statt als "zweite Chance" eher als endgültige Anpassung an den Status Quo erscheint.

Zum anderen aber verdeutlicht Deutschs Material, daß die Einpassung in die weibliche Rolle häufig mit Komplikationen verbunden ist. Die Schwierigkeiten, das gesellschaftlich erwartete weibliche "Dasein für andere" (Beck-Gernsheim) zu realisieren, werden von der Autorin aber kaum in ihren gesellschaftspolitischen Dimensionen beleuchtet. Bei Deutsch sind sie primär ein psychisches Problem der einzelnen Frau.

Die Beschreibungen von Helene Deutsch sind aufgrund dieser Ambivalenz nur sehr schwer in einen Theorierahmen einzuarbeiten, in dem die Normativität der frühkindlichen Prägung zu relativieren und zugleich in der Auseinandersetzung mit der Adoleszenz auch andere, eigene und selbstbestimmte Entwicklungsziele von Frauen zu formulieren versucht wird. Sowohl Erikson als auch Deutsch bieten für dieses Anliegen kaum Anknüpfungspunkte. Bei ihnen überwiegt die Parallelisierung von körperlich vorgegebenen Entwicklungsaufgaben und korrespondierenden, zu erwerbenden Charaktereigenschaften. Zur theoretischen Konzeptualisierung eines eigenen, weiblichen Ortes, von dem aus Weiblichkeit eigenständig definiert und begriffen werden könnte, sind die Konzeptionen von Deutsch und Erikson in ihrer Orientierung an der weiblichen Anatomie ungeeignet. Wenn es darum geht, Utopien und positive Anknüpfungspunkte zu denken, wirkt der Rekurs auf die Körpernatur einschränkend und reglementierend.

Auch weil diese Ausführungen so unbefriedigend sind, verweisen heute einige Autorinnen auf die noch ungenügend geklärte entwicklungspsychologische Bedeutung der Adoleszenz. So gehen beispielsweise Carol Hagemann-White/ Astrid Hermesmeyer-Kühler (1987) und Karin Flaake (1990, 1991) davon aus, daß Frauen in der Theorie keine Subjektivität erfahren können, solange nicht die Adoleszenz theoretisch berücksichtigt wird[18].

4.2. Adoleszenz als "zweite Chance"?

Bisherige Überlegungen sehen theoretisch zwar die Möglichkeit, Adoleszenz zur "zweiten Chance" von Mädchen werden zu lassen, beschreiben faktisch aber die Schwierigkeiten von Mädchen, eine Geschlechtsidentität zu entwikkeln, die nicht in Übereinstimmung mit der kulturellen Geschlechterordnung steht. Psychoanalytische Konzeptionen des weiblichen Jugendalters beschreiben die Orientierung auf den Mann und Mutterschaft als weibliche Entwicklungsaufgabe. Mit einer derartigen Entwicklungsaufgabe sind Mädchen und Frauen in den familiären Rahmen zurückverwiesen. Die These Mario Erdheims, daß familiär geprägte psychische Strukturen in der Pubertät aufgelokkert und neu strukturiert würden, gilt somit - folgt man den psychoanalytischen Ausführungen - für Mädchen nur in eingeschränktem Maße. Verbleiben die Ablösungs-Anstrengungen des Mädchens im Rahmen der Familie, hat das Mädchen auf der psychischen Ebene lediglich geringe Möglichkeiten, einen eigenen, weiblichen Lebensentwurf zu entwickeln. Sie kann entweder in der Bindung mit der Mutter verbleiben oder sich (unbewußt) am Vater orientieren. Im ersten Fall kann diese Orientierung bedeuten, daß ein eigenes, aktives Selbst nur eingeschränkt entwickelt wird[19]. Für den Fall, daß der Vater die Orientierungsfigur für das töcherliche Verhalten ist, ist die Abwertung der Mutter, ihrer Rolle, schließlich der eigenen Person zu befürchten[20]. Die Identifikationsmöglichkeiten der Tochter mit dem Vater können zwar für die Abgrenzung von der Mutter während der Adoleszenz hilfreich sein, sind jedoch begrenzt, da es der Tochter nicht möglich ist, sich mit der väterlichen Identität zu identifizieren. Er hat eine männliche Geschlechtsidentität, sie ist weiblich. Sie kann sich also bestenfalls an der sozialen Rolle des Vaters orientieren und männliches, gesellschaftlichen Status verleihendes Verhalten praktizieren, das gerade von den Psychoanalytikern so gerne als verfehlte Weiblichkeit und als Männlichkeitskomplex gebrandmarkt wird[21].

Statt also zu verstehen und anzuerkennen, welche Schwierigkeiten und Kosten es beinhaltet, wenn Frauen sich in die Welt der Männer begeben und versuchen, Selbständigkeit und Ablösung von der Mutter zu realisieren, werden sie in theoretischen Modellen häufig auf die klassische Weiblichkeit verwiesen. Theoretisch sind jedoch die Möglichkeiten vorhanden, männliche wie weibliche Persönlichkeitsanteile sowohl in der Familie als auch im Beruf einzusetzen. Braucht es doch auch zur Haushaltsführung und Kinderversorgung und -erziehung sogenannte männliche Fähigkeiten wie Entscheidungsfähigkeit, Organisationstalent und die Fähigkeit, den Überblick zu behalten, wie auch im Berufsalltag vermeintlich weibliche Sozialtugenden wie Zuhörbereitschaft, kommunikative Kompetenz und die Fähigkeit zur Unterstützung und Zusammenarbeit. Das Problem der Auf- bzw. Abwertung scheint also weniger an tatsächlich ausgeführte Tätigkeiten, sondern vielmehr an die gesellschaftlich bewertete

Tätigkeit gebunden zu sein. Das zeigt einmal mehr, daß die ökonomische wie auch rechtliche Eigenständigkeit und Gleichberechtigung von Frauen an eine ideelle Wertschätzung gebunden ist. Es bedarf auch einer Perspektive, in der, wie Jessica Benjamin es genannt hat, die "wechselseitige Anerkennung" als Prinzip des sozialen Lebens zur realistischen Hoffnung werden kann. Bislang überwiegen aber Ausführungen, die verdeutlichen, wie Frauen an ihrer eigenen Nicht-Anerkennung mitwirken. Gerade die feministisch-psychoanalytische Perspektive verdeutlicht, wie schwierig es für Frauen auf ihrem Weg zur weiblichen Erwachsenenrolle ist, sich Männlichkeit anzueignen. Für die meisten Frauen bleibt Männlichkeit eine "geliehene Größe", wird eher phantasiert als gelebt. Dieser Verzicht auf männliche Rollen und Räume und die damit korrespondierende libidinöse Besetzung der beschränkten Räume weiblichen Alltags bereiten die verschiedenen Formen der weiblichen Selbstbeschränkung vor[22].

Hinzu kommt, daß die weibliche Ablösung von der Familie in der Adoleszenz dadurch erschwert ist, daß es für Frauen wenig gesellschaftliche Bilder außerhalb der Orientierung auf Beziehungen und intime Bindungen gibt. Die Begrenztheit der sozialen Angebote wirkt sich negativ und einschränkend auf die psychische Verarbeitung der durch die körperliche Entwicklung ausgelösten Verunsicherungen der Mädchen aus. Mädchen werden auf Weiblichkeitsbilder verwiesen, die wesentlich bestimmt sind von der Attraktivität für das andere Geschlecht. Körperliche Veränderungen treffen auf gesellschaftliche Geringschätzung (z.B. bei der Menstruation) oder objekthafte Taxierung (z.B. Kommentare zum Wachsen der Brüste). Unter diesen Bedingungen ist die Entdeckung, Wertschätzung und Realisierung von Eigenem schwer zu entwickeln und die Orientierung an der männlichen Norm bereits vorstrukturiert.

Nancy Chodorow hat eine psychologische Erklärung dafür geliefert, wieso Frauen innerhalb der vorgegebenen Zweigeschlechtlichkeit und im Rahmen der Kleinfamilie dazu tendieren, die familialen Strukturen zu reproduzieren. In der Pubertät - darin ist man sich einig - werden die psychischen Konstellationen insofern aufgerüttelt, als daß zumindest unbewußt die Anstrengungen verstärkt werden, sich von der Mutter zu lösen. Chodorow selbst äußert sich nicht zu den Möglichkeiten, der Reproduktion von Mütterlichkeit etwas entgegenzusetzen.

Ist nun die Idee, daß gerade die Adoleszenz Möglichkeiten, Räume und Orte bieten könnte für die Veränderung der symbolischen Bedeutung wie auch der größeren Wertschätzung und Bestätigung von Weiblichkeit, angesichts dieser Ausführungen eher als Wunschdenken denn als konkrete Möglichkeit einzuschätzen? Um zu einer begründeten Stellungnahme und Einschätzung dieser Idee zu kommen, möchte ich noch einmal das empirische Material der Jugendforschung sichten und nach möglichen Anknüpfungspunkten suchen. Da die in der Adoleszenz sich verfestigende geschlechtliche Identität, die als strukturierendes Prinzip für die weitere Aneignung der Welt und zur Grundlage der Verarbeitungsstruktur von Erfahrung dienen wird, abhängig von der konkreten

Lebenswirklichkeit entwickelt wird, wende ich mich zunächst empirischen Beiträgen zu und stelle dann nachfolgend meine Suche nach theoretischen Erklärungsmustern dar.

Studien zur Lebenssituation von Mädchen

Die in den 70er und 80er Jahren entstandenen Studien zur Lebenssituation der Mädchen befassen sich mit den Lebensbereichen Familie, Schule, peer-groups, Freundschaften und Sexualitätserfahrungen. Darüber hinaus gibt es eine große Anzahl an Studien, die das Thema des abweichenden Verhaltens auch der weiblichen Jugendlichen aufgreifen, und Interviewstudien, die die Zukunftsperspektiven und Zukunftswünsche der Mädchen erforschen[23].

Das Leben der Mädchen in der *Familie* schätzt Klaus Jürgen Tillmann (1992) in seinem Überblick über die vorhandenen Studien zu diesem Thema als konfliktreicher als für Jungen ein. Sind Auseinandersetzungen mit den Eltern um Kleidung, Frisur, Rauchen, dem Hören von lauter Musik und Taschengeld eher geschlechtsunspezifische Themen, mit denen Jungen wie Mädchen gleichermaßen konfrontiert werden, so drehen sich die Konflikte, die Mädchen mit ihren Eltern austragen, stark um Mithilfe bei der Hausarbeit und um das Ausgehen, die Zeit des Nachhausekommens und die "Jungenbekanntschaften". Mädchen werden mehr als Jungen in die Hausarbeit einbezogen, dies führe zu verstärkten Auseinandersetzungen mit der Mutter, die Tochter lerne gleichzeitig Übernahme und Widerstand gegen die traditionelle Frauenrolle (Tillmann 1992:45). Bei dem Thema des abendlichen Weggehens und der Jungenfreundschaften mischt sich nach Umfragen unter Mädchen häufig der Vater ein, so daß Mädchen hier einer schärferen Kontrolle als Jungen ausgesetzt sind. Sie müssen sich mehr rechtfertigen und sind häufiger damit konfrontiert, daß die Eltern ihre Freunde nicht billigen[24].

Empirische Studien legen also nahe, daß Eltern auf die Sexualität ihrer Töchter mit größeren Ängsten und stärkerer Abwertung reagieren als auf die ihrer Söhne. Damit korrespondieren auch die Formen der von den Eltern befürchteten Devianz: Als abweichend wird männliches Verhalten häufig dann bezeichnet, wenn Gewalttätigkeit vorliegt, bei Mädchen gelten frühe Schwangerschaft und Prostitution als Indizien[25]. Diese elterlichen Ängste hängen sicherlich sowohl mit der allgemeinen Tabuisierung von weiblicher Sexualität und der Verhaltensunsicherheit im Umgang mit ihr zusammen, sind aber auch daran gebunden, daß die weibliche Rolle stärker mit Körperlichkeit und Sexualität assoziiert wird als dies bei der männlichen Rolle der Fall ist. Frau-Werden realisiert sich gerade in der Pubertät über das Heranwachsen eines weiblichen Körpers und dafür ist auch von Bedeutung, daß die Mädchen im Vergleich zu den Jungen eine schnellere körperliche Entwicklung durchlaufen. Mädchen, so wird in der Literatur konstatiert, kommen ungefähr ein bis zwei Jahre eher als Jungen in die Pubertät und gehen aufgrund ihres Entwicklungsvorsprunges auch früher längerfristige (auch sexuelle) *Beziehungen mit dem anderen Geschlecht* ein[26]. Das bedeutet in der Konsequenz, daß die Mädchen in der Regel ihre ersten heterosexuellen Erfahrungen nicht mit ihren männlichen Altersgenossen machen, sondern ältere Freunde haben[27]. Wie genau diese Freundschaften aussehen und welche Erfahrungen die Mädchen hier machen und wie sich diese Erfahrungen auf das Selbstbewußtsein und Selbstverständnis auswirken, ist als Trend nur schwer zu beschreiben. Uwe Sander und Ralf Vollbrecht (1985) stellen Einzelfallinterpretationen vor, bei denen die jeweiligen Jungen-Freundschaften recht unterschiedliche Stellenwerte einnehmen, so daß sich keine allgemeinen Aussagen machen lassen. Georg Neubauer (1990) untersucht den Einfluß von Sexualität auf das Selbstbild von Jugendlichen und stellt in seiner Studie geschlechtsspezifisch unterschiedliche Verhaltens- und Verarbeitungsformen im Hinblick auf Sexualität fest. Mädchen, so sein Fazit, haben insgesamt weniger Spaß und mehr Streß mit Sexualität und Geschlechtsverkehr. Ihre emotionale Befindlichkeit werde stark durch das elterliche Verhalten bestimmt, und da sie stärkeren Restriktionen von zuhause ausgesetzt sind, hätten Mädchen größere Probleme mit ihrem Selbstbild nach ersten Sexualitätserfahrungen (Neubauer 1990:124). Diese Aussagen Neubauers müssen auch vor dem Hintergrund gesehen werden, daß Mädchen oft widersprüchlichen Situationen und unterschiedlichsten Selbst- und Fremdansprüchen bei ihren Erfahrungen mit dem anderen Geschlecht ausgesetzt sind. So berichtet Angelika Horstkotte (1985), daß die Eltern sich zwar aufgrund verschiedener Sexualmoralen unterschiedlich reglementierend zu den heterosexuellen Beziehungen der Tochter verhalten, aber die heterosexuelle Entwicklungsnorm in der Regel nicht aus dem Blick verlieren: Wenn die Tochter mit 17 noch keinen Freund hat, ist das ein Grund für die Eltern, sich Sorgen zu machen (Horstkotte 1985:40).

So stellt sich der Bereich der Sexualität für die adoleszenten Mädchen auch diesen Studien zufolge als konfliktgeladen dar. Der gesellschaftliche Druck zur Heterosexualität als dem Normalen ist für Mädchen einerseits mit Prestigegewinn verbunden - Attraktivität wird kommentiert, sie erregt Aufmerksamkeit und Interesse bei anderen - andererseits erfordert die weibliche Attraktivität *für* den Mann auch die Unterordnung der Frau; sie ist Sexualobjekt, wird von ihm gewählt, und dies macht es so schwer, eigene Wertmaßstäbe und Unabhängigkeit zu entwickeln.

Auch wird die besondere *Beziehung zwischen Mutter und Tochter* als ein Bereich von möglichen Konflikten für Mädchen in der Familie durch die empirische Forschung verdeutlicht. Wir sahen, daß in der Theorie die Ablösung von der Mutter immer wieder als töchterliche Entwicklungsaufgabe beschrieben wird, deren Bewältigung häufig schwierig ist. Bei Befragungen beschreiben die Mädchen die Beziehung zu ihrer Mutter oft als nah und vertraut[28]. Korrespondierend mit Teilen der feministisch-psychoanalytischen Literatur, die die Intimität und Nähe der Mutter-Tochter-Beziehung auch als Stärke begreift und damit auch die vorgebliche Notwendigkeit der Ablösung in Frage stellt, könnte diesen Aussagen zufolge das Mutter-Tochter-Verhältnis weniger als Konfliktpotential denn als positive und unterstützende Erfahrung gewertet werden. In den Zusammenhang mit den oben beschriebenen Auseinandersetzungen zwischen Mutter und Tochter gestellt, wird aber deutlich, daß Konflikte der Ablösungsprozesse sich häufig um die Erfüllung oder Verweigerung der weiblichen Rolle drehen. Es ist für Mädchen oft schwierig, Weiblichkeit in Auseinandersetzung mit der Mutter zu erproben und zu definieren, da die Entwicklung der Tochter bei der Mutter eigene Ambivalenzen und Verdrängtes mobilisieren kann, welche dann auch in das Weiblichkeitsbild der Tochter eingehen. Angelika Burger und Gerlinde Seidenspinner (1988) konstatieren in ihrer Mutter-Tochter-Studie, daß speziell die 14-15 Jährigen, die keinen Freund haben, sich stark mit der Mutter identifizieren und sich wenig gegen sie abgrenzen (Burger/ Seidenspinner 1988:119). Es wäre interessant zu erfahren, wie stark sich das Verhältnis dieser Mädchen zu ihrer Mutter ändert, wenn sie eine Jungenfreundschaft eingehen, ob die heterosexuelle Beziehung etwa als Vehikel für die Ablösung von der Mutter dient, und ob es sich positiv auf das Mutter-Tochter-Verhältnis auswirkt, wenn die Mutter sich tolerant, verständnisvoll und bestätigend zu der töchterlichen Sexualität und ihren Freundschaften verhält. Es ist wahrscheinlich, daß die Qualität der Mutter-Tochter-Beziehung davon abhängen wird, ob die Tochter das (unbewußte) Weiblichkeitsbild der Mutter unreflektiert übernimmt, oder ob sie ihr Weiblichkeitsbild in Auseinandersetzung mit der Mutter entwickelt hat, im Verlauf derer vielleicht eine vorübergehende Ablösung und Trennung es ermöglicht hat, sich später wieder positiv aufeinander zu beziehen. Eine anhaltend harmonische Mutter-Tochter-Beziehung ist wohl entweder ein Indiz für die große Flexibilität und Toleranz der Mutter oder aber ein Hinweis darauf, daß die Tochter das Weiblichkeitsbild der Mutter widerspruchslos übernommen hat. Dies muß nicht per se problematisch sein, stimmt aber bedenklich, hat man im Blick, daß Weiblichkeitsbilder und Vorstellungen über Zukunft sich im Laufe einer Generation durchaus wandeln können.

Die Mutter-Tochter-Beziehung, das legen auch die empirischen Befunde nahe, muß neu strukturiert werden, damit die Jugendliche Vorstellungen von Weiblichkeit entwickeln kann, die nicht von Anfang an mit denen der Mutter identisch sind. Die Konflikthaftigkeit des Ablösungsprozesses hängt einerseits mit der größeren Nähe zusammen, die Mütter zu ihren Töchtern entwickeln können und die es den Töchtern schwerer macht, sich aus dieser engen Beziehung ohne Verlustängste und Schuldgefühle zu lösen. Andererseits sind diese Ablösungsschwierigkeiten auch im Zusammenhang damit zu sehen, daß alternative Weiblichkeitsbilder rar sind, die Töchter also häufig auf ihre Mütter zurückverwiesen sind und zwischen der Kritik und der Nähe zum mütterlichen Lebensentwurf hin- und hergerissen werden. Damit die Innigkeit und die Nähe der Mutter-

Tochter-Beziehung als positiver Einflußfaktor auf das weibliche Selbstbewußtsein wirksam werden kann, braucht es kulturelle Zusammenhänge, in denen die weibliche, gleichgeschlechtliche Beziehung nicht in ständiger Konkurrenz mit der heterosexuellen Beziehung steht[29]. Der familiäre Rahmen, in dem sich die Mutter-Tochter-Beziehung herkömmlicherweise entwickelt, ist dafür sowohl ungeeignet aufgrund seiner strukturellen Verankerung in der Dichotomie Öffentlichkeit-Privatheit als auch wegen der innerfamiliären patriarchalen Organisationstruktur[30]. Die Frauenrolle ist hier abgewertet bzw. wird bestenfalls als positive Ergänzung zur männlichen Rolle begriffen.

Für den Lebensbereich der *Mädchenfreudschaften* wird die Hoffnung gehegt, hier könne sich wechselseitige, weibliche Wertschätzung und Eigenständigkeit etablieren. In empirischen Studien wird dabei unterschieden in "beste Freundin" und "Clique"[31]. "Beste Freundinnen", das behaupten zumindest einige Autoren, sind für Mädchen wichtiger, enger und intimer als für Jungen und erfüllen oft die Funktion, sich aufgehoben und verstanden zu fühlen. Nicht selten werde die Mädchenfreundschaft gestört oder beendet dadurch, daß eine der beiden Mädchen einen Freund hat[32]. Diese Geringschätzung der Mädchenfreundschaft, sobald eine Jungenfreundschaft hinzukommt, hat, darauf weisen Liesing Pagenstecher et al. (1985) hin, ihre Entsprechung im Erwachsenenalter. Auch dort bewältigen Frauen ihren Alltag mit Frauen, weisen dieser Beziehung häufig aber eine geringere Bedeutung als der gegengeschlechtlichen Beziehung zu (Pagenstecher et al. 1985:117). In der Gruppe sorgt der Erfolg beim anderen Geschlecht für Prestigegewinn; hier werden auch Erfahrungen mit dem Gegengeschlecht besprochen und diskutiert[33]. Dies zeigt, daß die gesellschaftlich vorgegebene Orientierung auf den Mann auch in die Mädchenfreundschaften hinein wirkt und es für Mädchen schwer ist, andere, außerhalb dieser Norm liegende Bedürfnisse wahr- und ernstzunehmen. Pagenstecher et al. fordern deshalb die Etablierung von feministischer Öffentlichkeit und Mädchenkultur als eigene Lebensräume, in denen Mädchenfreundschaften "nichts Ungewöhnliches sind und in denen sie auch ohne Freund als vollwertig gelten" (Pagenstecher et al. 1985:138).

Bedarf nach solchen Zusammenhängen wird auch in Projektberichten über Mädchentreffs und deren Aktivitäten zum Ausdruck gebracht. Nach ihren Erfahrungen im Mädchentreff befragte Mädchen verwenden häufig Begriffe und Bilder wie "Insel", "Heimat", und "Familie", "andere Welt", "Bestätigung". Zum einen sprechen die Mädchen von der Unterstützung, Anregungen und dem Wohl- und Selbstwertgefühl, die sie im Mädchentreff erfuhren. Sie schätzen den Mädchentreff als für sie positive Erfahrungsmöglichkeit. Andererseits thematisieren sie, daß "die Welt draußen" anders ist, und die 'Oase Mädchentreff' nur eine "Insel", nicht aber umfassende Wirklichkeit ist: "Je mehr Bestätigung du hier bekommst, je selbstbewußter du draußen auftrittst, je massiver werden die Angriffe auf dich" (IB-Mädchentreff Frankfurt, o. J.:231).

Zudem sind Mädchenräume selten. Auch die moderne *Schule* als wichtiger Ort, wo Jungen und Mädchen verschiedenen Alters sich treffen und verabreden können, ist in der Regel koedukativ. Die in den letzten Jahren verstärkt geführte Diskussion über die Nachteile, die den Mädchen aus dieser Form der Schule erwachsen, hat gezeigt, daß auch in der Schule männliche Dominanz und weibliche Zweitrangigkeit direkt wie auch unterschwellig gelernt wird[34]. Dies ist möglich, obwohl Mädchen sowohl sozial und kognitiv kompetenter als Jungen eingeschätzt werden. Im Schnitt haben die Mädchen die besseren Schulleistungen, sind in der Regel aufgeschlossener und beliebter als die Jungen (Horstkemper 1987:141ff). Im Verlauf der Adoleszenz aber beginnt dieser 'Vorsprung' zu bröckeln. Die Studie von Helmut Fend (1990) zeigt, daß es den Mädchen nicht gelingt, ihr Können und ihre Erfolge auch in Selbstwertgefühl umzusetzen (Fend 1990:124). Im Gegenteil lassen im Schnitt die Schulleistungen der Mädchen und das Interesse an sog. männlichen naturwissenschaftlichen Fächern ab der 7. Klasse mit verstärkt einsetzender Pubertät nach. Die körperlichen und psychischen Veränderungsprozesse in der Adoleszenz, die der Norm entsprechend körperliche Attraktivität der Mädchen für das männliche Gegenüber bedeuten, führen also in der Regel zu Verunsicherung und zur Verringerung der weiblichen Leistung und des Erfolges.

Das heißt, daß solange die "Suche nach dem Mann" und die damit einhergehende Objektidentität Maßstäbe für die weibliche adoleszente Entwicklung bleiben, die Adoleszenz nicht zur "zweiten Chance" für die Mädchen werden kann. Die zitierten Studien zeigen, daß mit dem Beginn des sexuellen Interesses für das Gegengeschlecht auch die Konfrontation mit der heterosexuellen Norm einhergeht, die für Mädchen so häufig die weibliche Nachrangigkeit festschreibt. Die feministische Kritik an der "Zwangsheterosexualität" (Rich 1983) findet hier eine empirische Basis. Auch in der Adoleszenz spielt diese Orientierung an der Norm eine wichtige Rolle, zum einen da sie dafür mitverantwortlich ist, daß Mädchenfreundschaften abgewertet sind und nach der Pubertät kaum öffentliche Räume für sie existieren, zum anderen weil sie dazu beiträgt, daß Mädchen, indem sie bewußt weiblich werden, um den Jungen/Männern zu gefallen, auf die Aneignung der selbstwertsteigernden männlichen Eigenschaften verzichten und dies zur Reduzierung ihres positiven Selbstbildes beiträgt.

Offen lassen die meisten der empirischen Untersuchungen, warum Mädchen ein geringeres Selbstwertgefühl entwickeln als Jungen und ob es denn zumindest in den Wünschen, Plänen und Lebensentwürfen Anzeichen für die Veränderung der weiblichen Orientierung auf den Mann als Lebens- und Selbstentwurf gibt. Auch Bettina Hannovers (1992) aktuelle Studie illustriert diese Lücke erneut. Sie stellt sich in ihrer Untersuchung die Frage nach dem psychologischen Mechanismus, der für die geschlechtsspezifische Interessensentwicklung in der Pubertät verantwortlich ist. Hannover prüft die "Auswirkungen der körperlichen Veränderungen und der Anwesenheit von männlichen Klassenkameraden auf das spontane Selbstkonzept der Mädchen". Sie lehnt sich dabei an rollentheoretische Überlegungen an, nach denen das Selbstkonzept entweder in Übereinstimmung mit der Geschlechtsrolle entwickelt wird (Variante a) oder aber an der männlichen Rolle orientiert und somit versucht wird, feminine und maskuline Eigenschaften in das Selbstkonzept zu integrieren (Variante b). Die Autorin geht davon aus, daß Mädchen im Gegensatz zu Jungen keine Selbstwertsteigerung erfahren, wenn sie sich mit der eigenen Geschlechtsrolle identifizieren, und begreift das zweite Selbstkonzept (Variante b) als "erwachsenandrogynes Konzept". Ihrer Untersuchung zufolge aktiviert die Anwesenheit des anderen Geschlechts die Wahl eines weiblichen Selbstkonzeptes (Variante a). Damit einher ginge eine feminine Geschlechtsrollenorientierung und ein Interessensverlust an traditionell männlichen Fächern. In koedukativen Klassen, so beobachtete Hannover, spielen die körperlichen Veränderungen der Pubertät wie auch die Selbstkonzepte, männlich oder weiblich zu sein, eine größere Rolle als in reinen Mädchenklassen. Deshalb werden in koedukativen Klassen häufiger geschlechtsbezogene Selbstkonzepte gewählt. Für Jungen sei dies unproblematisch; sie erleben sich mit zunehmender körperlicher Reifung erwachsener und identifizieren sich stärker mit der männlichen Geschlechtsrolle. Beide Tendenzen sind miteinander vereinbar und führen zu Selbstwertsteigerung und einer "günstigen Interessensentwicklung". Mädchen hingegen werden mit der körperlichen Entwicklung zur Übernahme einer sozial weniger geachteten weiblichen Geschlechtsrolle aufgefordert. Sie fühlen sich zwar erwachsener, aber weniger wertgeschätzt. Dieser Konflikt stelle sich für Schülerinnen homogener Mädchenklassen anders dar, weil "das geschlechtsbezogene Selbstkonzept aufgrund der Abwesenheit des anderen Geschlechts im Lernkontext weniger salient ist. Deshalb können diese Mädchen eher eine androgyne Rollenorientierung und damit auch Interesse für traditionell 'männliche Fächer' entwickeln" (Hannover 1992:43).

Hannovers Studie liefert zwar keine Erklärung für die Bereitschaft der Mädchen, die traditionelle weibliche Rolle zu übernehmen, verdeutlicht aber die Bedeutung der Anwesenheit von Jungen im Klassenzimmer[35]. Offenbar ist die Koedukation für die Bewertung der körperlichen Veränderungen von Mädchen insofern ungünstig, als daß die weiblichen Jugendlichen die höher eingeschätzten männlichen Eigenschaften wenig für ihre Interessensentwicklung und auch kaum zur Steigerung ihres Selbstwertgefühls nutzen können, sondern eher zu sog. femininem Verhalten herausgefordert werden. So macht Hannovers rollentheoretische Orientierung einmal mehr die Enge und die Normativität der Geschlechterrollen deutlich.

Alle diese empirischen Beobachtungen verdeutlichen, daß ein an der Geschlechtsrolle ausgerichtetes Normalitätskonzept mehr oder weniger bewußt in die weibliche Identität und Lebensplanung mit eingeht. Modelle und Lernräume, an denen Mädchen eigene Handlungsmöglichkeiten und Absichten ausrichten könnten, sind hingegen rar. Nichtsdestotrotz sorgt sowohl ein gewisses Unbehagen an der Geschlechterrolle als auch ein gesellschaftlich gestiegener Anspruch auf weibliche Selbstbestimmung und Gleichheit dafür, daß die Vorstellungen von privater und beruflicher Lebensplanung zum Teil von der Normativität der weiblichen Rolle abweichen. So halten beispielsweise Barbara Keddi und Gerlinde Seidenspinner (1990) fest, daß eine doppelte Perspektive auf Beruf und Familie ein Grundmuster weiblicher Lebensperspektive sei und junge Frauen sich in der Spannung zwischen Berufsorientierung und Beziehungsorientierung verhalten müßten. Studien, die sich mit Lebensentwürfen junger Frauen beschäftigen, kommen dabei nicht unbedingt zu ähnlichen Einschätzungen. Einige heben die Kontinuität der konventionellen Lebensplanung hervor[36], andere konstatieren eher eine Rollenveränderung im weiblichen Lebensentwurf[37]. Ulrike Popp (1992) hat aufgrund einer Längsschnittuntersuchung über Zukunftsperspektiven von Jugendlichen die These aufgestellt, daß die Ablehnung der Geschlechtsrolle bei Mädchen stärker als bei Jungen erforderlich sei und es deshalb im weiblichen Lebensentwurf zu einer zeitlichen Ausweitung der Lebensphase komme, die Erikson als "psychosoziales Moratorium" beschrieben hat. Mädchen, so formuliert Popp, fordern ein "Moratorium von den als weiblich deklarierten Aufgaben einer späteren Mutter und Hausfrau" (Popp 1992:61). Die von ihr befragten Mädchen haben unklare Lebensperspektiven, die Familienphase wird auf viel später verschoben, sie haben oft alternative Lebensvorstellungen, Spaß ist wichtiger als Karriere, nicht selten werden Auslandsaufenthalte als wichtiger Erfahrungsbereich für die nahe Zukunft gewünscht. Laut Befragung gedenken die meisten Mädchen nach dem verlängerten Moratorium, die traditionelle Weiblichkeitsrolle zu erfüllen. Ob sie es dann tatsächlich tun, hängt nach Einschätzung von Popp von "lebenswegrelevanten Faktoren und Erfahrungen" ab (Popp 1992:63).

Die Untersuchung von Popp scheint mir in mehrerer Hinsicht Ansätze für eine Veränderung des Verhaltens von Mädchen in der (Post-?)Adoleszenz aufzuzeigen. Hier wird berichtet, daß Mädchen Freiräume zum Ausprobieren und ein Recht auf eigene Erfahrung wollen. Im Unterschied zu den befragten Jungen, die sich ihr Leben allesamt als berufliche Karriere mit einer Frau zu Hause zu ihrer Verfügung vorstellen, fordern die Mädchen eine Phase des Ausprobierens von anderen Identitätsentwürfen und Rollen, bevor sie bereit sind, sich mit der klassischen Weiblichkeit (Mutterschaft und große Bedeutung der heterosexuellen Beziehung) auseinanderzusetzen. Mit diesem anderen Lebensentwurf werden auch die Zukunftswünsche der Jungen ein Stück in Frage gestellt - auch sie müssen sich angesichts der Bedürfnisse der gleichaltrigen Mädchen zumindest fragen, wieso die Mädchen mit der männlichen Zukunftsperspektive nicht voll und sofort einverstanden sind. Bewertet man die Weigerung der Mädchen, konkrete Lebensentwürfe zu entwickeln, positiv (statt sie als den Wunsch zu interpretieren, nicht erwachsen werden zu wollen), dann beinhaltet diese Art der Verlängerung des "psychosozialen Moratoriums" auch die Möglichkeit, andere

Formen weiblicher Lebenszusammenhänge entstehen zu lassen. Ein Moratorium von denAnsprüchen der weiblichen Geschlechtsrolle zu fordern, kann auch bedeuten, daß im Laufe des Erwachsenen-Lebens eine veränderte Vorstellung von Geschlechtsrollen entsteht. Wie diese Mädchen die weiblichen Rollenerwartungen konkret verarbeiten, wird davon abhängen, welche Erfahrungsräume ihnen zur Verfügung stehen und ob ihnen alternative Lebensformen von anderen, (erwachsenen) Personen vorgelebt werden, ob auch andere von der Norm abweichende Erfahrungen in die Geschlechtsidentitäten der Mädchen und Frauen eingehen können. Margarete Mitscherlich-Nielsen (1975) formuliert die Bedingungen, unter denen sich eine Veränderung der gesellschaftlichen Rollenangebote vollziehen könnte.

"Ohne die Befreiung von sozialer, ökonomischer und familiärer Unterdrückung gibt es nur eine Emanzipation für wenige ausgewählte Frauen. Zugeben müssen wir allerdings, daß erst die kritische Distanz der Frauen selber zu der vom Mann geprägten Gesellschaft, ihr besseres Verständnis der Eigenart ihrer weiblichen Entwicklung zu einer dauerhaften Veränderung nicht nur der Stellung der Frau, sondern der gesellschaftlichenWertvorstellungen überhaupt führen wird" (Mitscherlich-Nielsen 1975:593).

Die Entwicklung von "kritischer Distanz" zu denWerten der patriarchalen Gesellschaft, von der hier die Rede ist, beinhaltet die Möglichkeit,Weiblichkeit als etwas Eigenes, Positives zu erleben, ist aber - das zeigen die zitierten Studien - daran gebunden, daß Frauen in Beziehungen Subjekte und nicht Objekte sind. Dies ist zunächst einmal in reinen Frauen- oder Mädchengruppen eher gegeben als in gemischtgeschlechtlichen Zusammenhängen, in denen die weibliche Zweitrangigkeit so geläufig ist. Die Notwendigkeit von eigenen weiblichen Erfahrungsräumen ist damit einmal mehr betont.

Frauen- und Mädchenräume sind jedoch keine ausreichende Bedingung dafür, daß sich Frauen in der Konfrontation mit der Männerwelt nicht länger unterordnen. Ändern muß sich auch die gesellschaftlich definierte Geschlechtsrolle und diese Änderungen müssen durchgesetzt werden. Das veränderte Bewußtsein und die gestiegenen Ansprüche und Erwartungen der Frauen treffen bislang noch auf eine eher traditionell organisierte Lebenswirklichkeit[38]. Elisabeth Beck-Gernsheim und Ulrich Beck (1990) sind derAnsicht, daß die "Widersprüche zwischen weiblicher Gleichheitserwartung und Ungleichswirklichkeit, zwischen männlichen Gemeinsamkeitsparolen und Festhalten an den alten Zuweisungen"[39] sich zuspitzen werden und große geschlechtsspezifische Konfliktpotentiale beinhalten. Da die Gleichstellung der Geschlechter nur erreichbar ist, wenn Männer Privilegien abgeben, und man vermuten darf, daß sie dies nicht freiwillig tun werden, steht nach Einschätzung von Beck/Beck-Gernsheim eine Zeit politischer und individueller Auseinandersetzung zwischen Männern und Frauen bevor.

Wenn diese Einschätzung zutreffend sein sollte, geben die Studien über weibliche Adoleszenz wenig Anlaß zur Hoffnung, daß Frauen sich in diesen Auseinandersetzungen stark machen oder gar durchsetzen könnten. Mit dem Beginn der Adoleszenz - so der Eindruck, der sich nach der Sichtung der (empirischen) Studien verfestigt - verlieren selbstbewußte, kompetente Mädchen ihr Selbstbild und Selbstbewußtsein und orientieren sich an Außenbewertungen und der sozialen Norm. Erst als Erwachsene finden viele Frauen wieder Möglichkeiten, aktiv und selbstbewußt zu werden. Dies zeigt zum einen, daß die weibliche Sozialisation mit dem Ende der Adoleszenz nicht abgeschlossen ist und daß Lernen und Veränderungen auch im Erwachsenenalter stärker berücksichtigt werden müssen. Zum anderen heißt das auch, daß so negativ, wie die vorliegenden Studien die weibliche Adoleszenz schildern, sie nicht nur sein kann. Auch in der Pubertät müssen Mädchen ihre narzißtischen, aufbegehrenden und kreativen Anteile irgendwie und irgendwo befriedigen oder sie zumindest so konservieren und schützen, daß sie im Erwachsenenalter wieder aktiviert werden können. Darüber aber, wie Mädchen mit ihren Wünschen nach Anerkennung, Mitwirkung und Bedeutsamkeit umgehen, wie diese Wünsche ausgedrückt werden, sagt die Forschung sehr wenig. Weibliche Besonderheiten werden nicht beschrieben. In der durch die Forschung an männlichen Jugendlichen gewonnenen Kategorien erscheint die weibliche Entwicklung einseitig als Anpasssungsleistung, in der Eigenständigkeit nicht vorkommt. Das bedeutet, daß wir entweder neue Kategorien der Beschreibung oder aber andere Interpretationen entwickeln müssen.

Offen bleiben auch Fragen nach dem Wie und dem Warum der Orientierung an der traditionellen weiblichen Rolle. Hierzu bräuchte es erneut eine Berücksichtigung und Einarbeitung eines Verständnisses von psychosexueller Entwicklung in ihrer Konflikthaftigkeit und ihrer unbewußten Dimension. Diese subjektive Interpretation von Körper- und Geschlechtserleben wird in den meisten Mädchen-Studien jedoch kaum berücksichtigt. Es überwiegt die Darstellung der Interpretationen und Reaktion auf kulturelle Vorgaben der Geschlechterrolle. Erinnert man sich, um diese Lücke zu schließen, an die im vorherigen Abschnitt diskutierten psychoanalytischen Adoleszenztheorien, so fällt auf, daß auch hier die Adoleszenz häufig als Phase der "Krise" interpretiert wird. Was kann ein Verständnis von der Adoleszenz als "Krise" bei der Suche nach der weiblichen Adoleszenz als "zweite Chance" für Bezugspunkte bieten?

Adoleszenz als "Krise" und die Notwendigkeit, innere und äußere Realität miteinander in Verbindung zu setzen

Die Adoleszenz als Phase der "Krise" (Erikson), der "Stagnation" (Winnicott) wird, das zeigen die empirischen Studien, geschlechtsspezifisch unterschiedlich bewältigt. Die Studien illustrieren eine solche Variationsbreite an Bewältigungsstrategien und Konfliktlösungsmöglichkeiten, daß die Adoleszenz besser als "Variable" denn als feststehende Entwicklungsaufgabe charakterisiert ist[40].

Eine Theorie der Adoleszenz, soweit ist man sich einig, muß aktuelle, gesellschaftliche Strömungen und sozial-kulturelle Konstellationen mit in ihre Erklärungshypothesen einbeziehen. Werden dabei entsprechend moderner soziologischer Literatur die Risiken heutiger Gesellschaften und die damit zusammenhängenden Individualisierungstendenzen als zentrale Einflußfaktoren von Lebensführung angesehen, treten zwangsläufig die Widersprüche und die Krisenhaftigkeit auch der adoleszenten Entwicklung in den Vordergrund. Die "Individualisierung" (Beck) und die damit verbundene Herauslösung aus tradierten Zusammenhängen stellt für männliche und weibliche Jugendliche einerseits eine Verunsicherung dar, die zur Übernahme alter Normen und Werte führen kann. Andererseits beinhaltet das Brüchig-Werden alter Sinnsysteme auch die theoretische Möglichkeit größerer Entscheidungsfreiheit, die als Chance für die Entwicklung alternativer Lebensentwürfe genutzt werden könnte.

Die adoleszente "Krise" ist so gesehen eine doppelte: Einmal bezeichnet sie die individuelle Notwendigkeit, sich an bestehenden Erwartungen abzuarbeiten und sich zu ihnen zu verhalten. Zum anderen werden weibliche und männliche Jugendliche im "Individualisierungs"-Zeitalter während der Adoleszenz mit diversen Werten und Sinnsystemen konfrontiert, die brüchig geworden sind, zu denen es aber keine alternativen Modelle oder Handlungsperspektiven gibt. Sie müssen Selbstverantwortung und Entscheidungsfähigkeit beweisen, auf die sie u.U. gar nicht genug vorbereitet sind.

Interessant ist an dieser Vorstellung, daß in dem Maße, in dem Individuen für ihre Biographie selbst verantwortlich gemacht werden, auch die Orientierung an Familie schwindet. Für Frauen, denen die traditionelle Geschlechtsrolle eine Familienorientierung nahelegt, könnte eine derartige gesellschaftliche Entwicklung auch bedeuten, daß sie sich von der Geschlechterrolle lösen und Ansprüche auf Beteiligung an der Männerwelt stellen müssen. So gesehen wären Forderungen nach mehr Gleichheit zwischen den Geschlechtern eher gesellschaftlich notwendige Orientierungs- und Überlebensstrategie von Frauen denn gesellschaftliche Kritik. Ähnliche Schlußfolgerungen legt eine Untersuchung von Gertrud Nunner-Winkler (1985) nahe. Sie geht "Adoleszenzkrisenverlauf und Wertorientierung" nach und untersucht individuelle Lebensverläufe weiblicher und männlicher Jugendlicher daraufhin, ob sie krisenfrei oder mit heftigen Krisen ablaufen. Als "Krise" begreift sie eine vehemente Auseinandersetzung mit gesellschaftlich vorgegebenen Erwartungen, im Zuge derer kognitive Orientierungen wie auch die "motivationale Basis" mobilisiert würden. Junge Frauen, die in der Adoleszenz keine Krise durchlaufen, stellt Nunner-Winkler fest, hätten keine Geschlechtsrollenkonflikte, sie verstehen die weibliche Rolle als mit Berufstätigkeit vereinbar, streben letztere an bzw. üben sie aus. Für die Frauen aber, deren Adoleszenz krisenhaft verläuft, beschreibt sie eine Bejahung der Leistungsgesellschaft, die mit einer kritischen Einstellung zur tradierten weiblichen Rollenerwartung korrespondiert. Sie kommentiert:

"heftige Krise führt nicht notwendig zur gesellschaftskritischen Einstellung. Die kri-senhaften Frauen vertreten affirmativ geltende Organisationsprinzipien; sie wollen die Gesellschaft nicht verändern - sie wollen ihren Platz in ihr, den sie gegen die restriktive Definition der traditionellen weiblichen Rolle erkämpfen" (Nunner-Winkler 1985:102).

Das hieße, daß zwar nicht jede 'Karrierefrau' Feministin ist, aber jedenfalls ein Bewußtsein davon haben muß, daß konventionelle Weiblichkeitsvorstellungen sie einschränken.

Ich halte die Unterteilung in gesellschaftskritische Einstellung und kritische Einstellung der Geschlechtsrolle, die Nunner-Winkler hier vornimmt, für nur bedingt sinnvoll, zumal sie nicht deutlich macht, warum denn ein geschlechts-rollenkritisches Bewußtsein nicht auch eine Form des gesellschaftskritischen Bewußtseins sein kann und so tut, als ob diese Geschlechtsrolle etwas von der Gesellschaft Losgelöstes wäre. Ich erwähne diese Untersuchung aber trotzdem, da hier eine Korrelation von weiblicher Adoleszenz, in der eine (konfliktreiche) Auseinandersetzung mit gesellschaftlichen Erwartungen geführt wird, und der Kritik an der herkömmlichen Frauenrolle aufgezeigt wird. Hier rückt also mit den Krisen der Adoleszenz auch eine Veränderung der weiblichen Geschlechts-rolle in den Blick. Wie aber kann erklärt werden, daß eine solche psychische Krise - folgt man Nunner-Winkler - in manchen Individuen (mit verschiedenen Abläufen und Variationen) auftaucht, in anderen offenbar weniger oder gar nicht?

Die Psychoanalytikerin Jeanne Lampl de Groot (1960) vertritt die Ansicht, daß die Adoleszenz eine depressive Reaktion auf den Verlust der Kindheit sei. Dieser Verlust müsse, und darin bestünde die Entwicklungsaufgabe, Schritt für Schritt durch Trauerarbeit umgewandelt werden. Dies sei ein Prozeß, der einen bedeutenden Anteil an der lebenslangen Aufgabe habe, die innere mit der äußeren Welt in Verbindung zu setzen. Lampl de Groots Vorstellung dieses Pro-zesses ist geschlechtsunspezifisch. Ich möchte versuchen, ihre Aussagen auf die weibliche Adoleszenz zu beziehen.

Lampl de Groot hält fest, daß der zentrale Unterschied zwischen der Entwick-lung in der Kindheit und der Entwicklung in der Adoleszenz die Rolle des Über-Ichs sei. Wenn sich Normen, Werte, Orientierungen und Einstellungen verfesti-gen sollen, muß das Über-Ich re-organisiert werden. Schwierig sei dies deshalb, weil mit der Ablösung von den Eltern auch Teile des internalisierten Über-Ichs aufgegeben würden. Dies sei, so Lampl de Groot, auch ein Stück Selbstaufgabe, da das kleine Kind seine Eltern idealisiere und so auch seine Größenphantasien bearbeite. Wenn nun mit der Ablösung von den Eltern auch diese Idealisierung teilweise zerstört wird, so greife dies auch einen "Grundpfeiler der Idealbil-dung" (Lampl de Groot 1960:483) an und gebe als narzißtische Kränkung Anlaß zu Aggressionen wie auch zur Gefühls- und Reaktionslosigkeit auf äußere Impulse. Andererseits sei es möglich, daß Jugendliche an archaischen, idealisierten Eltern-Imagines festhalten, weil sie als Abwehr gegenüber Scham-

und Schuldgefühlen dienen müssen, die durch intensive Feindseligkeit den Eltern gegenüber hervorgerufen werden. Zudem hält Lampl de Groot es für wichtig, für die Analyse der Prozesse in der Adoleszenz zwischen Über-Ich und Ich-Ideal zu unterscheiden. Das Über-Ich als Instanz der Normen, Verbote und Gesetze verweise auf einen anderen Entwicklungsbereich als das Ich-Ideal als Instanz der Ethik, der Ideale und der Moral.

Obwohl diese Äußerungen recht abstrakt und allgemein sind, können sie doch als eine Erklärungsfolie für die verschiedenen, zum Teil gegeneinander stehenden Beschreibungen weiblicher Adoleszenz herangezogen werden. Lampl de Groot bezeichnet die Adoleszenz als "Prozeß der Trauerarbeit" über den Verlust der frühen Elternimagines, der abhängig sei von der "nach innen gekehrten Aggression" (die frühkindliche gegen die Eltern gerichtet war) (Lampl de Groot 1960:482). Haß und Ambivalenzen gegen frühe Eltern-Objekte leben Mädchen und Frauen - darauf wies Janine Chasseguet-Smirgel hin - sehr viel stärker als Jungen in der Form aus, daß sie die Aggression nach innen und gegen sich selbst wenden. Das könnte erklären, daß eine Phase des Aufbegehrens, der Rebellion in den Studien über weibliche Jugend (außer wenn es um sog. Devianz geht) so selten vorkommt. Viel häufiger gibt es empirisches Material, das "nach innen gekehrte Aggression" in Form von Eß- und Menstruationsstörungen als Bewältigungsstrategie dieser Trauerarbeit dokumentiert.

In der Adoleszenz, so Lampl de Groot, müssen die inzestuösen Bindungen an die Eltern aufgegeben werden. Folgt man den Thesen der feministisch-psychoanalytischen Autorinnen, so ist die frühe Beziehung des Mädchens zum Vater immer von Defiziten gekennzeichnet. Da sie ihn nie gehabt hat, kann sie ihn auch nicht aufgeben, sondern muß weiter danach suchen, und die weibliche Suche nach einem Freund, die die Mädchen-Studien beschreiben, bestätigt dies. Die frühe Beziehung zur Mutter hingegen wird, so die feministisch-psychoanalytischen Autorinnen, nie vollständig aufgegeben. Dem entspricht, daß auch die Mädchen-Studien das Bild von der Ablösung nicht bestätigen. Sowohl Burger/Seidenspinner (1988) als auch Apter (1990) beschreiben, daß die Mutter für das emotionale Empfinden der Tochter während der Adoleszenz in der Regel wichtig bleibt. Es scheint also nicht das Problem der Mädchen zu sein, daß ihre Beziehungsfähigkeit durch die Abwendung von dem mütterlichen Liebesobjekt als eine "Zerstörung eines Teils ihrer Persönlichkeit", wie Lampl de Groot es nennt, wirkt. Vielmehr leidet ihre Fähigkeit zur Selbstliebe; es fehlt an Möglichkeiten, "Narzißmus, Aggression und Ambivalenz" (Erdheim) produktiv auszugestalten. Dabei könnte - zumindest theoretisch - das Ich-Ideal eine konstruktive Rolle spielen. Die von Lampl de Groot erneut hervorgehobene Unterscheidung von Über-Ich und Ich-Ideal, läßt den Denk-Entwurf zu, daß wenn richtig ist, daß Mädchen sich von ihrer Mutter nie ganz ablösen, auch nicht alle Möglichkeiten zur Idealbildung zerstören. Selbst wenn sie ein rigides, der patriarchalen Norm entsprechendes Über-Ich ausbilden, bleibt ein Potential für Idealbildung, d.h. auch für weibliche Selbstentwürfe vorhanden. Es muß nur entwickelt werden.

Anmerkungen

1 Erst im letzten Jahr nahm die Beschäftigung mit der weiblichen Adoleszenz zu. Siehe z.B. Flaake/King 1992 oder Tillmann 1992. Das Material der psychoanalytischen Literatur zur Adoleszenz kreist hauptsächlich um die Vermischung von Phantasie und Realität, von Innenleben und äußerer Wirklichkeit. So kommt es auch, daß im folgenden, im Gegensatz zu vielen anders ausgerichteten Studien über das Jugendalter, die Jugend und die Pubertät als Reifungs- und Entwicklungsphase, wenig von kognitiven Anteilen dieser Entwicklung gesprochen wird. Es geht stattdessen hauptsächlich um die Art und Weise, in der die Jugendlichen ihre Gefühle strukturieren und zu kulturellen und moralischen Einstellungen verfestigen.

2 Freud legte keine entfaltete Theorie der Adoleszenz vor. Hinweise und einige Ausführungen finden sich aber z.B. in den "Drei Abhandlungen zur Sexualtheorie" 1905 und in "Zur Psychologie des Gymnasiasten" 1914.

3 Die sog. Latenzzeit ist auch die Phase, in der die Geschlechtsrollenübernahme eng im Zusammenhang mit der kognitiven Entwicklung steht. Untersuchungen, die Zweigeschlechtlichkeit primär als den Erwerb von Geschlechtsrollen begreifen, gründen ihre Thesen häufig auf Beobachtungen von Kindern im Latenzzeitalter. So führt z.B. Hans-Martin Trautner 1992 nach einer Längsschnittuntersuchung von Vier- bis Zehnjährigen aus, daß er während dieses Alters die Unterscheidung von Verhaltensmerkmalen nach männlich und weiblich als eine kognitive Ausdifferenzierung von Urteilsfähigkeit und als Klassifikationsleistung ansieht.

4 Zentraler Grundlagenaufsatz dieser These ist der 1922 erschienene Artikel von Ernest Jones "Some Problems of Adolescence". In jüngerer Zeit werden auch Margret Mahlers Konzeption von den Loslösungs- und Individuationsphasen herangezogen, um die Vorstellung der Wiederholung frühkindlicher Prozesse und deren Dynamik in der Adoleszenz zu untermauern. So betont beispielsweise Aaron Esman 1980 auffällige Verhaltensparallelen zwischen Kindheit und Jugend, wie Launenhaftigkeit, das Ausleben und die Artikulation von Omnipotenzgefühlen, und stellt dies in den Zusammenhang mit den Bemühungen der Selbstfindung.

5 Siegfried Bernfeld 1927, später hauptsächlich Anna Freud 1936, 1960 und Erik H. Erikson 1956, Peter Blos 1962, heute von z.B. Louise Kaplan 1982, 1984.

6 Siehe z.B. Anna Freud 1960, die auch darüber spekuliert, daß das Versagen der Rekonstruktion der pubertären Erlebnisse auch ein Grund für die theoretischen Lücken in der psychoanalytischen Literatur zu diesem Thema sein könnte. Daß auch heute die Analyse von Jugendlichen viele Schwierigkeiten birgt, verdeutlicht Inge Seiffge-Krenke 1986.

7 Kaplan 1982 und 1984, oder auch Erdheim 1988, die die psychoanalytische These, daß in der Adoleszenz bedeutende frühkindliche Ereignisse und Probleme wiederaufleben und neu gestaltet werden, nicht so verstehen, daß hier eine identische Wiederholung stattfindet. Vielmehr könne die Revision, die die Kindheit in der Adoleszenz erfährt, auch eine Durcharbeitung und Bearbeitung bedeuten, die die Konflikte und deren Lösungen gänzlich verändern kann. Erdheim 1982 spricht in Anlehnung an Eissler 1958 sogar von der Adoleszenz als "zweiter Chance".

8 Die erste Phase der Auseinandersetzung reicht von Freud 1905 bis Bernfeld 1927, die zweite setzte ungefähr dreißig Jahre später mit den Ausführungen Anna Freuds 1960 ein, wurde von Erikson 1956 und Blos 1962 bis heute fortgesetzt. Da es hier

nicht um einen Überblick zur psychoanalytischen Adoleszenzforschung (siehe dazu z.B. Schütze 1979, Erdheim 1988, Scarbath 1992) geht, werde ich mich im folgenden auf die Diskussion der Relevanz der Ausführungen zum Thema weibliche Adoleszenz beschränken.

9 So bezieht sich z.B. Peter Blos 1962 in seinem Standardwerk über Adoleszenz in seinen Ausführungen über den Verlauf der weiblichen Pubertät ausschließlich auf die Interpretationen von Helene Deutsch. Der rote Faden seines Buches ist die Frage, wie das Inzesttabu die Adoleszenten zur neuen Orientierung außerhalb der Familie antreibt. Dazu orientiert er sich bei Beschreibungen frühkindlicher Zusammenhänge an Freud. 1986 erschien Blos Studie über das Beziehungsverhältnis zwischen "Vater und Sohn", in der er der These nachgeht, daß es eine primäre dyadische Qualität in der Vater-Sohn-Beziehung gäbe, die auch in der Adoleszenz wirke. Eine korrespondierende Studie über das Verhältnis von Mutter und Tochter steht noch aus. Allerdings gibt es seit 1990 die Studie von Theresa Apter über Mütter und Töchter in der Adoleszenz, in der die Autorin die Tabuisierung von Erotik, Sexualität und lustvoller weiblicher Körperlichkeit in der Mutter-Tochter-Beziehung problematisiert.

10 An anderer Stelle äußert sich Erikson 1957:248f wesentlich gesellschaftskritischer. In "Kindheit und Gesellschaft" geht er der Frage nach, welche Unterstützung der bedrängte Jugendliche durch die Außenwelt erhalte und kommt zu dem Ergebnis, daß die herrschende Ideologie die Entwicklung von Widerstand und Politisierung verhindere. Das ödipale Problem werde durch 'Brüderlichkeit' ersetzt, die 'Würde des Menschen' werde zu 'fairem Verhalten', der Vater sei der 'Boss'. Die Beziehung zu den Eltern werde in 'Moms' und 'Bosse' aufgelöst. Ein Versuch zu verstehen, warum Erikson die Kraft der Kritik verläßt, sobald es um die Erklärung von Weiblichkeit geht, würde wohl nicht darum herum kommen, ihn zu psychologisieren.

11 Die Altersangaben des Pubertätsverlaufes variieren in verschiedenen Publikationen mit unterschiedlichem Erscheinungsdatum. Als ungefähre Richtwerte können aber gelten: Latenzzeit: bis 10 Jahre, Vorpubertät: bis 12 Jahre, Pubertät: bis 17 Jahre. Dabei halten fast alle Jugendforscher fest, daß die Pubertät der Mädchen im allgemeinen ein bis zwei Jahre vor der Pubertät der Jungen einsetzt.

12 Sie gilt als linientreue Freud-Schülerin und geriet bei Feministinnen besonders durch ihre Thesen von der weiblichen Passivität und dem weiblichen Masochismus in Verruf.

13 Auch die negative Bewertung der Menstruation (vgl. Waldeck 1988) ist für Deutsch kaum Anlaß, gesellschaftliche Negativ-Aufladungen stärker zu reflektieren.

14 Damit bringt sie zum Ausdruck, daß die eigentliche, weibliche Aktivität die Mutterschaft sei. So widmet sie sich denn auch den gesamten zweiten Teil ihrer Ausführungen dieser Tätigkeit und Lebensphase.

15 Interessanterweise finden sich bei Marie Langer 1953, die nicht im Verdacht steht, eine konservative, orthodoxe Freud-Schülerin zu sein, recht ähnlich normative Vorstellungen über den notwendigen Zusammenhang von Weiblichkeit und Mutterschaft bzw. über das vorprogrammierte Unglück und die Unzufriedenheit einer Frau, die ihre Weiblichkeit nicht per Mutterschaft zum Ausdruck zu bringen versucht. Problematisch finde ich auch hier die Zuschreibungen von der wesenhaften Weiblichkeit ohne Berücksichtigung von historischen und kulturellen Dimensionen. Wenn Weiblichkeit mit der Erfahrung von Schwangerschaft, Geburt und Mutterschaft konstitutiv und ursächlich verbunden wird, erscheint nur *ein* (zweifellos großer und wichti-

ger) Erfahrungsbereich als entscheidendes Kriterium. Dies kann angesichts der Vielzahl der Lebensentwürfe nur normativ sein.

16 Mein Lieblingszitat von der Frau mit dem "Männlichkeitskomplex": "Auch fehlt ihr oft die Tendenz zur Überschätzung des geliebten Mannes, eine Erscheinung, die für beide Partner ungünstig ist" (Deutsch 1948:261). Was wollen wir denn? Mann und Frau passen nun einmal in ihren Bedürfniskonstellationen sich ergänzend zusammen, *Sie* mit ihrem Hang zur Phantasie übertreibt gern, *Er* wird gern bewundert. Dies ist eben die psychische Ebene der geschlechtsspezifischen Arbeitsteilung. Was soll daran schlimm sein: "Ich wasch dir die Socken, du fängst mir die Spinnen weg....."

17 Siehe z.B. Horstkemper 1987, Fend 1990, oder auch die Hessische Mädchenstudie von 1986, in der Liebe als geradezu sinngebendes und identitätstiftendes Moment im Leben der 17-jährigen Mädchen beschrieben wird.

18 Die Autorinnen sind sich jedoch darin einig, daß die Adoleszenz als Ausgangspunkt für eine Neu-Definition von Weiblichkeit nur möglich ist, wenn die Zeit der Pubertät Möglichkeiten bietet, gesellschaftlich anerkannte und eigenständige Weiblichkeit zu erleben. Es brauche öffentliche Räume, in denen Weiblichkeit positiv sichtbar wird.

19 Dies kann dann mit all den Schwierigkeiten verbunden sein, die Chodorow und Deutsch beschreiben.

20 Siehe z.B. Eckart 1988, die das Vater-Tochter-Verhältnis auf der Basis einer Interviewstudie kritisch beleuchtet.

21 Für den schweizer Psychoanalytiker Hans Zullinger, der 1972 ein ganzes Buch über "Die Pubertät des Mädchens" veröffentlichte, ist diese auf Neid basierende Form des Männlichkeitskomplexes eine Charaktereigenschaft, die zur völligen Verkennung der Realität führt: "Manche Frauen wollen ihre Weiblichkeit leugnen: Sie suchen auf der ganzen Linie die Männer dadurch geistig zu entwerten, indem sie diese übertreffen. Ihre Haltung den Männern gegenüber ist offensichtlich feindschaftlich. Wie diese Männer eigentlich sind, davon haben sie keine Ahnung" (Zullinger 1972:40). Das ist natürlich fatal und so nennt er nicht wie die meisten seiner Kollegen die Ablösung von der Mutter als Aufgabe und Ziel der weiblichen Pubertät. Er möchte den jungen Frauen den Konflikt ersparen und fordert sie auf, sich mit der Mutter zu versöhnen. Aber auch in jüngeren Veröffentlichungen, wie beispielsweise der von Stephan Müller 1984 wird die Geschlechterhierarchie nicht als Problem angesehen. Müller möchte vielmehr die Adoleszenten "zur Reifung in der männlich-weiblichen Polarität" ermutigen, da "Mann und Frau entsprechend der Animus-Anima Polarität durch angelegte Wesensunterschiede charakterisiert sind" (Müller 1984:152). Auch für Wilfried Zeller 1964 sind der Aufbau von Weiblichkeit und Männlichkeit Zwangsläufigkeiten. In der pubertären Wachstumsphase entwickele sich die Zweigeschlechtlichkeit in schönster Harmonie mit Ästhetik und Natur. Besonders die Ausbildung von Weiblichkeit wird als Freude für den erwachsenen, männlichen Betrachter dargestellt: "Es gibt kaum etwas Reizvolleres, als die Veränderungen zu beobachten, die sich mit der Annäherung an die Maturität an den jugendlichen Mädchen vollziehen...." (Zeller 1964:88). Hier ließe sich noch eine lange Reihe an weiteren Beispielen anschließen, in denen die Vorstellung begründet wird, die Entwicklung einer Geschlechtsidentität solle sich im Einklang mit einem vorgegebenen Muster vollziehen.

22 Vgl. Prokop 1976, Brückner 1983, Eckart 1988. Ähnlich argumentiert auch Hagemann-White 1984, die darauf hinweist, daß die Verwirklichung einer eigenen nicht angepaßten Identität riskant und von Ängsten und Ungewissheiten begleitet sei und

deshalb die herkömmliche Geschlechtsrolle als ständige Möglichkeit zur Entlastung winkt.

23 Vgl. die Literaturübersicht bei Tillmann 1992. Einen Überblick über den Stand der Jugendforschung gebenTillmann und Ziehlke In:Tillmann 1992:11-47. Ostner 1986 gibt einen Überblick über die soziologische Jugendforschung. Die Beiträge in Flaake/King 1992 diskutieren die weiblicheAdoleszenz hauptsächlich aus psychoanalytischer Sicht.

24 Tillmann 1992:46, Seidenspinner/Burger 1982:43ff, Reitz 1974:93ff.

25 Siehe z.B. Winnicott 1965a. Ziehlke 1992 wendet sich kritisch gegen derartige Zuschreibungen.

26 So berichtenAllerbeck/Hoag 1985:43, daß 27% der befragten 16-jährigen Mädchen einen festen Freund haben, hingegen nur 14% der Jungen desselbenAlters eine feste Freundin haben. Fünf Jahre später stellte Fend 1990:85/183 mit seiner Befragung fest, daß 41% der Mädchen und 24% der Jungen feste Beziehungen zum Gegengeschlecht haben.

27 Seidenspinner/Burger 1982 berichten, daß 71% der 15-jährigen Mädchen angeben, daß ihr Freund zwischen 16 und 18 Jahre alt ist. (Vgl. Tabelle 74).

28 Vgl. Cramon-Daiber 1984, DJI 1989, Burger/Seidenspinner 1988.

29 Zu ähnlichen Schlußfolgerungen kommen die Frauen der *Libreria delle donne di Milano* 1987, die nicht entwicklungspsychologisch, sondern aufgrund ihrer politischen Arbeit eigene Frauenzusammenhänge wertschätzen.

30 Seidenspinner/Burger 1982:59 kommen in der "brigitte-studie" zu dem Ergebnis, daß Mädchen mit alleinerziehenden Müttern in der Regel eine starke Berufsorientierung und eine größere Offenheit in der Lebensplanung aufweisen, in ihrer heterosexuellen Orientierung jedoch langsam und schüchtern sind. Hier wirkt sich dasAufwachsen in einer nicht traditionellen Kleinfamilie offenbar aus.

31 Untersuchungen über peer-groups beziehen sich häufig auf gemischtgeschlechtliche Gruppen. Siehe z.B. Engel/Hurrelmann 1989:57ff, Fend 1990:177f. Untersuchungen, die sich ausschließlich mit Mädchengruppen und deren Bedeutung beschäftigen, sind sehr viel häufiger im Bereich der "grauen" Literatur zu finden; in Form von Projekt- und Erfahrungsberichten, aber auch z.B. als Hessische Mädchenstudie 1986, bei Klose 1987, Schlapeit-Beck 1987, Engler/Ufer 1986.

32 Pagenstecher u.a. 1985:95f, siehe z.B. auch Jensen 1985:113f.

33 Sander/Vollbrecht 1985:227, Hagemann-White 1984: 99.

34 Siehe zum Beispiel Enders-Dragässer/Fuchs 1989, Brehmer 1982, Horstkemper 1990, 1990a, Pfister 1990.

35 Hannover 1992:43 überlegt am Ende ihrer Ausführungen selbst, daß die Anwesenheit von Jungen nur eine Variable bei der Entwicklung eines Selbstkonzeptes ist. Verhalten von Lehrern und Lehrerinnen, Lerninhalte und Methoden sind bei derAktivierung eines Selbstkonzept möglicherweise genauso wichtig.

36 Z.B. Rosenmeyer/Kreutz 1973, die sogar von einer "Antiquiertheit der Jugend" sprechen, aktuell in der Untersuchung von Klüssendorf 1992, die für die von ihr untersuchte Frauengruppe festhält, daß diese Frauen, ganz egal wie berufsorientiert sie sind, perspektivisch doch aufFamilientätigkeit orientiert und letztendlich bereit sind, Abstriche an der eigenen Berufstätigkeit vorzunehmen, jedoch an ihren männlichen Lebenspartner keine derartigen Erwartungen stellen. Hagemann-White 1992:77 gibt dafür im Rekurs aufTerri Apter 1990 eine mögliche Erklärung. Apter hielt fest,

daß ein intensives Erleben der Bedeutung der mütterlichen Zuwendung für das eigene Wohlergehen dazu führe, daß Mädchen den Konflikt zwischen Beruf und Familie früh antizipierten.

37 Siehe z.B. Keddi/Seidenspinner 1990, Faulstich-Wieland/Horstkemper 1985.

38 Vgl. Metz-Göckel/Müller 1985, die in ihrer Repräsentativuntersuchung über Männer und deren Lebenssituationen festhalten, daß Männer zwar verbal den Forderungen der Frauen entsprechen und Egalität in der Partnerschaft und im Beruf postulieren, faktisch aber kaum bereit sind, auf ihre angestammten Privilegien zu verzichten.

39 Beck/Beck-Gernsheim 1990:24. Zugeständnisse an die Veränderung der weiblichen Rolle werden eher in den Bereichen gestattet, in denen die 'Kosten' dieses Wandels für Männer nicht so groß sind. Jürgen Baur 1988:152-160 vertritt z.b. die These, daß Körpermanagement und dessen Geschlechtsspezifik z.Z. sozial umdefiniert werden. Frauen und Mädchen verhielten sich als Subjekte, indem sie sich entgegen den traditionellen Geschlechtstypisierungen verhalten und z.b. mehr als früher Fußballspielen und Body Building betreiben. Der zeitgeschichtliche Trend des "neuen Körperkultes" werde von den Mädchen positiv genutzt. Trotz dieser von ihm herausgestellten Variation faßt der Autor am Ende zusammen, daß Mädchen letztendlich immer noch ein ästhetischer Umgang mit dem Körper nahegelegt wird und Jungen zu einem eher leistungsbezogenen, instrumentellen Körpergebrauch gedrängt werden.

40 Brocher/Eckensberger 1970:122. Hurrelmann u.a. 1985 sind der Ansicht, daß die Adoleszenz nicht pauschal als krisenhaft bezeichnet werden sollte und auch deren Stimulierungspotentiale erfaßt und beschrieben werden sollten. Winnicott 1965a bezeichnet die Unreife der Adoleszenz als ein Kreativitätspotential. Hagemann-White 1992:70 stellt Überlegungen an, daß es auch Befunde dafür gibt, die weibliche Adoleszenz als eine "Warteschleife" zu verstehen. Selbstfindung und Individuation der Mädchen finden nicht in der Pubertät, sondern vor oder nach ihr statt. Ich kann diese These nach Sichtung der Literatur nur unterstützen.

V.

In Richtung einer emanzipatorischen Theorie des Geschlechterverhältnisses. Theoretische Konzeptionen von 'Orten' eigenständiger Weiblichkeit

5. In Richtung einer emanzipatorischen Theorie des Geschlechterverhältnisses.
Theoretische Konzeptionen von 'Orten' eigenständiger Weiblichkeit

In diesem Kapitel möchte ich Argumentationslinien nachgehen, die - über die Diskussion der Geschlechtsidentität und die Reproduktion der kulturellen Zweigeschlechtlichkeit hinaus - Bedingungen und Bestandteile einer eigenständigen Weiblichkeit zu entwerfen versucht haben. In diesen aus den feministisch-psychoanalytischen Ansätzen entstandenen Überlegungen werden Themen und Bedeutungs-Felder benannt, die nach Meinung der Autorinnen jenseits der männlichen Zuweisungen, der gesellschaftlichen und kulturellen Rollenverständnisse von Weiblichkeit, Möglichkeiten für die Konzeption eigenständiger Weiblichkeit bieten. Die nun folgenden Überlegungen haben Modellcharakter, sind Versuche, etwas, was es noch nicht (bzw. nur in Ansätzen) gibt, zu konzipieren. Die Konstruktionen von Orten eigenständiger Weiblichkeit sind deshalb vorläufig. Sie sind erste Versuche, die aus der Auseinandersetzung mit Bestehendem und dessen Kritik entstanden. Sicherlich werden sie im Rahmen theoretischer Weiterentwicklung variiert, kritisiert und erweitert werden. Die Konstruktionen sind fragmentarisch. Sie reißen einzelne Themenfelder an, die inhaltlich nicht miteinander zusammenhängen. Eine Gemeinsamkeit der folgenden drei Unterpunkte ist, daß sie alle aus feministisch-psychoanalytischen Ansätzen heraus entwickelt wurden und der Logik ihrer jeweiligen Ausgangstheorie folgen.

So entwickelten Dinnerstein und Chodorow entsprechend ihrer Kritik der mütterlichen Dominanz bei der Versorgung der Säuglinge und Kleinkinder eine Forderung nach Veränderung der geschlechtsspezifischen Aufteilung von *Arbeit* im familialen Bereich. Sie propagieren das Modell der geteilten Elternschaft, die - so die Annahme der Autorinnen - dazu führe, daß die weibliche Geschlechtsrolle weniger mit Negativ-Assoziationen aufgeladen wird, wenn auch der Vater in die Erfahrung der frühen Sozialisation einbezogen wäre, da dies auch seinen psychischen Niederschlag fände.

Irigaray zieht aus ihrer Auseinandersetzung mit der strukturalistischen Psychoanalyse und dem patriarchalen Symbolsystem den Schluß, daß es zur Konzeption einer nicht männlich bestimmten, eigenständigen Weiblichkeit andere Symbol- und Diskursstrukturen bräuchte. Dazu benennt sie *Recht*setzung und

Rechtsprechung als bedeutend und realitätskonstruierend, sie entwirft ein Raster für ein Selbstbestimmungsrecht der Frau.

Ein anderer Ort (nonverbaler, z.T. unbewußter) Diskurse ist der Körper und die *Sexualität*. Irigaray und Benjamin entwickeln beide eine Konzeption des weiblichen Begehrens, indem sie ihre Gedanken um den Begriff des "Zwischenraumes" spielen lassen. Da die weibliche Sexualität so oft als Pendant zur männlichen Sexualität beschrieben und mit verschiedenen Adjektiven belegt wurde, sind beide Autorinnen sich der Gefahr bewußt, erneut in Zuschreibungen zu verfallen. Sie konzipieren deshalb eher einen Begriffsrahmen, der zukünftig, individuell und variabel mit Inhalt gefüllt werden kann.

5.1. Arbeit: Die Forderung nach geteilter Elternschaft

Nancy Chodorow (1978) und Dorothy Dinnerstein (1976)[1] entwickeln die Hoffnung, daß ein zwischen Vater und Mutter gleichberechtigtes Arrangement der Kindererziehung die Geschlechterdifferenzen verringern und uns helfen könnte, ein flexibleres Selbst zu entwickeln. Durch die Beteiligung der Väter an der Säuglingspflege, so die theoretische Annahme, wäre es möglich, daß frühe Identifikationserfahrungen samt den Gefühlen der Abhängigkeit und daraus resultierenden Frustrationen nicht ausschließlich mit Weiblichkeit assoziiert werden, sondern dann auch Anteile von Männlichkeit darstellten. Darin läge die Möglichkeit, Andersartigkeit wahrnehmen und anerkennen zu können, ohne sie aufgrund psychischer Not sofort abwerten zu müssen. Für männliche Kinder bestünde darin die Chance, das, was als anders erscheint, nicht länger aus einer Abwehrhaltung heraus beherrschen zu müssen. Für weibliche Kinder reduziere sich der Druck zur Identifizierung mit der Mutter, wenn auch der Vater verstärkt zur Differenzierung der Persönlichkeit zur Verfügung stünde. Die Identifikation mit gleichwertigen Elternteilen würde bedeuten, daß Vater und Mutter jeweils auch Anteile der dem anderen Geschlecht zugewiesenen Attribute repräsentierten und verhindere deshalb auch eher eine Abwertung und Unterordnung der einen Seite unter die andere.

Der Forderung nach geteilter Elternschaft samt ihrer erhofften Auswirkungen liegen zwei Annahmen zugrunde. Zum einen macht die Forderung auf der praktischen Ebene zur Voraussetzung, daß Frauen und Männer wirklich die *gleichen* elterlichen Aufgaben wahrnehmen. Zum anderen unterstellt dies sozialisatorische Reformmodell auf der theoretischen Ebene, daß die Familie die zentrale Kraft bei der Entwicklung von Zweigeschlechtlichkeit ist.

Die Wahrscheinlichkeit der ersten Annahme schränken empirische Untersuchungen über väterliche und mütterliche Erziehung ein[2]. Diese verdeutlichen ebenso wie die klinische Praxis der Psychoanalyse, daß sich die unbewußten Angebote und Botschaften der Eltern entsprechend der kulturellen Zweigeschlechtlichkeit unterscheiden, auch wenn Eltern sich tatsächlich die Säuglingspflege teilen, sich gleich verhalten und die gleichen Identifikationsmuster anbieten. So beschreibt z.b. Diane Ehrensaft (1980), daß Väter in Fällen praktizierter geteilter Elternschaft ihren Kindern weniger Zugangs- und Aufforderungsmöglichkeiten zur Kontaktaufnahme anbieten; sie halten z.b. durch Lesen oder demonstratives Beschäftigt-Sein die Kinder auf Distanz[3]. Darüber hinaus behauptet Ehrensaft, daß eineArt psychischeArbeitsteilung erhalten bleibt: Mütter, die arbeiten, hätten mehr Schuldgefühle, machen sich mehr Gedanken, mehr Sorgen über ihre Kinder, unterhalten sich mehr und öfter über ihre Kinder als Väter in der gleichen Situation dies tun. In ihren Interaktionen mit den Kindern überwiegen pflegerische Aktivitäten; Mütter streicheln Köpfe, kaufen Kleider und spielen mit den Kindern mehr im Hause als draußen. Dagegen hätten Männer, die an der Kinderbetreuuung gleichberechtigt beteiligt sind, oft Angst, ihre Männlichkeit aberkannt zu bekommen. Ihre Form der Beschäftigung und Aktivität mit den Kindern sei stärker auf den außerhäuslichen Bereich gerichtet. Trotz dieser Einschränkungen hält Ehrensaft daran fest, daß Kinder, die von beiden Elternteilen aufgezogen werden, den Unterschied zwischen einer engagierten Mutter und einem distanzierten Vater in reduzierter Form erleben und die geschlechtsspezifische dualistische Zuweisung instrumentell versus emotional zu Gunsten einer einheitlicheren Erfahrung relativiert würden (Ehrensaft 1980:69f). Auch Jessica Benjamin ist davon überzeugt, daß die Behebung derAufteilung in eine "haltende Mutter " und einen "erregenden Vater" dadurch, daß beide Elternteile eine gegengeschlechtliche Identifikation beibehielten, den unausweichlichen Konflikt einer jeden kindlichen Entwicklung und Differenzierung zwischen Abhängigkeit und Unabhängigkeit mindern könnte. Dieser Entwicklungskonflikt könnte auch dahingehend gelöst werden, daß "Integration und nicht Komplementarität" der beiden Elternpersonen auf der psychischen Ebene erreicht würden (Benjamin 1988:113).

Dieser Hoffnung widersprechen Kritiker und Kritikerinnen, die das Modell in seiner Familienzentriertheit als zu eng verstehen. Sie führen an, daß selbst unter derAnnahme, daß die Familie die zentrale Instanz bei der individuellen Entstehung von Zweigeschlechtlichkeit ist, sie nicht in einem Vakuum lebt und die familialen Erfahrungen von Kindern, die von Vater und Mutter gleichberechtigt erzogen und versorgt wurden, oft im Gegensatz zu anderen Erfahrungen stünden. So relativiert auch Jessica Benjamin, die in vielem mit Chodorow konform geht, ihre eigenen Hypothesen über die Auswirkungen der geteilten Elternschaft und bemerkt einschränkend, daß die Grundstruktur, die für die Männlichkeit Trennung und für die Weiblichkeit Verbundenheit mit der ersten Bezugsperson bedeutet, in Übereinstimmung mit der Kultur wohl auch dann erhalten bliebe, wenn sich Eltern die Pflege teilten (Benjamin 1988:210). Auch die von Lacan ausgehende Kritik stellt die kulturelle Definitionsmacht heraus. Elisabeth

Grosz (1990) ist z.B. der Meinung, daß das linguistische und symbolische System des Phallozentrismus dafür sorgt, daß Bedeutungen und Handlungen von Männer und Frauen immer unterschiedlich sein werden (Grosz 1990:22f). Als nicht-feministischer Kritiker merkt Fred Alford (1989) an, daß geteilte Elternschaft zwar gerechter sei, bestreitet jedoch deren Auswirkungen auf die psychische Struktur (Alford 1989:194f). Andere wiederum psychologisieren die Forderung nach Einbeziehung der Väter als den Wunsch nach einer 'starken Hand'; so vermuten beispielsweise die Chodorow-Kritikerinnen Ruth Großmaß (1989:206), Hilge Landweer (1989:88) und Christa Rohde-Dachser (1991:190ff) hinter der Forderung nach verstärkter Väterbeteiligung in der frühkindlichen Pflege und Erziehung eine unterschwellige Sehnsucht nach der Neuauflage alter Vaterautorität.

So wird die Idee der geteilten Elternschaft auf mehreren Ebenen in Frage gestellt, sie scheint kaum als ein Allheilmittel gegen das patriarchale Erbe einsetzbar zu sein. Die gleichberechtigte Elternschaft ist nicht nur eine Frage des subjektiven Könnens oder Wollens. Auch außerfamiliale Strukturbedingungen, wie z.B. die Bedingungen des Arbeitsmarkts wirken gestaltend auf die Geschlechtsidentitäten. Bis heute haben Frauen nicht diesselben Möglichkeiten wie Männer, auch läßt sich die männliche Arbeitskraft besser und gewinnbringender vermarkten als die weibliche. Diese Faktoren zeigen, daß dem einzelnen Vater die Beendigung des Patriarchats kaum aufgebürdet werden kann. Auch empirisch sind mögliche Wirkungen einer geteilten Elternschaft ungeklärt. Es fehlt an empirischen Untersuchungen, die das Fürsorge-Verhalten der Männer in seinen Wirkungen thematisieren und die geteilte Elternschaft mit anderen Strukturelementen der Familienorganisation, wie z.B. Geld, Status und Bildung verknüpfen. Ohne diese Forschung bleiben die beiden Thesen über die Auswirkungen der geteilten Elternschaft, daß die Reproduktion vom weiblichen "Dasein für Andere" und Misogynie und Geschlechterpersönlichkeit sich veränderten im Bereich der Spekulation.

Auch rein theorie-immanent sind diese Thesen nicht logisch entwickelt. Die Forderung, die sowohl Dinnerstein als auch Chodorow am Ende ihrer Ausführungen als Fazit anbieten, ist angesichts ihrer zuvor entwickelten Hypothesen wenig plausibel und wirkt etwas aufgesetzt. Beide beschreiben über alle Unterschiede hinweg, wie tief und fundamental die Geschlechterdifferenz durch die "mutterdominierte Kindheit" grundgelegt wird. Ihre Erklärungsmodelle und -hypothesen begründen gerade, warum sich der von der Mutter großgezogene Sohn von ihr distanziert und ein abgegrenzteres, autonomeres Selbstbild als die von der Mutter als "ähnlich" erlebte Tochter entwickelt. Damit wird gerade erklärt, wieso Männer *nicht* "muttern" bzw. wie und weshalb sowohl Männer als auch Frauen bei dieser Form der geschlechtsspezifischen Arbeitsteilung Gratifikationen durch die Beruhigung von Konflikten erfahren. Für das in der Forderung nach geteilter Elternschaft vorausgesetzte Vermögen der Männer, sich pflegerisch ihren Kindern zuzuwenden, liefern die Ausführungen von Chodorow und Dinnerstein ebensowenig Anhaltspunkte wie für den weiblichen Wunsch nach einer solchen Art der Unterstützung durch die Männer. Aus ihrer Theorie heraus kann nur schwer ein Ansatz entwickelt werden, der männliches Pflegeverhalten plausibel begründet. Ansätze dazu sind in den jüngeren Arbeiten von Nancy Chodorow und auch bei Jessica Benjamin zu finden, die durch eine konsequent intersubjektive Perspektive auf die psychische Entwicklung der Einzelnen auch die Entwicklung eines pflegefähigen "self in relation" für Männer wie Frauen zumindest theoretisch für möglich halten. Benjamin stellt dabei die Vorstellung einer Bisexualität heraus, in dem Sinne, daß Frauen und Männer Anteile von Weiblichkeit *und* Männlichkeit in sich entwickeln können. Wie bereits oben erwähnt könnten Benjamin zufolge die auch von Dinnerstein problematisierten Spaltungen in Psyche und Verhaltensweisen behoben werden, wenn

"beide Elternpersonen eine gegengeschlechtliche Identifikation beibehalten und folglich als ein Beispiel der Integration und nicht der Komplementarität fungieren können (Benjamin 1988:113).

Hier beißt sich die Katze gewissermaßen in den Schwanz. Doch auch wenn Chodorow und Dinnerstein nicht theoretisch herleiten, wie sich Fürsorglichkeit innerhalb der Männlichkeit entwickeln könnte, korrespondiert mit ihrer Theorie der geteilten Elternschaft, daß eine gesellschaftliche Veränderung der Vaterrolle in der Literatur teilweise konstatiert wird. Diese ist jedoch recht widersprüchlich. Z.B. beschreiben Sigrid Metz-Göckel und Ursula Müller (1985, 1987) in ihrer repräsentativen Männerumfrage zum Geschlechterverhältnis zwar eine veränderte Einstellung zur Vaterrolle. Sie kommen aber zu dem Schluß, daß die psychologische und kulturelle Dimension von Väterlichkeit (im Sinne von Mütterlichkeit) in Form einer wirklich gleichgerechtigten Elternschaft kaum vorkommt[4]. An anderer Stelle führt Metz-Göckel (1988) aus, daß zwar gesellschaftliche Antriebskräfte für eine Veränderung der Vaterrolle durch die zunehmende weibliche Erwerbstätigkeit, eine gewachsene Bedeutung der Kinder als Sinnstifter und veränderte Berufserfordernisse zu konstatieren sind. Sie habe aber nicht dazu geführt, daß Väter nun eher bereit wären, zu Hause zu bleiben. Trotz größerer Erwerbstätigkeit von Frauen seien Hausarbeit und Kinderbetreuung Frauensache geblieben, das klassische Familienmodell bestenfalls brüchig, nicht aber obsolet geworden. Metz-Göckel teilt daher die Einschätzung, daß die Auswirkungen der geteilten Elternschaft empirisch noch ungeklärt seien. Ihrer Befragung zufolge bestehen eher Auswirkungen in Form einer "Gleichrangigkeit der Partnerbeziehungen als in Richtung einer Auflösung geschlechtsspezifischer Sozialisationseffekte für die Kinder"[5].

Auch in der psychoanalytischen und entwicklungspsychologischen Literatur ist seit Beginn der 70er Jahre die Rolle und Bedeutung der Väter für die Entwicklung der Kinder ein immer häufigeres Thema. Wie bereits in Kapitel 2.1. geschildert, gehen die psychoanalytischen Theorien der Triangulierung davon aus, daß die sog. Mutter-Kind-Dyade schon sehr früh von der Sensibilität des Säuglings auch für väterliche Einflüsse (oder die einer anderen Person) begleitet wird. Bedeutendes, neues Thema ist dabei die Rolle des Vaters in der präödipalen Phase. Nicht nur die väterliche Präsenz, sondern auch das Erleben der Beziehung zwischen Vater und Mutter wird als wichtig erachtet, da angenommen wird, daß das Kind auf diese Weise erfährt, daß Beziehungen außerhalb der Mutter-Kind-Interaktion möglich sind. Nur wenn die jeweiligen Beziehungen wechselseitig wertgeschätzt werden, können positive Identifizierungsprozesse von statten gehen; die frühe Vater-Kind-Beziehung in der psychoanalytischen Entwicklungspsychologie wird durch diese Perspektive zunehmend wichtiger. Die Forschungsergebnisse halten die geschlechtsspezifische und geschlechtstypisierende Wirkung des Vaters fest. So beschreibt z.B. Hans-Jürgen Lang (1988), daß Väter sich ihren Kindern gegenüber eher wie Spielgefährten verhalten, Mütter hingegen die Rolle von Pflegepersonen einnähmen. Er hält fest, daß sich die Interaktionsstruktur zwischen Vater und Säugling von der zwischen Mutter und Säugling bereits in den ersten Lebensmonaten unterscheide. Mütter nehmen die Säuglinge öfter in den Arm, um sie zu beruhigen, Väter spielen eher mit ihnen und regen sie zu Reaktionen an. So wenden sich Kinder ab dem achten Lebensmonat häufiger an die Mütter, wenn sie Schutz suchen und häufiger an die Väter, um aufregenden und stimulierenden Kontakt zu bekommen. Insgesamt legt der Forschungsbefund nahe, daß sich Kinder besser entwickeln, wenn die Väter sich aktiv mit ihren kleinen Kindern beschäftigen (Lang 1988:60-74). Auffallend bei der Beschreibung des väterlichen Verhaltens mit den Kindern ist die Bedeutung der aggressiveren, körperlichen Aktivität. Väter toben, 'überfallen' ihre Kinder, bringen sie an den Rand der körperlichen Erschöpfung und offensichtlich finden die Kinder das schön. James Herzog (1985) überlegt aufgrund dieser Beobachtungen, daß Väter die Vermittlung und Organisation intensiver Affekte ermöglichen, der Entwicklung der Fähigkeit, heftige Affekte und ihr stärker- und schwächer-Werden wahrnehmen und ertragen zu können (Herzog 1985:484). Miriam Johnson (1983) stellt in ihrem Überblick über die Vater-Kind-Forschung heraus, daß in der Literatur die väterliche Hinwendung zu ihren Söhnen viel häufiger thematisiert wird als die Beschäftigung mit der Tochter[6]; auch lassen Väter stärker als Mütter geschlechtstypische Stereotypen in die Behandlung der Kinder einfließen. Darüber hinaus gibt sie zu bedenken, daß Beobachtungen, nach denen Väter die Sexualität ihrer Töchter mehr beachten als Mütter die ihrer Söhne, auch im Zusammenhang damit gesehen werden müssen, daß heterosexuelle Beziehungen in Erwartung auf männliche Dominanz strukturiert sind (Johnson 1983:1-17). Damit führt sie die Ebene der gesellschaftlichen Bewertungen ein, die in fast allen anderen Studien unberücksichtigt bleibt. Dort entsprechen die Beschreibungen väterlichen Verhaltens den Vorgaben der geschlechtsspezifischen Arbeitsteilung und den gängigen Erwartungen an 'typisch' männliches und weibliches Verhalten.

So wie die psychoanalytische Entwicklungspsychologie das Positive des väterlichen Verhaltens beschreibt, stellt sie aber weniger ein gleichberechtigtes Teilen von Verantwortung der Pflege und Kindererziehung als Ausgangspunkt einer positiven Entwicklung heraus, als daß sie die unterschiedlichen Qualitäten betont, die die Zuwendung der einen oder der anderen Person zu beinhalten scheinen. Väter erscheinen als notwendige Ergänzung zu den mütterlichen Qualitäten. Sie repräsentieren andere Werte, Eigenschaften und Verhaltensweisen, mit denen sich zu identifizieren besonders für Mädchen als eine wichtige Entwicklungsaufgabe dargestellt wird. Die Identifikation mit väterlich-männlichen Verhaltensweisen, wie Unabhängigkeit und Durchsetzungsvermögen, sollen dem Mädchen helfen können, sich von der Mutter zu ent-identifizieren und ein Gefühl der eigenen Unabhängigkeit und Selbständigkeit zu entwickeln[7]. Demgegenüber steht die feministische These, daß der Vater, der seiner Tochter die notwendige Anerkennung zukommen lassen könnte, indem er bestätigenden und aufregenden Kontakt mit der Tochter zuläßt, in vielen Fällen emotional nicht zur Verfügung steht[8]. Sei es aufgrund mangelnder Bereitschaft und Fähigkeit der Väter oder aufgrund einer kontrollierenden Mutter, - oft gibt es, so Jessica Benjamin, den "Vater als Befreier der Wiederannäherungsphase" (Benjamin 1986) nicht. Zum selben Schluß kommt auch Ulrike Schmauch (1987) in ihrer Beobachtungsstudie. Schmauchs Einzelfall-Interpretationen zeigen, daß die Väter sich ihren Töchtern gegenüber nicht zu verhalten wissen, und daß die (oft schwierige) Beziehung der Eltern für die Entwicklung des Kindes eine große Bedeutung hat[9]. In ihren Fallgeschichten haben die Töchter kaum eine alltägliche Beziehung mit ihrem Vater und vermissen deshalb das Gefühl der Befriedigung wichtiger Bedürfnisse durch den Vater. Es fehlte ihnen an Zeit und Möglichkeiten, sich mit dem Vater spielerisch erotisch und auch aggressiv auseinanderzusetzen.

Zusammenfassend läßt sich also festhalten, daß trotz allgemein konstatierter Tendenz einer stärkeren Beteiligung der Väter an der Säuglingspflege und Kleinkindbetreuung, Väter als Identifikationsobjekt für die Tochter, als Teil des töchterlichen Emanzipationsprozesses kaum vorkommen. Die "Wiederanerkennung des Vaters in der Identitätsbildung der Frau" (Reinke 1986) bleibt eine Hoffnung, die weder durch Empirie noch Theorie bislang hergeleitet werden konnte. Chodorow und Dinnerstein liefern mehr Argumente gegen die Realisierbarkeit der Forderung nach geteilter Elternschaft als Anknüpfungspunkte für die Entwicklung eines Verständnisses vom männlichen, zur Pflege fähigen Selbst.

Sollte nun aufgrund dieser Einschätzungen und Ergebnisse die Forderung nach geteilter Elternschaft als unbegründet zurückgewiesen werden? Im Bereich der psychoanalytischen Entwicklungspsychologie, so haben wir gesehen, kann die Forderung nicht plausibel abgeleitet werden. Außer in Benjamins Konzept der frühen Bisexualität werden kaum Vorstellungen darüber entwickelt, wie sich denn auch für Söhne, als spätere Väter, eine Erfahrung des In-Beziehung-Seins zu einer Fähigkeit zum Pflegen und zur selbstlosen Aufmerksamkeit entwickeln könnte. Da alle Erklärungsansätze in der prä-ödipalen Phase verweilen, bilden sie auch keine Hypothesen über einen möglicherweise lebensgeschichtlich späteren Ansatz- und/oder Entwicklungsausgangspunkt für ein derartiges männliches Verhalten. Solange aber die Entstehung einer solchen Fähigkeit auch für Männer nicht theoretisch hergeleitet oder umrissen wird/werden kann, bleibt die Forderung nach dem Einbezug der Väter in die Säuglings- und Kleinkinderbetreuung eine normative Konstruktion. Väter sollten..., Mütter sollten darauf achten, daß..., es könnte besser für das Kind sein, wenn... Dies sind Argumente, die zwar Aufforderungscharakter haben, aber wenig Erklärungen dafür liefern, daß und warum pflegende Väter möglich sind. Es ist zu vermuten und auch die zitierten Untersuchungen legen dies nahe, daß geschlechtsspezifische Rollenvorstellungen und Mann-Frau-Beziehungen damit nicht grundlegend in Frage gestellt werden, sondern höchstens einer leichten Veränderung der Rollendefinition und dem individuellen Verhaltensrepertoire förderlich sind. Darüber hinaus aber werden mit der Forderung nach "geteilter Elternschaft" eine Reihe praktisch-politischer Erwartungen verbunden: Mittels einer gleichberechtigten Elternschaft könnten Frauen eher von der ganztägigen Kinderbetreuung befreit werden, könnten Männer mehr Zugang zu Kindern erhalten, ein Stück mehr Gleichheit zwischen Mann und Frau in der Familie wäre dann zu erreichen; dem Mythos, daß Frauen qua ihrer Biologie besser zur Pflege und Erziehung von Kindern geeignet sind, wäre entgegengewirkt, die Kinder hätten zwei Bezugspersonen, statt einer...

Kritiker und Kritikerinnen der Theorie der geteilten Elternschaft wenden ein, daß es nicht nur *eine* praktische Lösung gegen Sexismus gibt, und daß Familie nur ein Bereich ist, in dem Männer sich sperren, wenn es um die Änderung ihrer alteingesessenen Gewohnheiten und Rechte geht. Nichtsdestotrotz kratzt die Forderung nach geteilter Elternschaft an bestehenden Machtstrukturen. Trotz der berechtigten Zweifel an der Realisierbarkeit der erwünschten Wirkungen der geteilten Elternschaft, ist es der Verdienst der um diese Utopie zentrierten Theorien, Ausformungen der ungleichen Machtverteilung zwischen Mann und Frau zu analysieren, zu kritisieren und die Notwendigkeit von Veränderung plausibel zu machen, die über den Streit um das Windelwaschen hinaus geht. Familie erscheint im Licht dieser Theorien als ein Lebensbereich, in dem die ungleiche Machtbeziehung zwischen Männern und Frauen spezifische Ausformungen hervorbringt: Der Antagonismus von Familie und Kultur, von Privatheit und Öffentlichkeit schafft bestimmte Erwartungen an die Familie. Nicht nur Rückzugs- und Rehabilitationsraum für den arbeitenden Mann soll sie sein, in ihr entwickeln sich auch intime persönliche Beziehungen. Sie erscheint als traditioneller Arbeitsraum der Frau, in ihrem Rahmen wird die Kinderfrage diskutiert und entschieden. Der Lebensbereich Familie ist nicht nur Spiegel, sondern auch Produzent von ungleichen Machtstrukturen zwischen Männern und Frauen. Es ist wahrscheinlich, daß eine Umwandlung von Familienstrukturen auch eine Veränderung der Männer und Frauen in diesen Strukturen initiiert. Dieser Wandel würde wohl auch eine veränderte psychische Dynamik produzieren, da, wie Jessica Benjamin dies dargelegt hat, soziale Beziehungen innerhalb eines Machtgefüges durch bestimmte psychische Prozesse gestützt und geregelt werden.

Unterstützung kann die feministische Argumentation hier durch die Thesen von Mario Erdheim (1984) erhalten, der die psychischen Prozesse am Ort der Herrschaft als eine "hochexplosive" Mischung von Narzißmus, Ambivalenz und Aggression bezeichnet (Erdheim 1984:351ff). Erdheim stellt die These auf, daß auf der Seite der Machthaber Narzißmus sehr stark wächst und gleichzeitig Ambivalenzen durch die Orientierung an der Macht außer Kontrolle gerieten. Bei den Beherrschten hingegen werde die Aggression gegen die Herrschenden unbewußt gemacht, damit sie nicht in die Forderung nach Veränderung der Verhältnisse umschlage. Erdheim behauptet nun, daß diese Aggressionspotentiale durch gesellschaftliche Institutionen unbewußt gehalten und auch kontrolliert würden. Auch die Familie und die mit ihr verbundenen Ideologien sieht Erdheim als eine solche Institution der Mäßigung von Aggression an. So interpretiert er die Vorstellung von der "Mutterbindung" als einen Versuch, den männlichen Narzißmus zu regulieren[10]. Für die Frau gilt dies im umgekehrten Sinne: Ihr (selbstzerstörerisches) Aggressionspotential soll durch die Bindung an das Kind besänftigt werden. Dabei spielen die zum Narzißmus gehörigen Omnipotenzphantasien eine bedeutende Rolle. Da der Narzißmus jedoch geschlechtsspezifisch auf unterschiedliche Weise realisiert wird, schlußfolgert Erdheim, daß auch Omnipotenzphantasien und Aggression von Männern und Frauen sich unterscheiden:

"Während beim Mann die Machtverhältnisse dazu führen, daß er diese Phantasien in der Umwelt zu realisieren versucht und aggressiv reagiert, wenn sie ihm Schranken setzt, leitet die Frau ihre Omnipotenzphantasien auf das Kind, also nicht auf die Umwelt und ihre Veränderung. Auf diese Weise wird der weiblichen Aggression, die sich gegen die sie unterdrückenden sowie einschränkenden Männer richten würde, auch ein wesentlicher Teil ihrer Schubkraft genommen" (Erdheim 1984:353).

Erdheim behauptet, daß einige geschlechtsspezifische Bearbeitungsmuster und -strategien aus bestehenden gesellschaftlichen Macht- und Arbeitsverteilungen resultieren. Anders als bei den feministisch-psychoanalytischen Theorien, die auf eine Veränderung der individuellen psychischen Struktur durch die Umgestaltung der Kinderversorgung hoffen, legt Erdheim lediglich nahe, daß wenn die familiäre Aufgabenverteilung gleichberechtigter wäre, dies auch zu anderen Konstellationen des Verhältnisses von Narzißmus, Ambivalenz und Aggression führen könnte. Wenn z.B. Frauen ihre Omnipotenzphantasien nicht über ihre Kinder realisieren müssten und dem männlichen Narzißmus ein Stück Energie dadurch entzogen würde, daß Männer sich nicht länger der Macht in der gesellschaftlichen Öffentlichkeit gewiß sein könnten, könnte dies - langfristig gesehen - vielleicht auch ein verändertes Verständnis der Geschlechterdifferenz bewirken.

An dieser Interpretation Erdheims ist nicht nur bemerkenswert, daß sie feministischeThemen undThesen aufgreift[11], sondern auch, daß er dieTriade von Narzißmus, Ambivalenz und Aggression als Elemente von Heterosexualität beschreibt, sie in familiären Machtverhältnissen ansiedelt und nicht in den Zusammenhang mit der *frühen Kindheit* stellt, sondern sie in Arbeitsverhältnissen begründet sieht. Wichtig an den Thesen Erdheims scheint mir, daß die Geschlechterdifferenz hier nicht nur als abstrakter Begriff auftaucht, sondern an seine Organisationsformen in Arbeits- und Machtverhältnissen angebunden wird. Dadurch wird auch noch einmal deutlich, daß sich eine Veränderung des Geschlechterverhältnisses, nicht nur auf der psychischen Ebene realisieren muß, in Form einer "wechselseitigenAnerkennung" wie Benjamin sie beschrieben hat, sondern auch in Form einer ökonomischen Gleichberechtigung neu im Alltag gegen herrschende Machtverteilungen und Ideologien durchgesetzt werden muß.

Erdheims Behauptung, daß die innerhalb von Machtgefügen entstehendeVermischung von Narzißmus, Ambivalenz und Aggression geschlechtsspezifische Ausformungen hat, stimmt auch bedenklich angesichts der Frage, die im Zuge der Rezeption der Forderung nach geteilter Elternschaft gestellt wurde, die Frage, ob ein verstärkter Einbezug der Väter in die Pflege und Versorgung der Kleinkinder angesichts der häufigeren Gewaltausübung vonVätern in Form von Schlägen und sexuellem Mißbrauch überhaupt wünschenswert ist.

Zwar will Erdheim nicht erklären, warum Gewaltanwendung von Männern häufiger ist als von Frauen. SeineThese aber, daß das herrschende Machtgefüge Männern größere Aggression bzw. das Ausleben von Aggressivität leichter ermögliche, könnte auch ein Gegenargument für die Teilung der mütterlichen Macht in der Familie sein. Wäre es nicht gerade eine zusätzliche Bereicherung des männlichen Narzißmus, ihm auch noch Macht und direktere Einflußnahme bei derVersorgung der Säuglinge und Kinder zu übertragen, die dann gemäß des Erdheimschen Modells auch in größere Aggressivität münden, den Machtmißbrauch eher ermöglichen könnte? Dinnerstein und Chodorow würden diesem Einwand wahrscheinlich widersprechen. IhrerArgumentation nach entsteht die häufigere Gewaltanwendung von Männern gerade daraus, daß Männer es nie gelernt haben, pflegerische Verantwortung zu übernehmen, ein fürsorgliches Denken im Sinne Gilligans, oder auch ein "Maternal Thinking" (Ruddick) zu entwickeln. Miriam Johnson formuliert die auch bei Chodorow und Dinnerstein angelegte Möglichkeit:

"Feeling greater responsibility for a girl child may turn out to be the best defense against both incest and frightened withdrawal" (Johnson 1983:13).

Da diese Thesen aber leider offen lassen, wie sich denn die nötige Fürsorglichkeit innerhalb von Männlichkeit entwickeln kann, stellt sich hier die Frage, ob z.B. die von Jessica Benjamin beschriebene "Logik des Paradoxons" überhaupt wirksam werden kann, solange die ökonomischen Hierarchien zwischen Mann und Frau derartig groß sind. Wie kann eine "wechselseitige Anerkennung" aussehen, wenn die gesellschaftliche Macht- und Arbeitsverteilung so zu Ungunsten der Frauen organisiert ist? Oder kann diese Annahme nur so gedacht werden, daß sie lediglich die psychische Struktur, nicht aber die diese Struktur auch prägende gesellschaftliche Wirklichkeit beschreibt? Auch wenn hier eher Wunschdenken denn logische Argumentation am Werk scheint, verweisen die verschiedenen Hoffnungen, die an den Vater und seine Einbeziehung in die Kinderpflege und -versorgung geknüpft werden, auf notwendige Veränderungen. Hinter der Forderung nach geteilter Elternschaft steckt auch die Idee, daß nicht Phantasien und auch nicht die Erwartungen an die nächste Generation die Kinder weniger eindimensional geschlechtstyptisch sozialisieren, sondern daß auch das neue Möglichkeiten eröffnen kann, was Erwachsene in individuellen und politischen Bereichen in ihren Auseinandersetzungen vorleben. Darüber hinaus erwuchs - theoriegeschichtlich betrachtet - aus dem Postulat der "geteilten Elternschaft" eine neue theoretische Konstruktion einer anderen Erfahrungsdimension, die der "wechselseitigen Anerkennung". So zeigt Benjamins Hoffnung, daß für Mädchen durch "identifikatorische Liebe" zum Vater auch Selbständigkeit und Subjektivität entstehen könnten einerseits, daß diese andere Erfahrung der geteilten Elternschaft die kulturellen Repräsentationen und Symbole nicht auflösen kann. Andererseits wird dadurch noch einmal deutlich, daß der Vater nur eine Seite der Triade ist; die vorherrschende Konstruktion läßt auch die Selbständigkeit der Mutter vermissen, die gleichermaßen wie der Vater Autonomie und Unabhängigkeit repräsentieren kann. Dies verdeutlicht auch die Lacansche Lesart der Psychoanalyse, indem sie zeigt, daß die symbolische Bedeutung des Vaters im Phallus und seiner Repräsentation von Macht, Freiheit und Begehren liegt, und daß Mütter und Frauen keine symbolische Repräsentation erfahren. Die Erfahrung einer autonomen, selbständig begehrenden und machtvollen Mutter kann deshalb nur schwerlich symbolisiert werden. Ihre Abwertung oder Nicht-Wahrnehmung ist so gesehen fast zwangsläufig und spiegelt die Notwendigkeit, weibliche Eigenständigkeit anders als unter dem Primat des Phallus zu symbolisieren.

Eine Entpolarisierung des Geschlechterverhältnisses wie auch die Anerkennung einer nicht abgewerteten Weiblichkeit braucht deshalb Veränderungen auf mehreren Strukturebenen. Dinnerstein und Chodorow haben auf die Notwendigkeit der Änderung psychischer Strukturen und der Angleichung der geschlechtsspezifischen Arbeitsteilung in der Familie aufmerksam gemacht. Darüber hinaus muß die Arbeitsteilung zwischen Männern und Frauen auch in Richtung einer besseren Vereinbarkeit und Gleichgewichtung von Erwerbs- und Familienarbeit verändert werden. Weder für Männer noch für Frauen sollte es normative, materielle und rechtliche Einschränkungen bei der Ausgestaltung einer selbstbestimmten Lebensführung geben. Dazu wäre eine Veränderung von strukturellen Rahmenbedingungen, die eine Vergrößerung der Anzahl von Kindergartenplätzen genauso umfaßt wie die Einführung bzw. Weiterentwicklung gesetzlicher Bestimmungen. Diese Form struktureller Veränderung klagt Luce Irigaray ein. Gemäß ihres strukturalistischen Verständnisses, das die Bedeutung der "Struktur" herausstellt, fordert sie spezifisch weibliche (Grund)-Rechte.

5.2. Von der Sprache zum Recht

Im Vergleich der (zweiten) deutschen Frauenbewegung mit der us-amerikanischen fällt auf, daß die deutschen Frauen lange Zeit ihre Forderungen auf Autonomie ausrichteten und deshalb mit Ausnahme der Auseinandersetzungen um den § 218 und um die Quotierung den Vorstoß auf rechtlicher Ebene viel weniger häufig unternahmen als ihre amerikanischen Kolleginnen. Die gesellschaftliche Bedeutung von rechtlichen Regelungen wurde in den USA viel höher eingeschätzt und dementsprechend häufiger war der Gebrauch dieses Instruments (Marx Feree 1990). Auch die theoretischen Überlegungen um die Rechtswissenschaft als die Theorie des Verhältnisses zwischen Leben und Recht und deren feministische Verwendungsmöglichkeiten hatten ihre Anfänge in den USA. So hebt z.B. Catharine MacKinnon (1989) hervor, daß Geschlecht als Ontologie und nicht als Epistemologie gelebt wird, und daß dabei das Recht erheblich mitwirkt. Sie argumentiert, daß rechtlich durchgesetzte Machtformeln mit gesellschaftlicher Macht von Männern über Frauen korrespondieren und fragt, ob Frauen mit der Forderung nach Gleichheit mittels rechtlicher Regelung auch die Beziehung zu Männern und dem Staat verändern können. Einen ersten Schritt zur Veränderung sieht sie in der Sichtbarmachung und Kritik der Lebensrealität von Frauen. Die Visualisierung der weiblichen Unterdrückung, die auf der privaten Ebene durch Selbsterfahrung deutlich wurde, sollte auch auf der staatlichen geschehen.

Ähnlich, obwohl doch von anderen Vorüberlegungen und theoretischen Grundlagen ausgehend, fordert auch Luce Irigaray (1989) ein geschlechtsdifferentes Recht, um Unterschiede sichtbar zu machen. Irigaray vollzieht in ihren neuesten Schriften eine Wendung zu rechtsphilosophischen Überlegungen und zur Formulierung von Grund- bzw. Menschrechten für Frauen. Ausgehend von der Überlegung, daß die sexuelle Differenz eine Grenze für den Begriff des Allgemeinen setzt und daß Sinnproduktion sich stark über Sprache vollzieht, sucht Irigaray nach Möglichkeiten, ein allgemein formuliertes Recht auch für die spezifischen Bedingungen der Frau als Rechtssubjekt zu formulieren. Recht, so sagt sie, muß neu geschrieben werden, nicht nur aus Gründen der Gerechtigkeit, sondern um als "Kommunikationsmittel" dienen zu können und um der Identität von Bürgerinnen und Bürgern nützen zu können (Irigaray 1989:17). Eine "Politik der sexuellen Differenz" muß ihrer Meinung nach die kulturelle Ebene der symbolischen Vermittlungen berücksichtigen, und so sei eine spezifische Berücksichtigung der Frauen vor dem Gesetz eine Möglichkeit, die Hälfte der Welt den Frauen einzuräumen. Deshalb macht Irigaray verschiedene Vorschläge zur Umgestaltung rechtlicher und sprachlicher Regelungen.

Ihre Argumentation verläuft in einer Art Drei-Schritt. Gegenstand der Ausführungen ist zum einen immer der unterschiedliche subjektive Status von Mädchen und Jungen in der Beziehung zu ihrer ersten Bezugsperson, der Mutter. Hieraus leitet sie ein unterschiedliches Verhältnis der Geschlechter zur Sprache, zur Logik, zur Liebe und zum Begehren ab. Zum zweiten beinhalten ihre Ausführungen immer einen Themenblock, der sich mit der Verdrängung der (symbolischen Repräsentanz der) Mutter-Tochter-Beziehung in Mythos, Religion und Sprache beschäftigt. Da sie davon ausgeht, daß unsere Sexualität und unsere geschlechtliche Identität sich durch Sprache ausdrücken und es in unserer Kultur in Mythen, Religion, symbolischer und rechtlicher Ordnung kaum Repräsentationen der Geschlechterdifferenz und des Weiblichen gibt, formuliert sie in einem dritten Themenkomplex ihre konkreten Vorschläge zur Veränderung des Rechts. Damit, so hofft sie, soll sowohl elementare Gerechtigkeit hergestellt werden als auch ein "Diskurs etabliert werden, der weder verführt noch reduziert" (Irigaray 1989:51).

Wir sahen, daß Irigarays Lesart der psychoanalytischen Theorien kulturell-symbolisch ausgerichtet ist und die entwicklungspsychologischen Implikationen kaum berücksichtigt. Wenn sie also von der Mutter-Tochter-Beziehung und deren Bedeutungen spricht, meint sie nicht eine individuelle Mutter-Kind-Beziehung, sondern eine Struktur, eine Umgangsform, eine Repräsentation, etwas Symbolisiertes. Die Mutter-Tochter-Beziehung, auf die Irigaray so häufig rekurriert, steht für etwas Besonderes, etwas, das in der heutigen Kultur wenig repräsentiert, vielleicht sogar fast vollständig verdrängt oder durch andere Bedeutungen ersetzt worden ist. Deshalb kann man bei Irigaray auch nur ahnen, worin denn nun die spezifische Qualität der Mutter-Tochter-Beziehung besteht[12].

Die Verdrängung des Mutter-Tochter-Paares aus unserer Kultur ist Anlaß für Irigarays Argumentation, daß Mutter und Tochter einmal ein soziales Modell repräsentierten, das einer eigenständigen weiblichen Gattung - sie spricht von einer Genealogie - entstammt. Diese Genealogie sei heute fast vollständig der männlichen Genealogie unterworfen, müsse aber re-aktualisiert werden, um als Beispiel und Modell für einen Zusammenschluß der Frauen heute reaktiviert werden zu können (Irigaray 1989:33). Ganz im Sinne des objektbeziehungs-theoretischen Feminismus argumentiert sie, daß die Mutter-Tochter-Beziehung eine Beziehung zwischen Subjekten, nicht eine von Subjekt und Objekt sei, daß sie in hohem Maße sozial und kulturell sei. Deshalb sei es wichtig, daß Frauen sich in dieser intersubjektiven Beziehung auch durch Worte, Bilder und Symbole ausdrücken können, die sich an der mythologischen Mutter-Tochter-Beziehung entwickelten. So formuliert Irigaray beinahe in der Art von Beschwörungsformeln, wie wunderbar die soziale Ordnung der Frauen war, die sie "göttlich" nennt:

"Aber wir dürfen nicht vergessen, daß in der Zeit des weiblichen Rechts das Göttliche und das Menschliche nicht durch ein Jenseits, den "Himmel" getrennt waren. Das heißt, daß die Religion kein abgetrennter, das Außerirdische betreffender Bereich war. Das Menschliche war und wurde göttlich. Zudem war dieses Göttliche immer an die Natur gebunden. Die `übernatürlichen' Mutter-Tochter-Begegnungen fanden in der Natur statt.(...)Vor dem Patriarchat waren Frauen und Männer potentiell göttlich, das bedeutet vielleicht sozial. In den meisten Traditionen ist jede soziale Organisation religiös. Das Religiöse ermöglicht den Zusammenhalt der Gruppe" (Irigaray 1989:31).

Diese Vergöttlichung funktioniere aber nur in Gesellschaften, in denen Frauen nicht aus der sozialen Ordnung ausgeschlossen sind; hier und heute klappt sie jedenfalls nicht: "Das Patriarchat hat den Frauen das Göttliche genommen" und es muß zurückgewonnen werden. Weniger religiös formuliert, bedeutet das wohl nichts anderes, als daß beide Geschlechter geachtet und anerkannt werden müssen.

Für Irigaray stellt der Rekurs auf die Mutter-Tochter-Beziehung den Ausgangspunkt für praktische wie theoretische Forderungen dar. Aus der theoretischen Ebene will sie mit ihrem Bezug auf die Mutter-Tochter-Beziehung zeigen, daß

– subjektive Erfahrung ein Teil von Wissen ist,
– Frauen an einer Subjekt-Objekt-Dialektik arbeiten müssen. "Die patriarchalische Kultur hat uns jenseits unserer eigenen Beziehung zum Natürlichen in die Position von Objekten gebracht; wir müssen lernen sprachfähige Objekte zu werden" (Irigaray 1989:52),
– Frauen einer neutralen allgemeinen Wissenschaft nicht folgen und sich gegenüber Mystifizierungen der "Unschuld der Gefühle" und der wissenschaftlichen Wahrheit skeptisch verhalten sollen. "Jede Wahrheit ist teilweise relativ. Eine theoretische Wahrheit, die uns zwingt, alle subjektiven Merkmale aufzugeben, ist gefährlich" (Irigaray 1989:51).

Auf der praktischen Ebene regt die Autorin an

– Skulpturen, Fotos, Gemälde von Mutter-Tochter-Bildern zu installieren, um die "Achtung vor der sozialen Ordnung" in öffentlichen Räumen zu etablieren,
– eine geschlechtsspezifische Regelung der Sprache und ihres Gebrauchs einzurichten. Um die Sprache zu verändern, schlägt sie beispielsweise vor, daß der Plural ein Jahr männlich, ein Jahr weiblich sein soll[13].

Ihre ausführlichsten Veränderungsvorschläge beziehen sich auf die Formulierung von Grund- und Menschenrechten, mittels derer sie eine "bürgerliche

Identität der Frau" herzustellen sucht, denn nach Irigaray haben die Frauen bislang keine Identität, sie identifizierten sich lediglich (mehr oder weniger) mit dem, was ihnen vorgegeben wird. So formuliert sie einige Ideen, die Elemente eines Rechts sein könnten, in dem Frauen Rechte haben anstatt gegen bestimmte Gesetze zu streiten. Möglichkeiten der Frauenbefreiung sieht die Philosophin in der Forderung eines Rechts auf Menschenwürde für Frauen. Diese Menschenrechte möchte sie innerhalb des Zivilrechts angesiedelt haben, um den bürgerlich-sittlichen Charakter dieses Rechts stärker herauszustellen. Dies hält sie für notwendig, da bislang eine starke Zentrierung auf Eigentums- und Güterregelung im Rahmen dieses Rechts vorliegt und damit der breite Spielraum, den der Name dieser Rechtsart andeutet, durch die Gesetzgebung gar nicht erfaßt wird. Irigaray geht aber davon aus, daß eine private und "soziale Beziehung immer in irgendeiner Form mit bürgerlichen Rechten und Pflichten" zu tun hat und ist der Meinung, daß die herrschende Verteilung von Rechten und Pflichen von Männern und Frauen neu geregelt werden müsse, da das Verhalten der Männer im Umgang mit Frauen in vielerlei Hinsicht schlicht "unzivil oder einfach verantwortungnslos" zu nennen ist (Irigaray 1989:99-110). Ihre Vorstellung ist hingegen, daß Frauen eigene Normen und eigene Rechte brauchen, um durch diese Eigenverantwortlichkeit übernehmen zu können und auf diese Weise im bürgerlichen Sinne subjektiv werden zu können. Ihre Veränderungsvorschläge sollten sowohl Gegenstände internationaler Konventionen als auch im Rahmen bürgerlicher Rechte und Pflichten verwirklicht werden.

Sie hofft, daß dieses Recht beispielsweise

– die kommerzielle Nutzung von Frauenkörpern und deren Bilder verhindere,
– die staatliche und religiöse (ideologische) Ausbeutung der Mutterschaft unterbinde,
– wie auch eine Darstellungsweise von Frauen in öffentlichen Bereichen bewirke, die es den Frauen ermöglichte, sich selbst zu akzeptieren.

Als zwei weitere Menschenrechte für Frauen fordert sie

– das Recht auf "Virginität" und
– das Recht auf "Mutterschaft".

Mit dieser Begrifflichkeit will Irigaray das Selbstbestimmungsrecht der Frauen zum Ausdruck bringen. "Recht auf Virginität" bedeutet bei ihr, daß Frauen und Mädchen die Möglichkeit haben, denjenigen zu verklagen, der ihre körperliche Integrität gegen ihren Willen verletzt. Darüber hinaus soll dies Recht den Status der weiblichen Identität "als Körper, der zwischen Männern getauscht wird" (Irigaray 1989:87) ablösen, zugunsten einer Körperidentität, die auf eigener Verfügung beruht. Dazu gehöre auch das Recht, selbständig darüber verfügen zu können, wann die Frau Mutter wird und wann nicht. Zusätzlich fordert Irigaray gleichen Zugang und gleiche Gestaltungsmöglichkeiten in Medien und anderen gesellschaftlich wichtigen Institutionen, wie auch die rechtliche Anerkennung von nicht verheirateten Paaren und deren Kindern.

Irigaray will also rechtlich das regulieren, womit die Frauenbewegung schon seit langem beschäftigt ist. Die Autorin formuliert ihre rechtlichen Forderungen jedoch, ohne zu erwähnen, daß ähnliche Vorstöße bereits aus den Frauenhäusern, Notrufen, Beratungsstellen und anderen Teilen der feministischen Öffentlichkeit gemacht wurden[14]. Die bereits entstandenen Formen der Selbstorganisation, die laut Irigaray so schwer und noch schwerer ohne einen positiven Bezugspunkt in Form einer weiblichen Göttlichkeit zu realisieren sind, läßt sie unerwähnt. Vielleicht ist das ein Grund, warum ihre 'praktischen', als Gesellschaftsveränderung initiierten Vorschläge etwas unvermittelt wirken.

Zudem sind diese Vorschläge zur Veränderung des Rechts überraschend, da die Autorin durch sie einen Bruch mit ihren vorherigen theoretisch-philosophischen Überlegungen vollzieht. Zeigte doch gerade Irigaray, wie es in der vorbürgerlichen und bürgerlichen Gesellschaft und ihren Denktraditionen um die Möglichkeiten, das Weibliche zu denken, bestellt ist. In älteren Schriften unterzog sie bürgerliche Denker (z.B. Freud, Lacan) einer umfassenden Kritik. In ihrem jüngsten Werk "Zeit der Differenz" nun dient ihr der Bezug auf den Begriff des "Bürgerlichen" und dessen Rechtskategorien zur Begründung einer Möglichkeit für weibliche Subjektivität. Frauen können Subjekte werden, Identität haben, wenn sie nur im Rahmen der bürgerlichen Kategorien und Rechte berücksichtigt und repräsentiert würden. Sicherlich weist diese Aussage auf wünschenswerte Veränderungen hin. Nur liefert Irigaray selbst keinerlei Ansatzpunkt für eine Möglichkeit, dererlei Postulate in die Realität umzusetzen. Dadurch, daß ein (weibliches) Individuum, geschweige denn Subjekt, in Irigarays Ausführungen so gut wie gar nicht vorkommt, sie immer abstrakt-allgemein von der Wirkung der Sprachstruktur, der religiösen und mythologischen Bilder und deren ideologischer und realitätsgestaltender Wirkung spricht, bleibt völlig unklar, wie denn die von ihr geplanten Gesetzesänderungen initiiert werden können, welche Prozesse für ihr Gelingen oder Mißlingen ausschlaggebend sind.

Gäbe es denn tatsächlich die erhofften Gesetze und Sprachregelungen, so dürfte Irigaray gemäß ihrer eigenen Theorie freilich hoffen: Ändert sich die "Struktur", - in diesem Fall die Rechtsstruktur - so wirkt sich dies entsprechend des Irigarayschen Denkens auch auf Einzelne und auf das Verständnis und die Definition von Weiblichkeit aus. Praktisch aber sind Menschenrechte, im Rahmen derer Irigaray ihre Vorschläge zur Etablierung einer weiblichen, "zivilrechtlich begründeten Identität" ja ansiedelt, nach wie vor für die meisten Menschen moralische Postulate, nicht gesellschaftliche Wirklichkeit. Zu ihrer formalen Durchsetzung und erst recht zu ihrer Realisierung, die Irigaray mit ihrer Abkehr von der Philosophie bezwecken möchte, braucht es wohl den subjektiven Faktor, eben jenes handelnde Individuum, das bei Irigaray nie vorkommt.

So ist es wohl angemessener, Irigarays Ausführung über "politische und kulturelle Elemente für die Ausarbeitung einer Gesellschaft, in der die geschlechtliche Identität mit Gerechtigkeit und gesellschaftlicher Verantwortung behandelt wird" (Irigaray 1989:12), statt als praktisch-politische besser als rechtsphilosophische Aussagen zu lesen. Im Rahmen einer "*Ethik* der sexuellen Differenz" - "Rechte und Pflichten", "Verantwortungslosigkeit" und die "Nicht-Zivilität", von denen Irigaray spricht, deuten den ethisch-moralischen Kontext ihrer Überlegungen an - würden ihre Forderungen weniger Fragen nach den Möglichkeiten ihrer Umsetzung provozieren. Da der Unterschied zwischen Rechtsphilosphie und der Formulierung von Vorschlägen zur Rechtsveränderung von ihr jedoch nicht aufgegriffen wird, bleibt die Rolle des Rechts, seine Stellung zwischen Mensch und Gesellschaft unreflektiert. Der Diskussion der Rechtsphilosophie um die Frage, ob mit der Forderung nach rechtlicher Regelung nicht genau die Vermittler-Rolle des Staates zwischen den beiden alten Polen Natur und Gesellschaft gestärkt wird, und ob gerade dies ein geeignetes Instrument zur Herstellung von mehr Gerechtigkeit ist[15], geht Irigaray aus dem Weg.

Bei ethischen Fragen aber wäre zu klären, ob die Wahrnehmung von Pflichten und die Entwicklung von Verantwortungsbewußtsein eine Verhaltensform oder -norm ist, die rechtlich durchgesetzt und erzwungen werden kann und ob es zum Verständnis der Entstehung und Entwicklung von Moral und moralischem Bewußtsein nicht einer präziseren Theorie bedarf, als Irigaray sie vorlegt.

Da Irigaray die politischen Bestrebungen von sozialen Bewegungen unerwähnt läßt und ihre Forderung der Einführung neuer Rechte philosophisch und jenseits der Lebenswirklichkeiten von Frauen herleitet, bleibt der Eindruck, daß hier gesellschaftliche Veränderung von oben nach unten gedacht wird. So haftet der politischen Handlungsstrategie Irigarays etwas Bevormundendes und Undemokratisches an. Als Vorschläge, in welche Richtung eine Gesellschaft mit mehr Freiheiten für Frauen denn gehen könnte, sind ihre Ausführungen aber zweifellos unterstützenswert, fordern sie doch das Recht auf körperliche Selbstbestimmung und Integrität, das als eines der fundamentalsten Menschenrechte gelten kann. Darüber hinaus ist es Irigarays Verdienst, immer wieder auf die Notwendigkeit der Umdefinierung von Begrifflichkeiten hinzuweisen. Ihr "Recht auf Virginität" meint mehr als ein Recht auf körperliche Selbstbestimmung, es ist auch eine Aufforderung, den Wert der Jungfräulichkeit[16] neu zu bestimmen, ihn jenseits männlicher Verfügungsansprüche als Bereich eigener Entscheidung und Selbstbestimmung von Frauen anzuerkennen und durchzusetzen.

Ein derartiges "Recht auf Virginität" bräuchte aber auch eine Repräsentation eines eigenen weiblichen Begehrens und so ist dies ein anderer Versuch einer alternativen Symbolisierung eigenständiger Weiblichkeit. Gemäß des psychoanalytischen Denkens, das die Bedeutung von Körper, Sexualität und Triebhaftigkeit herausstellt, versuchen (bemerkenswerterweise nicht triebpsychologische) Autorinnen, ein weibliches Subjekt durch ein eigenes weibliches Begehren zu konzipieren.

5.3. Ein eigenes weibliches Begehren – Begehren ohne Phallus?

Vorangegangene Kapitel verdeutlichten, daß dem objektbeziehungstheoretischen Feminismus zufolge der Mangel an (sexueller) Subjektivität des Mädchens zum einen als ein Produkt der nicht ausreichenden Subjektivität der Mutter zu erklären ist, mit der sich die Tochter identifiziert, von der sich der Sohn hingegen ablöst. Zum anderen ist die Beziehung des Mädchens zum Vater als Faktor bei den Prozessen der Ablösung und Individuation sowie bei der Produktion von der Spaltung in Autonomie und Sexualität von Bedeutung. Genau wie der Junge brauche auch das Mädchen den Vater für die Individuation. Wird in der Wiederannäherungsphase diese "identifikatorische Liebe" (Benjamin) der Tochter dem Vater gegenüber nicht anerkannt, sondern zurückgewiesen, resultierten daraus mangelnde Eigenständigkeit, Sehnsucht und die Bereitschaft zur Unterordnung und Selbstabwertung; also die Konflikte des klassischen psychoanalytischen Weiblichkeitsbildes, die Freud als passive Sehnsucht nach dem Vater, seinem Phallus und einem Kind von ihm beschrieben hat. Dieser konstatierte Mangel an weiblicher, sexueller Subjektivität ist sowohl Beschreibung tatsächlicher Schwierigkeiten von Frauen, ihre Weiblichkeit mit Sexualität und Subjektivität in Einklang zu bringen, als auch Festschreibung eines Mangels und fehlende Wahrnehmung von Andersartigkeit.

Alle feministisch-psychoanalytischen Autorinnen machen angesichts dieser Ambivalenz deutlich, daß Weiblichkeit kaum außerhalb der patriarchalen Norm beschrieben werden kann. Die vorherrschende Theorie läßt Überlegungen zu einer eigenständigen, weiblichen Subjektivität in der Regel außer acht; was als weiblich begriffen wird, orientiert sich gewöhnlich - als Kontrastierung oder Ergänzung - zum Männlichen. In psychoanalytischer Perspektive beginnt dies bereits dort, wo der Motor, die Quelle unseres Tuns zu lokalisieren versucht wird; der Trieb, das Begehren, die Libido werden als männlich begriffen. Die Frage nach einem eigenständigen, weiblichen Begehren als Ort, von dem aus Frauen Selbständigkeit und Subjektivität entwickeln können, schließt sich an die Kritik dieser Eingleisigkeit an. So haben feministisch-psychoanalytische Theoretikerinnen nach einer Art gesucht, Begehren nicht-phallisch darzustellen. Dabei ist für das Theoriefeld insgesamt auffällig, daß in der amerikanischen Diskussion die Rolle der Leidenschaften und des Begehrens nur wenig thematisiert wird, während Lacan-orientierte Feministinnen sich hauptsächlich mit den Implikationen des Begriffs des Begehrens, des Genießens bei Lacan für die weibliche Sexualität auseinandersetzen[17]. Trotzdem wurde innerhalb beider Richtungen ein Entwurf eines eigenen, weiblichen Begehrens als Ort weiblicher Subjektivität entwickelt. In Auseinandersetzung mit ihren jeweiligen Bezugskontexten spielen Luce Irigaray auf der einen Seite und Jessica Benjamin auf der anderen Seite mit dem Begriff des "Zwischenraums", um Möglichkeiten der Beschreibung eines weiblichen "Ortes" für ein eigenständiges, weibliches Begehren zu umreißen.

Was könnte diese Gemeinsamkeit bedeuten, die bei genauerem Hinsehen doch nur eine der gleichen Begrifflichkeit nicht aber desselben Inhalts ist? Beide benutzen die Raum- oder Ortsmetapher, zwar aus verschiedenen Gründen und mit einem ganz unterschiedlichen Verständnis, aber sie greifen bei der Konzeptualisierung eines weiblichen Begehrens auf dasselbe Bild zurück. Bei Irigaray ist dieses Bild stark mit dem weiblichen Genital als wiederersehntem "ersten Aufenthaltsort" verknüpft; Benjamin lehnt die symbolische und metaphorische Bezugnahme auf die weiblichen Genitalien ausdrücklich ab. Benjamins Kritik gilt jedoch primär für die älteren Ausführungen Irigarays. Irigarays mimetische Annäherungen an eine andere Form des Begehrens und der Lust werden 1977 in "Das Geschlecht, das nicht eins ist" noch in Form der Metaphorik der weiblichen Geschlechtsorgane und des weiblichen Körpers gefasst. In neueren Schriften, wie z.B. der "Ethik der sexuellen Differenz", entwickelt Irigaray Vorstellungen über ein weibliches Begehren, die nicht mit ihrer früheren Ausdrücklichkeit in genitalen Metaphern gefasst sind.

Jessica Benjamin aber kritisiert die durch Irigaray versuchte Aufwertung der weiblichen Geschlechtsorgane als Umkehr der früheren Herabsetzung und hält sie auch deshalb für problematisch, weil die psychische Symbolik bereits vom Phallus besetzt sei. Aufgrund dessen sei es sinnvoller, nicht ein Gegenstück zur Phallus-Symbolik zu suchen, sondern sich auf eine andere psychische Ebene zu begeben und die Theorie der Intersubjektivität für die Repräsentanz des Begehrens zu bemühen[18]. Da Benjamin annimmt, daß intrapsychische Symbolisierungen nicht identisch sind mit intersubjektiven Erfahrungen des Selbst mit anderen und jeweils eigene Formen der psychischen Entstehung haben, können ihren Überlegungen zufolge eigenständige, intersubjektive Formen des Begehrens durch das intrapsychische Symbol des Phallus auch nicht repräsentiert werden. Der Phallus als Symbol des Begehrens repräsentiere nur die Begegnung zwischen Subjekt und Objekt, für die Erfahrungen zwischen zwei Subjekten gebe die intrapsychische Theorie keinen Raum. Da Benjamin aber die direkte Anerkennung in der intersubjektiven Kommunikation für ebenso wichtig für die Entstehung eines Begehrens hält wie die Fähigkeit zur Identifikation und daraus entstehende psychische Repräsentanzen, sucht sie nach einer begrifflichen Möglichkeit, einen Raum, in dem das Subjekt dem Subjekt begegnen kann. Sie faßt ein intersubjektives Begehren als den "Wunsch nach Anerkennung" und hält räumliche Metaphern für geeigneter als körperliche.

Der "intermediäre Raum"

In ihrer Skizzierung des weiblichen Begehrens nutzt Benjamin Winnicotts Begriff des "Übergangsraumes" für die Konzipierung eines "offenen Raumes", in dem sich Einsamkeit und Begehren entwickeln können. Sie geht davon aus, daß gerade die intersubjektive Perspektive ein gemeinsames Fühlen und Entdecken bedeutet, das einen "intermediären Raum" schafft, den die Frauen für sich nutzen könnten und der die Begegnung getrennten Bewußtseins als erotisches Erlebnis ermögliche. Die Raummetapher leitet sie in Abgrenzung von Eriksons Metapher vom "inneren Raum" nicht aus der weiblichen Anatomie ab, da die anatomisch begründete Vorstellung doch wieder die Sterotype von der Weiblichkeit als passiv-rezeptiv und haltend hervorbringt. Sie benutzt stattdessen den Begriff des "intermediären Raumes", von dem sie annimmt, daß er eher als Bild für nicht vorstrukturierte Offenheit dienen könnte, in der sich Neues entwickeln kann.

"Wenn das sexuelle Selbst durch die Sinnlichkeit des ganzen Körpers repräsentiert ist, wenn der 'intermediäre Raum' zwischen unseren Körpern, inner- und außerhalb unserer Körper zur Arena der Lust wird, dann kann das Begehren aus den Grenzen phallischer Herrschaft ausbrechen" (Benjamin 1988:128).

So ist es ihr Anspruch, bei der Frage des Begehrens den "Alleinvertretungsanspruch" der phallischen, psychischen Repräsentanz zu brechen und ihm ein intersubjektives Selbst und seine Repräsentanzen gegenüber zu stellen. Sie will die beiden Verstehensweisen aber nicht als Alternativen darstellen, sondern vielmehr deren Koexistenz und Interdependenz betonen. Sie versteht sowohl die intersubjektive Theorie als auch die Theorie der intrapsychischen Repräsentanzen als konstitutiv für die Geschlechtsspezifik und beschreibt auch die Erfahrungen, die mittels der intra-psychischen und der intersubjektiven Theorie erfaßt werden, als geschlechtspolar.

"In diesem Sinne wollen wir die beiden traditionellen Leitfiguren der Kindheit, die haltende Mutter und den erregenden Vater als wichtige Elemente des Begehrens verstehen. Das Halten und der dadurch entstehende Raum erlauben dem Selbst, sein Begehren als wirklich von innen kommend zu erleben. Das Gefühl eigener Aktivität und eigenen Begehrens entsteht beim Kind nämlich nicht nur durch die Anerkennung eines überschwenglichen, erregenden Vaters; ebenso wichtig ist das Gehalten-Werden und die Eingrenzung durch die Mutter" (Benjamin 1988:129).

Das hört sich nicht so aufregend an und dem sich aufdrängenden Eindruck, hier werde erneut auf die Geschlechterpolarität zurückgegriffen, tritt Benjamin selbst entgegen. Sie betont nochmals, daß sie auf die Gleichwertigkeit von männlicher und weiblicher Erfahrung aufmerksam machen will und ist der Meinung, daß Männer wie Frauen durchaus verschiedene Erfahrungen integrieren können und sehr wohl auch Eigenschaften entwickeln könnten, die lange Zeit nur dem einen oder dem anderen Geschlecht zugeordnet wurden. Die Entdeckung und Anerkennung eines "intermediären Raumes" hält sie deshalb nicht nur für geeignet, weibliches Begehren begrifflich zu konzipieren, sondern versteht diese Vorstellung von "Raum" streng im Sinne Winnicotts als Bedingung für verschiedene Formen der Kreativität und der Anerkennung, die für beide Geschlechter gleichermaßen möglich sind. Der "intermediäre Raum" als ein offener Raum der Begegnung, in dem die Neu-Entstehung von Erfahrung und Bedeutung noch möglich und nicht vorab festgeschrieben ist, soll eine weitere, dritte Ebene zwischen dem Selbst und dem Anderen, zwischen innerer und äußerer Realität benennen. Der Begriff sucht ein Wechselverhältnis zu fassen, bei dem das Subjekt nicht nur bezeichnet oder bezeichnet ist, sondern Prozesse und Erfahrungen selbst transformieren und unterbrechen kann. Neue Bedeutungen und neue Erfahrungen und Erlebnisqualitäten sollen damit theoretisch denkbar werden.

Da Benjamin sich stark an der Konzeption eines "intermediären Raumes" orientiert, den Donald Winnicott aus seiner Vorstellung des "Übergangsobjektes" ableitete, will ich ihre Ausführungen in den Zusammenhang mit zentralen Thesen Winnicotts stellen, um anschließend die feministische Anknüpfung von Jessica Benjamin besser diskutieren zu können.

Übergangsraum und Übergangsobjekt

Winnicotts Thesen beziehen sich auf die frühe, emotionale Entwicklung des Kindes. Er geht davon aus, daß die emotionale Entwicklung bereits vor der Geburt beginnt und daß die ersten Wochen nach der Geburt die Mutter und das Neugeborene aufgrund der großen Abhängigkeit des Säuglings von der Umgebung zusammen beschrieben werden müssen. Seiner Vorstellung entsprechend lebt die "hinreichend gute Mutter" in den ersten Wochen nach der Entbindung in einem Zustand äußerster Empfindsamkeit und Aufmerksamkeit ihrem Kind gegenüber, den Winnicott "primäre Mütterlichkeit" nennt. Durch ihr "Halten" (holding) schafft die Mutter die Voraussetzungen dafür, daß das Kind eigene Regungen und Entwicklungen vollzieht. Winnicott beschreibt die mütterliche Funktion des Haltens wie auch die kindliche Lust auf gierige Aneignung als konstitutiv für jede Form der kindlichen Entwicklung. Er nimmt an, daß es frühe Zustände und Gefühle kindlicher Aggression gibt, die sich zuerst in Form von reflektorisch und vegetativ gesteuerter Beweglichkeit äußern. Dadurch, daß diese Ausdrucksform nach außen gewendet ist, stößt sie auch immer auf Widerstand und wird so zur Aggression, die durch die Art und die Menge der Widerstände reglementiert ist, auf die sie trifft (Winnicott 1950). Der Säugling braucht ein Minimum an Einmischungen von außen, um Reaktionen darauf entwickeln zu können. Winnicott geht davon aus, daß demgegenüber zu große Widerstände individuelle Erlebnisse mit der primären Aggression verhindern und der Säugling den Eindruck entwickelt, daß seine Aggression eine Reaktion auf Störungen von außen, und nicht Ausdruck seiner personalen Entwicklung ist. Dann braucht er/sie ständig äußere Störungen, um sich lebendig zu fühlen. Wenn es nicht gelingt, dem Säugling ein Gefühl der Kontinuität zu vermitteln, kann es zu psychotischen Zuständen wie auch zu einer "antisozialenTendenz" kommen, die als Folge eines tatsächlichen Verlustes (eines inneren Objektes) auftreten kann[19].

Im positiven Verlauf des Prozeßes des "Haltens" jedoch ermöglicht nach Winnicott die "hinreichend gute Mutter" die Verdrängung von Ängsten wie auch das Erlebnis von Omnipotenz. Er beschreibt, wie das Baby in der Interaktion mit der Mutter verschiedene "capacities" entwickelt. Eine davon ist die kindliche Erschaffung eines "Übergangsraumes" oder eines "Übergangsobjektes", das aus den kindlichen Allmachtsphantasien hervorgehe, deren Erleben die Basis für Kreativität sei, da das Baby in seinen/ihren Omnipotenzphantasien die Steuerung von Situationen imaginieren und magisch-kreativ beeinflußen könne. Durch diese Erfahrung lerne der Säugling "subjektive Objekte" zu bilden, die zugleich die Voraussetzung der Beziehungsaufnahme zu äußeren Objekten sind. Winnicott stellt diesen wechselseitigen Prozeß als Paradoxon dar: In "Vom Spiel zur Kreativität" (Winnicott 1971) beschreibt er die Entstehung sog. Übergangsphänomene als Zwischenraum zwischen der kindlichen Allmachtsillusion und einer objektiven Wahrnehmung, die auf Realitätstests basiert. Das Objekt, das das Kind in seinem Inneren erschafft, muß zur Verfügung stehen und umgekehrt muß das Kind das äußere Objekt imaginär erschaffen und besetzen, sonst nützt es ihm bei der Differenzierung nichts. Übergangsphänomene sind real und illusorisch zugleich, sie überbrücken die Unterscheidungen zwischen Selbst und Anderen, innerer und äußerer Realität, zwischen Primärprozeß und Sekundärprozeß, zwischen Ich und Es. Diese Fähigkeit des Sich-Beziehens faßt Winnicott nicht als dem Prozeß des Denkens zugeordnet, sondern beschreibt sie als allgemein menschliche Kategorie. Dieser Bereich zwischen der realen Objektbeziehung und der (phantasierten) Objektbesetzung stellt für Winnicott als "intermediärer" oder auch "potentieller" Raum eine Art neutralen Erfahrungsbereich dar. Hier ist das Kind von dem Druck befreit, innere und äußere Realität miteinander in Beziehung zu setzen. So kann das Kleinkind eine individuelle Annäherung an die objektive Erfahrung gestalten. Die Beziehung zur Welt stellt das Kind durch die Erschaffung von Übergangsobjekten selbst her; so gesehen stellen sie die erste Form der Symbolbildung dar. Ihre erste Entstehung kann zwischen dem vierten bis zwölften Monat liegen. Übergangsphänomene und später dann Übergangsobjekte reichen vom Sich-in-den-Schlaf-Singen über den Zipfel einer Decke bis hin zum Kuscheltier. Übergangsphänomene sind Besitz des Kindes, keine inneren Objekte im Sinne Melanie Kleins, sie vertreten die Brust oder das Objekt der ersten Beziehung. Sie werden leidenschaftlich geliebt, und sie werden im Zuge einer 'normalen' Entwicklung einfach aufgegeben, zunehmend vergessen. Es gibt, so Winnicott (1951), keine geschlechtsspezifischen Typen von Übergangsobjekten.

Die Überlegungen Winnicotts betreffen nicht nur den Zwischenbereich zwischen der Unfähigkeit und der wachsenden Fähigkeit des Kindes, Realität anzuerkennen, sie erfassen auch eine "dritte Dimension im Leben des Menschen" überhaupt. Als Ebene zwischen der inneren und der äußeren Welt beschreiben sie einen Raum, der sowohl als "Ruheplatz" als auch als Zwischenzustand von "illusionärer Erfahrung" notwendige Voraussetzung ist für die auch im Leben eines Erwachsenen immer erforderliche Anstrengung, innere und äußere Realität miteinander in Beziehung zu setzen (Winnicott 1951:302). Dieser potentielle Raum, in dem auch die kindlichen Übergangsobjekte entstehen, "schafft freien Raum für den Prozeß des Erwerbs der Fähigkeit, Unterschiede und Ähnlichkeiten zu akzeptieren" (ebd:306f).

Die Attraktivität eines derartigen Verständnisses von der Aneignung der Welt - nicht dual, nicht mit statischen Bedeutungszuschreibungen versehen, nicht kulturdeterministisch, sondern offen für Veränderung und für die Bestimmung subjektiver Befindlichkeiten - für die begriffliche Erfassung neuer Vorstellungen (auch) von Weiblichkeit liegt in dem geringen normativen Gehalt der Ausführungen Winnicotts begründet. Wir haben gesehen, daß Benjamin dies objektbeziehungstheoretische Verständnis von menschlicher Entwicklung theoretisch ausgeweitet hat zu einem Ideal von Reziprozität, die Getrenntheit wie Verbundenheit anerkennt. Sie ließ dies münden in die Forderung nach einer wechselseitigen Elternbeziehung, die es den Kindern ermöglicht, andere reziproke Beziehungen zu entwickeln. Die Annahme dieser Möglichkeit setzt ein Menschenbild und ein Verständnis von der Beziehung zwischen Mensch und Gesellschaft voraus, das weniger als das von Freud oder auch Lacan von Abgrenzungen und Dominanz geprägt ist. Auch bei Winnicott spielt die "intersubjektive" Perspektive, von der Chodorow und Benjamin sprechen, eine große Rolle. So gesteht Winnicott den Säuglingen weitaus mehr Fähigkeiten zu als andere psychoanalytische Schulen. Er sieht sie als in einer intersubjektiven Umgebung aufwachsend und deshalb nicht als einzeln-individualistisch oder primär narzißtisch. Im Gegensatz zu Freud und Lacan, aber auch zu Mahler, versteht er die schrittweise Trennung von der Mutter weniger als ein Ergebnis von Frustration, sondern beschreibt diesen Prozeß als eine Mischung von inneren Impulsen des Säuglings und der mütterlichen Reaktion auf diese Impulse, ein Prozeß, der nicht ausschließlich schmerzhaft ist, sondern nur als schmerzvoll erfahren werde, wenn die "hinreichend gute Mutter" fehlt.

Winnicotts Annahme einer dreidimensionalen Realität - Innen / Außen / Übergangsphänomene - impliziert ein weitaus komplexeres Beziehungsgefüge des Menschen mit seiner Außenwelt als dies zum Beispiel in den an Lacan angelehnten Theorien der Fall ist, die die Sprachstruktur als die einzige Realität annehmen. Dort sind Symbolisierungen phallisch und kommen von außen; hier wird angenommen, daß sich die Fähigkeit zur Symbolisierung mit dem Vermögen der Objektbenutzung entwickelt. Für Winnicott ist die Fähigkeit, Übergangsobjekte zu bilden, die erste Instanz der Symbolbildung bzw. der Symbolisierung. Dieses Vermögen resultiere aus einem psychischen "Übergangsraum" und sei nicht von einer objektiven, äußeren Realität als universeller Logik der Sprachstruktur aufgesetzt. So faßt Winnicott das als "Raum" von Gestaltungsmöglichkeiten, was bei Lacan und Freud als Kluft oder Lücke gedacht wird. In der Trennung zwischen Individuum und Gesellschaft spiegele sich, so die Annahme der letztgenannten Autoren, die Erfahrung, daß Kultur der Einzelperson immer auch ein Stück fremd, von außen und als Zwang gegenübertritt. Winnicott hingegen begreift Kultur und Symbolisierungen nicht als dem Individuum Fremdes, seinem Inneren Entgegengesetztes; auch versteht er Kultur nicht auf der Basis von unterdrückten Impulsen. Er nimmt an, daß Kultur aus dieser "dritten Ebene" in uns entsteht, die uns Vergnügen bereitet und ein Gefühl von Lebendig-Sein und Kontinuität vermittelt. Dies herzustellen, sei ein lebenslanger Prozeß, der aber auch eine Art der Erfahrung brauche, die Erleichterung verschafft. Solche Erfahrungen könnten in einem "intermediären Raum", ähnlich dem Raum des spielversunkenen Kindes, stattfinden. Kultur ist für Winnicott deshalb sowohl eine Quelle von Konflikten und Herrschaftsbeziehungen wie auch ein Raum für Kreativität und Spiel (Winnicott 1967, 1971a).

Somit überwiegt bei Winnicott ein positiv formuliertes Verhältnis von Individuum und Gesellschaft. Während Freud und Lacan die Konflikte, die aus der normierenden Einpassung des Einzelnen in die Kultur resultieren, in den Mittelpunkt stellen und so die Spannung zwischen Individuum und Kultur pointieren, betont Winnicott eher die positiven Möglichkeiten von Entwicklung, Gestaltung und Veränderung. Winnicott sucht konstruktiv nach Möglichkeiten zur Erfassung von menschlicher Kreativität und Entfaltung und versteht Konflikte, irreduzible Spaltungen und Trennungen nicht als Regelfall, sondern vielmehr als Entwicklungsfehler und z.B. als Versagen bzw. Nicht-Vorhanden-Sein einer "hinreichend guten Mutter". Abgesehen davon, daß diese Argumentation es leicht ermöglicht, die Mutter erneut zum Sündenbock zu stempeln, bleiben auch (aggressive) weibliche Sexualität und sexuelle Aspekte von Mutterschaft weitgehend undiskutiert. Für Sexualität und unbefriedigte Wünsche und Bedürfnisse ist in Winnicotts Theorie viel weniger Platz als in der von Freud oder Lacan. Wie patriarchalisch die Konzepte vom Trieb und von der "jouissance" auch immer sein mögen, zumindest tragen sie sexuellen Konflikten Rechnung, indem sie ungelöste Probleme zwischen Begehren und Objektliebe sowie zwischen Sexualität und Geschlechtlichkeit benennen. In Winnicotts und Benjamins Konzeption des "intermediären Raumes" hingegen überwiegt das Anliegen, positive Anknüpfungs- und Denkmöglichkeiten zu schaffen, die Perspektive der Kritik.

So ist es auch nur konsequent, daß eine nicht-phallische, nicht von männlicher Libido ausgehende Vorstellung von eigenständigem, weiblichen Begehren bei Benjamin als offener Raum konzipiert wird, dessen Definition und Inhalte noch in einer gemeinsamen Verständigung entwickelt werden müssen. Sie kritisiert, daß das Begehren in der Psychoanalyse bislang viel zu genital fixiert begriffen wurde und versucht, sich von den bereits besetzten Vorstellungen von Erotik und Sexualität zu distanzieren. So ist es auch nicht verwunderlich, daß das, was wir herkömmlicherweise mit Lust und Begehren assoziieren - irgend etwas Geschlechtliches, Triebhaftes oder Enthemmtes - bei Benjamin nur am Rande vorkommt[20]. Sie stellt vielmehr die *Begegnung* in den Mittelpunkt ihrer Überlegungen, wechselseitige Formen der Be- und Entgrenzung als Möglichkeiten, verschiedene Gefühle als eigene zu erleben. Der mögliche Einwand, daß hier durch die Hintertür doch eine Verharmlosung des Begehrens eingeführt wird, daß Frauen erneut auf eine weichere, integere, ganzheitlichere (Kuschel?-) Sexualität festgelegt werden, wird durch Benjamins überzeugende Argumentation entkräftet: Formen des Begehrens zwischen zwei Subjekten (nicht zwischen Subjekt und Objekt) werden durch symbolische Vorstellungen, die phallisch strukturiert sind, nicht repräsentiert. Das Beharren auf einer der männlichen ebenbürtigen weiblichen Lust kann nur ein Teil des Begehrens sein. Begehren, als eigenständige subjektive Person anerkannt und geliebt zu werden, geht in unsere Sexualität mit ein.

Begehren als "Zwischenraum" und "Verlagerung ins Unendliche"

Ganz ähnlich argumentiert auch Luce Irigaray in ihrer Interpretation von Aristoteles Abhandlung über das Wesen des Ortes[21]. Dies ist zunächst überraschend, pocht sie doch im Gegensatz zu Benjamin auf die sexuelle *Differenz*. Auch stimmt sie viel eher dem Kulturverständnis bei Freud und Lacan zu, die, wie Irigaray meint, die "Wahrheit über den Status der weiblichen Sexualität und des Verhältnisses der Geschlechter" sagen. Sie kritisiert jedoch an ihnen, daß man es nicht bei der Beschreibung der Zustände und deren Festschreibung belassen könne (Irigaray 1977:106). So bemängelt Irigaray das "von der Liebe getrennte Begehren" in der psychoanalytischen Theorie (Irigaray 1989:127) und Benjamin kritisiert die Zentrierung auf Genitalität und Triebe in der psychoanalytischen Libido-Theorie als Reduzierung.

Irigarays Wunschvorstellungen über ein gleichberechtigtes, harmonisches Miteinander von Männern und Frauen, die auch ein eigenes weibliches Begehren als einen weiblichen "Ort" beinhalten, sind denen Benjamins deshalb recht nahe. Auch sie philosophiert über einen "Zwischenraum", in dem sich Männer und Frauen begegnen können, der ein Akzeptieren der/des Anderen erlaubt. Allerdings liegt ein nicht unwesentlicher Unterschied darin, daß Irigaray ihre Vorstellungen mit dem Bezug auf eine dritte, abstrakte Größe begründet, die sie - man ahnt es bereits - "Gott" nennt, während Benjamin mit Winnicott diese dritte, andere Ebene als anthropologisch gegeben und im Verlauf der Entwicklung als ausdifferenzierbar annimmt.

Irigaray entwickelt die Vorstellung eines "Zwischenraumes" zur Konzipierung eines weiblichen Begehrens, wie in früheren Schriften auch schon, in Auseinandersetzung mit philosophischen Texten und deren Verfahrensweisen, das Weibliche auszuschließen. Sie kommt zu dem Schluß, daß die Philosophie eine Welt beschreibe, in der die Frau Ort ist, aber keinen Ort hat; Raum bildet, ohne Raum einzunehmen, in der sie keine Zukunft und keine Geschichte hat. In ihrer Lektüre von Aristoteles viertem Buch der Physik kritisiert sie seine Vorstellung davon, daß das, was Ort ist, keinen Ort haben dürfe. Nach Aristoteles ist der Ort weder Form noch Materie, da er sonst ein Teil des von ihm enthaltenen Körpers wäre, und dies Stillstand oder Rückschritt zur Folge hätte. Irigaray ist nun der Meinung, daß die Problematik des Ortes die herrschende Ordnung der Geschlechter bestimme. Sie kritisiert, daß Aristoteles in seinen Ausführungen über den Ort nicht berücksichtigt, daß die ursprüngliche Ortserfahrung jedes Menschen die Gebärmutter ist. Dabei gerate aus dem Blick, daß Männer das Weibliche der Sehnsucht nach diesem ersten Ort unterwerfen, daß diese Sehnsucht ihre Entsprechung in der Konstruktion einer körperlosen Welt der Ideen und Zahlen finde[22]. Der erste Ort bestimme den Eintritt in diverse andere Orte, "ich suche ihn durch x Körper, durch die Natur, durch Gott hindurch" (Irigaray 1984:47), und damit diese Suche nicht ins Unendliche, nicht in den Abgrund führt, brauche es begrenzte Orte. Die Frau ist, so Irigaray, ein solcher Ort, und da nach Aristoteles der Ort selbst keinen Ort haben darf, besteht für die Frau eine generelle Schwierigkeit: Sie muß diesen Ort, den sie selbst darstellt, auch in sich selbst finden. In der Reduzierung der Frau auf die Mutterrolle, die Irigaray in der Philosophie konstatiert, führt dies dazu, daß sich die Frau, wie in der klassischen Psychoanalyse auch, nur über das Kind definieren kann.

"Wenn sie diesen Ort, der sie ist, nicht in sich konstituieren kann, verläuft ihr Weg zu sich selbst weiterhin über das Kind. Sie umkreist ein Objekt, um zu sich zurückzufinden. Das fesselt das andere in ihre Interiorität" (Irigaray 1984:47).

Gegen Aristoteles argumentiert Irigaray, daß das, was Ort ist, auch einen Ort haben könne; die Frau sei mehr als Mutter und Gebärmutter, sie ist auch ein sexuelles Wesen mit eigenen Wünschen. Um aber eine Begegnung von Mann und Frau zu ermöglichen, müssen beide Geschlechter einen Ort haben. Wie könnte ein solcher weiblicher Ort aussehen?

Irigaray interpretiert Aristoteles Aussage über die Unabhängigkeit des Orts im Verhältnis zum Stoff und zur Form so, daß der eigene Ort das sei, wohin es eine Bewegung gibt. Das Männliche, das sei offensichtlich, werde vom Mütterlich-Weiblichen angezogen. Welchen Ort aber könne das Männliche dem Weiblichen als Anziehungspunkt bieten? Im spielerischen Umgang mit der aristotelischen Begrifflichkeit schreibt sie, daß das Männliche sich als ein "Gefäß" konstituieren müsse, um aufnehmen und empfangen zu können. Dem stünden aber "seine Morphologie, seine Existenz, sein Wesen" entgegen (ebd:52). Nach Aristoteles ist der Ort oben und unten und in Bewegung. Auf das Begehren bezogen, sei die Vorstellung von oben und unten der männlichen Ökonomie entsprungen. Irigaray setzt dieser Vorstellung die Interpretation entgegen, daß der Ort innen und außen ist und die Bewegung begleite.

"Jeder Ort umschließt den ihm vorhergehenden.(...)Es gäbe dann zu jedem Zeitpunkt zwei Orte, die sich gegenseitig bestimmen und ineinander fügen. Zwei Bewegungsantriebe des Orts? Zwei Ursachen des Orts? Und ihr Zusammentreffen. Zwei Pulsationen und ihre Transformationen, die des einen, die des anderen und ihre wechselseitigen Bestimmungen. Zumindest zwei... Dann unendlich viele?" (Irigaray 1984:53).

Hier erscheint das Begehren als Bewegung. Die Bewegung in Richtung des anderen/die andere denkt auch Irigaray im Zusammenhang mit der Reduzierung des "Zwischenraums", dessen Aufhebung Stillstand/Tod, dessen Existenz aber sowohl Verbundenheit wie Trennung bedeute. Das "Zwischen" ermöglicht erst die Bewegung, die den Ort ausmacht; erst so kann ein Ort der Transzendenz und des Sinnlichen hergestellt werden. In der Bewegung des Begehrens liegt die Möglichkeit eines wechselseitigen Ort-Seins / Ort-Gebens. In dem "Zwischen" der Begegnung müßten sich auch Männer mit ihrer Körperlichkeit beschäftigen, um selber Ort zu werden. Zudem werden sie so an die materielle Basis des Denkens erinnert und die Trennung in transzendental/Ort-haben (=Männlich/Weiblich) wäre weniger leicht möglich. Gleichzeitig sind die Frauen aufgefordert, sich von der Reduzierung auf das Nur-Ort-Sein zu distanzieren und ihrerseits den "Zwischenraum" aktiv zu füllen. Es braucht also immer zwei Orte, um den "Zwischenraum" aufrechtzuerhalten. Dabei liegt das Problem des Begehrens darin, den "Zwischenraum" kurzfristig aufzuheben, ohne das Gegenüber zu vernichten. Irigaray ist der Meinung, daß hierfür eine übergeordnete Perspektive notwendig ist. Wie wir es schon von ihr kennen, fordert sie auch hier den Bezug zum Unendlichen, Kosmos, zu Gott.

"Damit das Begehren fortbesteht, bedarf es eines doppelten Orts, einer doppelten Umschließung. Oder eines Gottes als Subsistenz des Zwischenraums, als dessen Verlagerung ins Unendliche. Irreduzibel. Das Universum und sein Jenseits entfaltend. In diesem Sinn würde der Zwischenraum den Ort erzeugen" (Irigaray 1984:62).

Hier werden sowohl die Parallelen wie auch die Unterschiede zu Benjamin deutlich. Die Anerkennung der Andersartigkeit des Anderen ist für beide Voraussetzung für ein anderes Geschlechterverhältnis. Erst wenn sich beide Geschlechter ihrer Besonderheiten und Eigenheit bewußt sind, wäre eine Begegnung ohne Machtausübung möglich. Zur Beschreibung dieser Möglichkeit benutzen beide das Bild vom "Zwischenraum", in dem diese neue Beziehung wachsen kann, die darauf basiert, daß Mann und Frau aufeinander zu gehen. Allerdings bebildern und beschreiben die Autorinnen diesen "Zwischenraum" unterschiedlich. Benjamin legt sich nicht fest, zum Ausdruck bringt sie stattdessen den negativen Fall in ihrer Lesart der "Geschichte der O", indem sie die Folgen des Zusammenbruchs dieses "Zwischenraums" beschreibt. Winnicott nutzt zur Illustration der Bedeutung des "Zwischenraums" das Bild eines Jo-Jos, dessen beide Festkörper durch ein Band in Beziehung stehen, das Abstand wie Verbindung garantiert. Als ein ganz ähnliches Bild, nur entsprechend ihrer Vorliebe für Körpermetaphern, benutzt Irigaray die Nabelschnur, um zu illustrieren, daß das "Dazwischen" Begegnung und Sinn hervorbringen kann.

Für Irigaray besteht jedoch die grundlegende Schwierigkeit, daß sie die Geschlechtertrennung für elementar hält. Ein "Zwischen" bzw. die Nutzung eines "Zwischenraums" ist für sie derart weit weg, so sehr Utopie, daß die Möglichkeiten einer solchen Begegnung zwischen Mann und Frau von ihr nur gefaßt werden können in bildhaften Andeutungen, metaphorischen Spielereien und mit dem Verweis auf ein Absolutes, das außerhalb der Geschlechterdifferenz steht: Gott. Ohne Gott gibt es bei Irigaray keine "weibliche Gattung" und keine Emanzipation. Das ist nicht zuletzt deshalb bedauerlich, weil dieses Fazit potentielle Leserinnen und Leser davon abhalten könnte, ihre interessanten Streifzüge durch die philosophische Tradition und ihre Interpretationen zur Kenntnis zu nehmen. Man mag Irigarays Insistieren auf der Notwendigkeit eines Gottes zustimmen oder nicht; die Stärke ihrer Texte liegt in ihrer interpretierenden Lektüre der "großen Philosophen". Macht doch ihre zuweilen penetrant wirkende Verquickung der Begrifflichkeit der Originaltexte und der Metaphorisierung des weiblichen Genitals deutlich, wie stark die philosophische Argumentation um den Phallus kreist und wie wenig die Frauen überhaupt darin vorkommen.

So bleibt nach der Lektüre beider Autorinnen, daß das Vermögen, ein weibliches Begehren wahrzunehmen und zum Ausdruck zu bringen, individuell wie kulturell noch gelernt werden muß. Dies gilt jedoch nicht nur für ein eigenes weibliches Begehren, sondern für die Suche nach neuen Weiblichkeitskonstruktionen überhaupt. Die weibliche Seite der Geschlechterdifferenz muß auf allen Ebenen stärkere Berücksichtigung finden, darüber dürfen jedoch die Unterschiede zwischen Frauen nicht vergessen werden.

5.4. Ausblick: Differenz und Differenzierung

Meine Beschäftigung mit psychoanalytisch begründeten Weiblichkeits-Entwürfen in dieser Arbeit brachte eine Vielzahl kontroverser Punkte zu Tage, die sich einer kohärenten Synthese sperren. Es ging um die ideologische und reale Konstruktion von *sex* und *gender*, um die Rolle des Geschlechts als konstitutive Differenz sich verändernder Körper, um die Entstehung von Bedeutung und die Zuschreibungen durch Sprache, Interaktion und frühkindliche Beziehungen. Die weitreichende und grundlegende Frage nach der Struktur und Genese von Weiblichkeit, die die feministisch-psychoanalytischen Autorinnen zu beantworten trachten, kann - darin besteht Einigkeit - nicht mit einem starren Entwicklungsschema beantwortet werden. Vielmehr geht es um die Beschreibung von Entwicklungskrisen, von Aufgaben und Anforderungen, mit denen Frauen in ihrem Leben konfrontiert sind, und um Bewältigungsstrategien, die daraufhin entwickelt werden. In diesem Sinne konstruieren die Autorinnen ihre Weiblichkeitsentwürfe durch theoretische Ableitungen *Vom Weib zur Weiblichkeit*. Relativiert wird dieses Konstruktionsprinzip durch die Erkenntnis, daß es *die* Weiblichkeit - als *einen* Entwurf oder *ein* Entwicklungsschema - nicht gibt.

Die Autorinnen machen zum einen deutlich, daß das Konstrukt Weiblichkeit immer wieder durch die gesellschaftliche und individuelle Unbewußtheit beim Thema Geschlechterdifferenz unterlaufen wird, daß wir den Geschlechtsunterschied "im Bereich dessen ansiedeln, was wir ungern in Frage gestellt wissen möchten, ihn am Ort unserer Verdrängung festnageln" (Hagemann-White 1988b:229). Zum anderen wurde Eindimensionales der jeweiligen Weiblichkeitskonstruktionen durch die Diskussion im zweiten und im dritten Kapitel dieser Arbeit zumindest relativiert. Die Kritik an den feministisch-psychoanalytischen Ansätzen kreiste um

- fragwürdige Zuschreibungen (z.B: Frau = mütterlich bei Chodorow, Frau = fließend, offen bei Irigaray), die eng verknüpft sind mit einer
- *Vom Weib zur Weiblichkeit* verlaufenden Praxis der Verallgemeinerung, bei der nicht selten aus der Analyse von Einzelfällen Grundlegendes und Allgemeines geschlußfolgert wird, mit einem
- grundsätzlichen Mangel der Einbeziehung anderen empirischen Wissens als des klinischen Materials der Psychoanalyse, und schließlich mit einer
- Argumentationsweise der feministisch-psychoanalytischen Ansätze, in der jeweils eine "Haupt-Ursache" für die Entwicklung und Ausgestaltung von Weiblichkeit angenommen wird - Körper, frühe Beziehungen, Sprache -. Keine Theorie untersucht alle drei Faktoren in ihrem gemeinsamen Wirken, Benjamin (1988) kommt dem wohl am nächsten.

Durch diese Mängel und Beschränkungen fällt unter Umständen genau die Komplexität unter den Tisch, die erst einen Einblick in die Konstruktionsmechanismen und -verfahren von Weiblichkeit (und Sexismus) ermöglicht. So wurde anhand der Diskussion der feministisch-psychoanalytischen Ansätze im zweiten Kapitel deutlich, daß eine ausschließliche Entscheidung für die eine oder die andere psychoanalytische Bezugstheorie der Analyse der Geschlechterdifferenz und der Weiblichkeit nicht immer förderlich ist, da die Theorien nur teilweise denselben Bereich individueller und gesellschaftlicher Wirklichkeit thematisieren. Die jeweiligen theoretischen Perspektiven schließen sich deshalb nicht gegenseitig aus: Die strukturalistisch argumentierende feministisch-psychoanalytische Theorie stellt die Auswirkungen eines bereits existierenden Repräsentationssystems auf die Geschlechtszugehörigkeit heraus. Demgegenüber versteht die Objektbeziehungstheorie die weibliche und männliche Psyche als Funktion gewachsener Beziehungen, von denen die Triebtheorie wiederum annimmt, daß sie auf körperlichen Notwendigkeiten basierten. Die Objektbeziehungstheorie und die Triebtheorie entwickeln zwar keine Theorie der Sprache oder der Sprachstrukturen, aber eine Theorie der Spaltungen, die von Feministinnen zu einer Theorie der Beziehungen zwischen männlichem Subjekt und weiblichem Objekt bei der Entstehung der Geschlechtsidentität und der Geschlechts-Repräsentation weiterentwickelt wurde. Alle drei Ansätze haben gemein, daß sie Folgen und Auswirkungen dieser hierarchischen Spaltung kritisieren.

Eine Zusammenschau dieser Ansätze ist deshalb aufschlußreicher als eine Entscheidung für oder gegen die eine oder die andere theoretische Ausgangsbasis, zumal wenn das Thema sehr breit gestellt wird; wenn es um "weibliche Psychosexualität und Geschlechtsidentität" (Heigl-Evers/Weidenhammer 1988) geht, um "Geschlechterpersönlichkeiten" (Chodorow 1978) oder um die "sexuelle Differenz" (Irigaray 1984). Die Vielfalt der Perspektiven auf Weiblichkeit, der Facetten-Reichtum des Themas wurde gerade durch die Analyse und Interpretation der *verschiedenen* Ansätze noch einmal deutlicher.

Die Komplexität der Thematik wird denn auch zum Prüfstein für den Anspruch, das Thema mittels *einer* erweiterten Theorie bearbeiten zu wollen. Die Vorstellung einer um eine gesellschafts- oder sozialwissenschaftliche Perspektive erweiterten Psychoanalyse wird durch die Fülle der feministisch-psychoanalytischen Beiträge differenziert. Diese Ansätze beleuchten gerade den Erkenntnisgewinn mehrerer Perspektiven auch innerhalb einer Blickrichtung. Statt Kontroversen zu unterbinden und eindeutige Erklärungen zu fordern, ist die Zusammenschau feministisch-psychoanalytischer Ansätze ein Beispiel für die Entwicklung neuer Fragen anhand alter Probleme. Die alte Kontroverse Trieb- vs. Ich-Psychologie und die Frage nach der gesellschaftstheoretischen Erweiterung der Psychoanalyse wurden in feministisch-psychoanalytischen Ansätzen auf die Reproduktion der - kulturellen - Zweigeschlechtlichkeit bezogen und brachten eine Vielzahl an Erkenntnissen und Denk-Entwürfen hervor. Diese machen ein Anerkennen der Feminis*men* notwendig, die nicht in eine Schublade gesteckt und mit einem Etikett versehen der weiteren Auseinandersetzung entzogen werden dürfen. Die Theorieansätze müssen vielmehr miteinander in Beziehung gesetzt werden, denn die Tragweite einer jeden Argumentation kann nur in Auseinandersetzung mit anderen Erklärungsansätzen im Themenzusammenhang bestimmt werden. Kathy Davis (1991) schlägt in diesem Sinne vor, die sich widersprechenden Erklärungsansätze innerhalb eines "rhetorisch-analytischen Ansatzes" als "ideologische Dilemmata" zu betrachten.

"Dies würde das Ende der vergeblichen Versuche bedeuten, sichere, umfassende und absolute Antworten dort zu finden, wo es nur zeitgebundene, teilweise und vorübergehende Lösungen gibt. Komplexität und Widersprüchlichkeit, auch der eigenen Ideologien, könnten dann willkommen sein, müßten nicht versteckt werden" (Davis 1991:92).

Dann könnten auch Differenzierungen in der Theorie und tatsächlich bestehende Unterschiede zwischen Frauen - um in der Sprache der feministisch-psychoanalytischen Ansätze zu bleiben - anerkannt und ausgehalten werden und so die Anerkennung der Differenz der Geschlechter und weitere Perspektiven auf Frauen als Subjekte begründen. Das aber heißt noch immer die Sichtbarmachung der Besonderheiten und Eigenheiten sowie der Zurichtung und Beschädigung im Entwicklungsprozeß.

Anmerkungen

1 Auch die französische Psychoanalytikerin Christiane Olivier 1980 schlußfolgert am Ende ihres Buches die Notwendigkeit der Beteiligung der Väter an der Säuglingspflege.

2 Vgl. die materialreichen Bände von Fthenakis 1985 über die Vater-Kind-Beziehung, oder auch Metz-Göckel/Müller 1987, Metz-Göckel 1988, Kruber 1988.

3 Vgl. Ehrensaft 1980, die sich über die Auswirkungen geteilter Elternschaft als Ausnahmeerscheinung einer kleinen Gruppe amerikanischer AkademikerInnen Gedanken macht.

4 Metz-Göckel/Müller 1987:14ff. Die "veränderte Einstellung zur Vaterrolle" wurde durch Befragungen des Selbstverständnis der Männer ermittelt. Im Hinblick auf die familiale Arbeitsaufteilung sprechen die Autorinnen von einem "aufgeklärten Patriarchalismus der Männer", der bestenfalls einem "gebrochenen Konservatismus" gleichkomme und verdeutlichen, daß Männer, auch wenn sie an der Kinderbetreuung beteiligt sind, in der Berufsorientierung verharren.

5 Metz-Göckel 1988:272. Dieser Einschätzung folgen auch Postler/Schreiber 1985:6. Sie halten den neuen Mann eher für eine Fiktion als für ein gesellschaftliches Massenphänomen, konstatieren aber "Ambivalenzen, Verunsicherungen und Veränderungstendenzen" der männlichen Rolle.

6 Ein gutes Beispiel hierfür ist auch die neue Studie von Peter Blos 1985, in der er der Bedeutung des negativen Ödipuskomplexes zwischen Vater und Sohn nachgeht.

7 Vgl. z.B. Spieler 1984 und auch Lora Tessman 1982, die, der Argumentation von Christiane Olivier 1980 ähnlich, die Rolle des Vaters bei der Stimulierung erotischen "excitements" herausstellt. Tessman beschreibt zwei Arten von Stimulation ("endeavor excitement" während des zweiten Lebensjahres und "erotic exitement" während des dritten und vierten Lebensjahres) und faßt dies als Vorstufe der Energie, die später in Liebe und Arbeit verwendet wird.

8 Beispielsweise weist Rohde-Dachser 1990a:15 darauf hin, daß sowohl Olivier 1980 als auch Torok 1964 kritisieren, daß der Ödipuskomplex des Mädchens Entbehrungen beinhaltet, da der Vater nicht da ist und keine Bestätigung der Weiblichkeit der Tochter vermittelt, und daß diese auch bei der Mutter nicht zu bekommen ist. Während Torok die Vorstellung entwickelt, daß Frauen diese Mangelerfahrung verarbeiten können, indem sie lernen, ihre Lusterlebnisse in Auseinandersetzung mit der Mutter autonom zu gestalten, fordert Olivier, daß Väter sich dahingehend verändern, daß den Mädchen die ersehnte Befriedigung ermöglicht wird.

9 Schmauch 1987:296ff. Auch bei Johnson 1983:9f finden sich Beschreibungen körperlich und emotional distanzierter Väter.

10 Die Mutterbindung soll den Mann daran erinnern, daß er sich nicht selbst gemacht hat, sondern sein Leben seiner Mutter verdankt.

11 Zum Beispiel ähnelt Erdheims Argumentation Chasseguet-Smirgels Kritik 1964 der gestörten weiblichen Aggression. Auch Hagemann-White 1979 diskutiert die Probleme, die auftauchen, wenn Frauen ihr Selbstbewußtsein und ihre Omnipotenzphantasien nur im Zusammenhang mit ihren Kindern entwickeln können.

12 Zum Beispiel führt Irigaray 1989:47 aus, daß Frauen einer "doppelten Zeitlichkeit" unterworfen sind. Sie müssen nicht nur dem Tempo und dem Zeit-Maß der Industriegesellschaften folgen, sondern haben noch ihre eigene Zeit: die des 28-tägigen Zyklus, die der 9-monatigen Schwangerschaft. Für Irigaray ist das ein Argument dafür, daß Frauen einer "anderen, sexuellen Ökonomie" entstammen als Männer, und daß dies endlich anerkannt und wahrgenommen werden muß.

13 Irigaray 1989:74ff. Sie kritisiert hier, daß für das Maskulinum immer ein generischer Term verwendet wird, während das Feminimum einen markierten Terminus braucht. Ihr Vorschlag bezieht sich auf die grammatische Regelung im Französischen, wo das Pronomen der dritten Person Plural *ils* männlich bestimmt ist. Für das Deutsche könnte ihr Vorschlag vielleicht auf das umstrittene große I (LeserInnen) bezogen werden.

14 Vgl. z.B. Kavemann/Lohstöter 1985:10-94 und auch die Initiative "Frauen für eine neue Verfassung" (Feministische Studien extra 1991), (von der Irigaray ja aber 1989 noch nichts gewußt haben kann). Bemerkenswert ist aber, daß Irigaray auch die Aktivitäten ihres italienischen Publikums, der gesellschaftspolitisch sehr aktiven Vereinigung der "Libreria delle donne di Milano", vor dem sie ihre 1989 veröffentlichten Vorträge hielt, mit keinem Wort erwähnt.

15 Vgl. z.B. Horkheimer/Adorno 1944 und Negt/Kluge 1992, die sagen, daß die Forderungen der Aufklärung nach wie vor gültig sind, und auf Einlösung warten....

16 Bislang ist dieser Begriff doch stark von der katholischen Kirche ('Reinheit' für *IHN*) und männlichem Besitzdenken bestimmt.

17 Siehe z.B. Gallop 1982, 1988, Mitchell/Rose 1982 oder auch Seifert 1987, 1990, die das weibliche Begehren bei Freud und Lacan untersucht und Lacans jenseits der Sexualität stehenden Begriff der "Jouissance" für die Beschreibung eines anderen, nicht-phallischen, weiblichen Begehrens für geeignet hält, da das, was Lacan damit zu erfassen sucht, noch nicht in unser Sexualitätsverständnis eingehe, und Lacan deshalb richtig daran täte, es außerhalb derselben zu konzeptualisieren.

18 Benjamin 1988:122ff. Es ist hier weniger die Frage, ob Benjamins Lesart von Irigarays Ausführungen nicht deren mimetisch-suchenden, tastenden Gehalt vernachlässigt, und ob sie vielleicht Irigaray viel zu wörtlich nimmt. Wichtig ist vielmehr, daß Benjamin, statt wie Irigaray dem Unbewußten, Verdrängten nachzuspüren, die (psychischen) Ebenen wechseln will, die intrapsychischen Bedeutung des Phallus also anerkennt und ihr lieber in einem weniger von ihm dominierten Feld begegnen möchte.

19 Winnicott 1956. An diesen Gedanken schließen sich Winnicotts Vorstellungen über das "das wahre und das falsche Selbst" von 1960 an. Das "wahre Selbst" ist die theoretische Vorstellung, daß der Säugling auf der Basis seiner/ihrer frühkindlichen Omnipotenz einen eigenen Zugang zur Welt, eine eigene psychische Realität und ein eigenes Körperschema entwickelt. Das "falsche Selbst" entwickelt der Säugling, wenn die erste Betreuungsperson sich nicht an die Bedürfnisse des Kindes genügend anpassen kann und der Säugling isoliert bleibt, da die Objektbesetzung nicht in Gange kommt und er/sie sich in ein System "falscher" Erwartungen anpassen muß.

20 Selbst in ihrer Interpretation der "Geschichte der O" und in ihrer Analyse von sadistisch-masochistischen Liebesbeziehungen stellt Benjamin 1988 den Beziehungsaspekt vor den Triebaspekt.

21 "Der Ort, der Zwischenraum" In:Irigaray 1984.

22 Irigaray 1984:50f führt aus, daß sowohl Platon als auch Aristoteles davon ausgehen, daß z.B. Zahlen keinen Ort brauchen. Die Entsprechung von männlich und transzendentaler Welt und weiblich und Ort/Örtlichkeit sei dann nur noch ein weiterer Schritt.

Literatur

Literatur

Abelin, Ernest L. 1971: The Role of the Father in the Separation-Individuation process. In McDevitt, John B. & Calvin F. Settlage (Hg.): Separation-Individuation: Essays in Honor of Margaret S. Mahler, New York, 229-252.

Abelin, Ernest L. 1975: Some further Observations and Comments on the Earliest Role of the Father. International Journal of Psychoanalysis, 56, 293-302.

Abelin, Ernest L. 1980: Triangulation, the Role of the Father and the Origins of Core Gender Identity During Rapprochement Subphase. In Lax, Ruth F., Sheldon Bach & Alexis J. Burland (Hg.): Rapprochement: The Critical Subphase of Separation-Individuation, New York, 151-170.

Adorno, Theodor W. 1946: Die revidierte Psychoanalyse. In: Gesammelte Schriften, Band 8, (hg. v. Rolf Tiedemann) Soziologische Schriften I, Frankfurt am Main, 20-41.

Adorno, Theodor W. 1955: Zum Verhältnis von Soziologie und Psychologie. In: Gesammelte Schriften, Band 8, (hg. v. Rolf Tiedemann) Soziologische Schriften I, Frankfurt am Main, 41-92.

Adorno, Theodor W. 1962: Fortschritt, In: Stichworte. Kritische Modelle 2. Frankfurt am Main 1969.

Alford, Fred 1989: Melanie Klein and Critical Social Theory: An Account of Politics, Art, and Reason Based on her Psychoanalytic Theory. New Haven/London.

Allerbeck, Klaus & Wendy J. Hoag 1985: Jugend ohne Zukunft? Einstellungen, Umwelt, Lebensperspektiven. München.

Alpert, Judith (Hg.) 1986: Psychoanalyse der Frau jenseits von Freud. Berlin Heidelberg New York 1992.

Anselm, Sigrun u.a. 1985: Theorien weiblicher Subjektivität. Frankfurt am Main.

Apter, Terri 1990: Altered loves: mothers and daughters during adolescence. New York.

Arcana, Judith 1979: Our Mother's Daughters. Berkeley.

Atkinson, Jane M. 1982: Anthropology. Review Essay. Signs, vol.8. No.2, 236-258.

Baacke, Dieter & Wilhelm Heitmeyer (Hg.) 1985: Neue Widersprüche. Jugendliche in den 80er Jahren. Weinheim/München.

Badinter, Elisabeth 1986: Ich bin Du. Die neue Beziehung zwischen Mann und Frau oder die androgyne Revlution. München 1988.

Balint, Michael 1968: Therapeutische Aspekte der Regression. Die Theorie der Grundstörung. Stuttgart 1970.

Barrett, Michele 1992: Psychoanalysis and Feminism: A British Sociologist's View. Signs, Vol. 17, No. 2, 455-466.

Bassin, Donna 1982: Women's Images of Inner Space: DataTowards Expanded Interpretive Categories. International Review of Pychoanalysis, 9, 200.

Baumgart, Matthias 1991: Psychoanalyse und Säuglingsforschung. Versuch einer Integration unter Berücksichtigung methodischer Unterschiede. Psyche, 9, Jg. 45, 780-809.

Baur, Jürgen 1988: Über die geschlechtstypische Sozialisation des Körpers. Ein Literaturüberblick. Zeitschrift für Sozialisationstheorie und Erziehungssoziologie, Jg. 8, Heft 2, 152-160.

Beck, Ulrich & Elisabeth Beck-Gernsheim 1990: Das ganz normale Chaos der Liebe. Frankfurt am Main.

Becker-Schmidt, Regina 1989: Identitätslogik und Gewalt - Zum Verhältnis von Kritischer Theorie und Feminismus. beiträge zur feministischen theorie und praxis, 24, 51-64.

Becker-Schmidt, Regina 1992: Verdrängung, Rationalisierung, Ideologie. Geschlechterdifferenz und Unbewusstes, Geschlechterverhältnis und Gesellschaft. In Knapp, Gudrun-Axeli, Wetterer, Angelika (Hg.): TraditionenBrüche. Entwicklungen feministischer Theorie, Freiburg, 65-113.

Becker-Schmidt, Regina 1992a: Defizite in psychoanalytischen Konzepten weiblicher Entwicklung. Jahrbuch für Psychoanalytische Pädagogik, 4, 149-162.

Beer, Ursula (Hg.) 1987: Klasse Geschlecht. Feministische Gesellschaftsanalyse und Wissenschaftskritik. Bielefeld.

Benjamin, Jessica 1982: Die Antinomien des patriarchalischen Denkens. Kritische Theorie und Psychoanalyse. In Bonß, Wolfgang & Axel: Honneth (Hg.): Sozialforschung als Kritik. Zum sozialwissenschaftlichen Potential der Kritischen Theorie, Frankfurt am Main, 426-455.

Benjamin, Jessica 1986: Die Entfremdung des Verlangens: Der Masochismus und die ideale Liebe. In Alpert, Judith (Hg.): Psychoanalyse der Frau jenseits von Freud, Berlin Heidelberg New York 1992, 123-149.

Benjamin, Jessica 1988: Die Fesseln der Liebe. Psychoanalyse, Feminismus und das Problem der Macht. Frankfurt am Main 1990.

Berg, Maggie 1991: Luce Irigaray's "Contradictions": Poststructuralism and Feminism. Signs, Vol. 17 No.1, 50-70.

Bernfeld, Siegfried 1927: Die heutige Psychologie der Pubertät. Kritik ihrer Wissenschaftlichkeit. In von Werder, Lutz & Reinhart Wolff (Hg.): Antiautoritäre Erziehung und Psychoanalyse. Ausgewählte Schriften, Band 3, März Verlag 1970, 691-749.

Bierhoff-Alfermann, Dorothee 1989: Androgynie. Möglichkeiten und Grenzen der Geschlechterrollen. Opladen.

Bischof, Norbert & Holger Preuschoft (Hg.) 1980: Geschlechtsunterschiede. Entstehung und Entwicklung. Mann und Frau in biologischer Sicht. München.

Blos, Peter 1962: Adoleszenz. Eine psychoanalytische Interpretation. Stuttgart 1973.

Blos, Peter 1985: Sohn und Vater: Diesseits und Jenseits des Ödipuskomplexes. Stuttgart 1990.

Blum, Harold, P. 1976: Female Psychology. Supplement of Journal of the American Psychoanalytic Association, 24.

Blum, Harold P. (Hg.) 1977: Female Psychology. Contemporary Psychoanalytic Views. New York.

Bollnow, Otto F. 1965: Die anthropologische Betrachtungsweise in der Pädagogik. (neue pädagogische bemühungen 23), Essen 1965.

Bonß, Wolfgang 1982: Psychoanalyse als Wissenschaft und Kritik. Zur Freudrezeption der Frankfurter Schule. In ders./Honneth, Axel: Sozialforschung als Kritik. Zum sozialwissenschaftlichen Potential der Kritischen Theorie, Frankfurt am Main, 367-425.

Bonß, Wolfgang 1989: Zwischen Methodologie und Gesellschaftstheorie - Interpretationen von Fromm bis Habermas. In Psychoanalytisches Seminar Zürich: Die Gesellschaft auf der Couch. Psychoanalyse als sozialwissenschaftliche Methode, Frankfurt am Main, 33-70.

Bonß, Wolfgang & Axel Honneth 1982: Sozialforschung als Kritik. Zum sozialwissenschaftlichen Potential der Kritischen Theorie. Frankfurt am Main.

Bonß, Wolfgang & Norbert Schindler 1982: Kritische Theorie als interdisziplinärer Materialismus. In Bonß, Wolfgang & Axel Honneth (Hg.): Sozialforschung als Kritik, a.a.O. 31-66.

Brandes, Holger & Christa Franke (Hg.) 1990: Das Geschlechterverhältnis in Gesellschaft und Therapie, Münster.

Brede, Karola 1989: Der interdisziplinäre Charakter analytischer Sozialpsychologie. In Psychoanalytisches Seminar Zürich: Die Gesellschaft auf der Couch, Frankfurt am Main, 143-166.

Brede, Karola, Rudolf Schweikart & Mechthild Zeul 1988: Subjektivität als psychologische Dimension betrieblich abhängiger Arbeit. Abschlußbericht über das Forschungsprojekt "Erlebniswelten von Individuen unter Bedingungen betrieblich abhängiger Arbeit". Manuskript, Hamburg Frankfurt am Main.

Brehmer, Ilse (Hg.) 1982: Sexismus in der Schule. Weinheim.

Brocher, Tobias & Dietlind Eckensberger 1970: Zur psychoanalytischen Theorie des Jugendalters. In Neidhardt, Friedhelm u.a. (Hg.): Jugend im Spektrum der Wissenschaften, München, 117-149.

Brownmiller, Susan 1978: Gegen unseren Willen. Frankfurt am Main.

Brown, Norman O. 1962: Zukunft im Zeichen des Eros. Pfullingen.

Brückner, Margrit 1983: Die Liebe der Frauen. Über Weiblichkeit und Mißhandlung. Frankfurt am Main.

Brückner, Margrit 1988: Die Sehnsucht nach dem Kugelmenschen oder vom Wunsch der Aufhebung der Geschlechtertrennung. In Hagemann-White, Carol & Maria Rerrich (Hg.): FrauenMännerBilder. Männer und Männlichkeit im feministischen Diskurs, Bielefeld, 194-223.

Brückner, Margrit 1990: Zwischen Kühnheit und Selbstbeschränkung. Von der Schwierigkeit weiblichen Begehrens. Zeitschrift für Sexualforschung, 2, 195-217.

Burger, Angelika & Gerlinde Seidenspinner 1988: Töchter und Mütter. Ablösung als Konflikt und Chance. Opladen.

Busch, Alexandra 1989: Der metaphorische Schleier des ewig Weiblichen - Zu Luce Irigaray's Ethik der sexuellen Differenz. In Großmaß, Ruth & Christiane Schmerl (Hg.): Feminstischer Kompaß, patriarchales Gepäck, Frankfurt am Main, 117-171.

Butler, Judith 1990: Das Unbehagen der Geschlechter. Frankfurt am Main 1991.

Butzer, Ralph 1991: Zur Dechiffrierung des Freudschen Triebbegriffs. Zeitschrift für Sexualforschung, 4, 1-32.

Cath, Stanley; Alan Gurwitt & John Ross (Hg.) 1982: Father and Child. Developmental and Clinical Perspectives. Boston.

Chasseguet-Smirgel, Janine 1964: Psychoanalyse der weiblichen Sexualität. Frankfurt am Main 1974.

Chasseguet-Smirgel, Janine 1975: Das Ich-Ideal. Psychoanalytischer Essay über die "Krankheit der Idealität". Frankfurt am Main 1981.

Chasseguet-Smirgel, Janine 1976: Some Thoughts on the Ego Ideal. Psychoanalytic Quarterly, 45, 349-360.

Chasseguet-Smirgel, Janine 1986: Zwei Bäume im Garten. Zur psychischen Bedeutung der Vater- und Mutterbilder. Psychoanalytische Studien. München Wien 1988.

Chasseguet-Smirgel, Janine 1989: Anatomie der menschlichen Perversion. Stuttgart.

Chodorow, Nancy 1978: Das Erbe der Mütter. Psychoanalyse und Soziologie der Geschlechter. München 1985.

Chodorow, Nancy 1989: Feminism and Psychoanalytic Theory. Cambridge.

Chodorow, Nancy & Susan Contratto 1982: The Fantasy of the Perfect Mother. In Thorne, Barry & Marilyn Yalom (Hg.): Rethinking the Family, New York, 54-75.

Cramon-Daiber, Birgit 1984: Ablösungskonflikte zwischen Töchtern und Müttern. In Gravenhorst, Lerke u.a. (Hg.): Lebensort Familie (Alltag und Biographie von Mädchen, Bd.2), Opladen, 115-150.

Dahmer, Helmut 1973: Libido und Gesellschaft. Studien über Freud und die Freudsche Linke. Frankfurt am Main.

Daly, Mary 1982: Gyn/Ökologie. Eine Metaethik des radikalen Feminismus. München.

Davis, Kathy 1991: Die Rhetorik des Feminismus. Ein neuer Blick auf die Gilligan-Debatte. Feministische Studien, Jg. 9, Nr.2, 79-97.

de Beauvoir, Simone 1968: Das andere Geschlecht. Sitte und Sexus der Frau. Reinbek.

Deuber-Mankowsky, Astrid 1986: Von neuen Welten und weiblichen Göttern. Zu Luce Irigarays 'Ethique de la difference sexuelle'. In Conrad, Judith & Ursula Konnertz (Hg.): Weiblichkeit in der Moderne. Ansätze feministischer Vernunftkritik, Tübingen, 62-74.

Deutsch, Helene 1944: Psychologie der Frau. Eschborn 1988.

Deutsches Jugendinstitut 1989: Familienalltag. Frauensichten - Männersichten. Reinbek.

Diamond, Irene & Lee Quinby (Hg.) 1988: Feminism and Foucault. Reflections on Resistance. Boston.

Dinnerstein, Dorothy 1976: Das Arrangement der Geschlechter. Stuttgart 1979.

Douglas, Mary 1986: Wie Institutionen denken. Frankfurt am Main 1991.

Duden, Barbara 1991: Der Frauenleib als öffentlicher Ort. Vom Mißbrauch des Begriffs Leben. Hamburg.

Eckart, Christel 1988: Töchter in einer "vaterlosen Gesellschaft". Das Vorbild des Vaters als Sackgasse zur Autonomie. In Hagemann-White, Carol & Maria Rerrich (Hg.): FrauenMännerBilder. Männer und Männlichkeit in der feministischen Diskussion, Bielefeld, 170-193.

Ehrensaft, Diane 1980: When Women and Men Mother. Socialist Review, 49, 37-74.

Eisenstein, Hester & Alice Jardine (Hg.) 1980: The Future of Difference. Boston.

Eissler, Kurt 1958: Bemerkungen zur Technik der psychoanalytischen Behandlung Pubertierender nebst einigen Problemen der Perversion. Psyche, Jg. 20, Heft 10/11, 837-872.

Enders-Dragässer, Uta & Claudia Fuchs 1989: Interaktionen der Geschlechter. Sexismusstrukturen in der Schule. Weinheim München.

Engel, Uwe & Klaus Hurrelmann 1989: Psychosoziale Belastungen im Jugendalter. Empirische Befunde zum Einfluß von Familie, Schule und Gleichaltrigengruppe. Berlin New York.

Engler, Renate & Gisela Ufer 1986: "Auf die Dauer Mädchenpower - Feministische Mädchenarbeit eines Mädchentreffs. In Enders-Dragässer, Uta & Gabriele Stanzel (Hg.): Frauen, Macht, Schule, Frankfurt am Main, 175-180.

Erdheim, Mario 1982: Die gesellschaftliche Produktion von Unbewußtheit. Eine Einführung in den ethnopsychoanalytischen Prozeß. Frankfurt am Main.

Erdheim, Mario 1984: Thesen zum Mythos und zur Unbewußtheit im Verhältnis zwischen den Geschlechtern. In Schaeffer-Hegel, Barbara & Brigitte Wartmann (Hg.): Mythos Frau, Berlin, 2. Auflage 1984, 351-353.

Erdheim, Mario 1988: Die Psychoanalyse und das Unbewußte in der Kultur. Frankfurt am Main.

Erikson, Erik H. 1956: Das Problem der Identität. Psyche, Jg.10, Heft 7.

Erikson, Erik H. 1957: Kindheit und Gesellschaft. Zürich.

Erikson, Erik H. 1959: Identität und Lebenszyklus. Frankfurt am Main 1973.

Erikson, Erik H. 1968: Jugend und Krise. Die Psychodynamik im sozialen Wandel. Stuttgart 1970.

Erler, Gisela 1985: Frauenzimmer. Für eine Politik des Unterschieds. Berlin.

Esman, Aaron H. 1980: Adolescent Psychopathology and the Rapprochement Process. In Lax, Ruth F., Sheldon Bach & Alexis Burland J. (Hg.): Rapprochement, New York London, 280-293.

Fairbairn, Ronald 1952: An Object-Relations Theory of the Personality. New York.

Fast, Irene 1984: Von der Einheit zur Differenz. Berlin Heidelberg New York u.a 1991.

Faulstich-Wieland, Hannelore & Marianne Horstkemper 1985: Lebenspläne und Zukunftsentwürfe von Jungen und Mädchen am Ende der Sekundarstufe I. Die Deutsche Schule, 6, 478-491.

Fend, Helmut 1990: Vom Kind zum Jugendlichen. Der Übergang und seine Risiken. Entwicklungspsychologie der Adoleszenz in der Moderne, Band 1. Bern Stuttgart Toronto.

Fenichel, Otto 1944: Psychoanalytische Bemerkungen zu Fromms Buch "Die Furcht vor der Freiheit". In Görlich, Bernhard (Hg.): Der Stachel Freud, Frankfurt am Main, 93-117.

Ferholt, Julian & Alan Gurwitt 1982: Involving Fathers in Treatment. In Cath, Stanley, Alan Gurwitt & John Ross (Hg.): Father and Child. Developmental and Clinical Perspectives, Boston, 557-568.

Firestone, Shulamith 1970: Frauenbefreiung und sexuelle Revolution. Frankfurt am Main 1975.

Flaake, Karin 1990: Geschlechterverhältnisse, geschlechtsspezifische Identität und Adoleszenz. Zeitschrift für Sozialisationsforschung und Erziehungssoziologie, 1, 2-13.

Flaake, Karin 1991: Auf eigene Fähigkeiten vertrauen, statt sich "liebevoll" zurückzunehmen. Pädextra, 9, 20-25.

Flaake, Karin 1992: Ein Körper für sich allein. Sexuelle Entwicklungen und körperliche Weiblichkeit in der Mutter-Tochter-Beziehung. Psyche, 46, 7, 642-652.

Flaake, Karin & Vera King (Hg.) 1992: Weibliche Adoleszenz. Zur Sozialisation junger Frauen. Frankfurt am Main.

Flax, Jane 1978: The Conflict between Nurturance and Autonomy in Mother-Daughter Relationships and within Feminism. Feminist Studies, 2, June, 171-189.

Flax, Jane 1990: Thinking fragments: psychoanalysis, feminism, and postmodernism in the contemporary West. Berkeley Los Angeles.

Flitner, Andreas 1963: Pädagogische Anthropologie. Versuch einer Zusammenarbeit der Wissenschaften vom Menschen. Heidelberg.

Foucault, Michel 1984: Sexualität und Wahrheit, Bd.1: Der Wille zum Wissen. Frankfurt am Main 1986.

Fox Keller, Evelyn 1985: Liebe, Macht, Erkenntnis. Männliche oder weibliche Wissenschaft. München Wien 1986.

Frauen für eine neue Verfassung. Feministische Studien extra, 9. Jg. 1991

Freimuth, Marilyn & Gayle Hornstein 1983: A Critical Examination of the Concept of Gender. Sex Roles, 8, 515-532.

Freud, Anna 1936: Das Ich und die Abwehrmechanismen. München 1964.

Freud, Anna 1960: Probleme der Pubertät. Psyche, 14, Heft 1, 1-24.

Freud, Sigmund 1905: Drei Abhandlungen zur Sexualtheorie. In : Studienausgabe Bd. V, Frankfurt am Main 1972, 37-145.

Freud, Sigmund 1912/13: Totem und Tabu, Studienausgabe Bd. IX, Frankfurt am Main 1974, 291-444.

Freud, Sigmund 1914: Zur Psychologie des Gymnasiasten, In Studienausgabe, Band IV, Frankfurt am Main 1972, 237-240.

Freud, Sigmund 1924: Der Untergang des Ödipuskomplexes. In Studienausgabe Bd. V, Frankfurt am Main 1972, 243-251.

Freud, Sigmund 1925: Einige psychische Folgen des anatomischen Geschlechtsunterschieds. In Studienausgabe Bd. V, Frankfurt 1972, 253-266.

Freud, Sigmund 1926: Die Frage der Laienanalyse. Unterredungen mit einem Unparteiischen, In Studienausgabe Ergänzungsband, Frankfurt am Main 1975, 275-349.

Freud, Sigmund 1931: Über die weibliche Sexualität. In Studienausgabe Bd. V, Frankfurt am Main 1972, 273-292.

Freud, Sigmund 1933: Die Weiblichkeit. In Studienausgabe Bd. I, Frankfurt am Main 1969, 544-565.

Freud, Sigmund 1933: Neue Folge der Vorlesung zur Einführung in die Psychoanalyse, In Studienausgabe Bd. I. Frankfurt am Main 1969, 449-608.

Fromm, Erich 1930: Die Entwicklung des Christusdogmas. Eine psychoanalytische Studie zur sozialpsychologischen Funktion der Religion. In ders.: Das Christusdogma und andere Aufsätze, München 1984, 2. Auflage, 9-82.

Fromm, Erich 1932: Über Methode und Aufgabe einer analytischen Sozialpsychologie. Zeitschrift für Sozialforschung, 1, 28-54.

Fromm, Erich 1935: Die gesellschaftliche Bedingtheit der psychoanalytischen Therapie. Zeitschrift für Sozialforschung, 4, 365-397.

Fromm, Erich 1936: Autorität und Familie. Sozialpsychologischer Teil. In Institut für Sozialforschung, Horkheimer, Max & Erich Fromm u.a. (Hg.): Studien über Autorität und Familie. Forschungsberichte des Instituts für Sozialforschung, Paris, 77-135.

Fromm, Erich 1941: Die Furcht vor der Freiheit. Zürich 1945.

Fromm, Erich 1969: Freuds Modell des Menschen und seine gesellschaftlichen Determinanten. In ders.: Analytische Sozialpsychologie und Gesellschaftstheorie, Frankfurt am Main, 3. Auflage 1970, 174-192.

Fromm, Erich & Herbert Marcuse 1956: An Exchange on Freudianism. Dissent, Vol. III, No. 1, 79-83.

Fthenakis,Wassilios 1985: Väter, 2 Bände, Band 1: Zur Psychologie derVater-Kind-Beziehung, Band 2. Zur Vater-Kind-Beziehung in verschiedenen Familienstrukturen. München Wien Baltimore.

Funk, Heide & Anita Heiliger (Hg.) 1988: Mädchenarbeit. Schritte zur Verwirklichung von Chancengleichheit. DJI-Materialien. München.

Galenson, Eleanor & Herman Roiphe 1977: Some suggested revisions concerning early female development. In Blum, Harold P. (Hg.): Female Psychology, New York, 29-58.

Gallop, Jane 1982: The Daughter's Seduction: Feminism and Psychoanalysis. Ithaca, New York.

Gallop, Jane 1988: Thinking through the Body. New York.

Gardiner, Judith K. 1992: Psychoanaysis and Feminism: An American Humanist's View. Signs, Vol.18, No. 2, 437-454.

Garner, Shirley N., Claire Kahane & Madelon Sprengnether 1985: The (M)otherTongue. Essays in Feminist Psychoanalytic Interpretation. New York.

Gerhard, Ute, Mechthild Jansen, Andrea Maihofer, Pia Schmidt & Irmgard Schultz (Hg.) 1990: Differenz und Gleichheit. Menschenrechte haben (k)ein Geschlecht. Frankfurt am Main.

Gildemeister, Regine & Angelika Wetterer 1992: Wie Geschlechter gemacht werden. Die soziale Konstruktion der Zweigeschlechtlichkeit und ihre Reifizierung in der Frauenforschung. In Knapp, Gudrun-Axeli, Wetterer, Angelika (Hg.):TraditionenBrüche. Entwicklungen feministischerTheorie, Freiburg, 201-254.

Gilligan, Carol 1982: Die andere Stimme. Lebenskonflikte und die Moral der Frau. München Zürich 1985.

Görlich, Bernhard 1989: Die Aktualität psychoanalytischer Sozialisationstheorie in der gegenwärtigen Debatte um Freud. Kulturanalysen, Heft 1, 6-31.

Görlich, Bernhard, Alfred Lorenzer & Alfred Schmidt 1980: Der Stachel Freud. Beiträge und Dokumente der Kulturismus Kritik. Frankfurt am Main.

Gravenhorst, Lerke, Michael Schablow & Birgit Cramon-Daiber 1984: Lebensort:Familie. (Alltag und Biographie von Mädchen Bd. 2). Opladen.

Griffin, Susan 1981: Pornography and Silence. London, New York.

Großmaß, Ruth 1989: Feminismus im Schoß der Familie. Kritische Überlegungen zu Chodorows "Erbe der Mütter". In dies./Schmerl, Christiane: Feministischer Kompaß, patriarchales Gepäck. Kritik konservativerAnteile in feministischen Theorien, Frankfurt am Main New York, 172-210.

Großmaß, Ruth & Angela Schuch-Minssen 1992: "Weibliche Identitätsentwicklung" - ein vom konkreten Lebenszusammenhang von Frauen unabhängiger Interessensschwerpunkt? Zeitschrift für Individualpsychologie, 17, 83-101.

Grosz, Elisabeth 1990: Jacques Lacan: A Feminist Introduction. New York, London: Routledge.

Grunberger, Bela, Chasseguet-Smirgel, Janine 1979: Freud oder Reich? Psychoanalyse und Illusion. Frankfurt Berlin Wien.

Guntrip, Harry 1961: Personality, Structure and Human Interaction. New York.

Hagemann-White, Carol 1979: Frauenbewegung und Psychoanalyse. Frankfurt am Main.

Hagemann-White, Carol 1984: Sozialisation: weiblich-männlich? Opladen.

Hagemann-White, Carol 1984a: Thesen zur kulturellen Konstruktion der Zweigeschlechtlichkeit. In Schaeffer-Hegel, Barbara & Brigitte Wartmann (Hg.): Mythos Frau, Berlin, 137-139.

Hagemann-White, Carol 1987: Macht und Ohnmacht der Mutter. In Rommelspacher, Birgit (Hg.): Weibliche Beziehungsmuster. Psychologie und Therapie von Frauen, Frankfurt am Main, 15-30.

Hagemann-White, Carol 1988: Weiblichkeit-Leiblichkeit. Werkblatt. Zeitschrift für Psychoanalyse und Gesellschaftskritik, 16/17, 51-68.

Hagemann-White, Carol 1988a: Geschlecht und Erziehung -Versuch einer theoretischen Orientierung im Problemfeld der Koedukationsdebatte. In Pfister, Gertrud (Hg.): Zurück zur Mädchenschule? Beiträge zur Koedukation, Pfaffenweiler, 41-60.

Hagemann-White, Carol 1988b: Wir werden nicht zweigeschlechtlich geboren... In dies./Maria S. Rerrich: FrauenMännerBilder. Männer und Männlichkeit in der feministischen Diskussion, Bielefeld, 224-235.

Hagemann-White, Carol 1992: Berufsfindung und Lebensperspektive in der weiblichen Adoleszenz. In Flaake, Karin & Vera King (Hg.): Weibliche Adoleszenz, Frankfurt am Main, 64-83.

Hagemann-White, Carol & Astrid Hermesmeyer-Kühler 1987: Mädchen zwischen Autonomie und Abhängigkeit. Zu den strukturellen Bedingungen der weiblichen Sozialisation. In Schlapeit-Beck, Dagmar (Hg.): Mädchenräume-Initiativen-Projekte-Lebensperspektiven, Hamburg, 13-30.

Halberstadt-Freud, Hendrika 1987: Die symbiotische Illusion in der Mutter-Tochter-Beziehung. In Psychoanalytisches Seminar Zürich: Bei Lichte betrachtet wird es finster. Frauensichten, Frankfurt am Main, 139-166.

Hannover, Bettina 1992: Spontanes Selbstkonzept und Pubertät. Zur Interessensentwicklung von Mädchen koedukativer und geschlechtshomogener Schulklassen. Bildung und Erziehung, Jg. 45, Heft 1, 31-46.

Haraway, Donna 1987: Geschlecht, Gender, Genre - Sexualpolitik eines Wortes. Das Argument, 166, Heft 6, 795-804.

Hartmann, Heinz; Ernst Kris & R. M. Loewenstein 1946: Comments on the Formation of Psychic Structure. The Psychoanalytic Study of the Child, Volume II.

Hausen, Karin 1978: "Die Polarisierung der Geschlechtscharaktere". Eine Spiegelung der Dissoziation von Erwerbs- und Familienleben. In Rosenbaum, Heidi (Hg.): Seminar Familie und Gesellschaftsstruktur, 2. Auflage Frankfurt am Main, 161-214.

Hausen, Karin & Helga Nowotny (Hg.) 1986: Wie männlich ist die Wissenschaft? Frankfurt am Main.

Heigl-Evers, Annelise & Brigitte Weidenhammer 1988: Der Körper als Bedeutungslandschaft. Die unbewußte Organisation der weiblichen Geschlechtsidentität. Bern Stuttgart Toronto.

Heims-Tessman, Lara 1982: A Note on the Father's Contribution to the Daughter's Ways of Loving and working. In Cath, Stanley, Alan Gurwitt & John Ross (Hg.): Father and Child. Devolopmental and Clinical Perspectives, Boston, 219-238.

Herzog, James M. 1985: Preoedipal Oedipus: The father-child-dialogue. In Pollock, George H. & John M. Ross (Hg.): The Oedipus Papers. (Classics in Psychoanalysis: monograph 6), Madison 1988, 475-491.

Hessische Mädchenstudie 1986: Zur Situation von Mädchen in der offenen Jugendarbeit. Hg.v. der Bevollmächtigten der Hessischen Landesregierung für Frauenangelegenheiten. Frankfurt am Main.

Hirschauer, Stefan 1989: Die interaktive Konstruktion von Geschlechtszugehörigkeit. Zeitschrift für Soziologie, Jg. 18, Heft 2, 100-118.

Horkheimer, Max & Theodor W. Adorno 1944: Dialektik der Aufklärung. Philosophische Fragmente. Frankfurt am Main 1985.

Horn, Klaus 1971: Insgeheime kulturistische Tendenzen der modernen psychoanalytischen Orthodoxie. In Lorenzer, Alfred (Hg.): Psychoanalyse als Sozialwissenschaft, Frankfurt am Main, 93-151.

Horney, Karen 1923: Zur Genese des weiblichen Kastrationskomplexes. In dies.: Die Psychologie der Frau, Frankfurt am Main 1985, 10-25.

Horney, Karen 1926: Die Flucht aus der Weiblichkeit. In dies.: Die Psychologie der Frau, Frankfurt am Main 1985, 26-42.

Horney, Karen 1932: Die Angst vor der Frau. In dies.: Die Psychologie der Frau, Frankfurt am Main 1985, 81-95.

Horney, Karen 1951: Neue Wege in der Psychoanalyse. 2.Auflage München 1977.

Horney, Karen 1985: Die Psychologie der Frau. Frankfurt am Main.

Horstkemper, Marianne 1987: Schule, Geschlecht und Selbstvertrauen - Eine Längsschnittstudie über Mädchensozialisation in der Schule. Weinheim München.

Horstkemper, Marianne 1990: "Jungenfächer" und weibliche Sozialisation - Lernprozesse im koedukativen Unterricht. Die Deutsche Schule, 1.Beiheft, 97-109.

Horstkemper, Marianne 1990a: Zwischen Anspruch und Selbstbeschneidung - Berufs- und Lebensentwürfe von Schülerinnen. Die Deutsche Schule, 1.Beiheft, 17-31.

Horstkotte, Angelika 1985: Mädchen in der Provinz (Alltag und Biographie von Mädchen. Bd. 11). Opladen.

Hurrelmann, Klaus & Dieter Ulich (Hg.) 1980: Handbuch der Sozialisationsforschung. Weinheim Basel.

Hurrelmann, Klaus u.a. 1985: Lebensphase Jugend. Eine Einführung in die sozialwissenschaftliche Jugendforschung. Weinheim München.

IB-Mädchentreff Frankfurt (Hg.) ohne Jahr: Oh, island in the sun...10 Jahre Mädchentreff. Ein Stück Geschichte der Mädchenarbeit. Frankfurt am Main.

Irigaray, Luce 1974: Speculum. Spiegel des anderen Geschlechts. Frankfurt 1980.

Irigaray, Luce 1977: Das Geschlecht, das nicht eins ist. Berlin 1979.

Irigaray, Luce 1984: Ethik der sexuellen Differenz. Frankfurt am Main 1991.

Irigaray, Luce 1987: Zur Geschlechterdifferenz. Interviews und Vorträge. Wien.

Irigaray, Luce 1989: Die Zeit der Differenz. Für eine friedliche Revolution. Frankfurt am Main 1991.

Irigaray, Luce 1989a: Genealogie der Geschlechter. Freiburg.

Janssen-Jurreit, Marie-Louise 1984: Zur Rekonstruktion des Patriarchats. Thesen zu einer Theorie des Sexismus. In Schaeffer-Hegel, Barbara & Brigitte Wartmann (Hg.): Mythos Frau. Projektionen und Inszenierungen im Patriarchat, Berlin, 104-127.

Jay, Martin 1976: Dialektische Phantasie. Die Geschichte der Frankfurter Schule und des Instituts für Sozialforschung,1923-1950. Frankfurt am Main.

Jensen, Larry Cyril 1985: Adolescence: theories, research, applications. St.Paul.

Johnson, Miriam 1983: Fathers and Femininity in Daughters:A Review of the Research. Sociology and Social Research, 67, 1-17.

Jones, Ann Rosalind 1981: Writing the body:Toward an Understanding of l'ecriture feminine. Feminist Studies, 7, No. 2, 247-263.

Jones, Ernest 1922: Some Problems on Adolescence. In ders.: Papers on Psychoanalysis, Boston 1961, 389-412.

Jones, Ernest 1927: Die erste Entwicklung der weiblichen Sexualität. Internationale Zeitschrift für Psychoanalyse 1928, 14, 11-25.

Jones, Ernest 1935: Über die Frühstadien weiblicher Sexualentwicklung. Internationale Zeitschrift für Psychoanalyse, 21, 331-341.

Jones, Kathleen, B. 1988: On Authority: Or, Why Women Are Not Entitled to Speak. In Diamond, Irene & Lee Quinby (Hg.): Feminism and Foucault. Reflections on Resistance, Boston, 119-134.

Kannicht, Andreas 1985: Selbstwerden des Jugendlichen. Der psychoanalytische Beitrag zu einer pädagogischen Anthropologie des Jugendalters. Würzburg.

Kaplan, Louise J. 1982: Die zweite Geburt. München.

Kaplan, Louise J. 1984: Abschied von der Kindheit. Eine Studie über die Adoleszenz. Stuttgart 1988.

Kardiner, Abram & Edward Preble 1961: Wegbereiter der modernen Anthropologie. Frankfurt am Main 1974.

Kavemann, Barbara & Ingrid Lohstöter 1985: Plädoyer für das Recht von Mädchen auf sexuelle Selbstbestimmung. In Kavemann, Barbara u.a. (Hg.): Sexualität - Unterdrückung statt Entfaltung (Alltag und Biographie von Mädchen, Bd. 9), Opladen, 10-94.

Kavemann, Barbara u.a. 1985: Sexualität - Unterdrückung statt Entfaltung (Alltag und Biographie von Mädchen, Bd. 9). Opladen.

Keddi, Barbara & Gerlinde Seidenspinner 1990: Veränderter weiblicher Lebensentwurf und Individualisierung des Lebenslaufs. Neue Sammlung, 30. Jg. Heft 4, 633-644.

Keller, Heidi & Athanasios Chasiotis 1991: Die Rolle des Vaters für die frühe Entwicklung des Kindes. Psychosozial, 46, Heft 2, 67-75.

Kernberg, Otto F. 1976: Objektbeziehungen und Praxis der Psychoanalyse. Stuttgart 1981.

Kessler, Suzanne & Wendy McKenna 1978: Gender. An Ethnomethodological Approach. New York.

Kleeman, James A. 1976: Freud's views on early female sexuality in the light of direct child observation. In Blum, Harold P. (Hg.): Female Sexuality, New York 1977, 3-27.

Klein, Melanie 1932: Die Auswirkungen früher Angstsituationen auf die weibliche Sexualentwicklung. In dies.: Die Psychoanalyse des Kindes. Beiträge zur Kinderpsychotherapie, Bd.10, München Basel 1971, 203-249.

Klein, Melanie 1932a: Die Technik der Analyse im Pubertätsalter. In dies.: Die Psychoanalyse des Kindes. Beiträge zur Kinderpsychotherapie, Bd.10, München Basel 1971, 89-105.

Klein, Melanie 1946: Bemerkungen über einige schizoide Mechanismen. In dies.: Das Seelenleben des Kleinkindes und andere Beiträge zur Psychoanalyse, Stuttgart, 2. Auflage 1983, 131-165.

Klein, Melanie 1955: Die psychoanalytische Spieltechnik: Ihre Geschichte und Bedeutung. In dies.: Das Seelenleben des Kleinkindes und andere Beiträge zur Psychoanalyse, Stuttgart 2.Auflage 1983, 12-35.

Klein, Melanie 1960: Über das Seelenleben des Kleinkindes. Einige theoretische Betrachtungen. In dies.: Das Seelenleben des Kleinkindes und andere Beiträge zur Psychoanalyse, Stuttgart 2.Auflage 1983, 187-244.

Klein, Melanie 1962: Das Seelenleben des Kindes und andere Beiträge zur Psychoanalyse. Stuttgart, 2. Auflage 1983.

Klinger, Cornelia 1986: Das Bild der Frau in der Philosophie und die Reflexion von Frauen auf die Philosophie. In Hausen, Karin & Helga Nowotny (Hg.): Wie männlich ist die Wissenschaft? Frankfurt am Main, 62-86.

Klinger, Cornelia 1986a: Déjà-vu oder die Frage nach den Emanzipationsstrategien im Vergleich zwischen der ersten und zweiten Frauenbewegung. Kommune, 12, 57-72.

Klose, Christiana 1987: Das Ende der Bescheidenheit. Dokumentation der hessischen Mädchentreffs, Mädchencafes und Mädchenberatungsstellen und ihrer Arbeit. Im Auftrag der Bevollmächtigten der Hess. Landesregierung für Frauenangelegenheiten. Wiesbaden.

Klüssendorf, Regina 1992: Soviel Mutter wie möglich - soviel Beruf wie nötig - Identität und Lebenspläne von jungen Bankkauffrauen. In Tillmann, Klaus-Jürgen (Hg.): Jugend weiblich Jugend männlich, Opladen, 65-78.

Knapp, Gudrun-Axeli 1992: Macht und Geschlecht. Neuere Entwicklungen in der feministischen Macht und Herrschaftsdiskussion. In Knapp, Gudrun-Axeli, Wetterer, Angelika (Hg.): TraditionenBrüche. Entwicklungen feministischer Theorie, Freiburg, 287-325.

Koch, Beate 1987: Such-Bewegungen: Zu Möglichkeiten einer kritischen Wechselbeziehung zwischen Frauenbewegung und Psychoanalyse. Journal, 15 (Hg.v. Psychoanalytischen Seminar Zürich), 3-15.

Kristeva, Julia 1973: Die Chinesin: die Rolle der Frau in China. München 1976.

Kristeva, Julia 1974: Die Revolution der poetischen Sprache. Frankfurt am Main 1978.

Kristeva, Julia 1974a: D'Itaca a New York, IN: Polylogue. Paris 1977.

Kristeva, Julia 1974b: La femme, ce n'est jamais ca, englische Übersetzung: Women can never be defined. In Marks, Elaine & Isabelle deCourtivron (Hg.): New French Feminism. An Anthology, Amherst 1980, 137-141.

Kristeva, Julia 1975: Produktivität der Frau. alternative, 108/109, 1976, 166-172.

Kristeva, Julia 1979: Il n'y a pas de maitre a langage. Nouvelle revue de psychoanalyse, 20, 119-140.

Kristeva, Julia 1979a: Le temps des femmes, engl. Übersetzung: Women's Time. In Moi, Toril (Hg.): The Kristeva Reader, Oxford 1986, 187-213.

Kristeva, Julia 1983: Geschichten von der Liebe. Frankfurt am Main 1989.

Kristeva, Julia 1988: Fremde sind wir uns selbst. Frankfurt am Main 1990.

Kruber, Klaus Peter 1988: Die Lebenssituation von alleinerziehenden Müttern und Vätern. Bericht über eine empirische Studie in Schleswig-Holstein. Zeitschrift für Sozialreform, 2, 89-103.

Kuhn, Thomas S. 1962: Die Struktur wissenschaftlicher Revolutionen. Frankfurt am Main 1973.

Lacan, Jacques 1947: Das Spiegelstadium als Bildner der Ich-Funktionen In Schriften I, Olten und Freiburg 1973, 63-70.

Lacan, Jacques 1953: Funktion und Feld des Sprechens und der Sprache in der Psychoanalyse, In Schriften I, Olten und Freiburg 1973, 73-169.

Lacan, Jacques 1955: Chose Freudienne, In Ecrits, Paris 1966, 401-436.

Lacan, Jacques 1957: Das Drängen des Buchstabens im Unbewußten oder die Vernunft seit Freud, In Schriften II, Olten und Freiburg 1975, 15-60.

Lacan, Jacques 1958: Die Bedeutung des Phallus, In Schriften II, Olten und Freiburg 1975, 119-132.

Lacan, Jacques 1964: Seminar XI: Die vier Grundbegriffe der Psychoanalyse. Olten/Freiburg 1978.

Lacan, Jacques 1972: God and the Jouissance of the Woman. In Mitchell Juliet & Jacqueline Rose (Hg.): Feminine Sexuality. Jacques Lacan and the ecole freudienne, London 1982, 137-148.

Lacan, Jacques 1973: LA femme n'existe pas. alternative, 108/109, 1976, 160-163.

Lamb, Michael E. 1976: The Role of the Father in Child Development. New York.

Lampl de Groot, Jeanne 1960: Zur Adoleszenz. Psyche, Jg. 19, Heft 7, 1965, 477-485.

Landweer, Hilge 1989: Reproduktion von Mütterlichkeit in feministischer psychoanalytischer Theorie. In Interdisziplinäre Forschungsgruppe Frauenforschung: La Mamma! Beiträge zur sozialen Institution Mutterschaft, Köln, 77-100.

Lang, Hans-Jürgen 1988: Die ersten Lebensjahre. Psychoanalytische Entwicklungspsychologie und empirische Forschungsergebnisse. München.

Langer, Marie 1953: Mutterschaft und Sexus. Körper und Psyche der Frau. Freiburg 1988.

Laplanche, Jean 1988: Die allgemeine Verführungstheorie und andere Aufsätze. Tübingen.

Lax, Ruth F., Sheldon Bach & Alexis J. Burland (Hg.): Rapprochement: The Critical Subphase of Separation-Individuation. New York.

Leithäuser, Thomas, Volmerg, Birgit 1988: Psychoanalyse in der Sozialforschung. Eine Einführung am Beispiel einer Sozialpsychologie der Arbeit. Opladen.

Lerner, Harriet 1976: Elterliche Fehlbenennungen der weiblichen Genitalien als Faktor bei der Erzeugung von "Penisneid" und Lernhemmungen. Psyche, Jg. 34, Heft 12, 1980, 1092-1104.

Libreria delle donne die Milano 1987: Wie weibliche Freiheit entsteht. Eine neue politische Praxis. Berlin 1988.

Lichtenberg, Joseph, D. 1983: Psychoanalysis and Infant Research. Hillsdale London.

List, Elisabeth & Herlinde Studer 1989: Denkverhältnisse. Feminismus und Kritik. Frankfurt am Main.

Loch, Werner 1963: Die anthropologische Dimension der Pädagogik (neue pädagogische bemühungen 1/2). Essen.

Loch, Werner 1979: Lebenslauf und Erziehung. Besinnungen zur pädagogischen Anthropologie (neue pädagogische bemühungen 79), Essen.

Loewald, Hans 1979: Das Schwinden des Ödipuskomplexes. Jahrbuch der Psychoanalyse 1981, 13, 37-62.

Lorber, Judith, Ruth L. Coser & Alice Rossi 1981: On: The Reproduction of Mothering. A Methodological Debate. Signs, vol.6, No.3, 482-500.

Lorber, Judith & Susan Farell (Hg.) 1991: The Social Construction of Gender. Newbury Park London New Dehli.

Lorenzer, Alfred 1970: Kritik des psychoanalytischen Symbolbegriffs. Frankfurt am Main.

Lorenzer, Alfred 1970a: Sprachzerstörung und Rekonstruktion. Vorarbeiten zu einer Metatheorie der Psychoanalyse. Frankfurt am Main, 2. Auflage 1972.

Lorenzer, Alfred 1971: Psychoanalyse als Sozialwissenschaft. Frankfurt am Main.

Lorenzer, Alfred 1972: Zur Begründung einer materialistischen Sozialisationstheorie. Frankfurt am Main.

Lorenzer, Alfred 1972a: Psychoanalyse, Sprache und historischer Materialismus. In ders.: Über den Gegenstand der Psychoanalyse oder: Sprache und Interaktion, Frankfurt am Main, 153-173.

Lorenzer, Alfred 1973: Über den Gegenstand der Psychoanalyse oder:Sprache und Interaktion. Frankfurt am Main.

Lorenzer, Alfred 1974: Die Wahrheit der psychoanalytischen Erkenntnis. Ein historisch-materialistischer Entwurf. Frankfurt am Main.

Lorenzer, Alfred 1977: Sprachspiel und Interaktionsformen. Vorträge und Aufsätze zur Psychoanalyse, Sprache und Praxis. Frankfurt am Main.

Lorenzer, Alfred 1980: Die Sozialität der Natur und die Natürlichkeit des Sozialen. Zur Interpretation der psychoanalytischen Erfahrung jenseits von Biologismus und Soziologismus. In Görlich, Bernhard (Hg.): Der Stachel Freud, Frankfurt am Main, 297-349.

Lynn, David B. 1974: The Father: His Role in Child Development. Monterey, California.

MacCormack, Carol H. & Marilyn Strathern (Hg.) 1980: Nature, Culture and Gender. Cambridge.

MacKinnon, Catharine A. 1989: Entwurf einer feministischen Rechtswissenschaft. Unveröffentlichtes Manuskript zur Tagung "Menschenrechte haben (k)ein Geschlecht" im Oktober 1989 in Frankfurt am Main.

Mahler, Margaret S. et al. 1975: Die psychische Geburt des Menschen. Symbiose und Individuation. Frankfurt am Main 1989.

Marcil Lacoste, Louise 1983: Die Trivialisierung des Begriffes der Gleichheit. In List, Elisabeth & Herlinde Studer (Hg.): Denkverhältnisse. Feminismus und Kritik, Frankfurt am Main 1989, 488-510.

Marcuse, Herbert 1955: The Social Implications of Freudian "Revisionism". Dissent, Vol.2, No. 3, 221-240.

Marks, Elaine & Isabelle de Courtivron (Hg.) 1980: New French Feminism: An Anthology. Amherst.

Marx Feree, Myra 1990: Gleichheit und Autonomie: Probleme feministischer Politik. In Gerhard, Ute u.a. (Hg.): Differenz und Gleichheit. Menschenrechte haben (k)ein Geschlecht, Frankfurt am Main, 283-298.

McCormack, Thelma 1975: Towards a Non-Sexist Perspective on Social and Political Change. In Millman, Marcia & Rosabeth Moss Kanter (Hg.): Another Voice: Feminist Perspectives on Social Life and Social Sciences, New York, 1-

33.

Mead, Margaret 1958: Das Verhältnis der Geschlechter in einer sich wandelnden Welt. Reinbek.

Menne, Klaus 1976: Kommunikation und Exkommunikation. Zur Rekonstruktion praktischer Kritik. In ders.: Sprache Handlung Unbewußtes, Kronberg, 13-74

Menne, Klaus 1976a: Sprache, Handlung und Unbewußtes. Kronberg.

Mertens, Wolfgang 1992: Entwicklung der Psychosexualität und der Geschlechtsidentität. Stuttgart Berlin Köln.

Metz-Göckel, Sigrid 1988: Väter und Väterlichkeit.Zur alltäglichen Bedeutung der Väter an der Erziehungsarbeit. Zeitschrift für Sozialisationstheorie und Erziehungssoziologie, 8.Jg, Heft 4, 264-280.

Metz-Göckel, Sigrid 1988a: Geschlechterverhältnis, Geschlechtersozialisation und Geschlechtsidentität. Zeitschrift für Sozialisationsforschung und Erziehungssoziologie, 8, Heft 2, 285-297.

Metz-Göckel, Sigrid & Ursula Müller 1985: Der Mann. Eine repräsentative Untersuchung über die Lebenssituation und das Frauenbild 20- bis 50jähriger Männer im Auftrag der Zeitschrift Brigitte. Hamburg.

Metz-Göckel, Sigrid & Ursula Müller 1987: Partner oder Gegner? Überlebensweisen der Ideologie vom männlichen Familienernährer. Soziale Welt, Heft 1, 4-28.

Mies, Maria 1983: Gesellschaftliche Ursprünge der geschlechtlichen Arbeitsteilung. In von Werlhof, Claudia u.a. (Hg.): Frauen, die letzte Kolonie. Zur Hausfrauisierung der Arbeit, Reinbek, 164-194.

Mies, Maria 1986: Patriarchat und Kapital. Frauen in der internationalen Arbeitsteilung. Zürich 1988.

Miller, Jean Baker 1976: Die Stärke weiblicher Schwäche. Zu einem neuen Verständnis der Frau. Frankfurt am Main 1986.

Millett, Kate 1969: Freud und der Einfluß der Psychoanalyse. In Hagemann-White, Carol (Hg.): Frauenbewegung und Psychoanalyse, Basel/ Frankfurt am Main 1979, 277-321.

Miro, Anneliese 1972: Kinderneurosen als Symptome der Mütter. Psyche, 4, 286-302.

Mitchell, Juliet 1971: Frauenbewegung-Frauenbefreiung. Frankfurt am Main Berlin Wien 1981.

Mitchell, Juliet 1974: Psychoanalyse und Feminismus. Freud, Reich, Laing und die Frauen Bewegung. Frankfurt am Main 1985.

Mitchell, Juliet & Jacqueline Rose 1982: Feminine sexuality. Jacques Lacan and the ecole freudienne. London.

Mitscherlich, Alexander 1963: Auf dem Weg zur vaterlosen Gesellschaft. München.

Mitscherlich, Alexander 1968: Die Unfähigkeit zu trauern. Grundlagen kollektiven Verhaltens. München.

Mitscherlich-Nielsen, Margarete 1975: Neid und Emanzipation. Psychoanalytische Bemerkungen über den Feminismus. Neue Rundschau, Heft 4, 546-595.

Mitscherlich-Nielsen, Margarete 1978: Zur Psychoanalyse der Weiblichkeit. Psyche, Jg. 32, Heft 8, 669-694.

Mitscherlich-Nielsen, Margarete 1985: Die friedfertige Frau. Frankfurt am Main.

Moeller-Gambaroff, Marina 1984: Utopie der Treue. Reinbek 1990.

Moersch, Emma 1976: Psychoanalytische Bemerkungen zu Lorenzers Revisionsvorschlägen. Zur Kritik des Gebrauchs von Symbol, Repräsentanz und psychischem Primärvorgang. In Menne, Klaus (Hg.): Sprache, Handlung und Unbewußtes, Kronberg, 179-226.

Money, John 1973: Gender role, gender identity, core gender identity: Usage and definitions of terms. Journal of American Academy of Psychoanalysis, 1, 397-402.

Money, John & Anke Erhardt 1972: Männlich-Weiblich. Die Entstehung der Geschlechtsunterschiede. Reinbek 1975.

Müller, Stephan 1984: Personal-soziale Entfaltung des Gewissens im Jugendalter. Eine moralanthropologische Studie. Mainz.

Nadig, Maya 1985: Ethnopsychoanalyse und Feminismus: Grenzen und Möglichkeiten. Feministische Studien, 4, Nr.2, 105-117.

Nadig, Maya 1992: Der ethnologische Weg zur Erkenntnis. Das weibliche Subjekt in der feministischen Wissenschaft. In Knapp, Gudrun-Axeli & Angelika Wetterer (Hg.): TraditionenBrüche. Entwicklungen feministischer Theorie, Freiburg, 151-200.

Negt, Oskar & Alexander Kluge 1992: Maßverhältnisse des Politischen: 15 Vorschläge zum Unterscheidungsvermögen. Frankfurt am Main.

Neidhardt, Friedhelm u.a. 1970: Jugend im Spektrum der Wissenschaften. Beiträge zur Theorie des Jugendalters. München.

Neubauer, Georg 1990: Jugendphase und Sexualität: Eine empirische Überprüfung eines sozialisationstheoretischen Modells. Stuttgart.

Neubauer, Georg & Thomas Olk 1987: Cliquen, Mädchen, Arbeit. Jugend im Brennpunkt von Jugendarbeit und Jugendforschung. Weinheim München.

Nissen, Ursula 1989: Geschlechtsspezifische Sozialisation im Jugendalter in öffentlichen Räumen. In Deutsches Jugendinstitut (DJI): Bericht 1989, München.

Nölleke, Brigitte 1985: In alle Richtungen zugleich. Denkstrukturen von Frauen. München.

Nunner-Winkler, Gertrud 1985: Krisenverlauf und Wertorientierung. In Baakke, Dieter & Wilhelm Heitmeyer (Hg.): Neue Widersprüche, Weinheim München, 86-107.

Oakley, Anne 1974: Soziologie der Hausarbeit. Frankfurt am Main 1978.

Olivier, Christiane 1980: Jokastes Kinder. Die Psyche der Frau im Schatten der Mutter. München 1989.

Ortner, Sherry & Harriet Whitehead (Hg.) 1981: Sexual Meanings. The Cultural Construction of Gender and Sexuality. Cambridge.

Ostner, Ilona 1986: Die Entdeckung der Mädchen. Neue Perspektiven für die Jugendsoziologie. Kölner Zeitschrift für Soziologie und Sozialpsychologie, 38. Jg, 352-371.

Othmer-Vetter, Regine 1989: "Muttern" und das Erbe der Väter. Eine neuere Affäre zwischen Feminismus und Psychoanalyse? Feministische Studien, Heft 2, 99-106.

Pagenstecher, Liesing, Monika Jaeckel & Jutta Brauckmann 1985: Mädchen und Frauen unter sich: Ihre Freundschaften und ihre Liebesbeziehungen im Schatten der Geschlechterhierarchie. In Kavemann, Barbara u.a. (Hg.): Sexualität - Unterdrückung statt Entfaltung (Alltag und Biographie von Mädchen, Bd.9), Opladen, 95-144.

Papousek, Mechthild 1987: Die Rolle des Vaters in der frühen Kindheit. Ergebnisse der entwicklungspsychologischen Forschung. Kind und Umwelt, 54, 29-49.

Parin, Paul 1978: Der Widerspruch im Subjekt. Ethnopsychoanalytische Studien. Frankfurt am Main.

Parin, Paul 1989: Kritik der Gesellschaftskritik im Deutungsprozeß. Psyche, 2, 97-119.

Person, Ethel & Leo Ovesey 1983: Psychoanalytic Theories of Gender Identity. Journal of the American Academy of Psychoanalysis, 11, 203-226.

Pfister, Gertrud (Hg.) 1988: Zurück zur Mädchenschule? Beiträge zur Koedukation. Pfaffenweiler.

Popp, Ulrike 1992: "Heiraten - das kann ich mir noch nicht vorstellen" - Das psychosoziale Moratorium bei Jungen und Mädchen in der Oberstufe. In Tillmann, Klaus-Jürgen (Hg.): Jugend weiblich Jugend männlich, Opladen, 51-64.

Postler, Jürgen & Robert Schreiber (Hg.) 1985: Traditionalismus, Verunsicherung, Veränderung. Männerrolle im Wandel?. Ifg Materialien zur Frauenforschung, Band 3. Bielefeld, 3. unveränderte Auflage.

Rapp Reiter, Rayna (Hg.) 1975: Toward an Anthropology of Women. New York.

Reinke, Ellen 1986: Das Eine ohne das Andere. Kann die Identitätsbildung und Autonomieentwicklung der Töchter sich Supermüttern verdanken? Plädoyer für die Wiederanerkennung des Vaters in der Identitätsbildung der Frau. In Conrad, Judith & Ursula Konnertz (Hg.): Weiblichkeit in der Moderne. Ansätze feministischer Vernunftkritik, Tübingen, 96-114.

Reinke-Körberer, Ellen 1978: Zur heutigen Diskussion der weiblichen Sexualität in der psychoanalytischen Bewegung. Psyche, 32, 695-731.

Reitz, Gertraud 1974: Die Rolle der Frau und die Lebensplanung der Mädchen. Analysen und Untersuchungen (Reihe Deutsches Jugendinstitut -Analysen, Bd. 7). München.

Rich,Adrienne 1976: Of Woman Born. Motherhood as Experience and Institution. New York London 1986.

Rich,Adrienne 1983: Zwangsheterosexualität und lesbische Existenz. In List, Elisabeth & Herlinde Studer (Hg.): Denkverhältnisse, Frankfurt 1989, 244-280.

Ritvo, Samuel 1977: Adolescent to Woman. In Blum, Harold (Hg.): Female Psychology. Contemporary Psychoanalytic Views, New York, 139-157.

Rohde-Dachser, Christa 1989: Unbewußte Phantasie und Mythenbildung in psychoanalytischen Theorien über die Differenz der Geschlechter. Psyche, Jg. 43, Heft 3, 193-218.

Rohde-Dachser, Christa 1990: Weiblichkeitsparadigmen in der Psychoanalyse. Psyche, Jg. 44, Heft 1, 30-52.

Rohde-Dachser, Christa 1990a: Das Geschlechterverhältnis in Theorie und Praxis der Psychoanalyse. In Brandes, Holger & Christa Franke: Geschlechterverhältnisse in Gesellschaft und Therapie, Münster, 5-21.

Rohde-Dachser, Christa 1991: Expedition in den dunklen Kontinent. Weiblichkeit im Diskurs der Psychoanalyse. Berlin Heidelberg New York.

Rosaldo,Michelle Z. 1980: Use and and abuse of anthropology: Reflections on feminism and cross-cultural understanding. Signs, 3, 380-417.

Rosaldo, Michelle Z. & Louise Lamphere (Hg.) 1974: Women, Culture and Society. Stanford.

Rosenbaum, Heidi (Hg.) 1978: Seminar Familie und Gesellschaftsstruktur. 2. Auflage Frankfurt am Main.

Rosenmeyer, Leopold & Hendrik Kreutz 1973: Rollenerwartung der weiblichen Jugend. Eine empirische Untersuchung über Erwartungen und Dispositionen weiblicher Jugendlicher in Österreich. Wien.

Ross, John M. 1977: Towards fatherhood: The epigenesis of paternal identity during a boy's first decade. International Journal of Psychoanalysis, 4, 327-347.

Ross,John M. 1979: Fathering:A review of some psychoanalytic contributions on paternity. International Journal of Psychoanalysis, 60, 317-328.

Rossi,Alice 1984: Gender and Parenthood.American Sociological Review, 49, 1-19.

Rotmann, Michael 1978: Über die Bedeutung des Vaters in der "Wiederannäherungsphase". Psyche, Jg. 32, Heft 12, 1105-1147.

Rubin, Gayle 1975: The Traffic in Women: Notes on the `Political Economy of Sex'. In Reiter, Reyna (Hg.): Toward an Anthropology of Women, New York, 157-210.

Ruddick,Sara 1980: Maternal Thinking. In Trebilcot, Joyce (Hg.): Mothering. Essays in Feminist Theory, Totowa, 213-230.

Sander, Uwe & Ralf Vollbrecht 1985: Zwischen Kindheit und Jugend. Träume, Hoffnungen und Alltag 13-15 Jähriger. Weinheim München.

Scarbath, Horst 1992: Abschied von der Kindheit -Jugend und Geschlecht in psychoanalytischer Sicht. In Tillman, Klaus-Jürgen (Hg.): Jugend weiblich Jugend männlich, Opladen, 111-123.

Schaeffer-Hegel, Barbara & Brigitte Wartmann (Hg.) 1984: Mythos Frau. Projektionen und Inszenierungen im Patriarchat. Berlin.

Schaeffer-Hegel, Barbara (Hg.) 1989: Männer Mythos Wissenschaft. Grundlagen feministischer Wissenschaftskritik. Pfaffenweiler.

Schlapeit-Beck, Dagmar 1987: Mädchenräume -Initiativen -Projekte - Lebensperspektiven. Hamburg.

Schlesier, Renate 1981: Mythos und Weiblichkeit bei Sigmund Freud. Zum Problem von Entmythologisierung und Remythologisierung in der psychoanalytischen Theorie. Frankfurt am Main 1990.

Schmauch, Ulrike 1987: Anatomie und Schicksal. Zur Psychoanalyse der frühen Geschlechtersozialisation. Frankfurt am Main.

Schütze, Yvonne 1979: Psychoanalytische Adoleszenzforschung. Zeitschrift für Pädagogik, 25, Nr.5, 779-786.

Schütze, Yvonne 1980: Psychoanalytische Theorien in der Sozialisationsforschung. In Hurrelmann, Klaus & Dieter Ulich (Hg.): Handbuch der Sozialisationsforschung, Weinheim Basel, 123-145.

Scott, Joan W. 1986: Gender: A Useful Category of Historical Analysis. American Historical Review, Vol.91/2, 1053-1075.

Sechster Jugendbericht 1988: Bericht der Sachverständigenkommission (Alltag und Biographie von Mädchen Bd. 16). Opladen.

Segal, Lynn 1987: Ist die Zukunft weiblich? Frankfurt am Main 1989.

Seidenspinner, Gerlinde & Angelika Burger 1982: Mädchen 82. Eine repräsentative Untersuchung über die Lebenssituation und das Lebensgefühl 15-19 jähriger Mädchen in der Bundesrepublik, durchgeführt vom DJI-München im Auftrag der Zeitschrift Brigitte. Hamburg.

Seifert, Edith 1987: "Was will das Weib?" Zu Begehren und Lust bei Freud und Lacan. Weinheim Berlin.

Seifert, Edith 1990: Was man nicht erhinken muß, könnte man erfliegen. Fragmente, 34, 25-34.

Seiffge-Krenke, Inge 1986: Psychoanalytische Therapie Jugendlicher. Stuttgart.

Shiva, Vandana 1988: Staying Alive: Women, Ecology and Survival in India. New Dehli.

Slater, Philip E. 1961: Toward a Dualistic Theory of Identification. Merill-Palmer Quartely of Behavior and Development, 7, Nr.2, 113-126.

Smith, Dorothy E. 1979: Eine Soziologie für Frauen. In List, Elisabeth & Herlinde Studer (Hg.): Denkverhältnisse. Feminismus und Kritik, Frankfurt am Main 1989, 353-424.

Spiegel, Leo A. 1951: A Review of Contributions to a Psychoanalytic Theory of Adolescence. The Psychoanalytic Study of the Child, 6, 375-393.

Spieler, Susan 1984: Preoedipal girls need fathers. Psychoanalytic Review, 71, 63-80.

Stern, Daniel 1985: The Interpersonal World of the Infant. A View from Psychoanalysis and Development Psychology. New York.

Stoller, Robert J. 1968: Sex and Gender. New York.

Stoller, Robert J. 1977: Primary Femininity. In Blum, Harold (Hg.): Female Psychology. Contemporary psychoanalytic views, New York, 59-78.

Stork, Jochen 1974: Die Bedeutung des Vaterbildes in der frühkindlichen Entwicklung. In ders.: Fragen nach dem Vater, Freiburg, 259-302.

Stork, Jochen (Hg.) 1986: Zur Psychologie des Säuglings. Neue Ergebnisse in der psychoanalytischen Reflexion. Stuttgart Bad Canstein.

Tessman, Lora H. 1982: A Note on the Father's Contribution of the Daughter's Way of Loving and Working. In Cath, Stanley, Alan Gurwitt & John Ross (Hg.): Father and Child. Developmental and Clinical Perspectives, Boston, 219-239.

The Kristeva Reader 1986: hrsg. von Toril Moi. Oxford.

Thompson, Clara 1952: Die Psychoanalyse. Ihre Entstehung und Entwicklung. Zürich.

Thürmer-Rohr, Christina 1987: Vagabundinnen. Berlin.

Tillmann, Klaus-Jürgen (Hg.) 1992: Jugend weiblich-Jugend männlich. Sozialisation, Geschlecht, Identität. Opladen.

Torok, Maria 1964: Die Bedeutung des `Penisneides' bei der Frau. In Chasseguet-Smirgel, Janine (Hg.): Psychoanalyse der weiblichen Sexualität, Frankfurt am Main 1974, 192-232.

Trautner, Hans-Martin 1992: Entwicklung von Konzepten und Einstellungen zur Geschlechterdifferenz. Bildung und Erziehung, Jg. 45, Heft 1, 47-62.

Trebilcot, Joyce (Hg.) 1983: Mothering. Essays in Feminist Theory, Totowa

Tyrell, Hartmann 1986: Geschlechtliche Differenzierung und Geschlechterklassifikation. Kölner Zeitschrift für Soziologie und Sozialpsychologie, Jg. 38, Heft 3, 450-489.

Volmberg, Birgit 1987: Verkehrsformen und Interaktionsformen -ein sozialpsychologischer Ansatz zur Vermittlung von Arbeit und Sozialisation. In Belgrad, Jürgen et al. (Hg.): Zur Idee einer psychoanalytischen Sozialforschung. Dimensionen szenischen Verstehens, Frankfurt am Main, 180-195.

Volmerg, Birgit; Eva Senghaas-Knobloch & Thomas Leithäuser 1985: Betriebliche Lebenswelt. Eine Sozialpsychologie industrieller Arbeitsverhältnisse. Opladen.

Waldeck, Ruth 1988: Der rote Fleck im dunklen Kontinent, Teil 1. Zeitschrift für Sexualforschung, Nr.3, 189-205.

Waldeck, Ruth 1988: Der rote Fleck im dunklen Kontinent, Teil 2. Zeitschrift für Sexualforschung, Nr.4, 337-350.

Weigel, Sigrid 1986: `Das Weibliche als Metapher des Metonymischen'. Kritische Überlegungen zur Konstitution des Weiblichen als Verfahren oder Schreibweise. In Akten des 7. Internationalen Germanisten-Kongresses, Bd. 6: Frauensprache - Frauenliteratur, Bern 1986, 108-118.

Werlhof, Claudia von; Veronika Bennholdt-Thomsen & Maria Mies 1983: Frauen - die letzte Kolonie. Zur Hausfrauisierung der Arbeit. Reinbek.

West, Candance & Don Zimmerman 1987: Doing Gender. Gender and Society, 1, Nr.2, 125-151.

Widmer, Peter 1990: Subversion des Begehrens. Jacques Lacan oder Die zweite Revolution der Psychoanalyse. Frankfurt am Main.

Winch, Robert F. 1962: Identification and its Familial Determinants. New York.

Winnicott, Donald W. 1950: Die Beziehung zwischen Aggression und Gefühlsentwicklung. In ders.: Von der Kinderheilkunde zur Psychoanalyse, Frankfurt am Main 1983, 91-112.

Winnicott, Donald W. 1951: Übergangsobjekte und Übergangsphänomene. In ders.: Von der Kinderheilkunde zur Psychoanalyse, Frankfurt am Main 1983, 300-319.

Winnicott, Donald W. 1956: Die antisoziale Tendenz. In ders.: Von der Kinderheilkunde zur Psychoanalyse, Frankfurt am Main 1983, 230-243.

Winnicott, Donald W. 1958: Von der Kinderheilkunde zur Psychoanalyse. Frankfurt am Main 1983.

Winnicott, Donald W. 1960: Ich-Verzerrungen in Form des Wahren und des falschen Selbst. In ders.: Reifungsprozesse und fördernde Umwelt, München 1974, 182-199.

Winnicott, Donald W. 1965: Reifungsprozesse und fördernde Umwelt. München 1974.

Winnicott, Donald W. 1965a: Das Jugendalter. Der mühsame Weg durch die Stagnation. In ders.: Familie und individuelle Entwicklung, München 1978, 116-139.

Winnicott, Donald W. 1967: Die Lokalisierung des kulturellen Lebens. In ders.: Vom Spiel zur Kreativität, Stuttgart 1973, 111-120.

Winnicott, Donald W. 1971: Vom Spiel zur Kreativität. Stuttgart 1973.

Winnicott, Donald W. 1971a: Kreativität und ihre Wurzeln. In ders.: Vom Spiel zur Kreativität, Stuttgart 1973, 78-100.

Winnicott, Donald W. 1978: Familie und inidividuelle Entwicklung, München

Yogman, Michael W. 1982: Observations on the Father-Infant Relationship. In Cath, Stanley H., Alan Gurwitt & John Ross (Hg.): Father and Child, Boston, 101-122.

Young, Iris M. 1983: Is Male Gender Identity the Cause of Male Domination? In Trebilcot, Joyce (Hg.): Mothering. Essays in Feminist Theory, Totowa, 129-146.

Young, Iris M. 1985: Humanismus, Gynozentrismus und feministische Politik. In List, Elisabeth & Herlinde Studer (Hg.): Denkverhältnisse. Feminismus und Kritik, Frankfurt am Main 1989, 37-65.

Zeller, Winfried 1964: Konstitution und Entwicklung. Anthropologie und Psychologie der Kindheit und Jugend. Göttingen.

Ziehlke, Brigitte 1992: "Fehlgeleitete Machos" und "frühreife Lolitas" - Geschlechtstypische Unterschiede der Jugenddevianz. In Tillmann, Klaus-Jürgen (Hg.): Jugend weiblich Jugend männlich, Opladen, 28-39.

Zullinger, Hans 1972: Die Pubertät der Mädchen. Bern Stuttgart Wien.